Wolfgang Zierhofer

Umweltforschung und Öffentlichkeit

Wolfgang Zierhofer

Umweltforschung und Öffentlichkeit

*Das Waldsterben und die
kommunikativen Leistungen
von Wissenschaft und Massenmedien*

Westdeutscher Verlag

Die Deutsche Bibliothek – CIP-Einheitsaufnahme

Zierhofer, Wolfgang:
Umweltforschung und Öffentlichkeit : Das Waldsterben und die
kommunikativen Leistungen von Wissenschaft und Forschung / Wolfgang
Zierhofer. – Opladen ; Wiesbaden : Westdt. Verl., 1998
   ISBN 3-531-13164-8

Höchste inhaltliche und technische Qualität unserer Produkte ist unser Ziel. Bei der Produktion und Verbreitung unserer Bücher wollen wir die Umwelt schonen: Dieses Buch ist auf
säurefreiem und chlorfrei gebleichtem Papier gedruckt. Die Einschweißfolie besteht aus
Polyäthylen und damit aus organischen Grundstoffen, die weder bei der Herstellung noch bei
der Verbrennung Schadstoffe freisetzen.

Umschlaggestaltung: Horst Dieter Bürkle, Darmstadt
Druck und buchbinderische Verarbeitung: Rosch-Buch, Scheßlitz
Printed in Germany

ISBN 3-531-13090-0

Inhaltsverzeichnis

Verzeichnis der Abkürzungen

ap	Associated Press
BUS	Bundesamt für Umweltschutz
BUWAL	Bundesamt für Umwelt, Wald und Landschaft
EAFV	Eidgenössische Anstalt für das forstliche Versuchswesen
EDI	Eidgenössisches Departement des Innern
F+D	Eidgenössische Forstdirektion
GDI	Gottlieb Duttweiler-Institut
IUFRO	International Union of Forestry Research Organisations
LFI	Landesforstinventar
NBV	Nadel- und Blattverlust unbekannter Ursache
NFP	Nationales Forschungsprogramm
NZZ	Neue Zürcher Zeitung
PBMD	phytosanitärer Beobachtungs- und Meldedienst
sda	Schweizerische Depeschenagentur
SFV	Schweizerischer Forstverein
SZF	Schweizerische Zeitschrift für Forstwesen
TA	Tages-Anzeiger
WEP	Walderhebungsprogramm
WSI	Waldschadeninventur
WSL	Eidg. Forschungsanstalt für Wald, Schnee und Landschaft
WZI	Waldzustandsinventur

Verzeichnis der Abbildungen

Verzeichnis der Tabellen

Zusammenfassung

Viele Umweltprobleme sind für Laien nur schwer oder gar nicht erkennbar. Um sie zu erkennen, zu definieren und zu bewältigen ist die demokratische Gesellschaft auf deren Vermittlung durch Umweltwissenschaften und Massenmedien angewiesen. Ein Umweltproblem dieser Art war und ist das sogenannte „Waldsterben", das in der Schweiz für eine äusserst bewegte und polarisierte umweltpolitische Debatte sorgte: Für die einen ist das Waldsterben „die Lüge des Jahrhunderts" und pure „Hysterie", für die anderen eine schleichende, immer noch nicht bewältigte Katastrophe.

Die vorliegende Arbeit untersucht, welche Beiträge die Waldschadenforschung und die Massenmedien in der Schweiz zu einem vernünftigen – d.h. möglichst gut begründeten und differenzierten – Umgang mit diesem Problem geleistet haben. Zur Beurteilung ihrer Leistungen wird auf der Grundlage von Theorien kommunikativer Vernunft und -Ethik (J. Habermas, K.-O. Apel) ein normatives Konzept von Öffentlichkeit ausführlich erarbeitet und begründet. Von der Wissenschaft und den Medien wird gefordert, das Problem aus einer möglichst argumentativen Einstellung heraus zu bearbeiten, d.h. eigene und fremde Vorstellungen auf ihre Gültigkeit und ihren empirischen Gehalt hin kritisch zu prüfen. Nur auf diese Weise wird der Bevölkerung – dem Souverän – die Voraussetzung geboten, das Problem in eigener Verantwortung zu bewältigen. Zur Rekonstruktion der Leistungen von Forschung und Medien wurden wissenschaftliche Artikel und Berichte, sowie Artikel von drei Zürcher Tageszeitungen daraufhin analysiert, welches Bild des Waldsterbens darin vermittelt wird, und auf welche Weise mit Unsicherheiten, Geltungsansprüchen und Kritik verfahren wird.

1983 wurde in der Wissenschaft mit dem Begriff „Waldsterben" folgende Vorstellung verbunden: Es werden weit verbreitete, schnell zunehmende Waldschäden (Kronenverlichtungen, Verfärbungen) festgestellt; obwohl der Nachweis dafür noch zu erbringen ist, kommen als Ursache praktisch nur Luftschadstoffe in Frage. Aufgrund dieser Situationsdeutung wurde befürchtet, der Wald werde innert weniger Jahre flächendeckend absterben, wenn die Luftverschmutzung nicht unverzüglich drastisch reduziert wird. Obwohl (oder gerade weil?) sich diese Befürchtung nur auf eine schmale empirische Basis berufen konnte, wurde sie von vielen Wissenschaftern, Förstern, Politikern, Beamten und Journalisten als Tatsache betrachtet und vehement gegen Kritik verteidigt. In den ersten Jahren des Waldsterbens zielten die Forschungsanstrengungen primär darauf ab, den Zusammenhang zwischen Luftverschmutzung und Waldschäden nachzuweisen; der kritischen Beurteilung des Kenntnisstandes und der Interpretationsschemata wurde hingegen wenig Beachtung geschenkt.

Nach 1988 wurde das Bild des Waldsterbens jedoch zunehmend hinterfragt und in der Folge regelrecht zersetzt: Weder die Mortalitätsrate noch der Anteil stark verlichteter Bäume hatte zugenommen; es war zunehmend unklar, wie ein normaler, gesunder Baum oder Bestand auszusehen hatte; trotz grosser Forschungsanstrengungen liess sich die Zunahme der Kronenverlichtung nicht auf den Einfluss der Luftverschmutzung zurückführen. Andererseits fanden sich Hinweise auf Stickstoffeinträge und Nährstoffungleichgewichte, auf Veränderungen der Vegetation und des Wurzelwachstums von Waldbäumen. Ferner wurden an Kulturpflanzen Beeinträchtigungen durch Ozon nachgewiesen. Die Wissenschaft ist heute ausserstande, den Waldzustand zuverlässig zu interpretieren, und spricht von „Risikofaktoren", statt von einem „Waldsterben".

Das Waldsterben von 1983 entsprach dem erwachenden Umweltbewusstsein und bescherte den Medien eine Flut attraktiver Themen. Mit dem späteren Bild des Waldsterbens lässt sich nicht mehr in der selben Weise umweltpolitisch argumentieren und es ist viel schwieriger zu vermitteln: Ein Teil der Medien hält am ursprünglichen Bild des Waldsterbens fest und wirft, zusammen mit Greenpeace, der Wissenschaft Übervorsichtigkeit oder gar Verharmlosung vor; ein anderer Teil der Medien geht hingegen mehr oder weniger kritisch auf die Gründe für den Wandel der wissenschaftlichen Vorstellungen ein.

Innerhalb der Wissenschaft drängten zunächst Befürchtungen und umweltpolitisches Engagement die kritische Auseinandersetzung mit dem Kenntnisstand an den Rand. Mit der Zeit setzte sich jedoch die kritische Öffentlichkeit, die für das Unternehmen Wissenschaft konstitutiv ist, wieder durch. In den Medien war die Auseinandersetzung mit dem Waldsterben zunächst durch Verlautbarungsjournalismus geprägt. Sie entwickelten weder eine eigenständige Problembeobachtung noch kritische Recherche in nennenswertem Umfang. Erst als sich das wissenschaftliche Bild des Waldsterbens nach 1988 deutlich wandelte, haben die Medien die Aussagen der Wissenschafter nicht mehr umstandslos übernommen. Allerdings lässt sich heute nur einem Teil der Medien eine argumentative Auseinandersetzung mit dem Waldsterben attestieren; der andere Teil bleibt primär politischen Urteilsmassstäben verhaftet. Insgesamt zeigen die Medien in diesem Zusammenhang zwar Eigenschaften einer „vierten Gewalt", doch können sie nur in geringem Mass als kritische Instanz oder gar als stellvertretende Beobachter eines räsonierenden Publikums begriffen werden. Vielmehr erscheinen die Medien als eine „Bühne", auf der politische Auseinandersetzungen inszeniert werden.

Um es der Wissenschaft und den Medien zu erschweren, in ähnlich schwierigen Situationen wiederum über den Kenntnisstand hinauszuschiessen und die Frage nach den Sachverhalten gut gemeintem Engagement zu opfern, müssten mehr Anreize und günstigere Voraussetzungen für eine kritische Öffentlichkeit innerhalb der Wissenschaft und für eine argumentative und recherchierfreudige Berichterstattung in den Medien geschaffen werden. Politisches Engagement von Wissenschaftern und Journalisten schliesst eine argumentative Vermittlung von Situationsdeutungen nicht aus, letztere ist hingegen für die Bevölkerung eine notwendige Voraussetzung, um Umweltprobleme überhaupt in einer zweckmässigen und verantwortungsvollen Weise bearbeiten zu können. Wie sie diese Chance nutzt, steht auf einem anderen Blatt geschrieben.

Vorwort

„In den 50 Jahren zwischen 1825 und 1875 trat der Lago Maggiore nicht weniger als zehnmal über die Ufer und zwischen 1860 und 1875 löste eine Häufung von Überschwemmungen im gesamten schweizerischen Alpengebiet gar gesetzgeberische Aktivitäten aus: Um einer möglichen Ursache der Überschwemmungen, der Abholzung der Wälder, Einhalt zu gebieten, wurde 1876 das eidgenössische Forstgesetz verabschiedet. Inzwischen kann nachgewiesen werden, dass natürliche Schwankungen des Klimas, eine Häufung extrem nasser Herbste, die wichtigste Ursache der vielen Überschwemmungen auf der Alpensüdseite war."[1]

So steht es in der Zeitung. War es also nicht besonders hilfreich, ein Gesetz zu erlassen, das die Waldfläche in der Schweiz schützte? Ich erinnere mich daran, gelesen zu haben, dass zu dieser Zeit auch der Nutzungsdruck auf das Holz zurückging, weil mit der Eisenbahn die billigere Kohle importiert wurde. Möglicherweise hätte das erste Waldschutz-Gesetz unter anderen Umständen gar keine Chance gehabt.

„Inzwischen kann nachgewiesen werden", heisst es; erst hundertzwanzig Jahre später kann nachgewiesen werden. In der Zwischenzeit regierte also der Irrtum. Welche Irrtümer werden uns wohl in hundertzwanzig Jahren nachgewiesen werden; welche Gesetze, Verordnungen, Entscheide werden dannzumal in ein anderes Licht gestellt werden? Auf jeden Fall denkt heute niemand daran, die Stossrichtung des Waldgesetzes von 1876 abzuändern; sie wurde im neuen Waldgesetz von 1991 wieder an erster Stelle verankert.[2] In diesem Gesetz wurden noch weitere Ziele festgeschrieben, so z.B. die Aufgabe des Staates, den Waldzustand zu beobachten,[3] und die Freiheit des Staates, Forschung zum Schutz des Waldes vor schädlichen Einwirkungen in Auftrag zu geben oder finanziell zu unterstützen.[4]

In den frühen 80er Jahren des 20. Jahrhunderts war nämlich die Existenz des Waldes wieder bedroht. Man dachte damals, die Luftverschmutzung sei daran, dem Wald den Todesstoss zu versetzen. Inzwischen wurde vieles nachgewiesen, nur eines nicht, dass nämlich der Wald am Sterben ist. Das ist für die Politik nicht weiter von Belang, denn (fast) niemand denkt daran, die Gesetze und Verordnungen zur Luftreinhaltung und zum Schutz des Waldes rückgängig zu machen.

Im Falle des Waldsterbens ist keine Schonfrist eines Jahrhunderts verstrichen, bis der Stand des wissenschaftlichen Irrtums deutlich fortgeschritten war und Fehleinschätzungen offenbar wurden. Die gründliche Revision der Beschreibung und Erklärung des Phänomens, das zuerst „Waldsterben" oder „neuartige Waldschäden" hiess, und heute von der Wissenschaft weder als eine Einheit betrachtet, noch mit einem besonderen Namen versehen wird, drängte sich der Wissenschaft in dermassen kurzer Zeit auf, dass sie damit wiederum Schlagzeilen in den Medien schreibt. Die Sensation, dass der Wald stirbt, war so gross, dass einige Jahre später auch das „Sterben" des Waldsterbens noch Titelseiten ziert.

---

1   Badener Tagblatt, 15.11.1995.
2   Bundesgesetz über den Wald, Art.1/1. (Bundesversammlung 1991).
3   Bundesgesetz über den Wald, Art. 33/1. (Bundesversammlung 1991).
4   Bundesgesetz über den Wald, Art. 31/1b. (Bundesversammlung 1991).

Da es beim Waldsterben keine Aussenstehenden gibt, frage ich mich als betroffener Beobachter, ob es denn nicht möglich ist, neben dem Stand der wissenschaftlichen Kenntnisse auch den Stand des Irrtums zu berücksichtigen. Was heisst es eigentlich, wenn Wissenschafter sagen, etwas sei nachgewiesen worden? Wie können und sollen Wissenschaft, Medien und Politik mit der notwendigen Vorläufigkeit und Unsicherheit wissenschaftlicher Ergebnisse umgehen?

Diesem Problemkreis wollte ich mich seit 1988 mit einer Forschungsarbeit annehmen. Nach dem Studium hatte ich das Glück, mich bei Prof. Dieter Steiner, der sich am Geographischen Institut der ETH Zürich mit Humanökologie befasst, als Doktorand einschreiben zu dürfen. Von Frühjahr 1989 bis etwa Ende 1992 arbeitete ich an einem Forschungsprojekt über Umweltbewusstsein mit.[5] Es befasste sich unter anderem mit dem Waldsterben. Von Herbst 1991 bis Sommer 1995 hatte ich eine Teilzeitstelle zu 20% an der Eidg. Forschungsanstalt für Wald, Schnee und Landschaft in Birmensdorf inne. Dort unterstützte ich die Öffentlichkeitsarbeit. Dieses Engagement gewährte mir nicht nur viele Einblicke in die wissenschaftliche und massenmediale Aufbereitung des Waldsterbens, sondern hat auch massgeblich zum vorsorglichen Zweifel an jeglicher Erkenntnis und zur Skepsis gegenüber allen in dieser Sache vertretenen Positionen beigetragen.

Die relativ lange Zeit von der Idee bis zum Abschluss dieses Projektes war geprägt von vielfältigen Erfahrungen, intellektuellen Herausforderungen, diversen anderen Aufgaben, die ich nicht lassen konnte, und von einem Berg von Arbeit, den ich mir zuvor so hoch nicht vorgestellt hatte. Viele Personen unterstützten meine Arbeit. Ihnen möchte ich meinen besonderen Dank aussprechen:

- Meinem „Doktorvater" Dieter Steiner, der meine Arbeit mit kritischem Interesse und viel Vertrauen begleitet hat; danke, dass Du in einer schwierigen Zeit die Mühe auf Dich genommen hast, ein umfangreiches Manuskript aufmerksam gegenzulesen!
- Meinem Vater Franz Zierhofer für die gründliche Korrekturlektüre.
- Dem Schweizerischen Nationalfonds bzw. den Steuerzahlenden, dass sie meine Arbeit finanzieren.
- Prof. Ulrich Saxer, Seminar für Publizistikwissenschaft der Universität Zürich und Prof. Rodolphe Schlaepfer, Eidg. Forschungsanstalt für Wald, Schnee und Landschaft (WSL) in Birmensdorf, die als Mitantragsteller meinen Forschungsantrag beim Nationalfonds unterstützten und damit vielleicht entscheidend zum Zustandekommen dieser Arbeit beigetragen haben.
- Charles von Büren (Medien und Information der WSL) für viele kleine Hinweise und Auskünfte in der Startphase der Dissertation.
- Ulrike Bleistein (Medien und Information der WSL) für anregende Diskussionen und für die Möglichkeit, in viele Dokumente Einsicht nehmen und an Veranstaltungen mitwirken zu dürfen.
- Wolfgang Ortloff (Gatekeeper und Goalgetter an der WSL), der mich in Sachen „Waldsterben" ständig und in liebenswürdiger Weise mit den neuesten Publikationen und den Schlagzeilen von Übermorgen versorgte.
- Urs-Beat Brändli, Peter Brassel, Frank Haemmerli, John Innes, Fritz Schweingruber, Andreas Schweizer und anderen Mitarbeitern und Mitarbeiterinnen der WSL für etliche anregende, offene und aufschlussreiche Diskussionen.

---

5   Vgl. Reichert und Zierhofer 1993.

- Meinen Kollegen und Kolleginnen der Gruppe Humanökologie, die mich mit vielen anregenden Gesprächen durch meine Arbeit begleitet und Teile meiner Arbeit gegengelesen haben.
- Markus Roth, Stefan Schmidhofer, Claudia Iten, Vladim Joachim („Mikrofilm") Sirol und Vera Lenhard für die Mitarbeit bei der Aufbereitung der Zeitungsmaterialien, für die Bearbeitung von Daten, für die Korrekturlektüre und für das Layout.
- Herrn Dudle von der Dokumentation des Zürcher Tages-Anzeigers für die zuvorkommende Unterstützung meiner Recherche.
- Kurt Imhof, Romano Gaitano und Thomas Lattmann vom Soziologischen Institut der Universität Zürich für die Möglichkeit, in ihre Datenbank über Zeitungsartikel Einsicht zu nehmen.
- Herrn Kohnle (Ministerium für ländlichen Raum, Ernährung, Landwirtschaft und Forsten von Baden Württemberg), Frau Hausmann (sda) und Herrn Abegg (ap) für die freundliche Unterstützung mit Unterlagen.
- Den Experten, die mir in der Anfangsphase des Projektes für ein Interview zur Verfügung standen.
- Meinen 20 Interviewpartnern und Interviewpartnerinnen aus der Forstwissenschaft und dem Journalismus für ihre Zeit und ihre Bereitschaft, sich offen mit ihrer Geschichte zu beschäftigen; ich hoffe ihnen mit diesem Buch gerecht geworden zu sein.

Wolfgang Zierhofer, Juni 1996

Einleitung

Wer von diesem Buch neue Erkenntnisse zum Waldsterben erwartet, wird enttäuscht werden müssen. Zwar wird die naturwissenschaftliche Seite des Waldsterbens beleuchtet werden, doch ist dies nicht das eigentliche Thema dieses Buches, sondern nur ein Mittel zum Zweck. Im Zentrum der Aufmerksamkeit steht die gesellschaftliche Konstruktion des Problems Waldsterbens und daher speziell die Kommunikation zwischen Forschung und Massenmedien. Obwohl auch die institutionalisierte Politik, die Politik der Interessenorganisationen und der sozialen Bewegungen an der Konstitution des Waldsterbens kräftig mitwirkten und immer noch mitwirken, betrachte ich sie nur in zweiter Linie. Dies, um den Aufwand für diese Forschungsarbeit in bewältigbarem Rahmen zu halten, und weil die politischen Aktivitäten im Zusammenhang mit dem Waldsterben in den meisten Fällen auf den durch Wissenschaft und Massenmedien aufbereiteten Informationen aufbauen.

Im Laufe meiner Auseinandersetzung mit dem Waldsterben habe ich mich selbst enttäuscht und ich hoffe dies an mein Publikum weitergeben zu können. Das WALDSTERBEN, an das ich und Millionen von Deutschen, Österreichern und Schweizern von 1982 an geglaubt haben, ist zum Glück nicht eingetreten. So, wie wir uns das damals vorgestellt haben, existiert es nicht, nicht einmal annähernd. Ich werde noch ausführlich vorführen, wie sich Wissenschaft und Massenmedien bemühen, ein angemessenes und verlässliches Bild der Vorgänge im Wald zu erarbeiten. Dieser Prozess ist noch nicht an sein Ende gelangt. Mir scheint es sinnvoll zu sein, heute vor allem von der Unsicherheit der Kenntnisse auszugehen, und unsere eigenen Vorstellungen, aber auch die unterschiedlichen Bilder, die uns die Wissenschaft anbietet, mit Fragezeichen zu versehen. In der Schweiz sind Waldzusammenbrüche vereinzelte und lokal begrenzte Ereignisse; ein allgemeines Sterben des Waldes wird nicht beobachtet. Seit 1984 stellen Inventuren eine Zunahme der Durchlässigkeit des Blatt- und Nadelkleides der Bäume fest. Dieses Phänomen wurde anfänglich als Symptom einer Schädigung durch Luftschadstoffe und als Vorbote eines allgemeinen Absterbens der Bäume gedeutet. Heute ist unklar, in welchem Ausmass diese Veränderungen real oder aber „Beobachtungsfehler" sind, und inwiefern sie als Symptom der Luftverschmutzung oder als Folge anderer Einflüsse auf den Wald zu betrachten sind. Heute kann die Wissenschaft keine Gründe beibringen, die die Rede von einem Waldsterben rechtfertigen würden, ja sie kann nicht einmal den an sie gestellten Erwartungen genügen und zwischen Normalzustand und Schaden unterscheiden.

Die Waldschadenforschung wurde im Laufe der letzten zehn bis fünfzehn Jahre gezwungen, ihr Bild des Waldsterbens massiv zu revidieren. Weil die ursprünglich verbreitete Vorstellung des Waldsterbens eine Reihe forst- und umweltpolitischer Massnahmen auslöste und legitimierte, bietet die heutige Position der Wissenschaft reichlich politischen Konfliktstoff. So kommt es, dass sich am Beispiel des Waldsterbens die Auseinandersetzungen um das Verhältnis von Wissenschaft und Politik beispielhaft beobachten lassen. Diesem Forschungsprojekt liegt die Idee zugrunde, das Waldsterben als Präzedenzfall für die gesellschaftliche Repräsentation der Umwelt durch Forschung und Massenmedien, für die Rolle des Expertenwissens, sowie für das Zusammenspiel wissenschaftlicher und politischer Handlungsorientierungen und Begründungsformen zu betrachten.

Am Fall „Waldsterben" werde ich die kommunikativen Leistungen der Waldschadenforschung und einiger Tageszeitungen in der Schweiz rekonstruieren und bewerten. Sie sollen verständlich werden, und es sollen Fehlleistungen erkennbar werden. Ich werde dazu einen normativen Masstab erarbeiten und begründen. Was sich durch eine kritische Auseinandersetzung mit dem Waldsterben gewinnen lässt, sind keine Rezepte oder Problemlösungen, sondern eine gesteigerte Aufmerksamkeit, ein Problembewusstsein, das in zukünftigen ähnlichen Situationen erst noch zur Anwendung gebracht werden muss. Im Zeitalter der Technologien möchte ich ein wenig Reflexionskultur erarbeiten. Wenn einige meiner Leser und Diskussionpartner mehr und anders über den Umgang mit wissenschaftlichen Informationen (nach-)denken, wenn sich einige Wissenschafter ihres Verhältnisses zur Öffentlichkeit, zur Politik und zu den Laien bewusster geworden sind, dann hat die Arbeit ihr wesentlichstes Ziel erreicht.

Folgende „Logik" leitete die Forschungsarbeit und den Aufbau dieses Buches: Die kommunikativen Leistungen der Wissenschaft und der Massenmedien im Zusammenhang mit dem Waldsterben sollen systematisch dargestellt und beurteilt werden. Das Urteil stützt sich primär auf eine normative Position, die ich ausführlich begründe. Den Fall „Waldsterben" habe ich auf den Verlauf der Diskussion in der Schweiz eingeschränkt. Vergleiche mit anderen Ländern sind nur bedingt zulässig, weil das Waldsterben von der Wissenschaft, den Massenmedien und insbesondere von der Politik in der Schweiz und in anderen Ländern als nationales Problem bearbeitet wurde. Von Land zu Land ist die Waldsterbensdebatte recht unterschiedlich verlaufen.[6]

Kapitel eins bis drei vermitteln ein Hintergrundwissen, auf das in den Kapiteln vier bis sieben in mehr oder weniger direkter Weise Bezug genommen wird. Die in diesen ersten Kapiteln geführte Diskussion reicht jedoch weit über das hinaus, was an Grundlagen in den folgenden Kapiteln benötigt wird. Ich erarbeite in diesem ersten Teil eine Perspektive, die über den Fall Waldsterben hinausweisen soll und eine Grundlage für die Auseinandersetzung mit Umweltwissenschaft, Massenmedien, Öffentlichkeit, Politik, Laien und Experten usw. abgeben soll. Wie geht die Moderne mit ihren Umweltproblemen um? – Einige Aspekte dieses Problembereichs will ich am Beispiel des Waldsterbens aufarbeiten.

Kapitel eins führt in die Problematik der Beziehungen zwischen Umweltforschung und Massenmedien, sowie zwischen ihnen und ihrem gesellschaftlichen Umfeld ein. Sie werden daraufhin betrachtet, welche Orientierungsleistungen sie für die Gesellschaft als ganzes erbringen und auf welche Art sie an der Definition oder Bearbeitung von Umweltproblemen beteiligt sind.

In Kapitel zwei wird ein normativer Begriff von Öffentlichkeit präsentiert. Ausgangspunkt der Diskussion ist eine Darstellung verschiedenster Facetten und Bedeutungen von Öffentlichkeit. In einem weiteren Schritt werden drei Modelle von Öffentlichkeit einander gegenübergestellt. Auf der Grundlage der sogenannten Diskurs- und Verantwortungsethik wird schliesslich das in dieser Arbeit massgebende Verständnis von Öffentlichkeit erarbeitet. Mit diesem normativen Begriff von Öffentlichkeit ist auch

---

6   Es ist mir keine Arbeit bekannt, die für Europa einen Überblick über die Unterschiede bieten würde. Dass mit erheblichen Unterschieden zu rechnen ist, geht beispielsweise aus den Arbeiten von Roqueplo 1987, Krott 1994 und Boehmer-Christiansen 1988 hervor.

ein Bezugspunkt für die Zusammenarbeit von Wissenschaft und Massenmedien gewonnen.

Kapitel drei stellt die Beziehungen zu Wissenschaftsethik und Medienethik her. Spezielle Beachtung finden dabei einige Aspekte, die für die folgenden Kapitel von besonderer Bedeutung sind, nämlich der Wahrheitsbegriff, das Verhältnis von Experten und Laien, die Verantwortung von Wissenschaftern und Journalisten gegenüber der Gesellschaft und der Umwelt, sowie die Idee der Medien als vierte Gewalt im Staat.

Mit Kapitel vier beginnt die Auseinandersetzung mit dem Fall Waldsterben in der Schweiz. Als erstes wird der Wandel des Bildes des Waldsterbens in der Wissenschaft von seinen Wurzeln in den 70er Jahren bis zur Mitte der 90er Jahre nachgezeichnet. Dies erfolgt auf der Grundlage wissenschaftlicher Dokumente, insbesondere von Beiträgen in der Schweizerischen Zeitschrift für Forstwesen. Besondere Aufmerksamkeit erfahren dabei diejenigen Dokumente, die dazu dienten, die Umweltpolitik zu begründen oder ein Bild des Waldsterbens zusammenzufassen bzw. verbindlich zu erklären. Zugleich werden auch diejenigen Dokumente näher betrachtet, die die Mainstream-Vorstellungen des Waldsterbens zu ihrer Zeit kritisierten oder eine Alternative dazu propagierten. Es geht in diesem Kapitel darum, die Bedingungen aufzuzeigen, die dazu führten, dass sich bestimmte Vorstellungen lange Zeit halten konnten, sich schliesslich aber doch grundlegend wandelten. In zweiter Linie gewährt dieses Kapitel auch Einblicke in die Verbindungen zwischen Wissenschaft und Politik.

Kapitel fünf wendet sich dem Wandel des Waldsterbens in den Medien zu. Auf der Basis von Artikeln der Tagespresse wird wiederum ein chronologisches Bild des Waldsterbens bis 1993 rekonstruiert. Zusätzlich werden die Zeitungsartikel noch einer quantitativen Inhaltsanalyse unterzogen. Sie vergleicht den Wandel der Berichterstattung für drei Zürcher Printmedien. Der Zeitraum 1993 bis 1994 wird nicht mehr systematisch abgedeckt.

Dafür folgt in Kapitel sechs eine Analyse der Berichterstattung über die Präsentation des Sanasilva-Berichtes 1993 (im Sommer 1994) und über den zugleich von Greenpeace veröffentlichten Insanasilva-Bericht. In den Kapiteln vier, fünf und sechs werden die Leistungen von Wissenschaft und Massenmedien nicht nur rekonstruiert, sondern auch vor dem in den Kapiteln zwei und drei erarbeiteten normativen Hintergrund beurteilt.

Im siebten und letzten Kapitel wird ein Fazit über die argumentativen Leistungen der Wissenschaft und der Massenmedien gezogen. Ich weise auf einige Ansatzpunkte für mögliche Verbesserungen hin. Schliesslich erläutere ich, inwiefern das Waldsterben als ein einzigartiger Fall zu betrachten ist, und inwiefern darin ein Modellfall für die Verarbeitung von Umweltproblemen in der modernen Gesellschaft zu sehen ist.

Um den Rahmen dieses Buches nicht zu sprengen, habe ich nicht alle Ergebnisse meines Forschungsprojektes aufgenommen. Aufgrund von Interviews mit zehn Journalisten und zehn Wissenschaftern habe ich eine fiktive Diskussionsrunde am Radio erarbeitet. Dieses „Hörspiel" stellt der von mir aufgearbeiteten Geschichte und der von mir vorgebrachten Kritik die unterschiedlichen Sichtweisen von involvierten Wissenschaftern und Journalisten entgegen. Sie eröffnen insbesondere interessante Einblicke in die institutionellen Hintergründe von Wissenschaft und Massenmedien und in die persönliche Betroffenheit einiger wichtiger Akteure. An einigen Stellen treten auch divergierende Grundlagen für Bewertungen hervor. Dieser ursprünglich als Kapitel sieben vorgesehene Text ist relativ umfangreich und zeichnet sich durch einen erzählenden, beinahe umgangssprachlichen Schreibstil aus. Er wird anderweitig publiziert werden.

1. Umweltforschung, Medien und Gesellschaft

Ein Begriff wie „Umweltforschung" ist erklärungsbedürftig. In diesem Kapitel werde ich einige charakteristische Eigenschaften der Umweltforschung erläutern, die die Ereignisse um das Waldsterben sowie die Aktivitäten und die Probleme der Waldschadenforschung verständlicher machen. Ich erlaube mir hier noch einen weiten Blickwinkel, der später, in der Auseinandersetzung mit dem konkreten Fall des Waldsterbens in der Schweiz, eingeengt werden wird. Die vorliegende Arbeit befasst sich im wesentlichen mit den Forschungsbemühungen, die dem Zustand des Waldes, den Waldschäden, Immissionen und den dafür relevanten ökologischen Zusammenhängen im Wald gewidmet sind. Sie stehen stellvertretend für ein weites Feld von Forschungen von Hochschulen und staatlichen Forschungsanstalten, aber auch von privaten Instituten, die einen Beitrag zur Erklärung und Bewältigung von Umweltproblemen leisten wollen. Umweltforschung in diesem Sinne ist nicht durch Disziplinen bestimmt, sondern allein durch ihren Problembezug.

1.1 Umweltforschung und Gesellschaft

Manchmal sind Umweltprobleme von Laien beobachtbar und beschreibbar, beispielsweise wenn Pflanzen und Tiere rar werden oder Missbildungen aufweisen, wenn das Wasser stinkt oder in allen Farben schäumt, wenn Landschaften auf alten Fotografien nicht wieder zu erkennen sind usw. Aber Schwermetalle im Boden, ein erhöhter Treibhauseffekt, das Ozonloch, Nitrate im Wasser usw. sind Beispiele für Phänomene, die nicht ohne weiteres zu beobachten sind. Dazu ist die Gesellschaft auf die Umweltforschung angewiesen.

Abb. 1 zeigt die wesentlichen funktionalen Beziehungen, an die zunächst gedacht wird, wenn man von Umweltforschung spricht. Die Umweltforschung soll Erkenntnisse zutage fördern, diese an die Massenmedien weiterleiten, die sie ihrerseits in popularisierter Form an Bevölkerung, Politik, Verwaltung, Unternehmen usw. vermittelt. Deren Handlungsweisen verändern die Umwelt, lösen damit Probleme oder schaffen auch neue, die zur Interpretation anstehen.

Mit dem selben Recht liesse sich auch ein entgegengesetzter Kreislauf zeichnen. Aus der Verfügbarkeit der Welt zieht die wirtschaftende Bevölkerung materiellen Gewinn. Ein Teil davon wird als Steuergeld von der Politik zur Finanzierung der Forschung verwendet. Ein anderer Teil fliesst als Werbeaufträge und Abonnemente an die Medien. Parallel zum Geldfluss fliessen auch Relevanzen. Die Bevölkerung empört und ängstigt sich, die Politik schreibt Forschungsprogramme aus, und die Journalisten verleihen interessanten Forschern Publizität. Forschungsgelder und Reputation sind zentrale Steuerungsmedien der Wissenschaft und beide sind auf vielfältige Weise an Inhalte geknüpft.

Die Möglichkeiten, ein Umweltproblem zu erkennen, beruhen in den meisten Fällen auf einer Erkenntnisinfrastruktur, die gesellschaftlich organisiert und reproduziert wird. Unter Erkenntnisinfrastruktur sind das Fachwissen, die Methoden, die Instrumente, aber auch Tagungen, Bibliotheken, Zeitschriften und andere Kommunikationsmittel der wis-

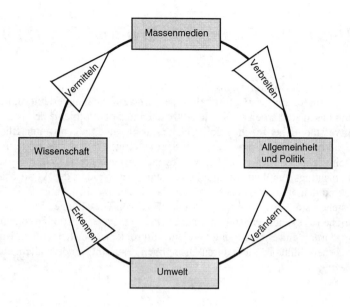

Abb. 1: Die zentralen funktionalen Beziehungen zwischen Umweltforschung und Gesellschaft.

senschaftlichen Gemeinschaft zu verstehen. Am Anfang von Umweltproblemen stehen vielfach wissenschaftliche Selektions- und Interpretationsleistungen, die Experten im Rahmen der ihnen zur Verfügung stehenden Erkenntnisinfrastruktur erbringen. Für die „Rückmeldung" über die Folgen des eigenen Handelns ist die Bevölkerung also in hohem Masse auf das Funktionieren der Umweltforschung angewiesen. Zugleich ist sie damit auch der Art und Weise, wie sie funktioniert, ausgeliefert! Es sind in erster Linie Experten, die in einer Fachtradition ausgebildet wurden und in bestimmten gesellschaftlichen Kreisen stehen, die definieren, was, wie, wo, wann ein Umweltproblem ist, was es hervorbringt, und deshalb auch wer es verursacht und wer davon auf welche Weise betroffen ist. In politischer Hinsicht können die Laien der Definitionsmacht von Experten zumindest als Einzelpersonen nichts Vergleichbares entgegensetzen.

Weil aber die Problemdefinitionen vorerst einmal punktuell in der Gesellschaft anfallen, sind sie zunächst auch relativ machtlos. Um gesellschaftliche Wirkung zu entfalten, müssen die Problemdefinitionen zuerst von breiten Bevölkerungskreisen, von Politikern oder von organisierten Interessen vertreten werden. Um Veränderungen herbeizuführen, müssen sie sich in Entscheidungssituationen gegen andere Situationsdeutungen durchsetzen können. Wie die Geschichte von Problemen wie Klimawandel, Waldsterben und Zerstörung der Ozonschicht zeigt, reicht jedoch die allgemeine und offizielle Anerkennung des Problems allein noch nicht aus, um in Demokratien wirksame Gegenmassnahmen beschliessen zu können. Solange für die „Verlierer" keine einigermassen profitable Alternative in Sicht ist, sind die Wege von der Definition des Problems bis zum Erreichen der Macht, um einen bestimmten Lösungsweg durchsetzen zu können, oft endlos lange.

Innerhalb der Wissenschaft lassen sich zwei Idealtypen der Beziehung zu Problemen unterscheiden, nämlich erstens die Orientierung an Fragestellungen, die sich aus den Ergebnissen von Forschungen ableiten (Selbstreferenz) und zweitens eine Orientierung an Problemen, die zunächst ausserhalb der Wissenschaft formuliert werden, zu deren Bewältigung jedoch wissenschaftliche Untersuchungen sinnvoll oder notwendig erscheinen (Fremdreferenz). Das Verhältnis von Selbst- zu Fremdreferenz in der wissenschaftlichen Arbeit ist zugleich eine Qualität der Beziehung zwischen der Wissenschaft und anderen Lebensbereichen (vgl. Tab. 1). Die Umweltforschung ist typischerweise in hohem Masse an ausserwissenschaftlichen Problemen orientiert, während die Naturwissenschaft Ökologie über ein Gebäude von Theorien verfügt, deren Überprüfung und Weiterentwicklung zu den zentralen Forschungsanstrengungen zählt. In diesem Fall ergibt sich der Nutzen für die Bewältigung von Problemen erst durch Vermittlungsschritte.

Es ist nicht so, dass das Verfolgen einer inneren Entwicklungslogik von Forschungsfragen kein anwendbares Wissen hervorbrächte. Der Ingenieur verwendet typischerweise solches systematisch erarbeitetes Wissen, nur ist zuvor die Wissenschaft nicht in erster Linie von seinem praktischen Problem ausgegangen. Auch wenn es eine Überschneidung gibt, darf also die Unterscheidung von Selbst- und Fremdreferenz nicht mit der Unterscheidung von Grundlagenforschung und angewandter Forschung gleichgesetzt werden. In unserem klassischen Wissenschaftsverständnis dominiert die Orientierung der Wissenschaft an den eigenen Relevanzkriterien; systematischer Zweifel und Neugier gelten als die zentralen Triebkräfte des wissenschaftlichen Erkenntnisfortschritts, und die Wissenschaft wird als Motor des gesellschaftlichen Fortschritts betrachtet. Greift die Wissenschaft Erkenntnisprobleme aus anderen Lebensbereichen auf, präsentieren sich ihre Erkenntnisse nicht in Form eines sich selbst weiterspinnenden Fadens wissenschaftlicher Fragestellungen, sondern repräsentieren auch die Ordnung des konkreten Falles, aus dem sie erarbeitet worden sind. Das bis anhin verfügbare wissenschaftliche Wissen arbeitet sich an vorgegebenen Problemen ab und erweitert sich dadurch. Es kann sogar sein – und für die Umweltforschung trifft dies in ausgeprägter Weise zu –, dass sich die in Fremdreferenz operierende Wissenschaft mit Problemen befasst, die sich als Nebenfolgen der Anwendung von Wissen ergeben haben, das im Modus der Selbstreferenz erarbeitet wurde. Dadurch wird auch der Bezug zum gesellschaftlichen Fortschritt gebrochen. Tab. 1 stellt einige Merkmale dieser beiden Idealtypen einander gegenüber. Sie kann als Illustration für die Art und Weise, wie die Arbeiten der Umweltforschung in die Gesamtheit des Gesellschaftlichen eingebunden sind, gelesen werden.

Hinsichtlich der Beziehungen zu den Massenmedien und zur aufmerksamen Öffentlichkeit ist besonders auf die unterschiedlichen Formen von Öffentlichkeitsarbeit und Wissenschaftsjournalismus hinzuweisen. Typischerweise muss die in Selbstreferenz arbeitende Wissenschaft eine aktive Öffentlichkeitsarbeit, ja geradezu eine Werbestrategie verfolgen, um die Früchte ihrer Arbeit publik machen zu können, denn Sensationelles, der grosse Durchbruch, oder die erstaunliche Erkenntnis fällt in der Wissenschaft relativ selten an. Das typische Forschungsresultat ist das kleine abstrakte Steinchen im grossen imaginierten Puzzle, das sich für die mediale Vermittlung denkbar schlecht eignet.

Ganz anders stellt sich die Situation der in Fremdreferenz arbeitenden Wissenschaft dar. Sie wird von den Blicken der Welt verfolgt, und die Journalisten bleiben den Wissenschaftern auf den Fersen. Im Extremfall wird jede ihrer Äusserungen politisch gewertet, gedreht und gewendet, und für oder gegen bestimmte Interessen eingespannt. Die Öffentlichkeitsarbeit der an gesellschaftlichen Problemen orientierten Wissenschaft muss zwar auch Kenntnisse zielstrebig nach aussen tragen, sie steht aber zusätzlich vor der Aufgabe, unerwünschte Nebenfolgen von publizierten Aussagen zu verhindern.

Häufig sieht sich die Umweltforschung vor die Schwierigkeit gestellt, dass ihre Ergebnisse sofort dazu herangezogen werden, unmittelbar zwischen Verursachern und Betroffenen, zwischen Schuldigen und Unschuldigen zu unterscheiden. Wenn die Worte

Tab. 1: Zwei Idealtypen wissenschaftlicher Orientierung.

Selbstreferenz als Orientierung der Wissenschaft	Fremdreferenz als Orientierung der Wissenschaft
Orientierung vorwiegend an wissenschaftsinternen Relevanzkriterien: Aus den Grundlagen leiten sich Anwendungen ab	Orientierung vorwiegend an wissenschaftsexternen Relevanzkriterien: Die Untersuchung von Problemen führt zu neuen Grundlagen
Erkenntnisgewinn bedeutet in erster Linie, die Grenzen der Erkenntnis auszuweiten.	Der Erkenntnisgewinn besteht v.a. darin, die „Unkenntnis", d.h. die Grenzen der Kenntnisse zu erkennen.
Der Erkenntnisgewinn ist an Fortschritt, Nutzen, Gewinn etc. orientiert.	Der Erkenntnisgewinn ist an Problemen und Risiken orientiert.
Die Beziehung wissenschaftlichen Arbeitens zu politischen oder ökonomischen Interessen kann sehr unterschiedlich ausfallen; sie ist meistens jedoch eher indirekter, allgemeiner und langfristiger Natur.	Die von der Wissenschaft bearbeiteten Probleme sind häufig moralisch und politisch aufgeladen. Auf den Wissenschaftern lastet ein politisch motivierter Erwartungsdruck, und sie sind der Gefahr ausgesetzt, instrumentalisiert zu werden.
Typisches Legitimationsproblem: Wie wird das Geld verwendet? Ist die Forschung sinnvoll und ethisch vertretbar?	Typisches Legitimationsproblem: Ist die Forschung politisch unabhängig? Trägt sie zur Lösung von Problemen bei?
Wissen wird angeboten; es herrscht evtl. Konkurrenzdruck.	Wissen wird nachgefragt; es bestehen evtl. divergierende Lehrmeinungen.
Stossrichtung von Öffentlichkeitsarbeit und Wissenschaftsjournalismus: Zusammenhänge verständlich vermitteln, die Leistungen der Wissenschaft herausstreichen, Zukünftige Entwicklungen skizzieren usw.	Stossrichtung von Öffentlichkeitsarbeit und Wissenschaftsjournalismus: Hintergründe erklären, politische Relevanz aufzeigen und politische Urteile begründen, Ängste und Hoffnungen einordnen, Gutachterstreite verfolgen usw.
Berichterstattung typischerweise auf Wissenschaftsseiten oder in Wissenschaftssendungen.	Berichterstattung typischerweise als Element von Berichten über politische Ereignisse oder Katastrophen; gelegentlich auch in Form von Reportagen und Interviews.
Paradigma: Königswissenschaft Physik; Ingenieur, Architekt, Planer; Wettrennen um bahnbrechende Erkenntnisse.	Paradigma: Medizin; Arzt, Therapeut, Gutachter; Streit der Experten in der politischen Beratung.

von Wissenschaftern zu Waffen in den Händen organisierter Interessen werden, besteht die Gefahr, dass sie am Ende gegen die Wissenschaft selbst gerichtet werden. Die Logik von Freund und Feind ist darauf aus, kein Drittes zuzulassen.[7]

Ulrich Beck[8] unterscheidet zwischen einfacher und reflexiver Modernisierung. Reflexiv bedeutet bei Beck, dass sich die Moderne nicht weiterhin an einer linearen Fortschrittsidee, die für die Industrialisierung wegweisend war, orientieren kann, sondern ihre Entwicklungslogik aus der sich selbst auferlegten Beschäftigung mit Folgeproblemen der fortlaufenden Industrialisierung bezieht.[9] Mit der gesellschaftlichen Entwicklung von einfacher zu reflexiver Modernisierung muss daher auch eine Verschiebung des Gewichtes der wissenschaftlichen Orientierung von Selbst- zu Fremdreferenz einhergehen. Diese Verschiebung nimmt im Falle der Umweltforschung sogar Züge einer sozialen Bewegung innerhalb der Wissenschaft an.[10]

1.2 Massenmedien und Gesellschaft

In technischer Hinsicht sind Medien Instrumente, um Informationen in Form von Texten, Bildern und Tönen zu vervielfältigen und zu verbreiten. Dazu müssen Informationen übernommen oder aufbereitet werden, d.h. es wird ausgewählt, arrangiert, interpretiert, kommentiert, redigiert, kritisiert usw. Im kommunikativen Sinn produzieren Medien daher „Wirklichkeiten".

Wenn Medien als Unternehmen auftreten, dann verkaufen sie ihr Produkt zugleich auf zwei Märkten. Ihrem Publikum verkaufen sie Informationen und Unterhaltung. Dieser Erfolg entscheidet primär über die Auflage bzw. über die Einschaltquoten. Auf dem zweiten Markt wird Werbefläche angeboten. Hier entscheidet die Auflage über den Wert der Werbefläche. Die Werbeeinkünfte sind wiederum die wichtigsten Einkünfte für privatwirtschaftlich geführte Medien. Auflagenstarke Printmedien können ihr Produkt mit mehr Aufwand herstellen, wodurch die Chancen für attraktive oder qualitativ bessere Angebote steigen.

Medien sind nun aber nicht einfach nur Verarbeiter, Vermittler und Verbreiter vorgefundener Informationen über Ereignisse, vielmehr schaffen sie selbst dauernd Ereignisse unterschiedlichster Art: Es erscheinen Artikel oder Sendungen; Journalisten sind anwesend, stellen Fragen, fotografieren und filmen; Medien organisieren Anlässe, und Anlässe werden so organisiert, dass die Medien anwesend sind, usw. Dies kann alles einen erheblichen Einfluss darauf ausüben, worüber die Medien am Ende berichten. Auch wenn die Medien es in der Regel vermeiden, ihre eigene Aktivität zu zeigen, müssen sie doch immer als ein Teil der Realität, von der sie berichten, betrachtet werden.

In Betracht zu ziehen sind auch die Voraussetzungen, unter denen bei den Medien gearbeitet wird. Damit meine ich nicht nur die Struktur von Medien und Werbemärkten, sowie die Infrastruktur, die ein Medium seinen Mitarbeitern zur Verfügung stellt, sondern auch das Wissen, die Motivation und die Fähigkeiten die letztere mitbringen. Hin-

---

7   Vgl. zu den Schwierigkeiten, die sich für die Wissenschaft im Rahmen von politischen Konflikten ergeben können: Linder 1987, S. 192. Er bezieht sich auf: Dieter Freiburghaus und Willi Zimmermann 1985: Wie wird Forschung politisch relevant? Bern, Haupt.

8   Vgl. Beck 1993, S. 57ff.

9   Vgl. z.B. Beck 1993, S. 96ff., oder auch: Beck 1986, 1988, 1991.

10   Vgl. Thomas 1994 zur Entstehung der Umweltwissenschaften in der Schweiz und der institutionellen Verankerung ihrer „Rationalität".

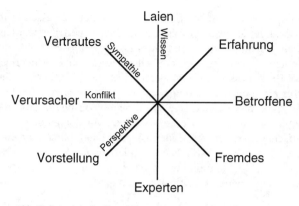

Abb. 2: Beispiele für Vermittlungsleistungen der Medien.

sichtlich neuer Umweltprobleme sind die Journalisten meistens Laien oder fachfremde Akademiker. Und sie berichten darüber unter dem Druck, mit geringem Aufwand attraktive Produkte zu erzielen.

Zur Aufklärung über die Folgen des eigenen Handelns ist die Bevölkerung auf das Funktionieren der Medien angewiesen, und zugleich der Art und Weise ausgeliefert, wie sie funktionieren! Die Leistungen der Massenmedien werden durch diese Abhängigkeit der Allgemeinheit ebenso zu einem Faktor für umweltverändernde gesellschaftliche Prozesse, wie die Leistungen der Umweltforschung.

Über die Dramaturgie der Wirklichkeit in den Massenmedien werden nicht nur Experten und Laien miteinander vermittelt, wie es Abb. 1 ausdrückt. Im Falle von Themen, die für kollektive bzw. politische Entscheidungen relevant sind, ermöglichen die Medien nämlich auch eine breite gesellschaftliche Diskussion und eine Meinungsbildung. Sie konfrontieren verschiedene Interessengruppen und Konfliktparteien mit gegensätzlichen Ansichten und Meinungen. Die Medien sind der Boden, auf dem Probleme gesellschaftlich so aufbereitet werden können, dass sie innerhalb demokratischer Entscheidungsstrukturen bearbeitet werden können. Über die Medien ergibt sich folglich noch ein drittes Spannungsfeld, nämlich das zwischen Verursachern und Betroffenen bzw. zwischen Positionen mit unterschiedlichen Ansprüchen (vgl. Abb. 2). Im selben Sinn sind durchaus noch weitere Spannungsfelder hinzu zu denken, für die die Medien Vermittlungsleistungen bereitstellen können. Es liegt allerdings auch in der Macht der Medien, solche Spannungen zu schüren.

Auf den ersten Blick gleicht die Frage, welcher der beiden medienspezifischen Märkte – Information und Unterhaltung einerseits, Werbung andererseits – der primäre ist, der Frage nach dem Huhn und dem Ei. Heute werden die meisten Medien grösstenteils über Werbeeinnahmen finanziert.[11] Werbung macht jedoch nur dann Sinn, wenn sich für die Inhalte, die das Medium vermittelt, ein grosses Publikum findet. In der Marktwirtschaft stehen die Medien unter Anreiz oder Zwang, hohe Auflagenzahlen und Einschaltquoten

---

[11] Schanne (1993, S. 241) nennt für die Werbung in auflagenstarken schweizerischen Tageszeitungen einen Anteil von 75% an den Erlösen.

anzustreben. Die Werbeeinnahmen bestimmen damit auch weitgehend die Spielräume zur Produktion attraktiver Information oder Unterhaltung. An die Beobachtung, dass die Inhalte der Medien mit der Werbung finanziell so eng gekoppelt sind, knüpft die Befürchtung an, das kommerzielle Mediensystem untergrabe die Souveränität der mündigen Rezipienten und produziere an ihren Interessen vorbei.[12]

Dasselbe Problem würde sich jedoch auch einstellen, wenn sich ein Medium ohne Werbeeinnahmen nur mit seinen Inhalten an das Publikum verkaufen möchte. Da Tageszeitungen und Fernsehprogramme kaum wegen der darin vorkommenden Werbung konsumiert werden, ist die Nachfrage des Publikums der entscheidende Faktor für die Gestaltung der Produkte. Was immer die Produzenten eines Mediums wollen, es muss beim Publikum ankommen. Wie schäbig und verdummend Berichte und Sendungen auch sein mögen, im Prinzip bleibt die Souveränität der Rezipienten vollumfänglich gewahrt. Wenn sich eine Nachfrage nicht befriedigen lässt, dann liegt es daran, dass Massenmedien immer für mehr oder weniger grosse Segmente der Bevölkerung produzieren. Offenbar fragt nur ein relativ kleines Segment die gehobene Qualität nach.

Die Interessen der „mündigen" Rezipienten werden unter marktwirtschaftlichen Bedingungen am ehesten durch eine „Verfassung" des Mediums, die die redaktionelle und journalistische Arbeit zu Wahrhaftigkeit, Offenheit und Interessentransparenz verpflichtet, geschützt.[13] Es muss jedoch auch eine gewisse Pluralität gewährleistet sein, um insbesondere das Spektrum der politisch relevanten Standpunkte und Argumentationsweisen oder auch die kulturelle Vielfalt repräsentieren zu können. Dies kann innerhalb eines Mediums erfolgen, dürfte in der Praxis jedoch durch eine vielfältige Medienlandschaft am ehesten gewährleistet werden.

Die Arbeitsorganisation, die Märkte, die Fähigkeiten von Journalisten und Redaktoren und die PR-Arbeit organisierter Interessen bestimmen im wesentlichen das Bild, das die Medien uns als „Wirklichkeit" präsentieren. Nach dem zuvor gesagten ist klar: Medien sind kein Spiegel der Realität. Sie sind hoch selektiv, und sie inszenieren ein Schauspiel der Wirklichkeit. Sie müssen vereinfachen und verkürzen. Sie neigen dazu, Ereignisse zu dramatisieren. Sie generieren selbst Ereignisse, und sie werden für Ereignisse instrumentalisiert.[14] Medienschaffende sind zudem selbst Medienkonsumenten, die ihre Vorverständnisse (und Vorurteile), wie andere Leute auch, zu einem schönen Teil aus den Medien beziehen. Wenn Medien als Konstrukteure von Wirklichkeiten betrachtet werden, dann stellt sich immer noch die Frage, welchen Bezug sie zur Realität haben, von der sie berichten.

Einem Text und einem Bild alleine ist in der Regel nicht anzusehen, welche Konstruktionsleistungen ihnen zugrundeliegen. Doch genau diese Frage müsste beantwortet werden, um den Bezug zu dem, was für ein Medien konsumierendes Individuum Realität heisst, zu klären. Warum aber ist dieser Umstand für uns im Alltag selten problematisch? Warum können wir den Berichten – den Konstruktionen – der Tageszeitung vertrauen? Wir können mit einer gewissen Berechtigung unterstellen, dass die Konstruk-

---

12 Vgl. Hunziker 1988, S. 128.
13 Vgl. z.B. Grundsätze und Leitlinien der Washington Post, in Schanne und Schulz 1993, S. 215 - 222.
14 Das ist schon deutlich in der Politik zu erkennen, wenn die mediale Verbreitung von Positionen in einer werbenden Rhetorik vorgebracht wird. Und es führt im Extrem dazu, dass die Medien im Kriegsfall durch bewusste Fehlinformation als Mittel der psychologischen Kriegsführung eingesetzt werden.

teure der Tageszeitung ihre Wirklichkeit ähnlich konstruieren, wie wir es tun würden. „Tageszeitung" ist der Name einer Praktik, die sich während der letzten zwei, drei Jahrhunderte zur heutigen Form weiterentwickelt hat – Tag für Tag. Es ist ein standardisierter und bewährter Produktionsvorgang, der auf die Nachfrage des Publikums reagiert. Da wir nicht alle an den gleichen Ereignissen, und an diesen schon gar nicht aus den selben Gründen, interessiert sind, haben wir unsere Zeitung. Wenn wir Glück haben, schreibt sie uns auf den Leib. Wenn wir Pech haben, haben wir noch keine bessere Alternative gefunden.

Eine Überprüfung des einzelnen Artikels, des einzelnen Bildes ist für den Leser in den seltensten Fällen möglich. Durch die Konkurrenz der Medien, durch rechtliche Rahmenbedingungen und durch das Berufsethos werden die Vermittlungsleistungen der Medien langfristig und im Durchschnitt auf die gesellschaftlich erwünschte Qualität getrimmt. Für die korrigierende Rückkopplung der Folgen von medialen Konstrukten ist eine Vielfalt von indirekten Kanälen vonnöten. Kein Weg kann darum herum führen, denn selbst das Recht auf Gegendarstellung verbürgt in den Fällen, in denen es überhaupt in Anspruch genommen werden kann, nur ein Recht darauf, eine eigene Konstruktion in ungefähr derselben Auflagenhöhe drucken und verbreiten zu lassen. Es bringt das Publikum nicht a priori seiner Realität näher. Hinsichtlich der Wirklichkeit sind wir zunächst den Medien (und ihren Märkten) ebenso unbarmherzig ausgeliefert, wie unserem Zweifel.

An die Frage der Medienwirklichkeit schliesst die Frage der sogenannten „Medienwirkung" an. In der Regel wird in der medienwissenschaftlichen Literatur die Wirkung der Medien – von wenigen Ausnahme-Ereignissen abgesehen – skeptisch beurteilt:

> „Wie die Ergebnisse der Wirkungsforschung zeigen, beschränkt sich das Beeinflussungspotential der Medien normalerweise auf die Bekräftigung und marginale Verstärkung bereits vorhandener Einstellungen und Überzeugungen. In Situationen allgemeiner Verunsicherung sind allerdings stärker prägende Medienwirkungen nicht ausgeschlossen."[15]
> „Die eigenständige Mobilisierungskraft der Medien sollte nicht überschätzt werden. Wie etwa gegenwärtig die Beispiele der Umweltzerstörung im allgemeinen und des Waldsterbens im besonderen deutlich zeigen, reicht auch eine lange und intensive Informations- und Aufklärungskampagne der Medien nicht aus, um die Bevölkerung zu einer Veränderung des Verhaltens – etwa zu freiwilliger Geschwindigkeitsreduktion beim Autofahren – zu bringen. So lange die verallgemeinerten Vorstellungen nicht mit einer unmittelbaren persönlichen Betroffenheit verbunden sind, scheinen Versuche zur kollektiven Mobilisierung über die Massenmedien ziemlich wirkungslos zu sein."[16]

Zitate wie dieses (von mir willkürlich ausgewählte) sind typisch für die Diskussion über die Wirkung der Medien. Es gibt aber auch Beispiele für erstaunliche Mobilisierungsleistungen der Medien. So ist es Greenpeace 1995 gelungen, über eine Medienkampagne, die Versenkung der Erdölbohrinsel „Brent Spar" in der Nordsee zu verhindern. Informationen sind ein Mittel, Macht auszuüben, und die Medien ein Mittel, Informationen zu verbreiten.

Die primäre Wirkung der Medien liegt in ihrer Vervielfältigungs- und Verteilungsleistung von Texten, Bildern und Tönen. Dies ist die einzige ihrer Wirkungen, die in einem mechanischen Sinn begriffen werden darf.

---

[15] Hunziker 1988, S. 104.
[16] Hunziker 1988, S. 111.

Eine sekundäre „Wirkung" liegt in der Arbeitsweise, insbesondere in der Selektion und Aufbereitung von Texten, Bildern und Tönen. So weit bearbeiten die Medien nur Ereignisse, die nicht ihnen selbst zuzurechnen sind, und nur relevante Ereignisse, von denen die Handelnden erfahren, sind ihnen Grund genug, aktiv zu werden (und z.B. ein Produkt zu boykottieren).

Eine dritte „Wirkung" liegt nun aber tatsächlich darin, dass auch Ereignisse durch die Existenz und vor allem durch die Präsenz der Medien einen besonderen Verlauf nehmen. Ohne die Medien wäre Brent Spar vielleicht versenkt worden, oder eine Umweltschutzorganisation hätte zu anderen politischen Mitteln gegriffen. Ohne die politischen Talk-Shows und Streitrunden am Fernsehen würden wahrscheinlich auch einige politische Geschäfte einen anderen Verlauf nehmen. Die Medien sind ein Faktor, der von Akteuren strategisch eingesetzt wird. Sie gehen in die Konstitution von Ereignissen ein, und sie produzieren selbst Ereignisse, in denen dann die Akteure als Faktoren strategisch eingesetzt (d.h.: vermarktet) werden. Die ersten beiden Dimensionen der Medienwirkungen sind Voraussetzungen der „Wirkung" dieser dritten Art.

Alle drei Dimensionen der Medienwirkung werden jedoch durch die Interpretationsleistungen des Publikums gebrochen. Für die Handelnden sind primär die Botschaften, die sie (nicht) verstehen können, relevant. Die unzureichende Vorstellung einer kausalen Wirkung der Medien auf ihr Publikum kann zustandekommen, weil Produktion und Konsum von Nachrichten und Berichten hochgradig standardisiert sind, so dass im normalen Alltag die Interpretationsleistungen zumindest für die Rezipienten nicht problematisch werden.

In welchem Mass die Medien nun dazu beitragen, Ansichten und Meinungen zu wandeln oder zu bestärken, liegt primär an den Botschaften, die das Publikum empfängt. Ansichten, die dem eigenen Leben Struktur verleihen, werden vermutlich nicht so leicht zu beeinflussen sein, wie die Meinung, die man bisher von einer prominenten Person hatte. Die meisten Elemente, die langfristig zum Wandel des Weltverständnisses beitragen, werden heute wahrscheinlich durch die Medien vermittelt, aber nicht von ihnen generiert. Medien tragen dazu bei, bestehende Verhältnisse in Frage zu stellen, indem sie Material anbieten, das ihr Publikum dazu nutzen kann, Meinungen und Einstellungen zu attackieren, Personen herauszufordern oder auch, um Freund-Feind-Dichotomien zu reproduzieren. Auf diese Weise sind die Medien ein zentraler Faktor im Rationalisierungsprozess der Modernisierung und zugleich im Prozess der Gegenmodernisierung, der Wiederherstellung von Fraglosigkeit.[17]

1.3 Zwei Öffentlichkeiten

Weil die Wissenschaft ein Bereich spezialisierten Handelns ist, der sich einerseits von anderen Lebensbereichen abschottet, andererseits nicht in der Lage ist, sich selbst zu reproduzieren, muss sie sich durch ihre Leistungen ständig legitimieren. In demokratischen Gesellschaften ist die Wissenschaft dazu auf die Präsenz in den Medien angewiesen.

Für die Medien ist die Wissenschaft hingegen nur ein Lebensbereich neben vielen anderen, zudem einer, der selten spektakuläre Ereignisse hervorbringt und obendrein oft besonders schwierig zu vermitteln ist. Kurz: die Medien sind nicht im selben Mass auf

---

17   Zum Begriff der Gegenmoderne vgl. Beck 1993.

die Wissenschaft angewiesen. Gehen Journalisten jedoch einmal auf Wissenschafter zu, dann sind letztere praktisch gezwungen, Stellung zu nehmen, denn ihre Reaktion wird auf jeden Fall beobachtet.

Eine zweite Asymmetrie prägt die Zusammenarbeit zwischen Wissenschaft und Medien. Beide Subsysteme der Gesellschaft produzieren Wissen für ein Publikum, aber die Anforderungen an die Produktionsweisen von Erkenntnissen und Nachrichten unterscheiden sich in einem zentralen Punkt: In der Wissenschaft gelten idealerweise nur begründete Sachverhaltsaussagen. Um Ergebnisse überprüfen und kritisieren zu können, müssen die Produktionsbedingungen transparent dargestellt werden. Die Kritik garantiert entweder qualitativ hochwertige oder neue Produkte. Deshalb wird die Konstruktion der Wirklichkeit in der Wissenschaft „reflexiv" organisiert. Anders die Medien: Sie repräsentieren ihre Wirklichkeit auf möglichst „lineare" Weise und vermeiden jede überflüssige Darstellung der Produktionsbedingungen von Nachrichten und Berichten. Das führt dazu, dass wissenschaftliche Ergebnisse vielfach voraussetzungslos und ohne kritische Distanz dargestellt werden: Methoden, Finanzierung, institutioneller Rahmen, Folgen etc. treten hinter den nackten Ergebnissen zurück. Die Wirklichkeitskonstruktion der Medien rechnet mit dem Vertrauen des Publikums darauf, dass seine Erwartungen erfüllt werden. Eine Kontrolle von Geltungsansprüchen im Einzelfall, wie dies in der Wissenschaft gefordert wird, ist bei den Medien in der Regel nicht möglich. Damit sind günstige Voraussetzungen dafür geschaffen, dass die vielen „Wenn und Aber" der Wissenschafter, die den Geltungsanspruch ihrer Ergebnisse relativieren, oder diese in einen bestimmten Kontext stellen, nicht durch die Medien vermittelt werden. Hinzu kommt, dass die Darstellungsweisen und Interpretationen der Journalisten in den Augen der Wissenschafter nicht haltbar sein können. Da die Konstruktionsweise der Berichte für das Publikum kaum zu erkennen ist, kann es vorkommen, dass (unhaltbare) Aussagen den Wissenschaftern angerechnet werden, obwohl sie eigentlich auf das Konto der Journalisten gehen.

Wenn sich Wissenschafter in den Massenmedien äussern, besteht für sie zusätzlich die Gefahr, dass ihre wissenschaftlichen Aussagen nach den Kriterien der allgemeinen Öffentlichkeit beurteilt werden: Es geht dann nicht mehr darum, ob sie zutreffen, sondern ob sie gefallen, ob sie den eigenen Interessen entgegenkommen, oder ob sie politisch „gefährlich" sind. Viele, aber nicht alle Journalisten legen allerdings grossen Wert darauf, die Aussagen von Wissenschaftern sinnadäquat darzustellen und lassen, wenn möglich, ihre Textentwürfe gegenlesen. Kommen wissenschaftliche Aussagen jedoch im Rahmen von politischen Auseinandersetzungen vor, wie es für die Umweltforschung typisch ist, dann ist es den Journalisten oft nicht möglich, noch eine Rücksprache zu halten. Das Risiko tragen praktisch immer die Wissenschafter. Sie „haften" mit ihrem Ruf.

Auf der Seite der Medien sorgen einige grundlegende Organisationsweisen dafür, dass die Gefahr sinnentstellender Berichterstattung aus der Wissenschaft oder über die Wissenschaft kaum gebannt werden kann. Sobald Wissenschafter in politische Ereignisse involviert werden, ist die Chance gross, dass Inland- oder Auslandjournalisten den Bericht verfassen. Sie sind unterschiedlich gut darauf vorbereitet, auch den Anforderungen wissenschaftlicher Repräsentationsweisen in ihrem Kontext gerecht zu werden. Eine kritische Distanz zu den Aussagen der Wissenschafter einzunehmen, verlangt darüber hinaus eine gewisse Kompetenz, die sich Journalisten meistens erarbeiten, wenn sie ein wissenschaftliches Thema einige Jahre verfolgen. Weil in diesem Berufsfeld Wechsel häufig sind, geht diese Kompetenz oft schon bald wieder verloren.

Schliesslich stellt die Schlussredaktion noch ein gewisses Gefahrenmoment dar, denn der bestens geprüfte Artikel kann aufgrund aktueller Ereignisse, die Platz benötigen, nachträglich gekürzt, mit einem anderen Titel versehen, oder in seltenen Fällen sogar mit Bildern und Legenden ergänzt werden. Dabei können sich weitere Ungereimtheiten einschleichen. Den vielen „Fehlerquellen" können die Wissenschafter im Prinzip nur durch eine einfache, aber präzise Ausdrucksweise und durch vorsorgliche Hinweise auf mögliche Fehlinterpretationen vorbeugen. Verhindern können sie nichts, denn für jeden Bericht ist letztlich die Person verantwortlich, die ihn verfasst – auch wenn andere davon betroffen sind.

1.4 Das Gedächtnis der Gesellschaft

Die Medien sind das Transportmittel in der Gesellschaft, das einen grossen und besonderen Teil der Kommunikation zwischen Institutionen, zwischen Individuen sowie zwischen Institutionen und Individuen besorgt. Viele Institutionen sind an der Massenkommunikation beteiligt, meistens, indem sie Themen und Informationen einspeisen. Jedoch nur die Massenmedien haben es als Hauptaufgabe, Themen zu produzieren und zu verbreiten. Im allgemeinen wird das so verstanden, dass die Medien Kommunikation ermöglichen, indem sie eine Verbindung zwischen Menschen herstellen.

Man kann dies aber auch anders betrachten: Das Entscheidende an den Massenmedien ist, dass keine Interaktion unter anwesenden Sendern und Empfängern stattfinden kann; nur unter diesen Umständen machen diese Medien einen Sinn, und genau diese Umstände tragen zu ihrem kulturgeschichtlichen Erfolg bei. Die Kontaktunterbrechung schafft Freiheitsgrade für die Kommunikation: Es sind Konstellationen von Sendern und Empfängern realisierbar, die im Rahmen von persönlichen Kontakten unmöglich sind.[18] Genau das ist die Spezialität aller Massenmedien, vom Plakat über Drucksachen und Fernsehen bis zu den Medien auf dem Internet.

Eine „Dialektik" des Verbindens und Abhebens zeigt sich auch auf der Ebene der von den Medien vermittelten Themen. Die Massenmedien erzeugen eine Hintergrundrealität, von der man ausgehen, der man zustimmen oder gegen die man sich profilieren kann.[19] Es wäre deshalb falsch, davon auszugehen, dass Massenmedien Konsens verbreiten, denn sie produzieren und reproduzieren zugleich und in hohem Masse Meinungsverschiedenheiten.[20] In durchaus analoger Weise lässt sich sagen, dass die Neuigkeiten der Massenmedien zugleich Wissen und Ignoranz, Bestätigung und Irritation, Gewissheit und Ungewissheit vermitteln.[21] Sie führen laufend das eine in das andere über; sie verschieben die Horizonte von Ignoranz, Irritation und Ungewissheit; sie „verteilen" diese Spannungsmomente täglich neu auf die Gesellschaft:

„Massenmedien halten, könnte man deshalb auch sagen, die Gesellschaft wach. Sie erzeugen eine ständig erneuerte Bereitschaft, mit Überraschungen, ja mit Störungen zu rechnen. Insofern ‚passen' die Massenmedien zu der beschleunigten

---

[18] Vgl. Luhmann 1996, S. 11.
[19] Vgl. Luhmann 1996, S. 120f.
[20] Vgl. Luhmann 1996, S. 126.
[21] Vgl. Luhmann 1996, S. 46 und S. 53. Ich folge allerdings Luhmann nicht in seiner einseitigen Betonung des Aspekts der Irritation, der Ignoranz, der Ungewissheit usw.

Eigendynamik anderer Funktionssysteme, wie Wirtschaft, Wissenschaft und Politik, die die Gesellschaft ständig mit neuen Problemen konfrontieren."[22]
Die Wirklichkeiten der Massenmedien stellen die persönlichen Konstruktionen der Wirklichkeit in Frage. Offensichtlich werden jedoch widersprüchliche Informationen oder Widersprüche zur eigenen Erfahrung nicht gleich als Irrtümer oder Wahrnehmungsstörungen betrachtet, sondern als unterschiedliche, in begrenztem Mass arbiträre Perspektiven akzeptiert.[23] Anders wäre der Anspruch der Massenmedien, einen vertrauenswürdigen, verlässlichen Blick auf die Realität anzubieten, bei der Vielzahl ihrer individuellen Beobachter und Texter gar nicht aufrecht zu halten. Insofern tragen die Massenmedien entscheidend dazu bei, dass sich die Gesellschaft als pluralistische und insofern moderne Gesellschaft bewusst wird. Im Bewusstsein, dass sinnvollerweise kein Versuch unternommen wird, diese Vielfalt von Perspektiven auf eine „gültige" oder „letzte" zu reduzieren, kann in der gegenwärtigen Medienwelt sogar eine Prise Postmoderne erkannt werden.

Rein technisch betrachtet, sind Massenmedien Prozesse der rhythmischen Reproduktion und Verteilung von Information.[24] Daraus ergeben sich zwei wichtige Folgen: Erstens sind die Medien dadurch in der Lage, für die Gesellschaft eine Gedächtnisleistung zu erbringen.[25] Sie erzeugen Bekanntsein von Sinngehalten, also von Themen und Meinungen, auf die in der persönlichen Kommunikation Bezug genommen werden kann. Medien unterscheiden laufend und schnell zwischen Vergessen und Erinnern. Dieses „agenda setting" ist einer ihrer zentralen Beiträge zum sozialen Gedächtnis, wobei ihr Geschäftserfolg davon abhängt, inwiefern sie damit die wesentlichen Relevanzstrukturen ihres Publikums zum Ausdruck bringen. Auf jeden Fall „erzeugen" die Medien für und in der Gesellschaft eine eigene Zeitlichkeit.
Zweitens verändern die Medien durch die territoriale Verbreitung von Information raumzeitliche Strukturierungsprozesse der Gesellschaft. Zunächst ist damit die Ermöglichung massenhafter anonymer Kommunikation gemeint. Für die Kommunikation ist keine körperliche Anwesenheit mehr erforderlich. Es werden räumliche und zeitliche Freiheitsgrade geschaffen, die es erlauben, unvorstellbare Massen an einem räumlich eng begrenzten Geschehen in Echtzeit teilnehmen zu lassen. Livesendungen versammeln ein Publikum von weltweit hunderten von Millionen Zuschauern; dadurch entsteht so etwas wie eine Weltzeit, zumindest jedoch eine räumlich nahezu beliebige Handlungskoordination in Echtzeit.[26] Zugleich wird damit auch die Kenntnisnahme der vermittelten Inhalte entsprechend intransparent und beliebig. Das darauf folgende Geschehen ist weitgehend offen. Für Niklas Luhmann reproduzieren die Medien auf diese Weise die Zukunft.[27] Im Kontext meiner Arbeit ist daran zentral, dass die massenmediale Veröffentlichung von Aussagen die Möglichkeiten der Stellungnahme – und damit auch der Kritik – erweitern. Die Medien sind ein Marktplatz subjektiver Perspektiven.

---

[22] Luhmann 1996, S. 47f.
[23] Vgl. Luhmann 1996, S. 167.
[24] Genau genommen, können nur Strukturen von Material, aus denen die Rezipienten Information generieren, reproduziert und kann nur Material verteilt werden. Insofern Verbreiten die Medien Kommunikation, nämlich Verständnis und Missverständnis zugleich. In der Regel wird jedoch die Differenz zwischen Material und Information nicht problematisch.
[25] Vgl. Luhmann 1996, S. 179ff.
[26] So betrachtet ist der Fernseher die Inversion des Altars (oder der Kultstätte), der die Handlungen zeitunabhängig an einem Echtort koordiniert.
[27] Luhmann 1996, S. 183.

Manchmal wird dieses Forum inszeniert und dem Publikum erkenntlich gemacht. In vielen Fällen dürften jedoch von organisierten Interessen mediengerecht vorfabrizierte Texte praktisch wortwörtlich übernommen werden, ohne als solches erkenntlich zu sein. Wir stossen wieder einmal auf ein Zurechnungsproblem, wobei das Risiko diesmal eher bei den Journalisten liegt.

1.5 Medien und Politik

Dass die Medien für die Politik Themen auswählen, bearbeiten und verbreiten, braucht nicht näher erörtert zu werden. Ebenso ist klar, dass die Politik die Medien mit Angeboten für Themen versorgt. Drittens dürfte auch evident sein, dass die Repräsentation des politischen Geschehens in den Medien selektiv, d.h. unvollständig sein muss. Viertens, und das ist weniger offensichtlich, fliesst die mediale Konstruktion der politischen Wirklichkeit selbst wieder in die politischen Auseinandersetzungen ein.

„Meldungen in den Medien erfordern zumeist eine Reaktion im politischen System, die im Regelfalle als Kommentierung in den Medien wiedererscheint. Weitgehend haben deshalb dieselben Kommunikationen zugleich eine politische und eine massenmediale Relevanz."[28]

Die Konstruktionen der Berichterstattenden sind durch diesen rekursiven Prozess an der Bestimmung des Stellenwertes der Politik im allgemeinen, am Verständnis der Sphäre des Politischen und an der Einübung des Stils von Kontroversen beteiligt. Indem die Medien die Politik beobachten, erzeugen sie einen Erwartungsdruck, eine Kontrolle und wahrscheinlich auch Verfahren, sich dieser Beobachtung zu entziehen. Die Politik gerät auch unter den Druck, sich der Zeit der Medien anzupassen, sich zu inszenieren, sich die Relevanzstrukturen der Medien zu eigen zu machen. Das kann auch als Chance begriffen werden, denn die Medien bieten den Politikern eine ständige Bühne, die sie und ihre Gegenspieler für ihre eigenen Zwecke nutzen können. Wer in der Lage ist, Konflikte, insbesondere solche von einer gewissen sozialen Reichweite, zu produzieren oder sie zu artikulieren, der hat gute Chancen, sich medial inszenieren zu dürfen. Dem Publikum wird eine Vielfalt gegensätzlicher Meinungen angeboten, also auch viele Minderheitenmeinungen und Positionen von Partikularinteressen.

„Die gesellschaftliche Funktion der Medien im System der gesellschaftlichen Meinungsbildung und Entscheidungsprozesse hat sich insofern gewandelt, als die medial vermittelte Meinungsbildung in zunehmenden Masse von den Entscheidungsträgern selbst, also vor allem den Politikern, gesteuert wird. Sie stellen sich in den Medien dar und geben ihre Meinungen kund; die Funktion der Medien und der Journalisten reduziert sich immer häufiger darauf, für diese Selbstdarstellungen das geeignete Forum zu bieten. Mit dem Rückzug auf die Rolle des ‚Moderators' öffentlich artikulierter Meinungen gibt der Journalist seine gesellschaftliche Funktion als Instanz unabhängiger öffentlicher Kritik weitgehend auf (...)."[29]

Die Medien sind heute möglicherweise die wichtigste Bühne für die Politik auf nationaler Ebene. Auf jeden Fall kann die „Politik", die in und über die Medien betrieben wird, von den formellen Institutionen der Politik nicht ignoriert werden. Vielmehr müssen sie

---

28   Luhmann 1996, S. 124.
29   Hunziker 1988, S. 48.

darin mindestens einen vor-politischen Bereich erkennen oder sogar sich selbst als politische Zweitinstanzen begreifen.

Soweit Medien als Foren für unterschiedlichste Stimmen funktionieren, leisten sie einen zentralen Beitrag zur Bildung von Meinungen und politischem Willen in pluralistischen und demokratischen Gesellschaften. Unter Meinungsbildung sollte dabei vielleicht weniger die differenzierte Reflexion und Überarbeitung von Meinungen verstanden werden; dies wird grösstenteils von den Aktiven in der Politik, bei Interessenvertretungen, den Kirchen, Organisationen und auch in der Wissenschaft geleistet. Vielmehr ist dabei an die Meinungsbildung im Sinne der Verbreitung von „vorfabrizierten" Meinungsangeboten – von Statements bis zu Programmen – zum Zwecke der generalisierten Zustimmung oder Ablehnung durch das Publikum zu denken. Doch genau in diesem Sinn tragen die Medien enorm zur Erweiterung der persönlichen Erfahrung bei. Indem sie vielfältige Hintergrundinformation über die in der Gesellschaft vertretenen Anliegen und Meinungen vermitteln, schaffen sie eine, wenn auch immer noch beschränkte, Transparenz für viele politische Geschäfte, die durch persönliche Erfahrungen kaum im selben Umfang und in der selben Qualität zu erreichen ist.

Indem die Medien Politiker, Interessenvertreter und Bürger wechselseitig füreinander repräsentieren, eilen sie nach den Bedingungen ihres Geschäftes dem institutionalisierten politischen Prozess voraus. Wenn wir die Politik als das Verhandeln der Formen des Zusammenlebens betrachten, dann sind die Medien als einer der Schauplätze der Politik zu begreifen. Politik wird in der Zeitung und am Fernsehen ausgetragen. Die Akteure nutzen die Medien nicht nur, um ihre Positionen darzustellen, sondern um sie erstmals zu „veröffentlichen" und damit der Politik überhaupt zugänglich zu machen. Den klassischen Parlamenten fällt im wesentlichen die verfassungsmässig vorgeschriebene Aufgabe zu, den andernorts ausgehandelten Mehrheitsverhältnissen den Segen zu erteilen. Heute versammelt sich die „Polis" vor dem Fernseher.

1.6 Vierte Gewalt

Aus den bisherigen Ausführungen geht hervor, dass die Medien auf ihre spezifische Weise an vielerlei Kommunikationen in der Gesellschaft beteiligt sind. Erzeugen sie dabei so etwas wie eine Vierte Gewalt im Staat? Was immer unter dieser Vierten Gewalt neben Legislative, Exekutive, Judikative verstanden wird, es trägt die Konnotationen von Öffentlichkeit, von Kontrolle, von moralischer Instanz, eines Gewissens der Nation. Können die Massenmedien in der Gesellschaft Aufgaben dieser Art erfüllen? Können sie eine kritische Öffentlichkeit erzeugen?

Niklas Luhmann sieht die Funktion der Massenmedien nicht in der Produktion, sondern nur in der Repräsentation von Öffentlichkeit.[30] Insofern mit Öffentlichkeit die Zugänglichkeit und Beobachtbarkeit gesellschaftlicher Zustände und Prozesse gemeint ist, sind die Medien weitgehend auf die rechtliche Konstitution von Öffentlichkeit angewiesen. Wenn unter Öffentlichkeit jedoch die Verallgemeinerung von Beobachtungen in der Gesellschaft und damit zugleich auch deren Beurteilung nach verschiedensten Relevanzkriterien – seien sie nun moralischer, ästhetischer, ökonomischer oder anderer Natur – gemeint ist, haben die Medien auch die Möglichkeit, Öffentlichkeit zu erzeu-

---

[30]   Vgl. Luhmann 1996, S. 188.

gen. Ob und wie sie dies allenfalls tun, hängt weitgehend von der Arbeitsweise und den Arbeitsbedingungen der einzelnen Journalisten ab.

Zunächst ist davor zu warnen, die Zunft der Journalisten als Vertreter von verallgemeinerbaren, und damit im moralischen Sinne öffentlichen, Interessen zu betrachten. Sie können solche Gesichtspunkte vertreten, aber sie vertreten notwendigerweise immer auch eigene kulturelle, moralische, ökonomische, biographische und kognitive Positionen.

Ferner sind Medien in erster Linie als Geschäft organisiert. In den meisten Fällen werden moralische oder ethische Minimalstandards eingehalten, aber die Moral ist nicht die primäre Triebkraft der Medien. Die einzelnen Journalisten mögen an einer menschenfreundlicheren, an einer gerechteren und aufgeklärteren Welt arbeiten, das System der Massenmedien ist jedoch weitgehend marktwirtschaftlich aufgebaut und orientiert sich deshalb primär am Profit. Auch das Herstellen von Öffentlichkeit (im oben genannten zweiten Sinn) ist ein Geschäft, von dem es sich leben lässt. Aber irgendwo werden immer geschäftliche Grenzen erreicht, wo es sich lohnt die Privatsphäre auszubeuten oder wo es sich nicht mehr lohnt, Öffentlichkeit herzustellen. Marktwirtschaft und Konkurrenz reizen die „vierte Gewalt" dazu, sich als korrupte Gewalt zu verhalten. In den Medien spielen sich Konzentrations- und zugleich Boulevardisierungsprozesse ab. Medienethik und Berufsethos sind etwas Aufgesetztes, Zusätzliches: Sie definieren nicht die zentralen Arbeitsbedingungen, sondern nur deren normative Grenzen. So klagt denn auch Rainer Flöhl:

„Die Rolle des journalistischen Wachhunds haben längst die Verbraucherverbände, die kritischen Wissenschaftler und die Ökogruppen übernommen. Das heisst, dass sich die Journalisten ihre eigentliche Aufgabe haben abnehmen lassen. Sie sind weit mehr zum Transmissionsriemen geworden, als sie sich dies eingestehen."[31]

Wahrscheinlich ist der unvoreingenommene, unparteiische Journalist eine Fiktion, um die es nicht schade ist. Doch es stellt sich schon die Frage, welche Aspekte der gesellschaftlichen Realität, welche Missstände, unter der Bedingung, dass die Medien praktisch nur noch der „Transmissionsriemen" für die vielfältigsten organisierten Interessen sind, in den Medien am Ende noch artikuliert werden.

---

[31]   Flöhl 1990, S. 26.

2. Ein normativer Begriff von Öffentlichkeit

Da Umweltprobleme in den allermeisten Fällen gar nicht oder nur unzureichend persönlich erfahren werden können, und da ihre Verarbeitung grosse Bevölkerungsteile einschliessen muss, werden auch die Umweltforschung und die Massenmedien in das Problem involviert. Umweltprobleme sind eine Angelegenheit für die Öffentlichkeit und von öffentlichem Belang. In diesem Kapitel wird eine ideale Konzeption von Öffentlichkeit erarbeitet, die eine Grundlage abgibt, die Leistungen der Wissenschaft und der Massenmedien zu beurteilen. Dazu wird allerdings noch ein Schritt der Konkretisierung in Kapitel drei notwendig sein. Zunächst werden jedoch das Bedeutungsfeld von „öffentlich" bzw. „Öffentlichkeit" sowie verschiedene Modelle von Öffentlichkeit diskutiert werden. Daraufhin werde ich die sogenannte Diskursethik einführen, um mit ihr einen normativen Begriff von Öffentlichkeit begründen zu können.

2.1 Öffentlichkeit – ein Bedeutungsfeld

Häufig wird das Öffentliche dem Privaten und eine öffentliche Sphäre einer Privatsphäre gegenübergestellt. Damit ist eine Unterscheidung zwischen einem Aussen- und einem Innenbereich eines Selbstbehauptungssystems – sei das ein Unternehmen, eine Familie oder ein Verein – angesprochen. Der Innenbereich wird dabei meistens als eine gegenüber den Prozessen im Äusseren abgeschirmte und dadurch geschützte Sphäre verstanden. Der Innenbereich ist vielfach mit dem Wort „privat" nur sehr unzureichend gekennzeichnet: Neben dem Privaten gibt es noch den Arbeitsbereich, das Vertrauliche, das Geheime, das Intime, das Sakrale usw. Wir haben es also mit einer grossen Palette von inhaltlich oder thematisch unterschiedenen Sphären des Nichtöffentlichen zu tun. Eine Möglichkeit, das Verhältnis von Nichtöffentlichem zu Öffentlichem zu denken, ist das Nichtöffentliche als vielfältige Einschränkungen des einen, alles umfassenden Öffentlichen aufzufassen. Dies lenkt den Blick auf die Durchlässigkeit des Sozialen, also auf die Beschränkungen des Zugangs, des Einblicks, der Verfügungsgewalt usw.

Umgekehrt kann das Öffentliche auch als etwas betrachtet werden, das aus dem Privaten heraus erst zu konstituieren ist. Probleme des Veröffentlichens, des Kontaktherstellens, des Erreichens von Massen geraten ins Blickfeld. Veröffentlichen heisst dann, Sachverhalte einem grösseren und im Extremfall einem beliebig grossen und unbekannten Publikum zugänglich zu machen und sie damit dessen Urteil zu unterwerfen.

Öffentlichkeit ist damit zunächst einmal ein komplexes Konglomerat normativ, gewohnheitsmässig oder materiell abgegrenzter Interaktionskreise. Spezifische Kombinationen von Abschottungen und Kontaktnetzen sind in der Regel eine Voraussetzung für Institutionen und damit für das Verfolgen kollektiver Projekte. Jede Gesellschaft besteht aus einer Vielzahl verschränkter, aber relativ geschlossener Interaktionsbereiche, die jeweils Teil-Öffentlichkeiten darstellen. Im Rahmen des wissenschaftlichen Arbeitens lassen sich beispielsweise die Teil-Öffentlichkeiten von Vorträgen, Workshops, Lehrveranstaltungen, Publikationen und Popularisierungen in den Massenmedien nennen. Zwischen allen bestehen jeweils spezifische Beziehungen.

In jeder Gesellschaft sind die materiellen, sozialen und geistigen Mittel zur Partizipation ungleichmässig verteilt und umstritten. Mitsprachemöglichkeiten, technische Apparate, Anwesenheit, Know-How, Semantiken, Zeit, Artikulations- und Darstellungsfähigkeiten und anderes mehr stellen knappe Ressourcen dar; sie können von ihren Eigentümern nur selektiv für Interaktionen verwendet werden. Eine Öffentlichkeit, an der alle teilhaben, muss deshalb eine Fiktion bleiben, und eine Öffentlichkeit, in der allen alles zugänglich ist, ist gänzlich unvorstellbar. So betrachtet, beruht jede faktische Öffentlichkeit – so paradox dies klingen mag – auf ungleichen Chancen zur Partizipation an Interaktions- und insbesondere Kommunikationsprozessen.

Grössere Organisationen beruhen wesentlich auf dem Prinzip der funktionalen Arbeitsteilung und damit auf selektiver Interaktion und Kommunikation. So trivial dieses Faktum erscheint, so bedeutsam ist es doch für die Umweltproblematik. Denn viele der heutigen Umweltprobleme entstehen nur, weil die verbindliche Kommunikation über die Handlungsfolgen unterbunden ist: Es ist den von Umweltveränderungen betroffenen Dritten nicht möglich, ihren Anliegen an den Orten, an denen über die Ursachen entschieden wird, Geltung zu verschaffen und an diesen Entscheidungen teilzuhaben. Deshalb müssen in demokratischen Gesellschaften Umweltprobleme öffentlich verarbeitet werden, um neue umweltrelevante Regelungen und Verbindlichkeiten aushandeln zu können. Erst durch eine Debatte in der allgemeinen Öffentlichkeit kann Legitimationsdruck entstehen und können Vorschläge breite Zustimmung erhalten.

Umweltprobleme können in mehrfacher Hinsicht auch von „öffentlichem Belang" sein. Einerseits können als Betroffene alle Menschen des Globus, künftige Generationen oder auch andere Lebewesen in Frage kommen. Andererseits kann das Problem durch massenhaftes individuelles Handeln oder durch Entscheidungen eines grossen Kollektivs, wie z.B. einer Wirtschaftsgemeinschaft von Staaten, hervorgebracht werden. In solchen Fällen meint „öffentlich", dass eine Allgemeinheit oder ein grosses, anonymes Kollektiv involviert ist. Einen ähnlichen Umstand bezeichnet „öffentlich" im Falle der „öffentlichen Meinung". In der Regel sind damit Meinungsbildungsprozesse zu allgemein relevanten Fragen angesprochen. Es geht also meistens um Sachverhalte oder Regelungen, die praktisch alle (in einer Gemeinde oder einem Staat) betreffen. Schliesslich möchte ich noch darauf hinweisen, dass „Öffentlichkeit" vielfach die Konnotation der Offenheit, im Sinne des Undogmatischen, des Aufgeschlossenen, Lernbereiten, Egalitären, Freiheitlichen usw. trägt. Das Offene der offenen Gesellschaft wird allerdings oft auf die Welt der Bürger, also der Personen mit vollen politischen Rechten innerhalb eines Staates verkürzt. Diesem Verhältnis von Offenheit und Öffentlichkeit widmet sich der nächste Abschnitt, weil es die Verhältnisse von Wissenschaft und Politik und damit auch von Umweltproblemen und Umweltforschung berührt.

2.2 Modelle von Öffentlichkeit

Auf der Suche nach einem gut begründeten Ideal von Öffentlichkeit stösst man auf drei häufig diskutierte Modelle, die sich allesamt mit einer Sphäre des Öffentlichen im Rahmen eines demokratischen Staatswesens befassen. Dieser Zugang ist für unsere Zwecke wichtig, aber die Konzentration auf staats- und demokratietheoretische Fragen greift zu kurz, wie wir noch sehen werden.

2.2.1 Das Modell der Bürgertugend nach antikem Vorbild

In der griechischen Antike galt die öffentliche Sphäre als Teil des Staates. Es war der Arm des Staates, der sich mit der Gesetzgebung befasste. Bürgerliche Debatten wurden als Teil der Polis oder der res publica verstanden und nicht als private Diskussionen über die Regierung. In der Antike wurde auch nicht theoretisch zwischen Staat und Zivilgesellschaft unterschieden. In der Moderne ist jedoch die öffentliche Sphäre dem Staat gegenübergestellt und hat ihre Wurzeln im Geschäftsleben. Erst die ökonomische Selbständigkeit eröffnete dem modernen Bourgeois einen Raum, den Staat zu kritisieren. Die moderne öffentliche Sphäre ist also Mittelzone zwischen der Regierung selbst und dem privaten Leben.[32]

Hannah Arendts Konzeption von Öffentlichkeit knüpft an antike Vorstellungen an. Für die Griechen, so sagt sie, war die öffentliche Sphäre der Bereich der Politik und der persönlichen Freiheit. Hier wurden die grossen Reden gehalten, und die Rede war das Wesen der öffentlichen Sphäre. Sie war das Mittel durch das das Selbst sich mitteilte und Tugend bezeugte. Politik war eine Art darstellende Kunst, durch die die Leute ihre höchste Entwicklung erreichen konnten. Die öffentliche Sphäre war den freien Männern vorbehalten und frei von den Zwängen des Alltags und der Lebenserhaltung. Ganz im Gegensatz zur privaten Sphäre, die im Haushalt institutionalisiert war und von jenen erfüllt wurde, die ihr Leben mit den Arbeiten fürs Überleben verbrachten: Frauen und Sklaven.[33]

Hannah Arendt beklagt den Verlust des öffentlichen Raums unter den Bedingungen der Moderne. Die Gesellschaft setzt sich in der Moderne zwischen den Haushalt und den Staat. Unter Gesellschaft versteht Arendt in erster Linie das ökonomische System, in dem die Interaktionen primär über Geld vermittelt werden.

„The expansion of this sphere meant the disappearance of the universal, of the common concern for the political association, for the res publica, from the hearts and minds of men. Arendt sees in this process the occluding of the political by the social and the transformation of the public space of politics into a pseudospace of interaction in which individuals no longer ‚act' but ‚merely behave' as economic producers, consumers, and urban city dwellers."[34]

Der Begriff des Handelns wird bei Arendt in eigenwilliger Weise verwendet. Sie meint damit die Weiterentwicklung von Bewusstsein und Persönlichkeit durch die Auseinandersetzung mit anderen Menschen. Nur im Handeln kann der Mensch seine Tugenden entwickeln und sein Potential ausschöpfen. Aus dieser Perspektive erscheinen Massenmedien und noch anonymere Interaktionsmedien, wie beispielsweise das Geld als Bedrohungen der Möglichkeit, Tugenden zu entwickeln. Der öffentliche Raum im Sinne von Arendt ist in der Moderne dem Verfall geweiht. Wir haben oben schon gesehen, dass Medien in der Tat die Qualität von Kommunikationen verändern, mitunter auch einschränken, aber eben auch neue Möglichkeiten der Auseinandersetzung mit Gedanken eröffnen. Arendt könnte entgegnet werden, dass der Raum des Politischen, der Ort des Handelns und der Entwicklung von Tugenden und Persönlichkeit zumindest teilweise auch von den Massenmedien erzeugt werden kann.

---

[32] Vgl. Peters und Cmiel 1991, S. 200.
[33] Vgl. Peters und Cmiel 1991, S. 201.
[34] Benhabib 1992, S. 75.

Es ist zu berücksichtigen, dass Arendt Öffentlichkeit als Gegenidee zu totalitären Gesellschaftsauffassungen denkt. Für sie ergibt sich der öffentliche Raum dort, wo Menschen miteinander handeln, also kraft ihrer Tugenden gemeinsam zu Entscheidungen finden. Im öffentlichen Raum findet Freiheit statt. Totalitäre Gesellschaften versuchen hingegen die unterschiedlichen Individuen von aussen wie durch ein eisernes Band zu einem Monolithen zu verschmelzen. Sie beruhen auf Gewalt. Das Handeln erzeugt hingegen Macht, aber dies setzt das Veröffentlichen sozialer Verhältnisse voraus.[35]

Arendt muss sich den Einwand gefallen lassen, dass sie die sozioökonomischen Voraussetzungen der Öffentlichkeit der Polis nicht kritisch beleuchtet. Die Befreiung von den Sorgen des Haushaltes, die der Entfaltung der Redekünste und der bürgerlichen Tugenden vorausgeht, beruht auf der Arbeit von Frauen, Sklaven und Kindern. Diese Kategorien von Menschen, aber auch Arbeiter und alle Nicht-Griechen waren aus der Öffentlichkeit ausgeschlossen.[36] Arendt versäumt es, aus diesen Umständen konzeptuelle Konsequenzen zu ziehen.

2.2.2 Liberale Modelle

Im Verlaufe der Verselbständigung des Bürgertums in den feudalen Gesellschaften Europas, die schliesslich in die französische Revolution mündete, wurden die Grundsteine für eine normative Konzeption von Öffentlichkeit gelegt, die in die Deklaration der Menschenrechte eingeflossen ist und in leicht weiterenwickelter Form auch in viele Verfassungen moderner Demokratien aufgenommen wurde.

„Die Überzeugung, dass Öffentlichkeit eine regulierende Gegenmacht darstellt, ist im wesentlichen ein Ergebnis der Aufklärung. Bis an die Schwelle der Neuzeit gab es im Grunde keine kritische Öffentlichkeit. Im aufgeklärten 18. Jahrhundert verständigten sich die Untertanen in öffentlicher Rede nicht nur über die Grundvorstellungen einer modernen Gesellschaft und eines modernen Staates, Öffentlichkeit wurde auch zu einer Kraft, die man dem absoluten Herrscher oder einer maroden Verwaltung glaubte entgegenstellen zu können."[37]

Rousseau hat die Freiheit als die Autonomie eines Volkes begriffen, nämlich als gleiche Teilnahme aller an der Praxis der Gesetzgebung. Kant hat diesen Gedanken fortgeführt: Der gemeinsame Wille aller, dem alle zustimmen können, soll nun der gesetzgebende sein, dies, weil sich niemand dadurch selbst Unrecht antun kann, indem er über sich selbst beschliesst.[38] Doch ein einheitlicher Volkswille kann nicht als Gegebenheit angenommen werden. Vielmehr müssen Verfahren bestimmt werden, die ihn zur Geltung bringen können. Also sind nach liberalen Vorstellungen die Rahmenbedingungen für einen differenzierten Prozess der Meinungs- und Willensbildung zu sichern.[39] Die Willensbildung wird dabei als ein Prozess der Überzeugung der Mehrheit durch Beibringen guter Gründe gedacht. In diesem Prozess setzt sich deshalb idealerweise die vernünftigste Position durch.

---

[35] Vgl. Benhabib 1992, S. 80.
[36] Vgl. Benhabib 1992, S. 73.
[37] Mauser 1992, S. 23.
[38] Vgl. Habermas 1989a, S. 466.
[39] Vgl. Habermas 1989a, S. 467.

John Stuart Mill wird in vielen Texten als der bedeutendste oder zumindest als paradigmatischer Vertreter liberaler Konzepte von Öffentlichkeit betrachtet. Er hat seine Überlegungen an den gesellschaftlichen Verhältnissen der Mitte des 19. Jahrhunderts ausgerichtet. Während sich für Arendt die Individualität erst in der dichten sozialen Sphäre des öffentlichen Bereichs ermöglicht, sieht Mill die Allgemeinheit und das Individuum als Antagonisten. Sein Anliegen ist es, die Art und die Grenzen der Macht, die die Gesellschaft legitimerweise über das Individuum ausüben darf, zu bestimmen. Privatheit ist bei Mill das Recht des Individuums auf seinen eigenen Besitz, auf eigene Meinungen und Ansichten – ein Recht, das in der Antike nicht im heutigen Umfang zugestanden worden war.[40]

Diese beiden Rechte auf Privateigentum und freie Meinungsäusserung schützen das Individuum gegen einen anmassenden Staat und eine anmassende Gesellschaft. Erst dadurch wird die öffentliche Sphäre, wo die Streitgespräche der Bürger staffinden können, aufrecht erhalten. Für Arendt ist die Sphäre der Öffentlichkeit hingegen von der privaten Welt der Bedürfnisse getrennt. Die öffentliche Sphäre ruht bei ihr im Schoss des (antiken) Staates. Für sie ist die antike öffentliche Sphäre ein Ort der Überzeugung und nicht der Gewalt. Arendt wird in diesem Zusammenhang jedoch vorgeworfen, die Willkür, mit der in der Politik der Polis über Existenzen entschieden wurde, ausser acht gelassen zu haben.[41]

In „On Liberty" macht Mill die Legitimität sozialer Ordnung von rationaler Diskussion abhängig, und dazu muss die Meinungs- und Gedankenfreiheit gewährleistet sein. Für Mill bedeutete der freie Meinungsaustausch nicht nur den letztlichen Triumph der Wahrheit über den Irrtum, öffentliche Diskussion formt für ihn auch den Charakter der Individuen. Insofern anerkennt auch Mill eine Verbindung von Tugend und öffentlicher Sphäre. Nach Mill müssen wir als Redner unsere Ansichten mit ernster, aufrichtiger Leidenschaft vortragen. Als Hörer sollen wir hingegen nach der Wahrheit suchen und uns nicht von unserem persönlichen Interesse verleiten lassen.[42]

In der Moderne wurde die Konzeption der Öffentlichkeit zunächst vor dem Hintergrund eines erstarkenden Bürgertums und gegen totalitäre oder autoritäre Verfassungen von Staaten, sowie als Kontrollinstanz gegen die Anmassungen von Machtpositionen entwickelt. In den liberalen Konzeptionen von Öffentlichkeit der reifen und späten Moderne tritt mehr und mehr die Problematik einer pluralistischen Gesellschaft in den Vordergrund: Wie können Bevölkerungsteile, die verschiedene Vorstellungen des (in ethischer Hinsicht) „Guten Lebens" vertreten, ihr Zusammenleben auf vernünftige Weise gestalten? Die Diskussion der Bedeutung der Öffentlichkeit hat sich von Problemen der Kontrolle der Macht und der stabilen Staatsordnungen zu Fragen der Konflikte um Moral und Interessen verlagert.

Unter einer öffentlichen Sphäre wird in der liberalen Konzeption primär jener Bereich des sozialen Lebens verstanden, in dem sich die Bürger eines Staates zur Meinungsbildung versammeln. Die Freiheiten sich zu versammeln und seine persönlichen Ansichten zu publizieren sollen eine uneingeschränkte Verständigung über Fragen von allgemeiner Relevanz erlauben. Die an der Diskussion Beteiligten handeln weder als Berufs- noch als Geschäftsleute, sie verfolgen nicht ihre rein privaten Angelegenheiten und sie bilden auch keine formelle Organisation. Die politische öffentliche Sphäre

---

[40] Vgl. Peters und Cmiel 1991, S. 201.
[41] Peters und Cmiel, S. 202f.
[42] Vgl. Peters und Cmiel 1991, S. 206f.

befasst sich insbesondere mit den Aktivitäten des Staates, und die Bürger kritisieren und kontrollieren informell oder durch Wahlen und Abstimmungen die regierenden und ausführenden Instanzen des Staates.[43]

Die öffentliche Sphäre vermittelt nach dieser Konzeption zwischen der Gesellschaft und dem Staat, wobei Gesellschaft hier im Gegensatz zu Arendts Begriff am ehesten im Sinne aller vielfältigen Beziehungen innerhalb der Bevölkerung zu verstehen ist. Alle Liberalen vertreten das Anliegen, dass sich jede Macht in der Gesellschaft legitimieren muss, und dies ist nur durch breite Zustimmung im Rahmen öffentlicher Diskussionen zu erreichen. In diesem Gedanken der Legitimation durch Zustimmung sind auch Spielregeln der Kommunikation enthalten. Die wichtigsten unter ihnen besagen, dass erstens Gründe, die angeführt werden, auf ihren Gehalt zu prüfen sind und nicht abgelehnt oder akzeptiert werden sollen, weil sie von einer bestimmten Person vorgebracht werden. Zweitens muss der Dialog radikal offen sein; es darf kein Einwand ausgeschlossen werden.[44] Wir werden sehen, dass sich diese Forderungen noch präziser als Postulat der Orientierung am besseren Argument beschreiben lassen.

Im Vergleich mit Arendts Modell hat das liberale Modell den Vorteil, die öffentliche Sphäre mit Fragen der Macht, der Legitimität und des öffentlichen Diskurses zu verbinden. Andererseits werden die Beziehungen unter den Menschen und die Sphäre des Politischen zu stark in Analogie zu Rechtsverhältnissen gedacht. Die Probleme des Zusammenlebens werden auf Fragen der Freiheiten, der Abgrenzung von Handlungsspielräumen, auf die Legitimation von Machtpositionen etc. verkürzt. Die Bedeutungen von Spontaneität, Vorstellungskraft, Teilhabe und Ermächtigung, die bei Arendt das Wesen des Politischen ausmachen, entgleiten der Aufmerksamkeit.[45] Ferner geht das liberale Modell von bestehenden und fixen Kategorien des Privaten und des Öffentlichen aus. In modernen Demokratien kreist die Politik jedoch immer wieder um die Neudefinition und Abgrenzung des Guten und des Gerechten, des Moralischen und des Legalen, des Privaten und Öffentlichen. Beispielsweise wird und wurde von verschiedenen Gruppen darum gekämpft, die Bedingungen am Arbeitsplatz oder die Gewalt in der Familie zu einer öffentlichen Angelegenheit zu machen.[46]

In Hinblick auf den Anspruch, durch öffentliche Diskussion auch zu den vernünftigsten Lösungen für das Zusammenleben zu finden, ist daran zu erinnern, dass das allgemeine Interesse nicht wie in den klassischen liberalen Konzepten als Mass der Rationalität gelten kann. Das Verhältnis von öffentlicher Meinung, politischer Willensbildung und praktischer Vernunft ist in liberalen Konzeptionen diffus angelegt.

2.2.3 Diskurstheoretische Modelle

Jürgen Habermas hat für die spät-modernen Gesellschaften das liberale Konzept der Öffentlichkeit zu einem diskurstheoretischen weiterentwickelt bzw. radikalisiert. In seiner frühen Schrift „Strukturwandel der Öffentlichkeit" zeichnet er eine Verfalls-

---

[43] Vgl. Habermas 1989b, S. 136f.
[44] Vgl. Benhabib 1992, S. 81f., in Anlehnung an Bruce Ackermann.
[45] Vgl. Benhabib 1992, S. 81.
[46] Vgl. Benhabib 1992, S. 83.

geschichte der Öffentlichkeit in der Moderne nach.[47] Als Masstab dient ihm dabei noch das liberale Modell der Öffentlichkeit. Er beobachtet, dass die Öffentlichkeit zu einem Kampffeld für organisierte Interessen geworden ist. Unter dem Druck der Strasse gleichen politische Entscheide eher einem Kompromiss divergierender privater Interessen als einem Konsens unter politisch engagierten Privatleuten.

Grosse Organisationen, wie Verbände, Gewerkschaften und Konzerne, werden zu politischen Gegengewichten des Staates bzw. der durch die versammelten Bürger erzeugten politischen Macht. Sie streben nach politischen Kompromissen unter Umgehung der Öffentlichkeit. Zur selben Zeit versuchen sie sich die Unterstützung der Bevölkerung durch demonstrative Publizität zu sichern. Dieses Gebaren erinnert Habermas an das der einstigen Feudalherren und er spricht von einer „Refeudalisierung" der öffentlichen Sphäre und der Einbusse ihrer kritischen Funktionen, nicht zuletzt, weil die zunehmend kommerzialisierten Massenmedien die über sie laufende Kommunikation im Sinne ihrer Geschäftsinteressen prägen.[48]

Nur noch für organisierte Individuen sieht er eine Chance, wirklich am Prozess der öffentlichen Kommunikation teilhaben zu können. An die Stelle des räsonierenden Publikums sind rivalisierende Organisationen getreten. Es gehe deshalb darum, die Rationalisierung der Politik als gegenseitige Kontrolle solcher Organisationen zu organisieren. Sie verpflichten sich, ihre inneren Strukturen, die Beziehungen untereinander und zum Staat öffentlich zu machen.[49]

Schon in seinem Hauptwerk, der „Theorie kommunikativen Handelns", legt Habermas eine weniger pessimistische und zugleich analytisch wie normativ differenziertere Perspektive auf die moderne Gesellschaft vor. Im Prinzip liesse sich aus diesem Werk ein normativer Begriff von Öffentlichkeit rekonstruieren. In bezug auf die darin begründete „Diskursethik" werde ich das auch versuchen, nicht jedoch hinsichtlich seiner Analysen der modernen Gesellschaft. 1989 hat Habermas einen Artikel „Volkssouveränität als Verfahren" publiziert. Er trägt den Untertitel „Ein normativer Begriff von Öffentlichkeit" und ist über weite Strecken als eine Auseinandersetzung mit dem liberalen Modell von Öffentlichkeit unter dem Eindruck des spät-modernen demokratischen Sozialstaates zu lesen. In den wesentlichen Gedanken folgt auch das lange Vorwort der Neuauflage des „Strukturwandels"[50] diesem systematischen Aufsatz, deshalb beziehe ich mich auf ihn.

Nach Habermas gehen die klassischen Demokratietheorien davon aus, dass sich die Bürger eines Staates durch kollektiv bindende Entscheidungen selbst steuern: Das Volk programmiert die Gesetze, diese wiederum programmieren ihren Vollzug und ihre Anwendung. Diese Idee ist jedoch nur solange plausibel, als die Gesellschaft durch die versammelten Bürger repräsentiert wird, d.h. solange ausschliesslich sie es sind, die über Recht und politische Macht über sich selbst bestimmen. In modernen Sozialstaaten ist nun aber zu beobachten, dass sich die Verwaltung bis zu einem gewissen Grad verselbständigt und eine Tendenz zur Steuerung entwickelt, die derjenigen der Bürger des Staates entgegenstehen kann. Es stellt sich deshalb die Frage, wie in einem normativen

---

[47] Vgl. Habermas 1962. Ich beziehe mich im folgenden auf eine englische Kurzdarstellung (Habermas 1989b).
[48] Vgl. Habermas 1989b, S. 141.
[49] Vgl. Habermas 1989b, S. 142.
[50] Vgl. Habermas 1990.

Modell der Öffentlichkeit das Verhältnis von kommunikativ erzeugter Macht und administrativ verwendeter Macht gedacht werden soll.[51]

Die Verwaltung im Staat ist mit der zweckrationalen Umsetzung von Gesetzen und Programmen beauftragt. Ihre politische Macht beruht darauf, dass ihre Aktivitäten im voraus oder nachträglich begründet werden können. Am Ende muss das politische System den Organen des Staates die Legitimation liefern.[52] Um zurechenbar und verantwortbar zu sein, muss der politische Wille letztlich in Entscheidungen der formellen politischen Instanzen gefasst werden. Rational sind die Entscheidungsprozesse aber nur in dem Mass, wie sie auf Gründen beruhen und sich nicht an vorgegebenen ideologischen Positionen orientieren. Dazu müssen sie durchlässig sein für die frei flottierenden Werte, Themen, Beiträge und Argumente einer sie umgebenden politischen Kommunikation, die als solche und im ganzen nicht organisiert werden kann.[53] Der Souverän kann nicht mehr als das Kollektiv der Bürger vorgestellt werden:

„Die Idee der Volkssouveränität wird damit entsubstantialisiert."[54]

Auch die Vorstellung eines Netzes von Assoziationen ist noch zu konkret. Vielmehr löst sich die Volkssouveränität in den schwer greifbaren Interaktionen zwischen der rechsstaatlich institutionalisierten Willensbildung und den kulturell mobilisierten Öffentlichkeiten auf. Habermas betont, dass eine Volkssouveränität im diesem prozeduralen Sinne nur zu verwirklichen ist, wenn sie auch auf rationalisierten, d.h. begründeten und der Kritik zugänglichen Lebensformen beruht. Er führt diesen Gedanken nicht weiter aus und sieht darin auch keine Erweiterung der Konzeption der Öffentlichkeit.

Den Umständen, die Habermas in seiner früheren Einschätzung der Öffentlichkeit noch als Refeudalisierung der Öffentlichkeit und Verlust ihrer kritischen Funktion angesprochen hat, trägt er in seinen jüngeren Werken auf differenziertere und umfassendere Weise Rechnung. Sie werden im Rahmen eines komplexen Verhältnisses von formell, starr und eigendynamisch organisierter Kommunikation in den grossen gesellschaftlichen Subsystemen, wie Marktwirtschaft, Politik, Recht, Wissenschaft einerseits und den informellen, spontanen, vielfältigen, ungebundenen Kommunikationen der Lebenswelt des Alltags aufgefangen. Ihre Bedeutung für die politische Willensbildung relativiert sich zugunsten der frei flottierenden Werte, Themen, Beiträge und Argumente einer unorganisierten politischen Kommunikation.

Diesen Wandel hat Habermas nicht zuletzt unter dem Eindruck der neuen sozialen Bewegungen und ihrer Stosskraft vollzogen, ja vollziehen müssen. Normativ hat er daraus die Konsequenz gezogen, dass es darum geht, die Chancen der kritischen und rationalen Meinungs- und Willensbildung aufrechtzuerhalten und zu erweitern, wo und wie immer das unter den Bedingungen eines demokratischen Wohlfahrtsstaates mit Massenmedien möglich erscheint. Gegenüber dem liberalen Modell hat sich sein Verständnis von Öffentlichkeit weiterentwickelt und radikalisiert: Für die Öffentlichkeit lassen sich weder ein Ort noch Grenzen angeben; sie lässt sich inhaltlich nicht mehr vorbestimmen, sondern nur noch als abstraktes Prinzip begreifen. Öffentlichkeit wird auch nicht mehr wie bei Arendt als ein Raum für den Wettbewerb um Zustimmung und Unsterblichkeit

---

[51] Vgl. Habermas 1989a, S. 471f.
[52] Vgl. Habermas 1989a, S. 473ff.
[53] Vgl. Habermas 1989a, S. 474.
[54] Habermas 1989a, S. 474.

unter Mitgliedern einer politischen Elite aufgefasst. Vielmehr wird Öffentlichkeit radikal demokratisch verstanden, nämlich als Normen setzende Verfahren, in denen alle, die davon betroffen sind, auch etwas dazu zu sagen haben - dies ist die Quintessenz der sogenannten Diskursethik.[55] Im Bewusstsein der liberalen Kritik an den Zumutungen von Bürgertugenden (Arendt) und an vollständig politisch mobilisierter Bevölkerung (Marxisten),[56] fasst Habermas Öffentlichkeit aber nicht im Sinne einer Pflicht zur aktiven Teilnahme an politisch relevanten Auseinandersetzungen auf, sondern nur als ein Recht darauf, gleichgültig unter welchen Umständen sich die Betroffenen oder Interessierten auch befinden. In dem Mass, in dem sich Ansprüche von Betroffenheit gegenüber Verursachern in zwangloser Weise geltend machen lassen, verwirklicht sich auch kommunikative Rationalität, weil sich unter diesen Umständen die grösste Chance ergibt, die besten Gründe zu finden, um sich an ihnen orientieren zu können. Damit wird ein wesentlicher Gedanke der klassischen liberalen Modelle aktualisiert.[57]

Durch diese Entsubstantialisierung wird den Modellen der Bürgertugenden und der versammelten und verhandelnden Privatleute der Boden entzogen. Dies hat insbesondere hinsichtlich der Ökonomie weitreichende Konsequenzen, kann doch in dieser Perspektive unternehmerische Aktivität nur so lange als Privatsache gelten, als keine Dritten in irgendeiner moralisch relevanten Weise davon betroffen sind.[58] Umweltzerstörungen und soziale Spannungen erinnern uns täglich daran, dass dies nur in geringem Umfang der Fall sein kann. Es stellt sich deshalb die Frage, ob und allenfalls in welchem Umfang diese Probleme auf eine unzureichende Öffentlichkeit, d.h. auf den Ausschluss der Betroffenen von den Entscheidungssituationen zurückzuführen sind. Leicht ist zu erkennen, dass neben der Verfassung der Ökonomie auch die heute übliche territoriale und altersmässige Abgrenzung von Bürgerrechten diesem Konzept von Öffentlichkeit nicht gerecht werden kann.

2.2.4 Zur Bedeutung der Massenmedien für die politische Willensbildung

Formelle politische Fragen werden heute von vielen Personen als „Privatsache" behandelt. Wie sie zu ihrer Überzeugung kommen, die sich in den Ergebnissen von Wahlen, Initiativen und Referenden manifestiert, gilt als ein Sachverhalt, der andere nichts angeht. Diese Einstellung korrespondiert bestens mit der massenmedial organisierten Politik in demokratischen Gesellschaften. An der Politik kann teilgenommen werden, ohne je andere Personen zu Gesicht zu bekommen und ohne je sein eigenes Gesicht zeigen zu müssen. Der Grundstock an politisch relevanter Information dringt per Fernsehen, Radio und Zeitungen in jeden Haushalt. Es folgen die Wahl- oder Abstimmungsunterlagen, die wiederum per Post zurückgeschickt werden können.

Die Fragen, die viele oder alle in einem Staat betreffen, die also durchwegs politisch und von allgemeinem Interesse sind, werden in einer Vielzahl begrenzter Öffentlichkeiten von Interessen vertretenden Organisationen vorbereitet und per Medien „veröffentlicht", was unter den gegenwärtigen Umständen nur heisst: zur Zustimmung oder

---

[55] Benhabib 1992, S. 87.
[56] Vgl. Dahrendorf 1967.
[57] Für eine kritische Auseinandersetzung mit den Beziehungen zwischen den historisch realisierten Öffentlichkeiten und den Idealen der Aufklärung vgl. Imhof 1993.
[58] Vgl. Ulrich 1987 für eine differenzierte Begründung einer Wirtschaftsethik aus dieser Perspektive.

Ablehnung dem privaten Rahmen überlassen. Ein Teil der Politik, nämlich der Part der Verallgemeinerung – die politische Willensbildung des Souveräns – reduziert sich für die meisten Bürger massenmedialer Demokratien auf eine Konsumhandlung: Man wählt für sich alleine das verlockendste Angebot. Die Auseinandersetzung um politische Fragen reduziert sich darauf, Kenntnis zu nehmen und zuzustimmen oder abzulehnen. Es gibt keine Aufforderung zur Begründung, es fragt niemand: Warum hast Du so entschieden?

So ist es nicht weiter erstaunlich, dass es viele Personen als Zumutung, als Eindringen in ihre Privatsphäre empfinden, wenn sie von Vertretern politischer Interessen auf der Strasse angesprochen und zur Argumentation aufgefordert werden. Unter Begründungsdruck würden vielleicht etliche Entscheide anders ausfallen. Auf jeden Fall vergibt sich jedoch die Einwegkommunikation Chancen für Lern- und Verständigungsprozesse durch Auseinandersetzung mit divergierenden Positionen. Der Andere, mein Gegenüber, mit dem ich ein Arrangement für das Zusammenleben finden muss und will, hat eine eigene Sichtweise. Diese kann in der Entscheidungssituation durch Stimmabgabe zu vorfabrizierten Produkten nicht verlässlich repräsentiert werden. In der massenmedialen Kommunikation ist im Einzelfall keine Sicherung für Verständlichkeit und schon gar nicht für Verständigung eingebaut. In dem Mass, wie Politik nicht auf einen Kampf der lautesten Schreihälse reduziert werden soll, sondern über persönliche und kollektive Entwicklungsprozesse zu Entscheidungen führen soll, muss sie als Dialog zwischen Perspektiven ermöglicht werden. Massenmedien können durch intelligente und leicht verständliche Beiträge viel zu diesem Dialog beisteuern. Sie können zugleich aber auch wesentlich zur Anonymisierung und Verarmung der Politik beitragen.

Indem sie Informationen veröffentlichen, stellen Massenmedien zwar Öffentlichkeit her, aber eben zugleich auch Privatheit. Der Luhmannsche Gedanke, dass das Wesentliche an den Medien die Unterbrechung persönlicher Kontakte ist, gewinnt hier an Fleisch und Blut.

2.3 Diskursethik und Öffentlichkeit

Habermas' normatives Konzept der Öffentlichkeit beruht einerseits auf einer Analyse moderner Gesellschaften, andererseits auf einer sprachphilosophisch begründeten Ethik, der Diskursethik. Dieser Begründungsgang liefert im Prinzip den normativen Kern des Öffentlichkeitskonzeptes. Allerdings hat Habermas selbst keine detaillierte Herleitung seines Ideals auf der Basis der Diskursethik vorgelegt, sondern hat Öffentlichkeit (wie oben dargestellt) nur im Rahmen seiner kritischen Gesellschaftstheorie diskutiert. Für sozialwissenschaftliche Analysen, die Fragen der Öffentlichkeit tangieren, aber nicht auf der Ebene von staats- und demokratietheoretischen Überlegungen angesiedelt werden können, sondern bei Problemen kleineren Massstabes ansetzen, muss deshalb ein normativer Begriff von Öffentlichkeit erarbeitet werden, der auf der Ebene sozialwissenschaftlicher Grundbegriffe, wie Handlung, Interaktion, Institution usw. angesiedelt ist. Die Diskursethik wurde genau auf dieser Ebene entwickelt und bietet deshalb äusserst günstige Voraussetzungen dazu.

Eine grobe Formulierung der Diskursethik haben wir schon angetroffen: Alle, die von einem Entscheid betroffen sind, sollen auch dazu etwas zu sagen haben. Dieses

Tab. 2. Weltbezüge des Handelns und Geltungsansprüche (Nach Habermas, 1981, Bd. 1, S. 149).

Weltbezug	Geltungsanspruch
auf einen Sachverhalt (objektive Welt)	Wirksamkeit bzw. Wahrheit
auf eine Norm (intersubjektive Welt)	Richtigkeit
auf ein Erlebnis (subjektive Welt)	Wahrhaftigkeit

Postulat lässt sich in drei Imperative, die jeweils für sich zu diskutieren sind, unterteilen:

• Konflikte und insbesondere ethisch-moralische Streitfragen sollen nicht durch Zwang oder Gewalt, sondern nur durch Einsicht in das bessere Argument gelöst werden.
• Alle Betroffenen sollen ihre Ansprüche geltend machen können.
• Eine Entscheidung soll erst nach Erreichen eines Konsenses gefällt werden.

In diesen Anforderungen tritt der Kerngedanke einer kommunikativen Vernunft zutage, wonach Aussagen über Sachverhalte oder über die Gültigkeit von Normen jeweils an Sachverhalten selbst, bzw. am Konsens über Konventionen zu beurteilen sind. Geltungsansprüche von Aussagen richten sich nicht nach der Macht oder dem Ansehen einer Person, sondern nach dem besseren Argument (welches das auch immer sein mag).

Ein Weg, die Konzepte der kommunikativen Vernunft und der Diskursethik zu verstehen, ist, ihrer handlungstheoretischen Begründung bei Jürgen Habermas und Karl-Otto Apel zu folgen: Als Handlungen werden Tätigkeiten bezeichnet, in denen ein Zweck verfolgt wird. Deshalb erheben sie mindestens implizit den Anspruch, erfolgreich zu sein. Handlungen, insbesondere Sprechakte, können sich auf drei verschiedene Welten beziehen, nämlich auf die Welt subjektiver Empfindungen und Wertungen, auf die Welt intersubjektiv gültiger Normen und auf die Welt subjektunabhängiger Gegebenheiten (vgl. Tab. 2). Sowohl das handelnde Subjekt, als auch seine Mitmenschen können den Erfolg einer Handlung danach beurteilen, ob sie dem unterstellten Anspruch auf Erfolg in diesen drei Dimensionen genügt. Parallel zu den drei Weltbezügen lassen sich somit folgende Geltungsansprüche unterscheiden: wahrhaftiger Ausdruck (subjektive Welt), normative Richtigkeit (intersubjektive Welt[59]) und Wirksamkeit bzw. Wahrheit (objektive Welt).[60]

Über die Gültigkeit von Ansprüchen lässt sich streiten: Geltungsansprüche lassen sich formulieren, um sie zu kritisieren oder zu begründen. Eine Handlung kritisieren

---

[59] Das Intersubjektive kann nicht im Normativen aufgehen, sondern stellt eine umfassendere Kategorie dar. Erfahrungen können beispielsweise intersubjektiv geteilt werden, auch wenn sie nicht intersubjektiv und schon gar nicht normativ erzeugt wurden. Habermas ist in dieser Hinsicht nicht sonderlich präzise. Für unsere Zwecke schlage ich die vorsichtige Lesart vor, wonach das Normative als Teilmenge des Intersubjektiven aufzufassen ist.

[60] Der Vollständigkeit halber muß erwähnt werden, daß Handlungen, insbesondere Sprechakte, sofern sie sich an andere Personen richten, auch den Anspruch erheben, verständlich zu sein. Erst wenn dieser Anspruch erfüllt ist, können die anderen Geltungsansprüche beurteilt werden. Verständlichkeit zählt jedoch nicht zu den elementaren Geltungsansprüchen, da mit ihr kein Weltbezug verbunden ist.

heisst, mindestens einen der mit ihr erhobenen Geltungsansprüche in Frage zu stellen.[61] Kritisierte Handlungen lassen sich rechtfertigen, indem Gründe oder Argumente für die Geltung ihres Anspruches vorgebracht werden. „Handeln mit gutem Grund" kann deshalb als eine Umschreibung von Rationalität im allgemeinsten oder formalen Sinn betrachtet werden.[62] Streben Beteiligte eine von Zwängen möglichst befreite Sprechsituation an, spricht Habermas von einem Diskurs, bzw. von kommunikativem oder auch verständigungsorientiertem Handeln.[63] Im kommunikativen Handeln verwirklicht sich *kommunikative Rationalität* – der eigentliche Schlüsselbegriff in Habermas Philosophie, dem auch in Apels Werk eine prominente Rolle zukommt.

Habermas stellt der kommunikativen Rationalität die *instrumentelle Rationalität* gegenüber.[64] Die instrumentelle Rationalität ist im wesentlichen auf das Verfolgen von Zwecken hin orientiert. Effizienz, Optimierung, Steigerung der Verfügbarkeit der gegenständlichen Welt: Das sind ihre Imperative. Der instrumentellen Rationalität ordnet Habermas die Typen des strategischen und des zweckrationalen Handelns zu. Diese Rationalitätsform wird in vielen Bereichen der abendländischen Zivilisation offensichtlich: z.B. in Form von Technologie, Machtpolitik, Militär, Verwaltung und nicht zuletzt in Form der modernen ökonomischen Systeme.

Im Gegensatz dazu orientiert sich die kommunikative Rationalität an der zwanglosen Einigung durch Argumente, an der Stiftung von Konsens durch Verständigung. Sie beruht darauf, dass Menschen einander als vernunftbegabte, argumentationsfähige Wesen begegnen. Im kommunikativen Handeln werden die subjektiven Orientierungen zwischen Menschen abgestimmt. Es strebt daher mehr an, als nur das effiziente Erreichen eines Zieles. In Habermas Theorie schöpft nur der Typus des kommunikativen Handelns das gesamte menschliche Rationalitätspotential aus. Zweckrationales Handeln und instrumentelle Rationalität erscheinen vergleichsweise eingeschränkt, denn sie klammern verschiedene Aspekte der menschlichen Existenz aus, insbesondere *Fragen des guten Zusammenlebens*. Vor allem in der Sozialisation und in persönlichen Beziehungen, in der debattierenden Öffentlichkeit und in sozialen Bewegungen sowie in verschiedenen Ausdrucksformen der Kunst manifestiert sich die kommunikative Rationalität. Wir können dieses Konzept als eine zeitgenössische Formulierung von praktischer Vernunft begreifen.

2.4 Begründung der Diskursethik

Im Zentrum der Begründung der Diskursethik steht bei Habermas und bei Apel derselbe Grundgedanke: Wer argumentiert – und sei es nur, um die angeführten Geltungsgründe für die Diskursethik bestreiten zu wollen – geht immer schon und unausweichlich bestimmte ethische Voraussetzungen ein. Argumentieren heisst, andere Instanzen als sich selbst für die Gültigkeit von Aussagen zuzulassen und folglich darauf zu verzichten, die eigenen Vorstellungen durch den Gebrauch von Macht verbindlich durchzusetzen. Argumente orientieren sich am bestmöglichen Einwand, egal von wem er

---

[61] Vgl. Habermas, 1981, Bd. 1, S. 107.
[62] Vgl. ebenda, S. 44.
[63] Vgl. Habermas 1983, S. 144 und 1981, Bd. 1, S. 141 ff.
[64] Vgl. Habermas 1981, Bd. 1, S. 28.

stammen mag. Beide Autoren sind sich nun darüber einig, dass sich durch die Analyse von Argumentation in ihrer allgemeinen Form, die in jeder Argumentation schweigend unterstellten ethischen Grundsätze erkennen und ausdrücken lassen.

Habermas Begründungsweg setzt bei der Klärung des Begriffes der „moralischen Norm" an.[65] Normen können als Handlungsanweisungen verstanden werden. Handlungsanweisungen können von Individuen befolgt werden, weil sie unangenehme Konsequenzen vermeiden wollen oder weil sie sich einen Nutzen davon versprechen. Dies sind äussere Gründe. Handlungsanweisungen können aber auch aus innerer Überzeugung befolgt werden, ohne dafür positive oder negative Sanktionen angeben zu können. Für die Christen sind die Zehn Gebote Handlungsanweisungen dieser Art, d.h. moralische Normen. Moralische Normen existieren nur, solange sie überzeugen, selbst unabhängig davon, ob sie auch befolgt werden. Sie gelten für ein Individuum nur, solange gute Gründe für sie sprechen. Das bedeutet zugleich, dass sie durch bessere Gründe entwertet werden können. Normen hängen an der Argumentation, und diese Beziehung ist die Verbindung zwischen Vernunft und Moral!

Wenn Normen aber nur solange gelten, als keine triftigen Gründe gegen sie erhoben werden, dann beruht ihre Gültigkeit auf ihrer Verallgemeinerbarkeit. Eine Gründe abwägende Diskussion unter allen möglicherweise Betroffenen, vielleicht sogar unter Einbezug von Interessierten und Kompetenten, stellt den idealen Weg dar, die Gültigkeit von Normen zu überprüfen. Haben sich alle Beteiligten an dieser Diskussion ohne äusseren Zwang, also nur aufgrund ihrer aufrichtigen Einsicht, geeinigt, kann die Norm bis auf weiteres Gültigkeit beanspruchen. Apel hat gezeigt, dass es Normen gibt, die nicht mehr zu bestreiten sind, weil sie durch das Bestreiten selbst anerkannt werden. Wer sich gegen die Instanz der Argumentation zur Prüfung von Normen wendet, argumentiert und nimmt damit dieselbe Instanz schon für sich selbst in Anspruch. Der Aufweis des performativen Widerspruchs ist das Hauptargument für die Begründung der Diskursethik. Sie lässt sich sinnvollerweise nicht bestreiten.[66] Apel erhebt deshalb für sie den Anspruch, letztbegründet zu sein. Habermas ist vorsichtiger und akzeptiert nur, dass ihre Alternativenlosigkeit aufgezeigt werden konnte.

Auch wenn wir berücksichtigen, dass die Diskursethik wahrscheinlich immer noch auf bestimmten Prämissen, wie z.B. dem Verständnis von Argumentation und dem Stellenwert performativer Widersprüche etc. beruht, so ist doch offensichtlich, dass eine systematische Weigerung, sich auf Argumente einzulassen nur heissen kann, sich von der Vernunft konsequent zu verabschieden. Ein durchwegs unvernünftiges Wesen ist jedoch nicht mehr zurechenbar und kann keinen „normalen" Status in der Gesellschaft beanspruchen. Das Alltagsleben ist ihm nicht zuzumuten und es ist den Menschen im Alltag nicht zuzumuten. Eine gewisse Fähigkeit und Bereitschaft zur Argumentation sind unverzichtbar für das gesellschaftliche Leben.[67] Das heisst, die Diskursethik ist nicht nur sinnvollerweise nicht zu bestreiten, sie kann auch nicht ohne drastische soziale Konsequenzen systematisch ignoriert werden.

Was ist damit gewonnen? Apel und Habermas bezeichnen die Diskursethik auch als eine Meta- oder Verfahrensethik. Das heisst, die Diskursethik gibt nur eine Prozedur an, wie in der Lebenswelt strittige Normen geprüft werden können; aus ihr lassen sich kei-

---

[65] Vgl. Habermas 1983, S. 72ff. Ich vereinfache die Darstellung auf die wesentlichsten Gedanken.
[66] Dies ist Apels transzendentalpragmatische Argument.
[67] Dies ist das universalpragmatische Argument von Habermas, das das transzendentalpragmatische ergänzt. Vgl. Zierhofer 1994, S. 32.

ne weiteren Normen ableiten. Zu den konkreten Formen des guten Zusammenlebens – die Ebene substantieller Ethiken – schweigt sie. Der Anwendungsbereich der Diskursethik bezieht sich zudem nur auf Fragen, die rational und mit der prinzipiellen Aussicht auf einen Konsens erörtert werden können. Divergierende Interessen oder Wertvorstellungen sind vielleicht argumentativ veränderbar, aber sie sind keine moralischen Normen und deshalb nicht Gegenstand der Diskursethik.[68]

Die Diskursethik kommt immer erst dann zum Zuge, wenn sich moralische Konflikte ergeben haben. Auf den ersten Blick mag das als sehr wenig erscheinen. Wird jedoch berücksichtigt, dass die meisten Aspekte des gesellschaftlichen Lebens auch moralische Fragen tangieren und daher eine Vielzahl von Normen ständig fragwürdig ist – ein Dauerzustand moderner Gesellschaften –, dann kann die Diskursethik als eine minimale Anforderung im Sinne einer regulative Idee oder eines abstrakten Prinzips hinsichtlich der argumentativen Offenheit sozialer Verhältnisse betrachtet werden. Apel bezeichnet die Diskursethik auch als Metainstitution aller Institutionen.[69]

2.5 Begründung der Verantwortungsethik

Eine Suche nach dem besseren Argument verlangt absolute Offenheit. Wer sich auf das Spiel der Argumentation einlässt, unterstellt deshalb im Prinzip immer schon einen Satz von Regeln: Es darf kein argumentationsfähiges Subjekt ausgeschlossen werden; jeder darf jede Behauptung aufstellen oder infragestellen; jeder darf seine Einstellungen, Wünsche und Bedürfnisse äussern; alle diese Äusserungen sollen ohne Zwang möglich sein. In der Argumentation werden noch weitere Regeln unterstellt, z.B. die der Verständlichkeit und die der logischen Konsistenz. Die eben genannten Anforderungen sind nur die Verfahrensregeln der Argumentation, die in der Diskursethik eine besondere Bedeutung haben. Es ist leicht zu sehen, dass sie sich kaum realisieren lassen. Dennoch müssen sie im Spiel der Argumentation kontrafaktisch unterstellt werden, weil es sonst keine Argumentation wäre. Argumentieren ist also ein Unternehmen, das durch eine ideale Idee geleitet ist, aber zugleich im gesellschaftlichen Leben eine grosse Bedeutung beansprucht.

Diese in jeder Argumentation immer schon kontrafaktisch unterstellten Voraussetzungen fasst Apel im Begriff des *Aprioris der idealen Kommunikationsgemeinschaft* zusammen. Da Argumente den Anspruch erheben, für alle vernünftigen Personen einsichtig zu sein, ist die kontrafaktisch unterstellte ideale Kommunikationsgemeinschaft stets die unbegrenzte Öffentlichkeit aller möglichen Gesprächspartner. In dieser leitenden Idee spiegelt sich die Anforderung der unbegrenzten Zustimmung zum besseren Argument und zu gültigen Normen.[70]

Dem Apriori der idealen Kommunikationsgemeinschaft steht das *Apriori der realen Kommunikationsgemeinschaft* gegenüber. Unsere Bemühungen zur Verwirklichung von Vernunft können nur auf den mehr oder weniger vernünftigen Voraussetzungen der Lebenswelt und unseren beschränkten Fähigkeiten aufbauen. Andererseits bezeichnet Apels Begriff auch alle Einschränkungen und ungünstigen Voraussetzungen, unter denen Diskurse angestrebt werden müssen.

---

68 Vgl. Habermas 1983, S. 112f.
69 Vgl. Apel 1990, S. 37.
70 Vgl. Apel 1990, S. 9f.

Diese beiden Aprioris stehen in einer geschichtlich nicht überwindbaren Spannung zueinander. Deshalb bezeichnen Habermas und Apel die ideale Sprechsituation auch als *kontrafaktische Unterstellung*. Für Apel ergibt sich aus diesem Umstand das Problem der Anwendung der Diskursethik in einer Zeit, in der ihre idealen Anwendungsbedingungen noch nicht realisiert sind.[71] In Hinblick auf die Annäherung der realen Kommunikationsverhältnisse an die ideale Kommunikationsgemeinschaft bedarf das Verfahrensprinzip der Diskursethik einer verantwortungsethischen Ergänzung. Die realen Bedingungen können für ihre Anwendung nicht irrelevant sein, weil die Folgen missglückter Argumentationsversuche auch zu verantworten sind.[72]

Apel unterscheidet deshalb zwischen einem *Teil A* und einem *Teil B* der Ethik. Während Teil A der Ethik das universalistische und kontrafaktische Ideal ausdrückt, trägt die Verantwortungsethik des Teils B eben diesem kontrafaktischen Charakter Rechnung, indem sie die geschichts- und kulturbezogene Anwendung des Teils A regelt.[73] In der Bedeutung des Argumentierens ist für Apel auch die unendliche Aufgabe eingeschlossen, die Unterschiede zwischen idealen und realen Kommunikationsverhältnissen zu überwinden. Zugleich soll das, was bisher im Sinne der kommunikativen Vernunft realisiert wurde, nicht mehr unterboten werden. Die Diskursethik soll deshalb durch Normen ergänzt werden, die fordern, dass die geschichtlich und kulturell bisher erreichten diskursiven Verhältnisse nicht nur bewahrt bleiben, sondern auch weiterentwickelt und ausgeweitet werden.[74]

Die Diskursethik, die Apel als Metainstitution für alle diskursiv regelbaren Fragen der Lebenswelt[75] begreift, lässt sich deshalb sinngemäss in drei Punkte zusammenfassen:

1. Konflikte sollen durch rein diskursive Konsensbildung unter den Betroffenen beigelegt werden. Darin erblickt er zugleich die Grundnorm der Ethik überhaupt.
2. Der Anwendung dieser idealen Grundnorm steht die Verantwortung für das vertretene Selbstbehauptungssystem gegenüber. In Situationen, in denen die Bedingungen für diskursive Konfliktregelung ungünstig sind, muss auch strategisch gehandelt werden.
3. Aus der Spannung zwischen der ersten und der zweiten Norm ergibt sich eine Verantwortung für die langfristige Annäherung der realen Verhältnisse an die idealen Bedingungen argumentativer Konfliktbewältigung.[76]

Offensichtlich lassen sich die beiden verantwortungsethischen Imperative (Punkte 2 und 3) nicht direkt aus den idealen Diskursregeln ableiten. Habermas besteht gegenüber Apel darauf, dass seine Verantwortungsethik nicht den selben Status wie die Diskursethik hat, sondern selbst zum Gegenstandsbereich moralischer Diskurse zu zählen ist.[77] Aber ebenso offensichtlich drücken beide Normen jeweils eine Intention aus, die mit dem *Willen* zur Argumentation denknotwendig impliziert wird. Für unsere Zwecke reicht es, davon ausgehen zu können, dass das *Verallgemeinerungsprinzip* der Diskursethik sinnvollerweise durch ein *Verantwortungsprinzip* ergänzt wird.

71 Vgl. Apel 1990, S. 124ff.
72 Vgl. Apel 1990, S. 128f.
73 Vgl. Apel 1990, S. 134.
74 Vgl. Apel 1990, S. 149.
75 Vgl. Apel 1990, S. 37.
76 Vgl. Apel 1990, S. 267f.
77 Vgl. Habermas 1991, S. 196ff.

2.6 Der Geltungsanspruch von Diskurs- und Verantwortungsethik

Sowohl in Apels als auch in Habermas' Formulierung tritt die Diskursethik mit dem Anspruch universeller Gültigkeit auf. Was kann das heissen? Betrachten wir die beiden zentralen Argumente im Begründungsgang der Diskursethik: Das eine besagt, dass es unsinnig ist, die in jeder Argumentation implizierten Grundnormen der Kommunikation zu bestreiten. Das andere besagt, dass es sozial untragbar ist, diese Grundnormen der Kommunikation systematisch und konsequent zu ignorieren. Was die beiden Autoren aufweisen, sind die logischen und sozialen Konsequenzen, die sich aus der Ablehnung der Diskursethik ergeben. Damit ist die Diskursethik kein absolutes Gesetz, sondern nur eine Konvention. Es scheint mir jedoch sehr plausibel zu sein, dass diese Konvention im Prinzip über alle Kulturgrenzen hinweg Gültigkeit beanspruchen kann und deshalb als universale Metaethik dienen kann. Auf jeden Fall sehe ich für unseren Kulturkreis, in dem das zurechenbare und mit Vernunft ansprechbare Subjekt den Minimalstandard der Sozialisation verkörpert, keine Möglichkeit, sich von der Diskursethik grundsätzlich zu distanzieren.

Da die Diskursethik aber ein sprachliches Konstrukt ist, kann es seine Überzeugungskraft (seine Gültigkeit) nur auf der Grundlage geteilter Semantiken und Weltbilder entfalten.[78] Es scheint mir sinnvoll, die Diskursethik als eine Idee, die unterschiedlich formuliert werden kann und die offen für Weiterentwicklung und Revisionen ist, zu begreifen.

Eine mögliche Revision der Diskursethik tönt in meiner Darstellung schon an. In Apels und Habermas' Formulierung verlangt die Diskursethik, dass alle von einer Norm Betroffenen am Diskurs teilnehmen dürfen. Meiner Ansicht nach verträgt sich dies nicht mit den in der Argumentation implizierten Grundnormen bzw. mit dem Apriori der idealen Kommunikationsgemeinschaft: Wenn das bessere Argument gesucht werden soll, dann müssen alle Möglichkeiten, es zu finden, ausgeschöpft werden. Wer immer über ein besseres Argument verfügen könnte, sei es eine betroffene Person, sei es ein unbeteiligter Beobachter, muss zum Diskurs zugelassen werden. Ferner ergibt sich daraus aber auch die Pflicht, möglicherweise relevante Argumente zu äussern[79] – dies allerdings immer auch unter Beachtung der Postulate der Verantwortungsethik. Unter repressiven Bedingungen kann auch einmal schweigen ethisch geboten sein. Falls das Kriterium der Betroffenheit wirklich zu eng gefasst sein sollte, würde dieser kleine Perspektivenwechsel doch nennenswerte Folgen nach sich ziehen. Vereinfacht gesprochen: Das Wissen – also: die Zeugen, die Erfahrung, die Weisheit, und der Sachverstand – wird für die gesellschaftlichen Verhältnisse, und dies über alle Staatsgrenzen und Kulturen hinweg, in die Verantwortung genommen!

Es stellt sich auch die Frage, ob die Diskursethik, so wie sie von Habermas und Apel dargelegt wird, nicht auch eine überrissene Zumutung verbaler Rationalität ausdrückt. Ist dieses Konzept nicht sehr logozentrisch? Vernachlässigt es nicht die nonverbalen Kommunikationsmöglichkeiten und die Emotionalität der Kommunikation? Der Anspruch, alles sprachlich thematisieren zu können, scheint mir wirklich nicht in jedem Einzelfall einlösbar zu sein. Andererseits ist die Diskursethik gegenüber Emotionen und anderen Dimensionen des Erlebens nicht verschlossen. Zudem sind gesellschaftliche

---

78 Zu den Grenzen des Geltungsanspruches der Diskursethik vgl. Zierhofer 1994, S. 176ff.
79 Diese Pflicht scheint mir auch schon in Punkt 3 der Verantwortungsethik, der eine Weiterentwicklung der diskursiven Bedingungen in der Gesellschaft fordert, impliziert zu sein.

Verhältnisse in hohem Grade sprachlich konstituiert oder zumindest sprachlich geregelt. Schliesslich gibt es wahrscheinlich keinen Umstand im Leben, der sich grundsätzlich nicht wenigstens annäherungsweise sprachlich fassen liesse. Ein absoluter Zugriff auf Sachverhalte ist der Sprache sowieso nur dort möglich, wo die Sachverhalte selbst sprachlicher Natur sind, wie z.B. in der Mathematik.

Um der Diskursethik zu einer angemessenen Einschätzung zu verhelfen, möchte ich vor einer häufig anzutreffenden Fehlinterpretation der Rolle des Konsenses in der Diskursethik warnen. Es entspricht nicht dem Sinn dieser Ethik, einen Konsens, den eine reale Kommunikationsgemeinschaft gefunden hat, als Instanz der Legitimität von Normen zu begreifen. Der Sinn der Diskursethik ist es, das bessere (moralische) Argument zu finden und solange kein Konsens (unter argumentationsfähigen Personen) vorliegt, haben die vorgebrachten Argumente zumindest noch nicht überzeugt. Doch selbst wenn ein Konsens gefunden wurde, können sich die Diskutierenden über das bessere Argument getäuscht, oder nur das zweit- oder drittbeste gefunden haben. Nur der Konsens der idealen Kommunikationsgemeinschaft garantiert das beste Argument, doch diese ist grundsätzlich nicht verwirklichbar. Für die Politik offener Gesellschaften bedeutet das aber auch, dass real erzielte Einverständnisse nur als die Instanz einer vorläufigen Legitimität betrachtet werden dürfen. Alle Normen bleiben im Prinzip begründungspflichtig und revidierbar – das ist die Moderne. Ich schlage vor, Diskurse weniger als Verfahren der Legitimierung von Normen und mehr als Verfahren zur Aufdeckung von Irrtümern zu betrachten. Nicht der Konsens, sondern die rationale Kritik ist das Entscheidende.

2.7 Durch Gründe motivieren und kommunikative Vernunft verwirklichen

Wie lassen sich kommunikative Vernunft und Diskursethik im sozialen Leben verwirklichen? Wie werden die schönen Worte zu Taten? Da ein grosser Teil der gesellschaftlichen Realität durch Sprechakte strukturiert wird, können wir davon ausgehen, dass durch die Sprache Verbindlichkeit erzeugt oder vermittelt werden kann. Bindende Kraft entfaltet ein Sprechakt indem die vorgebrachten Gründe den Adressaten von der Wahrheit und Richtigkeit der Aussage oder indem ihn das konsistente Verhalten von der Wahrhaftigkeit überzeugen.[80] Das Aufweisen von Konsequenzen (im Gegensatz zu angedrohten Sanktionen), die sich durch das Ignorieren des Sprechaktes ergeben, ist ein typisches Beispiel für einen Grund der zu entsprechendem Handeln motiviert. Je stärker sich die sozialen Verhältnisse schon an Argumentation orientieren, desto grösser sind die Chancen, unser Gegenüber allein durch gute Gründe (und nicht durch angedrohte Sanktionen) zu motivieren.

Wie lassen sich nun in der Praxis die Anforderungen der Diskursethik annähern? Für jede Diskussion muss der Kreis der Teilnehmenden eingegrenzt werden. Aus der Perspektive der Diskursethik müssen nicht unbedingt alle Betroffenen persönlich daran teilnehmen können, aber es sollten Verfahren gefunden werden, die möglichst alle relevanten Argumente zur Geltung bringen. Die zweite Anforderung der Diskursethik, nämlich die rein argumentative Auseinandersetzung, lässt sich nicht direkt institutionalisieren. Sowohl das Vermögen zu argumentieren als auch die Motivation dazu werden sozialisiert, d.h., kommunikatives Handeln lässt sich einfordern und kultivieren; die kommunikative Praxis und die Aufklärung über die kommunikative Vernunft entwik-

---

80 Vgl. Habermas 1992, S. 70 und S. 81, sowie Habermas 1983, S. 68f.

keln die kommunikative Rationalität einer Lebensform von innen heraus weiter. Als Drittes verlangt die Diskursethik, Argumentationen durch einen Konsens zu beenden. Wir haben schon gesehen, dass dieser Konsens nur durch die ideale Kommunikationsgemeinschaft erreichbar ist. Die Realität kommt nicht ohne Abbruchkriterien für Auseinandersetzungen aus. Um dem Sinn der kommunikativen Vernunft und der Diskursethik – nämlich der Orientierung am besseren Argument – dennoch gerecht zu werden, muss jeder Beschluss, wenn neue triftige Gründe geltend gemacht werden können, revidierbar sein. Diese Überlegungen laufen darauf hinaus, dass die Verwirklichung der kommunikativen Vernunft immer darin bestehen muss, die kulturellen Gegebenheiten und die traditionellen Institutionen zugunsten einer argumentativen Orientierung weiterzuentwickeln.

Moderne Demokratien verfügen über eine Vielfalt von Institutionen, die deutlich partizipative und argumentative Strukturen aufweisen. Keine dieser Institutionen hat jedoch die explizite Aufgabe, Normen direkt zu prüfen. Aus der Perspektive von Habermas ist die vielfältige, komplexe Öffentlichkeit der „Ort" wo dies geschehen kann und sollte. War es einst ein Kampf, überhaupt die rechtlichen und technischen Voraussetzungen zur gesamtgesellschaftlichen Verständigung zu schaffen, so bleibt heute immer noch die Aufgabe bestehen, trotz, wegen und mittels der Massenmedien Öffentlichkeit zu erhalten, herzustellen und durchzusetzen. Die in der allgemeinen Öffentlichkeit vorgebrachten Argumente müssen in den formellen Entscheidungsinstanzen zur Geltung gebracht werden können. Ein grosser Teil der Energie sozialer Bewegungen bzw. von Organisationen, die aus sozialen Bewegungen hervorgegangen sind, wird durch Öffentlichkeitsarbeit in diesem fundamentaldemokratischen Sinn absorbiert. Gerade vor dem Hintergrund globaler Umweltprobleme kommt der Herstellung von Öffentlichkeit eine besondere Bedeutung zu: Sie ist eine der Voraussetzungen, um überhaupt die Ansprüche, die in der Ferne oder durch das Fremde an das hiesige Handeln gestellt werden, zur Kenntnis nehmen zu können.

Die Sozialstruktur moderner Gesellschaften ist durch die grossen Subsysteme der Gesellschaft geprägt. Jürgen Habermas und andere Sozialwissenschafter bezeichnen damit diejenigen Lebensbereiche, wie Wirtschaft, Recht, Politik, Wissenschaft, in denen die Handlungen der Individuen systematisch, d.h. nach zweckrationalen Regeln, koordiniert sind. Die einzelne Handlung, sei es eine Ware auf einem Markt anzubieten oder ein Forschungsprojekt durchzuführen, muss sich nicht weiter legitimieren, solange sie im Rahmen der Regeln des Subsystems verbleibt. Diese Rahmenbedingungen stehen indessen unter Legitimationsdruck. Durch diese Konstruktion wird in der Gesellschaft eine hohe funktionale Gliederung und Spezialisierung möglich und damit erst der Komplex von Wissenschaft, Technologie, Wirtschaft und Verwaltung, der den Wohlfahrtsstaat prägt. Zugleich entstehen aber auch unübersichtliche Strukturen, in denen sich organisierte Unverantwortlichkeit verbreiten kann. Dies geschieht genau dann, wenn Betroffene ihre Ansprüche den Verursachern gegenüber nicht mehr geltend machen können, wenn sie eben letztere für ihren Schaden nicht zur Verantwortung ziehen können. Wenn innerhalb eines Systems keine Kanäle für solche Rückmeldungen und für verbindliche Kommunikation bestehen, was bis zu einem gewissen Grad notwendigerweise der Fall ist, dann müssen Wege ausserhalb des Systems, nämlich über die Öffentlichkeit gefunden werden. Anders gesagt: Öffentlichkeit muss von den Betroffenen gegen das System, bzw. gegen die Interessen der durch Abschottung Privilegierten durchgesetzt werden.

2.8 Zusammenfassung des normativen Begriffes von Öffentlichkeit

Das bisher erarbeitete Verständnis von Öffentlichkeit ist zu komplex, um es auf einen einfachen Begriff zu bringen. Reduktionismen dieser Art gibt es genug und sie bescheren uns mit Regelmässigkeit ihre Probleme. Im folgenden möchte ich deshalb einen normativen Begriff von Öffentlichkeit in sieben Punkten zusammenziehen, ohne den Anspruch zu erheben, damit alle relevanten Aspekte abdecken zu können.

1. Der normative Kern von Öffentlichkeit ist die „Orientierung am besseren Argument" bzw. die „diskursive Verflüssigung sozialer Verhältnisse". Prinzipielle Offenheit in jeglicher Hinsicht ist eine Voraussetzung dazu: *Um dem besseren Argument, was immer es auch sein mag, in der Realität eine grosse Chance zu geben, müssen wir innerlich gegen Einwände offen sein, und wir müssen soziale Strukturen (Organisationsformen) anstreben, die erstens durchschaubar sind und zweitens Einwände einer aufrichtigen Prüfung zuführen.* Das Ideal der Öffentlichkeit kann allerdings nicht erreicht werden, es ist eine regulative Idee mit kontrafaktischem Charakter.

2. Öffentlichkeit kann nicht als Gegenstand, z.B. in Form eines konkreten Publikums, begriffen werden. Unter Öffentlichkeit sind vielmehr die spezifischen Ausgestaltungen von Erfahrungs-, Interaktions- und Kommunikationsmöglichkeiten eines beliebigen Ausschnittes der gesellschaftlichen Gegebenheiten zu verstehen. *Öffentlichkeit ist eine Eigenschaft sozialer Verhältnisse, nämlich die empirisch gegebene oder normativ geforderte Verteilung von Erfahrung, Mitsprache und Mitbestimmung.* Aus normativer Perspektive ist zu fragen: Wie steht es dabei um die Möglichkeiten der Argumentation und wie wird Verantwortung organisiert?

3. Es kann keine abschliessbare Liste von Merkmalen erstellt werden, mit denen sich Aspekte des Zugangs und des Ausschlusses im Rahmen von Erfahrungs-, Interaktions- und Kommunikationsmöglichkeiten beschreiben lassen. *Öffentlichkeit lässt sich im Voraus nur als abstraktes Prinzip angeben, ihre konkrete Realisation bzw. das Bündel der relevanten Eigenschaften muss im Zusammenhang eines konkreten Falles untersucht oder verwirklicht werden.*

4. *Alle Öffnungen und Verschliessungen in Interaktionszusammenhängen sind im Prinzip legitimationsbedürftig.* Alle Interaktionszusammenhänge müssen im Prinzip einer rationalen Beurteilung zugeführt werden können. Dies muss, darf und kann aber nicht in jedem einzelnen Fall geschehen. Doch jeder einzelne Vorfall muss als Anlass zur Überprüfung von Regeln des Zusammenlebens in Frage kommen können. Offene Verhältnisse können nicht a priori als gut und erstrebenswert gelten; es ist für das menschliche Zusammenleben auch wichtig, über „Räume" zu verfügen, in denen gewisse Ansprüche und Anforderungen ausgesetzt sind, in denen das Fragile Schutz und Zeit für sich selbst findet.

5. Dass soziale Verhältnisse diskursiv verflüssigt sind, bedeutet nicht, dass alle betroffenen Personen, oder alle die etwas dazu beitragen wollen, an konkreten Gesprächen beteiligt werden müssen. Aus praktischen Gründen muss in vielen Fällen mit Formen der Vertretung vorlieb genommen werden. Im Geiste der Verantwortungsethik ist jedoch darauf zu achten, dass möglichst alle Argumente ernsthaft in die Prüfung miteinbezogen werden. *Öffentlichkeit kann, darf und muss teilweise stellvertretend organisiert werden.*

6. Im kommunikativen Handeln entwickeln und offenbaren sich Menschen; wird in Kommunikationen keine Verständigung angestrebt, reduziert sich die Sprache auf ein Informationsmedium, wie es zur Steuerung von Maschinen ausreicht. Beim Preis der Würde der Menschen *darf es keinen Lebensbereich geben, über den sich die Involvierten nicht im Prinzip und nach Bedarf verständigen könnten.*

7. Die anzustrebende Öffentlichkeit ist ein Teil einer rationalisierten (d.h. argumentativ zugänglichen) Lebensform. Argumentation kann und soll kultiviert werden. Auch wenn repräsentative Öffentlichkeit möglich ist, *sollen möglichst grosse Bevölkerungskreise die Gelegenheit haben und dazu aufgefordert werden, aktiv an Diskursen teilzunehmen.* Durch die Teilnahme am Markt, an der formellen Politik oder an anderen systemischen Handlungsweisen können Dritte Folgen erleiden. Daraus leitet sich eine Verantwortung für dieses Handeln den Betroffenen gegenüber ab. Die Betroffenen tragen ihrerseits eine Verantwortung dafür, ihre Ansprüche auch geltend zu machen. Diese Verantwortung tragen sie gegenüber denen, die an einer kommunikativen Vernunft interessiert sind oder es sein könnten – also alle anderen potentiellen Betroffenen.[81] Eine Praxis des kommunikativen Handelns ermöglicht gesellschaftliche Lernprozesse und dient der friedlichen Bewältigung von Konflikten.

---

[81] Es muss der Möglichkeit einer Veranwortung gegenüber kommenden Generationen von Menschen und vielleicht auch einer Verantwortung gegenüber der belebten und unbelebten Umwelt Rechnung getragen werden.

3. Wissenschaft, Medien und Argumentation

Nachdem im letzten Kapitel die normativen Grundlagen der Öffentlichkeit diskutiert wurden, lautet die Frage nun, was dies für die Arbeit der Wissenschafter und Journalisten bedeutet. Ich beginne mit Überlegungen zum Verhältnis von Normen des individuellen Handelns zu normativen Konzepten für Institutionen; dies ergibt eine strukturelle Grundlage für die Auseinandersetzung mit den Rollen, die die Wissenschaft und die Massenmedien idealerweise in der Gesellschaft spielen. Daraufhin werde ich in diesem Kapitel keine zusammenhängende Argumentation entfalten, sondern die Intention der kommunikativen Vernunft für einige typische Problemlagen der Umweltforschung und der Berichterstattung über Umweltprobleme zur Geltung bringen. Die Kapitel zwei und drei geben damit einen Boden ab, auf dem sich in den folgenden Kapiteln die Leistungen der Waldschadenforschung und einiger Printmedien in der Schweiz, als Beispiel für die Veröffentlichung eines Umweltproblemes, kritisch beurteilen lassen sollten.

3.1 Institutionelle und personenbezogene Ebene der Ethik

In den meisten Fällen ist es unangemessen, das Handeln eines Individuums als Tätigkeit ohne Beziehung zu einem gesellschaftlichen Umfeld, zu seiner Kultur, seiner Biographie zu betrachten. Wenn wir uns mit Normen und mit Ethik befassen, dann stellt sich sogleich die Frage, wie der soziale Kontext in der Ethik und in der Formulierung von Normen berücksichtigt wird oder werden kann. Wie lassen sich in der Ethik die Ebene der Person und die der gesellschaftlichen Rahmenbedingungen des Handelns aufeinander beziehen?

Apels Gedanke, dass die Diskursethik einer verantwortungsethischen Ergänzung bedürfe, kann in dieser Hinsicht interpretiert werden. Für ihn ist die Diskursethik ein nicht direkt realisierbares Ideal. Wie kann sie in einer unvollkommenen Welt angestrebt werden, ohne dass das Ideal dabei untergraben wird? Anders gefragt: Wie sollen Individuen im Sinne der Diskursethik mit den Rahmenbedingungen ihres Handelns umgehen? Apels Antwort ist im Prinzip einfach: Sie sollen so damit umgehen, dass sich die Rahmenbedingungen im Sinne der Diskursethik so weit wie möglich verbessern. Er bürdet dem Individuum eine Mitverantwortung für Handlungssituationen auf. Unter modernen Bedingungen, wo es uns freisteht, uns vor einem Gott zu rechtfertigen, wo wir unser Handeln aber immer gegenüber unseren Mitmenschen (und vielleicht sogar indirekt gegenüber unserer gesamten Mitwelt) rechtfertigen müssen, ist eine Verantwortungsethik unverzichtbar.

In dieser Hinsicht lässt sich noch ein zweiter Gedanke interpretieren. Apel übernimmt von Kant die argumentative Methode, nach den Bedingungen der Möglichkeit von Erkenntnis, Vernunft, Begriffsbildung oder eben auch Argumentation zu fragen. In der Diskursethik kommt diese Argumentationsform ganz zentral im Aufweis des performativen Widerspruchs beim Bestreiten der Grundnormen der Argumentation zum Zuge: Wer die Gültigkeit der Grundnormen der Argumentation bestreitet, weist damit die Bedingungen der Möglichkeit dieses Bestreitens von sich und entledigt sich damit gleichsam selbst des Bodens unter den Füssen. Es ist nun leicht zu erkennen, dass sich diese Argumentationsform auch in vielen anderen Situationen zur Erhellung von Zusammenhängen und damit zur Reflexion von Verantwortungsbeziehungen verwenden lässt. Beispielsweise liesse sich sagen, dass der Sachverstand eine Verantwortung für die Bedingungen der Möglichkeit der Reproduktion und der Weiterentwicklung von Sachverstand trägt. Abstrakt formuliert hiesse das, dass sich jede Handlung verantwortungsethisch daraufhin rechtfertigen muss, wie sie mit den Voraussetzungen des Guten (und Schlechten) an ihr umgeht, ob sie dieses bewahrt und weiterentwickelt.

In der Ethik ist häufig von Wissenschafts- oder Medienethik die Rede. Weder die Wissenschaft noch die Medien sind jedoch sinnvolle Adressaten für Normen. Es müssen am Ende immer einzelne Handelnde bleiben, die ihre Vorstellungen des Guten, der richtigen Wissenschaft und der richtigen Medien in Entscheidungssituationen verwirklichen. Institutionelle Ethiken werden erst dann wirklich sinnvoll, wenn sie sich an das individuelle Handeln zurückbinden lassen, wenn sie beispielsweise zu einem Teil des Berufsethos werden. Einen Teil des Schrittes von „die Wissenschaft ist idealerweise x" zu „ich soll x' tun" wird dem handelnden Individuum nie durch die ethische Theorie abgenommen werden können. Formulierungen wie „trage dazu bei, dass die Wissenschaft x wird und bleibt" können jedoch durchaus Bestandteile eines Berufsethos sein und zumindest die Aufmerksamkeit der Handelnden auf Problemdimensionen lenken. Im Idealfall ist die Verantwortung für die institutionellen Voraussetzungen zur bestmöglichen Verwirklichung des Berufsethos dem Berufsethos miteingeschrieben! Wir stehen vor reflexiven ethischen Strukturen: Das Berufsethos sorgt sich um seine eigene Reproduktion.

Wenn es stimmt, wie Ulrich Beck behauptet, dass die sozialen Verhältnisse in den spätmodernen Gesellschaften zunehmend durch die unbeabsichtigten Folgen des Handelns gesteuert werden, dann sollten auch moderne Ethiken in diesem Sinn reflexiv gebaut sein. Die grossen, vorwiegend zweckrational organisierten Subsysteme der Gesellschaft wie Wirtschaft, Verwaltung, Politik und Wissenschaft bilden die zentralen gesellschaftlichen Strukturen der Moderne. Sie scheinen ein moralisches Vakuum zu erzeugen, vor dem sich viele Ethiker ratlos versammeln. Aus der Sicht von Habermas' Gesellschaftsanalyse besteht dieses moralische Vakuum nicht notwendigerweise und muss deshalb auch nicht hingenommen werden. Vielmehr entlasten die Systeme das Handeln im Einzelfall vor moralischer Reflexion, indem sie die Frage der Legitimität an die Rahmenbedingungen des Handelns delegieren. Der Ort der Legitimierung marktwirtschaftlichen Handelns ist nicht der Kaufakt, sondern die Debatte über die Ordnungspolitik der Wirtschaft.

Reflexiv gebaute Ethiken können als eine Antwort auf das Problem der organisierten Unverantwortlichkeit betrachtet werden. Soziale Strukturen, und damit die Organisation von Verantwortung, ergeben sich durch das Handeln von Subjekten. Deshalb sind Handelnde immer auch für die Reproduktion von Strukturen der Verantwortung und Unverantwortlichkeit mitverantwortlich. Systemisch koordinierte Handlungen erzeugen immer Folgen für Dritte und können sich nicht grundsätzlich von Moral und Ethik verabschieden. In diesem Sinn sind auch Wissenschafter und Journalisten in bestimmter Weise mitverantwortlich für die gesamtgesellschaftlichen Strukturen und in besonderer Weise für die Strukturen im Umfeld und innerhalb der Institutionen, in denen sie arbeiten.

3.2 Wissenschaftsethik

3.2.1 Die Orientierung an Argumentation

„Ist die Wissenschaft wertfrei?" lautet eine häufig diskutierte Frage. Gemeint ist damit meistens, ob sich Wissenschafter gegenüber „Werten" neutral verhalten sollen. Und unter Werten werden in diesem Zusammenhang in der Regel Partikularinteressen verstanden. Stellen wir die Frage deshalb anders: „Ist die Wissenschaft an Werten orientiert? Darf oder soll sie sich in den Dienst von Partikularinteressen stellen?" Um diese beiden Fragen führt kein Weg herum, wenn von der Wissenschaft irgenwelche Beiträge zur Bewältigung der Umweltproblematik erwartet werden. Mit allem was sie dazu leistet, wird sie mindestens implizit Antworten auf diese Fragen geben.

Aus der Perspektive der Theorie kommunikativen Handelns ist die Wissenschaft selbst durch Werte konstituiert. Wissenschaft betreiben heisst zu versuchen, gewisse Werte zu verwirklichen. Ein Teil dieser Werte wird zum Beispiel durch Wissenschaftstheorie und Methodologie verkörpert; ein anderer Teil wird an akademischen Festreden oder in wissenschaftspolitischen Programmen zum Ausdruck gebracht. Ein zentraler Wert, der eben unglücklicherweise mit dem Wort „Wertfreiheit" angesprochen wird, ist die Orientierung an der Idee der Wahrheit und an einer Realität, die sich unabhängig von den eigenen Wunschvorstellungen feststellen lässt. Was als wahr gilt, sollte für alle als wahr gelten können. In diesem Sinn sollte sich die Wissenschaft den Partikularinteressen gegenüber indifferent verhalten. Das ist jedoch im strengen Sinn nicht durchzuhalten. Jede Beobachtung und jede Formulierung ist selektiv und muss sich durch ein Interesse leiten lassen. Es ist nicht zu vermeiden, dass Fragestellungen bzw. das Spektrum der damit vorgezeichneten Antwortmöglichkeiten den einen Interessen mehr und den anderen weniger dienen, und es ist nur eine empirische Frage, welchen gegenwärtigen Interessen sie entgegenkommen, und wie verallgemeinerbar diese Interessen sind.

Welches sind die Werte, die die Wissenschaft verkörpert? Die Entstehungsgeschichte der Wissenschaft kann als eine Befreiung der Erkenntnis über die Welt aus ihrer dogmatischen Umklammerung gesehen werden. Selbst wenn die Religion für individuelle Wissenschafter noch den Sinn des Lebens stiftet – im Rahmen der Wissenschaft kann sie keine Aussage über die Gegebenheiten dieser Welt begründen. Dafür ist nun die Welt selbst zuständig, indem sie vermittelt durch die Methoden der Erkenntnis zu uns „spricht". Mit dieser antidogmatischen und antimetaphysischen Haltung[82] bringt die Wissenschaft aber auch ein emanzipatorisches Ideal zum Ausdruck: Was der Fall ist, soll unabhängig von gesellschaftlichen Machtverhältnissen und persönlichen Ansichten für alle dieselbe Gültigkeit erlangen können. Der wissenschaftliche Rationalismus verkörpert die Hoffnung, seine Produkte würden im Dienste der gesamten Menschheit und der Humanität stehen. Obwohl diese Hoffnung brüchig geworden ist, wird auch heute noch die

„Bewahrung und Humanisierung des menschlichen Lebens samt seiner vielfältigen Umwelt"[83]

als Leitprinzip für die Wissenschaft genannt. Dies lässt sich freilich unterschiedlich interpretieren. Im 20. Jahrhundert wurde die Wissenschaft jedenfalls als gesellschaft-

---

[82] Die Metaphysik wird dabei nicht abgeschafft. Ihr wird nur die Möglichkeit abgesprochen, die Gültigkeit von Aussagen über empirische Sachverhalte zu begründen.

[83] Höffe 1992, S. 312.

liches Subsystem in die Spezialisierung gesellschaftlicher Tätigkeitsbereiche und in die Arbeitsteilung miteinbezogen. Als Ergänzung zur Marktwirtschaft ist sie vorwiegend an Leistung und Effizienz orientiert; sie ermöglicht es der Gesellschaft, sich komplexer zu strukturieren und zugleich ihren Zugriff auf die weltlichen Gegebenheiten auszuweiten.

Durch ihre Methodologie, ihre Logik und ihr Gratifikationswesen ist die Wissenschaft in hohem Masse auf argumentative Problemlösung verpflichtet. Veröffentlichung von Ergebnissen, kritische Debatten und Review-Systeme stellen Verfahren der Prüfung von Geltungsansprüchen von Aussagen über Sachverhalte dar und verbürgen damit ein Stück kommunikativer Vernunft im Erkenntnisbereich – zumindest als regulative Idee.

Zwar wäre es überzogen zu behaupten, die Wissenschaft sei durch die Ideale der Diskursethik konstituiert, aber wir können diese Ideale in der Institution Wissenschaft durchschimmern sehen. Deshalb läuft es den Konstitutionsbedingungen dieser Institution nicht zuwider, den Massstab der kommunikativen Vernunft und der Diskursethik an die Wissenschaft anzulegen.

3.2.2 Diskursive Wahrheitssuche

Im Zentrum der Anforderungen, die an die Wissenschaft gestellt werden, steht die Produktion von Wahrheit und daher auch die Zerstörung alter, vermeintlicher Wahrheiten i.w.S. Die Legitimation des gesellschaftlichen Subsystems der Wissenschaft beruht in erster Linie auf der Erfüllung dieser Anforderung. Aber was heisst es, Wahrheit zu produzieren? Wie erlangt eine Aussage über Sachverhalte Gültigkeit?

Ich möchte an dieser Stelle nicht auf die Details von Wahrheitstheorien eingehen, sondern nur zeigen, nach welchen Prinzipien sich innerhalb einer Theorie kommunikativen Handelns, also auf der Grundlage von Auseinandersetzungen über Geltungsansprüche von Aussagen, eine Verfahrens-Theorie der Wahrheit, ganz analog zur Diskursethik, entwickeln lässt.[84] Wenn eine Aussage wahr sein soll, dann muss sie die Bedingung erfüllen, dass im Prinzip kein Grund gegen ihre Wahrheit vorgebracht werden kann. Dies ist höchstens in der idealen Kommunikationsgemeinschaft möglich. In jeder realen Kommunikationsgemeinschaft ist jedoch von der Möglichkeit auszugehen, dass sich Diskursteilnehmer in der Bedeutung ihrer Gründe irren. Um irrige Interpretationen zu vermeiden, scheint es mir deshalb angebracht, statt von Konsenstheorien der Wahrheit, von Theorien diskursiver Wahrheitssuche zu sprechen.

Das Verfahren der Wahrheitssuche ist unter den praktisch gegebenen Bedingungen so zu gestalten, dass Aussagen mit Wahrheitsanspruch möglichst harten argumentativen Prüfungen ausgesetzt werden. Da die Instanz für die Gültigkeit von Aussagen über Sachverhalte letztlich nur die Sachverhalte selbst sein können, besteht das Problem in erster Linie darin, wie die Sachverhalte angemessen zu erfassen und zu repräsentieren sind. Im Idealfall besteht die Wahrheitssuche aus einem zweistufigen Verfahren: In einer ersten Stufe bestimmt eine reale Kommunikationsgemeinschaft Kriterien, nach denen Aussagen als wahr gelten dürfen.[85] In einem zweiten Schritt werden Sachverhalte nach den Regeln der Erkenntis- und Wissenschaftstheorie überprüft. Das Resultat dieses

---

84   Vgl. Habermas 1984, S. 136.

85   Habermas spricht hier von Konsens und in diesem Sinn von Konsenstheorie der Wahrheit. Diese Kriterien müssen jedoch strittig bleiben, sonst müsste es eine Maschine geben können, die ihre Messungen in absolut wahre Aussagen verwandelt. Wir dürfen daher den Unterschied zwischen einem Konsens in einer realen und in der idealen Kommunikationsgemeinschaft nicht verwischen.

zweiten Schrittes wird unabhängig von der Kommunikationsgemeinschaft, nur in Konfrontation mit der Realität gefunden. Wurden die Regeln korrekt angewendet, kann es mit der Zustimmung derselben realen Kommunikationsgemeinschaft rechnen. Akzeptable Aussagen über Sachverhalte beruhen daher stets auf zwei Quellen: auf der objektiv vorgegebenen Realität und auf den historisch relativen Regeln wissenschaftlicher Argumentation. Die „Wahrheiten", die auf diese Weise zu erreichen sind, müssen als vorläufig bestmögliche Annäherung an die Wahrheit im idealen Sinn betrachtet werden.

Zu berücksichtigen bleibt, dass Wahrheiten als Ideen verstanden werden können, für die die Sprache unter Umständen nur mehrere unzureichende Formulierungen bereitstellen kann. Es scheint mir deshalb sinnvoll, in der ersten Stufe auch ein semantisches Problem vorzusehen, und die zwei Stufen auch als eine Unterscheidung von Interpretationsrahmen und Aussage zu verstehen. Interpretationsrahmen können und werden sich immer weiterentwickeln. Deshalb können wir uns zwar der Gültigkeit einer Aussage innerhalb eines Interpretationsrahmens sicher sein, aber nicht der intersubjektiven Akzeptanz eines Interpretationsrahmens!

Welchen typischen Anforderungen müssen heute Sachverhaltsaussagen im Rahmen der Wissenschaft genügen? Die häufigen Gutachterstreite zeigen, dass diese Frage für die Umweltforschung, die ja die Politik beraten will, von grosser Bedeutung ist. Um eine Aussage überprüfen zu können, ja eigentlich auch nur schon um sie verstehen zu können, müssen die Gegebenheiten, aus denen ihr Anspruch auf Gültigkeit abgeleitet wird, im wesentlichen bekannt sein.

Für die Zwecke meiner Arbeit scheint es mir sinnvoll, die Rahmenbedingungen der Gültigkeit von Aussagen über Sachverhalte in drei Bereiche zu fassen:
• Empirischer Rahmen: erfasste Merkmale und Indikatoren; Stichprobe bzw. untersuchte Population, deren räumliche und zeitliche Grenzen; Beobachtungs- oder Experimentieranordnungen, Messgeräte etc.
• Methodischer Rahmen: das System der Datenerhebung; ihre Ordnung und ihre statistische Aufbereitung etc.
• Semantischer Rahmen: die Begriffe, die die Beobachtung leiten und die Datenstruktur festlegen; das Vorverständnis der Situation; die zur Verfügung stehenden Hypothesen, die unsere Schlussfolgerungen leiten etc.

Alle drei Rahmenbedingungen sind kontingent: Sie könnten auch anders gewählt werden und würden auf dieselbe Realität angewandt immer andere Daten erzeugen, die manchmal auch Anlass zu anderen Interpretationen wären.

3.2.3 Interne und externe Öffentlichkeit der Wissenschaft

Für das Funktionieren der Wissenschaft ist eine interne Öffentlichkeit unabdingbar, denn nur wenn Forschungsergebnisse und Arbeitsweisen veröffentlicht werden, können sie der Kritik ausgesetzt werden. Um als Subsystem in der Gesellschaft bestehen zu können, ist die Wissenschaft aber auch auf Beziehungen zu einer externen Öffentlichkeit angewiesen. Im Allgemeinen werden folgende Gründe dafür angeführt:

„Erstens: Seit Beginn der modernen Wissenschaft gibt es einen evolutionären Entwicklungsprozess der wissenschaftlichen Wissensproduktion und Wissensverwertung; seither wirkt die Wissenschaft als treibende Kraft des gesellschaftlichen Wandels und der globalen Verteilung von Einfluss und Macht. Zweitens: Wissenschaft wirkt sich heute auf das Leben aller aus, und die Bevölkerung hat deshalb ein Recht, schon frühzeitig über wissenschaftliche Entwicklungen orientiert zu werden, die sie später im Alltag betreffen könnten. Drittens: Viele öffentliche politische Entscheidungen haben mit der Wissenschaft und der Technik zu tun, und es kann nur demokratisch sein, wenn sie aus einer informierten öffentlichen Debatte hervorgegangen sind. Viertens: Wissenschaft wird von der Öffentlichkeit finanziell unterstützt, und eine solche Unterstützung sollte auf einem minimalen Niveau der Kenntnis von Wissenschaftswissen basieren. Und fünftens: Wissenschaft ist ein Bestandteil unserer kulturellen Erbschaft."[86]

Während in der internen Öffentlichkeit primär die korrekte Vernichtung ausgedienter Wahrheiten überwacht wird, bringt die externe Öffentlichkeit mehr oder weniger verallgemeinerbare Interessen in der Wissenschaft zur Geltung. Sie erfüllt eher eine Orientierungs-, als eine Kontrollfunktion. Sie ist nur ein unzureichender und unverlässlicher Ersatz für die interne Öffentlichkeit, weil in ihr im allgemeinen die Kompetenz und die wissenschaftliche Argumentationsfähigkeit nur schwach ausgebildet ist. Für die Wissenschaft ist die externe oder allgemeine Öffentlichkeit jedoch das zentrale Medium, das gesellschaftliche Probleme und Relevanzstrukturen in die Forschung einbringt. Lebhafte Beziehungen zur externen Öffentlichkeit ermöglichen die Fremdreferenz der Wissenschaft. Formell ist in den Entscheidungsstrukturen des Wissenschaftssystem die Mitsprache interessierter Kreise oder der von Forschungen Betroffenen nicht vorgesehen. Viele Wissenschafter richten ihre Arbeiten jedoch an gesellschaftlichen Probleme aus, sei es aus persönlicher Motivation, sei es, weil (durch Wissenschafter beratene) Politik dafür Forschungsgelder bereitstellt.

Indem die Wissenschaft in der Lage ist, für verschiedenste politische Programme sachliche Gründe beizusteuern und Legitimationsstützen zu bieten, besteht die Gefahr, hinter dem Rücken der Betroffenen zu entscheiden. Die Wissenschaft kann relativ leicht in den Dienst von Partikularinteressen geraten, nicht zuletzt, weil die Wissenschafter selbst tendenziell die Interessen einer Bildungs- und Einkommenselite vertreten.

„In der zunehmend wichtigen wissenschaftlichen Politikberatung bei öffentlichen Entscheidungsprozessen sollen sich die Wissenschaftler weder als Alibi und Feigenblatt der jeweils Herrschenden missbrauchen lassen noch sich der Mitwirkung bei öffentlichen Aufgaben entziehen. Mit Hilfe ihres Sach- und Methodenverstandes sollen sie die rationale Qualität der Entscheidungen verbessern, aber auch die Verlässlichkeitsgrenzen der Wissenschaften, gerade der Humanwissenschaften beachten und zwischen weltlicher Analyse und persönlicher sittlich-politischer Stellungnahme unterscheiden."[87]

Experten sollen Beiträge zu praktischen Diskursen leisten und so ihre berufliche Verantwortung nach aussen wenden.[88] Sie sollen ihr Fachwissen und ihren Sachverstand in Problemlösungsprozesse einbringen, aber ihre Überlegungen sollen nicht an die Stelle der politischen Willensbildung der Betroffenen treten.

Politische Entscheidungen, und damit auch die wissenschaftliche Politikberatung, sind oft in einem Spannungsfeld von Interessen und Emotionen angesiedelt. Der argumentativen Auseinandersetzung ist dies nicht immer zuträglich. Insbesondere ist es ein leichtes, Sätze aus wissenschaftlichen Abhandlungen in einen neuen Zusammenhang zu stellen, um daraus Kapital zu schlagen. Im Sinne der Verantwortungsethik stehen die

---

[86] Ringger 1992, S. 17.
[87] Höffe 1992, S. 313.
[88] Vgl. Hoyningen-Huene 1990, 192.

Wissenschafter auch in der Pflicht, sich für die argumentative Kultur zu engagieren. Das bedeutet insbesondere, sich gegen eine Instrumentalisierung der eigenen Beiträge und jener der Fachkollegen zur Wehr zu setzen:

„Wissenschaftler können sich nicht in den Elfenbeinturm zurückziehen mit der These, ihre Zuständigkeit sei mit der Produktion und Publikation von Forschungsergebnissen zu Ende; was aus den Ergebnissen technisch oder politisch gemacht werde, liege generell ausserhalb ihrer Verantwortung. Manchmal wird eine solche Auffassung durch Verweis auf das Postulat der Wertneutralität verteidigt. Tatsächlich aber muss die Argumentation gerade umgekehrt verlaufen: das Postulat der Wertneutralität[89] fordert vom Waldschadenforscher zu beobachten, welcher Gebrauch von seinen Forschungsergebnissen gemacht wird und ob dieser Gebrauch den Forschungsergebnissen gerecht wird. Dies bezieht sich sowohl auf die korrekte Wiedergabe dieser Ergebnisse selbst (z.B. in den Medien) als auch auf deren Interpretation im Gesamtzusammenhang der Forschung. (...) Das Ethos der Wissenschaft verlangt von den Wissenschaftlern eine angemessene Interpretation ihrer Forschungsergebnisse im Gesamtzusammenhang des jeweiligen Forschungsbereichs sowie ihren ‚argumentativen Geleitschutz‘ in der öffentlichen Auseinandersetzung."[90]

Ähnliche Erwartungen formuliert auch die Politikerin Verena Grendelmeier an die Adresse der Wissenschaft. Sie schlägt vor, dass sich Wissenschafter in Fällen unsicherer Interpretationslage nicht einfach hinter ihren Zahlen verschanzen, sondern die Darstellung der Ergebnisse durch einen explizit persönlichen Kommentar, der eine umfassendere Beurteilung anbietet, zu ergänzen.[91] Unter der Voraussetzung, dass es sich um einen Beitrag zu einem Diskurs und nicht um eine direkt legitimierende Stellungnahme handelt, ermöglicht dies den Experten über den Rand ihrer notwendigerweise sehr beschränkten Forschungsergebnisse hinausblicken und ihr Fachwissen mit ihrer Kompetenz als Gesellschaftsmitglieder zu verbinden.

Die aktive Verantwortung von Wissenschaftern kann jedoch noch weiter gefasst werden. Sie sollen in der Gesellschaft auch die Rolle von Kritikern und Warnern übernehmen. Wenn die Wissenschaft im Dienste der Humanität stehen soll, und wenn sie sich an einer kommunikativ verstandenen Vernunft orientiert, dann sollen sich ihre Vertreter auch innerhalb der Gesellschaft, und nicht nur innerhalb der Wissenschaft, für diese Werte engagieren. Die Wissenschafter sind moralisch verpflichtet,

„die Öffentlichkeit auf Entwicklungen aufmerksam zu machen, die potentiell gefährlich sind, etwa deshalb, weil Verantwortungsträger für sie noch nicht konstituiert sind."[92]

3.2.4 Experten und Laien

Aus den bisherigen Ausführungen zur Wissenschaftsethik lässt sich schon ein normatives Verhältnis von Experten zu Laien ablesen. Es beruht im wesentlichen auf zwei Grundanforderungen: Experten sollen ihr Wissen zur Bewältigung von Problemen verfügbar machen, aber sie sollen dies in einer Weise tun, die die Betroffenen und allfällige

---

[89]   In unserem Kontext müsste Wertneutralität durch „Orientierung am besseren Argument" ersetzt werden.
[90]   Wolters 1989, S. 55.
[91]   Grendelmeier 1991, S. 8.
[92]   Hoyningen-Huene 1990, 196.

Entscheidungsbefugte (z.B. die Bürger) nicht entmündigt. Über Fragen, die mehr als nur eine rein technische Angelegenheit ohne Relevanz für Dritte sind, sollen praktische Diskurse entscheiden. Das heisst aber auch, dass sich die Verantwortung der Wissenschafter auf die Teilnahme am Diskurs beschränkt, und dass die Verantwortung für die Ergebnisse von den Teilnehmenden des Diskurses oder von der im Anschluss daran formell Zuständigen Instanz getragen wird.

Beratungen durch Experten sollten im allgemeinen nicht nach dem Modell des Arztes, der dem Patienten eine Diagnose stellt und eine Therapie anbietet oder vorschreibt, gedacht werden[93] – insbesondere nicht bei Umweltproblemen. Aus der Perspektive der Diskursethik spricht alles dafür, eine möglichst gut begründete Gesamtschau zu formulieren. Weil Lösungsvorschläge für gesellschaftliche Probleme aber notgedrungen Fragen der Zielsetzungen implizieren und eine Pluralität von Interessen und Lebensumständen tangieren, müssen Wissenschafter daran mitarbeiten, darüber einen Verständigungsprozess zustande zu bringen, um mindestens klare Kompromisse zu erreichen. In der Regel können die Experten nicht als Repräsentanten der Betroffenen betrachtet werden und sind damit nicht in der Lage, einen Argumentationsprozess zu ersetzen. Laien verfügen oft über Erfahrungen und Kompetenzen, die den Wissenschaftern abgehen. Sie sind deshalb durchaus in der Lage, wertvolle Argumente zu Diskursen beizusteuern. Aus jeder Lebenspraxis sind Gründe, dies zu tun und jenes zu beachten, abzuleiten. Damit ist nicht gemeint, dass Handwerker und Sekretärinnen nun beginnen, Wissenschaft zu betreiben, sondern nur, dass die Probleme, die die Wissenschaft beschreibt, nicht die Probleme der Wissenschafter, sondern eben die Probleme der Laien sind: Ihre Sicht darf aus der Beschreibung des Problems und aus dem Versuch, dafür eine Lösung zu finden, letztlich nicht ausgeklammert werden. Nicht der "Arzt", sondern die sich verständigenden "Patienten" legen die "Therapie" fest.

Wenn die Zeit drängt und die Konsequenzen bedrückend erscheinen, wie z.B. im Falle der ökologischen Krise, ist die Versuchung gross, die Geschicke der Gesellschaft einer vernünftigen Elite anzuvertrauen. Eine etwas schwächere Forderung läuft auf einen Rat der Weisen hinaus; er hätte die Aufgabe, die Politik zu beraten. Als erstes ist daran zu erinnern, dass auch einer vernünftigen Elite die eigenen Interessen am nächsten stehen. Zweitens ist Vernunft nicht angeboren, sondern kann sich nur durch Argumentationsprozesse einstellen. Dies widerspricht letztlich jeder sozialen Abgrenzung von Mitsprachemöglichkeiten; gerade in Krisensituationen ist das bessere Argument, woher es auch stammen mag, besonders gefragt. Drittens stellt sich die Frage, nach wessen Vorstellungen von Vernunft denn die Vernünftigen auszuwählen wären: Sind es eher die Leute von Greenpeace, die Betreiber von Atomkraftwerken oder die Ethiker?

Wer es mit der Vernunft ernst meint, wird seine Eigeninteressen dem besseren Argument beugen und sich kritische Offenheit wünschen. Gesucht sind nicht vernünftige Leute, sondern kommunikative Verfahren, die eine Politik am ehesten auf den Weg der Vernunft bringen können. Diese beiden Dinge dürfen nicht verwechselt werden! Insgesamt räumt eine Sozialstruktur im Sinne der kommunikativen Rationalität der Vernunft mehr Chancen ein als eine sogenannte vernünftige Elite. Wissenschafter sollten der Versuchung widerstehen, sich als Instanz der Vernunft zu gebärden und die in ihren Ansichten und Vorschlägen implizierten Normen als allgemeingültig auszugeben.

---

93   So beispielsweise Beck-Foehn 1992.

3.2.5 Verantwortung für Erkenntnisfolgen

Im Zusammenhang mit Risiken moderner Technologien und mit Umweltproblemen wird die Frage aufgeworfen, ob nicht die Wissenschafter für die Folgen der Anwendung ihrer Forschungsergebnisse mitverantwortlich seien. Das klassische Wissenschaftsethos bietet nur Anleitungen für die (moralisch) korrekte Erkenntnisproduktion. Es sieht jedoch keine Mitverantwortung für die Folgen der Anwendung von Erkenntnissen vor, und die daran orientierten Strukturen der Institution Wissenschaft kennen dafür auch keine Sanktionsmechanismen.[94] Die Problematik bleibt der Welt ausserhalb der Wissenschaft überlassen.

Moralisch betrachtet, gibt es kein Handeln, das seine Folgen nicht verantworten müsste. Auch den Wissenschaftern kann deshalb eine moralische Mitverantwortung für die spätere Anwendung ihrer Forschungsergebnisse zugemutet werden – zumindest so weit, als für sie die möglichen Verwendungszwecke ihrer Arbeiten schon durchschaubar sind. Sie sind insbesondere dafür verantwortlich, dass sich die wissenschaftsinterne oder auch die allgemeine Öffentlichkeit schon so früh wie möglich mit den möglichen moralischen Konsequenzen von Forschungsbemühungen auseinandersetzt. Normalerweise gilt im Alltagsleben eine Mitverantwortung für die Folgen, die sich aus gemeinsamen Handlungen ergeben haben. Dass in der Wissenschaft eine solche Verantwortung der Mittäterschaft für Folgen, die sich aus der Anwendung des Wissens ergeben, erst gegen die realen Verhältnisse durchgesetzt werden müsste, ist ein Symptom für eine fortgeschrittene „Organisierte Unverantwortlichkeit".

Angenommen, es gelänge in hinreichendem Masse, die Erkenntnisproduktion argumentativen Prüfungen in aller Öffentlichkeit zu unterziehen, um auf diese Weise die Verantwortung für die Folgen der Anwendung der Erkenntnisse zwischen Wissenschaftern und Betroffenen zu teilen, so bliebe das Problem, Entscheidungen zu fällen und diese auch wissenschaftsintern durchzusetzen. Unter den heutigen Bedingungen ist dies am ehesten dort möglich, wo Weisungsstrukturen oder Ressourcenzuteilungen institutionalisiert sind.

3.2.6 Verantwortung für den Forschungsgegenstand

An die Verantwortung für die Folgen der Verwendung von Erkenntnissen könnte auch eine Verantwortung für den Forschungsgegenstand anschliessen. Tragen Umweltforscher eine besondere Verantwortung für ihren Forschungsgegenstand, die über die aller anderen Personen hinausreicht?

Zunächst dürfte offensichtlich sein, dass alle Eingriffe in den Untersuchungsgegenstand einer Ethik des Experimentierens unterstehen.[95] Um Wissenschaftern eine besondere Verantwortung für einen Gegenstand zumuten zu können, müssten sie zu diesem auch in einer besonderen Beziehung stehen. Das ist höchstens dadurch gegeben, dass sie diesen Gegenstand besonders gut kennen, ihn intensiv verfolgen und viel über ihn wissen. Nach den bisherigen Überlegungen kann von ihnen verlangt werden, sich mit ihrem Wissen und ihren Argumentationsfähigkeiten in Auseinandersetzungen um die Behandlung ihres Forschungsgegenstandes einzubringen. Sie haben gegenüber der

---

94 Spinner 1985, 115.
95 Vgl. Höffe 1992, S. 311f.

Gesellschaft sogar die Aufgabe, sie über seine Bedeutung oder seine Veränderungen aufzuklären und vor Problemen zu warnen. Aber dürfen sie in Krisensituationen zugunsten ihres Gegenstandes von der Orientierung am besseren Argument und damit auch den Regeln der wissenschaftlichen Kunst abweichen? Die Verantwortungsethik beschränkt diese Möglichkeit auf den Fall, dass mit keiner vernünftigen öffentlichen Debatte, aber mit Repressionen gegen freie Meinungsäußerung zu rechnen ist. In westlichen Demokratien tritt dieser Fall jedoch kaum auf, und laut vorgetragener Zorn oder anonyme Anwürfe von politischen Gegnern sind noch kein hinreichendes Kriterium.

Sind nun Wissenschafter diesbezüglich noch weiteren besonderen Kriterien unterworfen? Sie haben zunächst ihren zentralen Auftrag der Wahrheitssuche zu erfüllen. Dieser Auftrag darf auch nicht der Vertretung der Interessen des Forschungsgegenstandes untergeordnet werden. Ferner ist entscheidend, dass die Wissenschafter keine besonderen Besitz- oder Verfügungsrechte für ihre Forschungsgegenstände reklamieren können. Sie haben deshalb im Vergleich zu anderen Menschen weder ein besonderes moralisches Recht, noch eine besondere moralische Pflicht, über die Behandlung dieser Gegenstände zu entscheiden. Aber sie sind dafür mitverantwortlich, dass über ihren Forschungsgegenstand im Sinne der Diskursethik entschieden wird. Umweltforscher haben aus der Perspektive der Diskursethik keine Verantwortung für die Umwelt, die über diejenige aller anderer Menschen hinausginge. Als Menschen sollen sie ihre persönlichen Interessen an einer intakten Umwelt in politische Prozesse einbringen. Als Wissenschafter sollen sie ihr Wissen und ihren Sachverstand allgemein zugänglich in dieselben Prozesse einbringen und sich für eine möglichst argumentationsfreundliche Bewältigung des Problems engagieren. In ihrem Handeln sollten jedoch die persönliche und die berufliche Ebene, die jeweils anderen Erwartungen und Ansprüchen ausgesetzt sind, auch für andere Personen erkennbar und leicht zu unterscheiden sein.

Umweltwissenschafter haben kein Recht und schon gar keine Pflicht dazu, ihre Forschungsergebnisse und ihr Ansehen als Fachleute zugunsten einer bestimmten politischen Position oder zugunsten eines bestimmten politischen Programmes zu verwenden oder aber zurückzuhalten. Dies liefe auf eine Entmündigung (oder sogar Irreführung) von Laien hinaus. Sie haben jedoch die Pflicht, dabei zu helfen, die Relevanz ihrer Ergebnisse für politische Entscheidungen erkenntlich zu machen. Doch schon diese Aufgabe können sie nicht alleine übernehmen, weil sie einen Dialog voraussetzt. In diesem Sinn tragen Wissenschafter nun aber eine Verantwortung gegenüber ihrem Berufsstand und gegenüber der Gesellschaft, dass an sie auch keine unangemessenen Erwartungen gestellt werden. Die Umweltforschung darf sich nicht in die Rolle einer Erlöserin drängen lassen und sie darf den Menschen, den Bürgern, den Entscheidungsträgern auch nicht die Verantwortung für den Schutz von Mit- und Umwelt abnehmen.

3.2.7 Verwissenschaftlichung der Politik und Politisierung der Wissenschaft

Im Sinne der institutionellen Ethik tragen die einzelnen Wissenschafter eine Verantwortung für die Reproduktion wissenschaftlicher Strukturen und für deren Weiterentwicklung zugunsten ihrer Kapazität, technologische und gesellschaftliche Probleme zu lösen, das Selbstverständnis und die Selbsterkenntnis des Menschen auf diesem Planeten zu fördern und die diskursiven Kommunikationsstrukturen weiterzuentwickeln. Damit ist auch die Frage des Stellenwerts, den das Wissenschaftssystem innerhalb der Gesellschaft und gegenüber der Politik, dem Alltag und anderen Handlungsbereichen haben soll, angesprochen. Von Verwissenschaftlichung ist dort zu sprechen, wo sich das gesellschaftliche Leben den Regeln des wissenschaftlichen Arbeitens und des wissenschaftlichen Diskurses beugt.

„Verwissenschaftlichung ist Bestandteil jenes Prozesses institutionellen Wandels, in dem Reflexion zum Strukturmerkmal komplexer Sozialsysteme geworden ist. (...) Die Primärerfahrung wird in immer mehr Lebensbereichen durch die Produktion *und* Anwendung systematischen Wissens als Handlungsorientierung ersetzt, und zwar in dem Mass, in dem die Lebensbereiche Gegenstand wissenschaftlicher Analyse werden."[96]

Aus Sicht der Theorie kommunikativen Handelns ist davor zu warnen, die wissenschaftliche Rationalität mit der Vernunft eines gesellschaftlichen Gesamtlebenszusammenhanges gleichzusetzen, denn diese Vernunft kann nur durch ununterbrochene Verständigungsprozesse hervorgebracht werden. Es gibt keine Einzelpersonen, Klassen von Personen oder Organisationen in deren Besitz sie sein könnte.

Peter Knoepfel beobachtet nun aber auch, dass den Naturwissenschaften in der umweltpolitischen Debatte eine unzumutbare Rolle zuteil wird:

„Im grossen und im kleinen immer wieder dasselbe Bild: Wo es darum geht, unter unsicheren Rahmenbedingungen umweltpolitische Entscheidungen zu treffen, melden sich die Politiker von der Bühne ab und überlassen das Geschehen den (Natur-)Wissenschaftern. Scheinbar verschwindet das Politische aus dem Geschehen, das schliesslich darüber bestimmt, welche Umweltqualität wir in unseren Dörfern, Regionen, Kontinenten und auf unserem Planeten dereinst haben werden."[97]

Von Verwissenschaftlichung der Politik ist dann zu sprechen, wenn genuin politische Fragen durch Wissenschafter mit politischer Schere im Kopf (nach ihren Vorstellungen einer ordentlichen Welt) vorentschieden werden. Die Wissenschaft bezieht primär die Faktoren, die sie mit ihren gedanklichen und materiellen Instrumenten erfassen und bearbeiten kann, in ihre Beurteilung mitein:

„Unbekanntes lässt sich mit bekannten Methoden nur schwer entdecken. Auf Fragen, die man nicht stellt, erhält man keine Antwort. Ursachen für die es keine Messinstrumente gibt, bleiben im Dunkeln. Gesellschaftliche Ursachen für die eingetretenen Veränderungen werden dabei ebenfalls oft ausgeblendet. (...) Das Politische an diesem Vorgang liegt darin, dass sich die politischen Instanzen mit dieser Generalübertragung des Themas an die Wissenschaft der Möglichkeit begeben, auf den politischen Gehalt der Fragestellung Einfluss zu nehmen. (...) Probleme definieren heisst aber gleichzeitig Problemlösungen vorstrukturieren und damit nachhaltig beeinflussen."[98]

Im Extremfall werden die von Wissenschaftern erarbeiteten Vorstellungen des guten und lebenswerten Lebens mit den Machtmitteln der Politik über die Köpfe des sogenannten Souveräns hinweg durchgesetzt.

Nun ist gerade in Situationen, in denen die Grenzen zwischen Politik und Wissenschaft schwammig und schwankend werden, ebenfalls zu beobachten, dass sich Wissenschafter einer politisch-strategischen Rationalität unterordnen. Dieses Phänomen ist schwerer zu fassen, weil die teilweise Steuerung des Wissenschaftsbetriebes durch gesamtgesellschaftliche Relevanzen durchaus erwünscht ist. Überschreitet die Orientierung an politischen Kriterien jedoch das Mass, dass zur Bearbeitung gesellschaftlicher

---

96 Weingart 1983, S. 228.
97 Knoepfel 1992, S. 175.
98 Knoepfel 1992, S. 177.

Probleme zuhanden der darüber entscheidenden Politik nötig ist, kann von einer Politisierung der Wissenschaft gesprochen werden. Gefälligkeitsgutachten und die selektive Interpretation von Forschungsergebnissen zur Legitimation bestimmter politischer Positionen oder Programme sind typische Beispiele hiefür.

Wie im Falle der Verwissenschaftlichung der Politik, unterschlägt auch die Politisierung der Wissenschaft der Politik, der Bevölkerung und den Betroffenen spezifische Entscheidungsmöglichkeiten durch eine Form von Vorentscheidung. In diesem Fall geschieht dies in erster Linie durch das politisch motivierte Vorenthalten oder strategische Präsentieren von Informationen oder durch die Isolation von Personen, die politisch relevante Informationen veröffentlichen oder kritisieren könnten.

3.3 Medienethik

3.3.1 Die Rolle der Medien im liberalen Konzept der Öffentlichkeit: Voraussetzungen und Beiträge zur politischen Willensbildung

Zunächst ist zu klären, vor welchem Hintergrund die Bedeutung der Medien in der Gesellschaft normativ bestimmt werden soll. Im liberalen Konzept von Öffentlichkeit werden die Medien als eine Voraussetzung für das rechtmässige Zusammenleben der Bürger, für den Schutz ihrer Privatsphäre, ihrer privaten Geschäfte und ihrer politischen Willensbildung betrachtet. Das von mir bevorzugte Konzept normativer Öffentlichkeit geht darüber hinaus, hält sich insbesondere nicht an die Kategorie des Bürgers, sondern letztlich an die des Zusammenlebens von Lebewesen in einer gemeinsamen Umwelt, und unterstellt eine Beziehung zu einer überindividuell begriffenen Vernunft des Zusammenlebens. Aus diesen beiden Konzepten leiten sich auch unterschiedliche Ansprüche an die Leistung der Medien ab.

In einem Artikel in der Neuen Zürcher Zeitung skizziert Hugo Bütler den Grundzusammenhang zwischen dem liberalen Konzept der Öffentlichkeit und der rechtlichen Verfassung der Medien folgendermassen:

> „Das Wesen, der Hauptzweck der liberalen öffentlichen Ordnung besteht darin, dass sie durch Verfassung, Gesetz und staatliches Handeln für rechtsgemässe Verhältnisse, für die Respektierung der Freiheit im Zusammenleben der Bürger sorgt, ohne ihnen vorzuschreiben, was sie inhaltlich, politisch oder konfessionell zu denken, zu reden, zu glauben haben."[99]

Im Sinne dieser Ordnung sei die Pressefreiheit mittlerweile zu einem Grundrecht geworden. Sie ist als Pendant zur Denk- und Meinungsäusserungsfreiheit jedes Bürgers zu begreifen.

> „Die Herrschaft im Gemeinwesen und sein Schicksal sind seit der Moderne nicht mehr Lehen aus der Hand des Königs oder eines den Fürsten legitimierenden Gottes. Die öffentliche Sache, die res publica, ist vielmehr der frei urteilenden Vernunft der für mündig erklärten Bürger anvertraut."[100]

Den Medien wird die Aufgabe zuteil, mit Information im Rahmen des freien Gemeinwesens dem Bürger bzw. der öffentlichen Sache zu dienen. Für die Privatangelegenheiten der Bürger ist keine explizite Öffentlichkeit und keine Aufgabe der Medien

---

[99]   Bütler 1993.
[100] Bütler 1993.

vorgesehen. Es stellt sich die Frage, ob die Medien nicht beispielsweise auch eine Leistung für Märkte erbringen und somit auch den Geschäften der „Privatleute" dienlich sein sollten. Die Abgrenzung der öffentlichen Sache ist, wie schon gezeigt wurde, eine Schwachstelle des liberalen Konzeptes.

Nicht nur aus liberaler Warte scheint die Funktion der Massenmedien als effizientes Kommunikationsmittel in wirtschaftlichen, verwaltungsmässigen oder ästhetischen Zusammenhängen der Aufmerksamkeit der Medienethik zu entgehen. Im Zentrum steht die Ebene von Nachrichten, Berichten und Kommentaren. Werbung und Unterhaltung werden dagegen praktisch nie als positive Faktoren gewürdigt; nur deren sexistische, gewalttätige und verblödende Auswüchse erheischen die kritische Zuwendung. Für das liberale Verständnis der Medien gilt indessen besonders, dass die Hauptaufgabe der Medien in der Ermöglichung der politischen Willensbildung der Bürger gesehen wird.

Spinner unterscheidet drei idealtypische Auffassungen von Journalismus:

„Erstens die ‚romantische' Einstellung, welche das Geschäft der Massenmedien ethisch aufladen und den ‚wertorientierten' Gesinnungsjournalisten zu einem ‚moralischen Unternehmer' machen möchte. (...) Zweitens der *Professionalismus* des fachlich ausgebildeten, sachlich strikt im Rahmen seiner Kompetenzen arbeitenden Forschers, für den gilt: Erst kommt zwar nicht das Fressen, aber auch nicht die Moral - sondern die Nachricht, die Recherche und Reportage, zusammenfassend gesagt: die Information. (...) Drittens der Zynismus oder Wertnihilismus zum Beispiel des durch die gefälschten Hitler-Tagebücher einschlägig bekannten Scheckbuch-Journalismus, für den die Sache des (...) Journalismus kein Wert ist, sondern Ware, die man erzeugt und gebraucht wie andere Waren auch."[101]

Aus liberaler Warte wird der Journalismus primär nach dem Modell des ‚Professionalismus' gedacht. Journalisten geniessen damit im Prinzip eine Vertrauensposition, die ähnlich wie die der Wissenschafter, durch die regelkonforme Aufbereitung von Wissen aufrechterhalten und legitimiert wird. Jürgen Mittelstrass macht nun darauf aufmerksam, dass die massenmedialen Beiträge zur Meinungsbildung der (nicht nur im liberalen Konzept unterstellten) selbständigen Meinungsbildung des Subjektes zuwiderlaufen können. In dem Masse nämlich, in dem die veröffentlichte Meinung eine eigene Meinung ersetzt, wird die Mündigkeit der Bürger zur Beschwörungs- und Beschwichtigungsformel.[102] Die Medien haben demzufolge die Aufgabe an der Bildung mündiger Subjekte und kommunikativer Gesellschaftstrukturen mitzuwirken. Dieser Gedanke reicht nun schon über das klassische liberale Modell der Öffentlichkeit hinaus und verweist auf Positionen, die der Konzeption kommunikativer Vernunft nahestehen.

3.3.2 Die Rolle der Medien im diskursethischen Konzept der Öffentlichkeit: Verständigungsleistungen, Mündigkeit und kulturelle Weiterentwicklung

Vor dem Hintergrund der Theorie kommunikativen Handelns wird an die Medien die Forderung gestellt, mit ihrer Arbeit Beiträge zu einer Rationalisierung der Gesellschaft im Sinne der kommunikativen Vernunft zu leisten.[103] Diese Formulierung greift über die politische Willensbildung von Bürgern hinaus und berücksichtigt nicht nur

---

[101] Spinner 1992, S. 152f.
[102] Vgl. Mittelstrass 1992.
[103] In ähnliche Richtung argumentiert auch Loretan 1994.

Verständigungsleistungen aller Gesellschaftsmitglieder, sondern auch die reflexive Entfaltung der Kultur im allgemeinen.

Die ethischen Zumutungen an die Medien umfassen mehr als nur das Schaffen und Weiterentwickeln der strukturellen Voraussetzungen für Argumentation. Weil die Medien dem modernen Menschen einen ganzen Komplex neuartiger Beziehungen zur Welt eröffnen, müsste eine Medienethik eigentlich Kriterien zur Beurteilung der Verantwortung dieser Kommunikationsmöglichkeiten begründen. Für die Beurteilung eines Verhältnisses von Umweltforschung zu Öffentlichkeit stehen allerdings die verständigungsorientierten Leistungen der Medien im Vordergrund, ohne damit die Bedeutung beispielsweise einer sinnlichen Vermittlung der Umwelt leugnen zu wollen.

Unter den Medienschaffenden (und auch in der Literatur) wird eine Vielfalt von Ansichten über die gesellschaftlichen Aufgaben des Journalismus vertreten. Journalisten sollen beispielsweise über Ereignisse wahrheitsgetreu berichten, korrekte Informationen vermitteln, vielfältige Stimmen zu Wort kommen lassen, ein Forum für politische Auseinandersetzungen bieten, Skandale aufdecken, Politiken erklären und kritisch kommentieren, die Vielfalt des gesellschaftlichen Lebens zeigen, Wissenschaft popularisieren, unterhalten, bilden, aufklären usw. Die Rahmenbedingungen zur Erfüllung dieser Aufgaben sind einerseits durch die Grundrechte der Freiheiten zur Meinungsäusserung und der Presse festgelegt, aber auch in den Gesetzen, die den Umgang mit Informationen und mit der Privatsphäre regeln. Schliesslich sind die Journalisten auch einem, in den meisten Ländern durch Berufsverbände explizit ausformulierten Berufskodex verpflichtet.[104] Solche Ehrenkodices

> „postulieren Wahrhaftigkeit in der Berichterstattung, Verteidigung der Informationsfreiheit, Schutz der Quellen, Lauterkeit der Recherchiermethoden, Wahrung des Berufsgeheimnisses, Respektierung der Privatsphäre, Befolgung der geltenden Gesetze. Diese individualistischen Richtlinien stellen – einmal abgesehen von den Problemen ihrer Interpretation und Durchsetzung – eine äusserst wertvolle Grundlage des journalistischen Berufsethos dar. Im Hinblick auf eine umfassende Medienethik greifen sie aber in verschiedene Richtungen zu kurz: Sie konzentrieren sich fast ausschliesslich auf den journalistischen Informationsauftrag und vernachlässigen damit die allgemeinere Aufgabe öffentlicher Kommunikation, nämlich die soziale Verständigung. Zudem sind sie einseitig kommunikatororientiert und unterlassen es damit, die Wirkungen der Kommunikationsverbreitung auf das Publikum explizit in den Verantwortungsbereich einzubeziehen. Schliesslich nehmen sie nur den einzelnen Journalisten in die Pflicht und klammern damit das kollektive – oft anonymisierte – Handeln von Medienorganisationen aus. Eine systematische Ausarbeitung einer Sozialethik der Medien im Sinne des ‚Prinzips Verantwortung‘ liegt noch nicht vor. Das Grundproblem ist dabei, dass das Handeln innerhalb technologischer Strukturen weitreichende und hochkomplexe Folgen haben kann."[105]

In struktureller Hinsicht stellt sich die Problematik der Medienethik damit ähnlich wie die der Wissenschaftsethik dar. In beiden Fällen stossen wir auf systemische Handlungskoordinationen, auf die sich die Ethik nur dadurch angemessen einstellen kann, indem sie dem individuellen Handeln eine Mitverantwortung für die sozialstrukturellen Voraussetzungen dieses Handelns aufbürdet. Auch die Ethik der Medien und des Journalismus muss reflexiv gefasst werden, und dafür können Diskurs- und Verantwortungsethik Orientierungen anbieten.

---

[104] Vgl. Verband der Schweizer Journalistinnen und Journalisten 1994.
[105] Hunziker 1988, S. 137.

3.3.3 Wahrhaftigkeit, Relevanz und Hintergrundinformation

Alle Autoren sind sich darin einig, dass das oberste Gebot journalistischen Arbeitens die Achtung vor der Wahrheit und die wahrhaftige Unterrichtung der Öffentlichkeit ist. Der Umstand, dass diese banale Forderung – wer sollte schon das Lügen, Schwindeln und Beschönigen zum Gebot erheben – immer wieder erwähnt wird, deutet darauf hin, dass dies unter den Geschäftsbedingungen des Journalismus nicht so einfach ist. Ferner ist unbestritten, dass Journalisten Informationen über die Gesellschaft oder für sie relevante Ereignisse vermitteln sollen. Sie dürfen sich beim Sammeln und Aufbereiten ihrer Informationen auch von geschäftlichen Kriterien, d.h. von der Nachfrage, leiten lassen. Für eine Medienethik heisst dies aber zugleich, dass eine Pluralität von Informationsangeboten auf dem Markt erscheinen sollte – und dies zu Preisen, die niemanden vom Zugang zu politisch relevanter Information ausschliessen. Das journalistische Postulat der Informationsvermittlung als Element der politischen Willensbildung impliziert eine entsprechende Rahmenpolitik des Medienmarktes. Eine Vielfalt von Medien erlaubt es den einzelnen Medien, eigene politische oder kulturelle Orientierungen zu verfolgen. Sie entheben sie jedoch nicht von der Anforderung, dass jeder einzelne Beitrag den Ansprüchen eines mündigens Publikums genügen muss.

Nach Spinner sollte die Informationsfunktion des Journalismus darin bestehen, in den gesellschaftlichen Informationsprozess, besonderes „vor Ort" erhobenes Fallwissen einzuspeisen, welches anderen Stellen aus welchen Gründen auch immer entgeht. Dieses besondere, konkrete, verstreute oder verborgene Fallwissen, das durch Recherchen, Reportagen, Nachrichten, Berichte und Kommentare erschlossen werden soll, hat vielfach den Charakter einer Gegeninformation zum jeweiligen Führungswissen der Politik, Wirtschaft, Wissenschaft etc.[106] Die Medien werden als Teil einer kritischen Öffentlichkeit verstanden und sollen eine Kontrollfunktion in der Gesellschaft erfüllen.

Informationsvermittlung ist eine marktkonforme Interaktionsform, die wahrscheinlich auch die heutigen Massenmedien dominiert und durchaus als deren Hauptaufgabe betrachtet werden kann. Doch aus der Perspektive einer kommunikativen Vernunft sollte sich das journalistische Selbstverständnis nicht darin erschöpfen. Vielmehr soll dieser Berufsstand darüberhinaus Beiträge zur Verständigung in der Gesellschaft leisten.

Im Prinzip können alle Beiträge, die subjektive Sichtweisen in einigermassen differenzierter Form zugänglich machen, als verständigungsfördernd betrachtet werden. Verständigung beruht im wesentlichen darauf, Gründe für andere Positionen sowie deren emotionale Seiten kennenzulernen. Reportagen, Hintergrundberichte, Interviews, Diskussionsrunden sind typische Formen entsprechender Beiträge. Aber auch Kontraste, wie sie beispielsweise ein Kommentar zu setzen vermag, können als Beiträge zur Verständigung und damit zum Erkennen, Erfassen und Bearbeiten von Konflikten verstanden werden. Obwohl weder bei der Informationsaufbereitung noch bei all diesen kommunikativen Arbeiten der Einfluss des eigenen Standpunktes ausgeschlossen oder vollständig erkannt werden kann, ist es sinnvoll, eine Unterscheidung von Beobachter und Beobachtetem, von fremder und eigener Ansicht, aufrecht zu halten. Es geht darum, die eigenen Relevanzstrukturen so weit als möglich erkennbar zu machen.

---

[106] Vgl. Spinner 1992, S. 156.

3.3.4 Journalismus und Diskurs

Während wahrscheinlich die meisten Autoren dem Anspruch nach Verständigungsleistungen der Medien zustimmen würden, ist die normative Idee eines kritisierenden oder gar explizit Partei ergreifenden Journalismus umstritten. In der Regel wird heute der Kritik, die andere vorbringen, relativ grosszügig Raum zugestanden. Die Journalisten halten sich jedoch tendenziell vornehm zurück. Historisch betrachtet scheint die Zeit der sogenannten Meinungspresse und der klar deklarierten Parteiblätter vorüber zu sein. In den Massenmedien, die marktmässig vertrieben werden, herrscht Offenheit für die unterschiedlichsten Standpunkte vor; mit Kommentaren und redaktionellen Stellungsnahmen wird eher sparsam umgegangen. Auf der anderen Seite besteht eine Flut von engagierten Mitgliederblättern der Interessenorganisationen, die jedoch in viel grösseren Abständen erscheinen und sich daher nicht mehr mit den Neuigkeiten des Tages befassen können.

Unter kritischem und anwaltschaftlichem Journalismus kann jedoch noch etwas Weitergehendes verstanden werden: Ein Journalismus, der Standpunkte kritisch hinterfragt, der nach der vorenthaltenden Information sucht und der sich im Sinne verbreiteter moralischer Vorstellungen dem Aufdecken und Anprangern von Missständen widmet. Unbequemer Journalismus, um es einfach zu sagen.

Aus der Sicht der Diskursethik tragen Journalisten wie andere Menschen auch eine Verantwortung für das Aufgreifen von Problemen und Missständen. Ihre Artikel und Sendungen sollten, ganz analog zur Situation der Wissenschafter, nur den Status eines Beitrages zum Diskurs haben. Auch den Journalisten gehört der Gegenstand, über den sie berichten nicht. Daher sind auch sie daran gebunden, an der strukturellen und persönlichen Mündigkeit der Betroffenen mitzuwirken. Wünschbar ist eine Vielfalt von Medien, die selbst daran interessiert sind, Diskursen Raum zu verschaffen und die Auseinandersetzung möglichst im Sinne einer kommunikativen Rationalität zu führen. Anders gesagt: Es ist die Aufgabe der Medienschaffenden, Öffentlichkeit herzustellen, um in der Gesellschaft die Orientierung am besseren Argument zu ermöglichen. Wie die Wissenschafter müssen sie bei allem Engagement einen Unterschied zwischen ihrer eigenen Arbeit und der Politik machen, um nicht Gefahr zu laufen, an Strukturen der Entmündigung mitzuwirken. Ähnlich wie die Wissenschafter tragen die Journalisten auch eine moralische (und ebenfalls unzureichend sanktionierte) Verantwortung für die Folgen, der von ihnen verbreiteten Produkte, so weit die Folgen für sie vorhersehbar sind.

Während es für die Wissenschaft durchaus Sinn machen würde, den von wissenschaftlichen Ergebnissen Betroffenen Mitspracherechte einzuräumen, ist dies für die Medien nicht so eindeutig zu beantworten. Solange nämlich eine Vielfalt von Medien besteht, können Medien durchaus nur die Standpunkte einzelner Interessen vertreten. Bestehen hingegen monopolistische Verhältnisse, müsste gewährleistet sein, dass alle Betroffenen die Chance erhalten, ihre Anliegen publik zu machen. Die Aufgabe der Medien, Öffentlichkeit zu erzeugen, wird am ehesten durch die gesetzlichen Rahmenbedingungen der Meinungs- und Pressefreiheit, die Pluralität, Konkurrenz und Journalismus von Jederfrau für Jedermann erlauben, gewährt.

3.3.5 Wissenschaftsjournalismus

Das klassische Verständnis der Wissenschaftsberichterstattung hat sich in Auseinandersetzung mit der Wissenschaft in Selbstreferenz entwickelt. Es kann mit Dornan (1990) als das hifi-Modell des Wissenschaftsjournalismus bezeichnet werden:

> „Journalists and public relations personnel are viewed as intermediaries through which scientific findings filter. The task of science communication ist to transmit as much information as possible with maximum fidelity."[107]

Die Wissenschaftsberichterstattung wird als verlängerter Arm der Wissenschaft verstanden und soll in erster Linie dazu dienen, die Interessen der Wissenschafter gegenüber der allgemeinen Öffentlichkeit zu vertreten. Daraus wird dann auch verständlich, dass Reformen für das Verhältnis von Wissenschaft und Medien stets auf der Medienseite gesucht werden, um sicherzustellen, dass die Normen der Wissenschaft die übergeordneten bleiben.[108] In diesem Rahmen besteht die Hauptaufgabe der Wissenschaftsjournalisten darin, die Erkenntnisse der Wissenschaft zu popularisieren, d.h. vereinfachen, veranschaulichen, verständlich machen. Damit ist ein Kernbestand von Aufgaben des Wissenschaftsjournalismus formuliert, der von allen Perspektiven geteilt wird.

Damit wurde aber schon ein Standpunkt impliziert, der über die Interessenvertretung der Wissenschaft hinausgeht und ein Interesse der Bevölkerung an den Ergebnissen der Wissenschaft und an der Rechtfertigung wissenschaftlichen Arbeitens voraussetzt.[109]

> „Das Recht der Öffentlichkeit, über Wissenschaft und ihre Konsequenzen unterrichtet zu werden, hat absoluten Vorrang. Zunächst muss sie die konkreten Tatsachen wissenschaftlicher Entdeckungen und ihre Beziehung zu früheren und sich wandelnden Ideen erfahren. Zweitens muss sie wissen, welches die laufenden wissenschaftlichen und über das Wissenschaftliche hinausgehenden Fragen sind, die Bereiche von Besorgnis und Debatte, vor allem in Beziehung zur Auswirkung wissenschaftlicher Ideen auf jene gesellschaftlichen und politischen Fragen, zu denen die Öffentlichkeit abzustimmen hat oder zu denen Bürger ihre Meinung kundtun sollten. Und drittens muss die Öffentlichkeit unterrichtet werden über die tatsächliche Natur des wissenschaftlichen Prozesses, denn dieser muss ebenso begriffen werden wie der Inhalt der Wissenschaft."[110]

Von der Wissenschaftsberichterstattung werden Vermittlungsleistungen erwartet, die dem Publikum ein rationales Urteil über die gesellschaftliche Relevanz wissenschaftlicher Ergebnisse, die Bedingungen ihrer Gültigkeit und ihre Entstehungsweise erlauben.

Wissenschaftsberichterstattung soll Einzelergebnisse in grössere Zusammenhänge stellen, sie kommentieren und ihre Relevanz für Betroffene erkenntlich machen.[111] Technologische Innovationen und Veränderungen in Gesellschaft und Umwelt sollten dadurch politisch beurteilt werden können.[112] Nicht jeder kurze Artikel wird diese hohen Anforderungen an Orientierungsleistungen erfüllen können. Aber von längeren und illustrierten Artikeln oder auch Sendungen, wie sie für die Wissenschaftsfenster der Medien üblich sind, darf dies im Prinzip erwartet werden.

---

[107] Dornan 1990, S. 51.
[108] Vgl. Dornan 1990, S. 56.
[109] Vgl. Schmidt 1989, S. 159f.
[110] Goodfield 1983, S. 124.
[111] Vgl. Schmidt 1989, S. 154f. Er spricht von einer „orientierenden Wissenschaftsberichterstattung".
[112] Vgl. Falter 1990, 61f.

Von den Wissenschaftsjournalisten wird nicht nur Sach- und Prüfkompetenz verlangt, sondern auch Kenntnis der wissenschaftlichen Produktions- und Kommunikationsbedingungen.[113] Eine Fähigkeit zur rationalen, mithin methodischen Überprüfung von Erklärungen und Begründungen, wie sie Haller den Medienschaffenden zumuten möchte,[114] schiesst allerdings über das Ziel hinaus. Dies ist gewiss die Aufgabe der wissenschaftsinternen Öffentlichkeit. Wissenschaftliche Ergebnisse zu verstehen, heisst jedoch, die Gültigkeitsbedingungen von Aussagen über Sachverhalte zu kennen. Dies ist notwendig, um nicht ungerechtfertigten Verallgemeinerungen zu erliegen. Wissenschaftsjournalisten sollten deshalb in der Lage sein, den begrifflichen, methodologischen und empirischen Rahmen von Forschungsarbeiten verstehen, recherchieren, beurteilen und vermitteln zu können. Sie sollten ferner eine Aufmerksamkeit für unterschiedliche Standpunkte oder Ansichten zu einem Thema sowie für die Reichweite von Begründungen mitbringen. Die zentralen Grenzen des Geltungsanspruchs von Sachverhaltsaussagen zu kennen, ist die Voraussetzung, um wissenschaftliche Ergebnisse adäquat verstehen zu können und sich daraufhin ein Urteil zu bilden. Erst die Fähigkeit, wissenschaftliche Aussagen kritisch zu würdigen, setzt die Wissenschaftsjournalisten in den Stand, jene Grundlagen der Allgemeinheit zu vermitteln, die das angepeilte rationale Beurteilen in der Öffentlichkeit, insbesondere im Rahmen eines praktischen Diskurses, ermöglichen.

In struktureller Hinsicht ist noch darauf hinzuweisen, dass heute noch häufig Unglücke, Unfälle, Vorgänge im Zusammenhang mit modernsten, komplexen Technologien von Journalisten aus den politisch oder geografisch definierten Ressorts bearbeitet werden. Sie sind sicher bestens in der Lage, die ihnen von offizieller Seite aufgetischten Presseunterlagen zu verbreiten. Um die entscheidenden kritischen Fragen zu stellen, um auf Ungereimtheiten aufmerksam zu werden, um interessante Details zu erkennen etc. dürfte ihnen jedoch in vielen Fällen die Fachkompetenz fehlen. In einer verwissenschaftlichten Gesellschaft kann darin ein struktureller Mangel der Medien gesehen werden. Wissenschaft kann je länger je weniger in den auf Wissenschaftsberichterstattung spezialisierten Gefässen abgehandelt werden. Der Wissenschaft in Selbstreferenz mag das eingermassen gerecht werden; ihren Folgeproblemen – und damit der Wissenschaft in Fremdreferenz – jedoch kaum. Praktisch alle grösseren gesellschaftlichen Problemlagen – ja selbst ganz klassische politische Themen, wie die Sanierung des Staatshaushaltes – werden heute durch Statements von Wissenschaftern und durch spezifische Studien weiterentwickelt. Kaum ein praktischer Diskurs ohne wissenschaftliche Beteiligung: Sollen die Medien nur noch den Experten Seiten und Sendeminuten zur Verfügung stellen, oder sollen sie selbst durch kompetentes und kritisches Fragen, Perspektiven von Betroffenen zur Geltung bringen?

Um die Relevanz wissenschaftlicher Fortschritte und um eine entsprechende Wissenschaftspolitik in praktischen Diskursen verhandeln zu können, muss in der Gesellschaft eine Instanz vorhanden sein, die Brücken zwischen der Welt der Laien und derjenigen der Experten schlägt. Im Prinzip könnte dies von der Seite der Experten selbst übernommen werden, doch besteht dabei die Gefahr, dass sie ihrem Verständnis verhaftet bleiben oder gar nur ihre Interessen mit anderen Mitteln weiterverfolgen. Auf Seiten der

---

113   Vgl. Hömberg 1989, S. 144f.
114   Vgl. Haller 1987, S. 312f. Er spricht von einer „deutungskritischen Hypothesenüberprüfungsrecherche" (S. 314). Vielleicht verstehe ich ihn falsch, aber mir scheint das nur von Fachkollegen zu leisten zu sein.

Medien sind die Chancen, unabhängigere Beobachtungs- und Interpretationsleistungen zu organisieren, grösser. Dies setzt allerdings voraus, dass im Mediensystem zumindest das Mass an Fachkompetenz institutionalisiert wird, das es erlaubt, schnellfristig, effizient und nicht-einseitig auf die Kompetenz von Experten zurückgreifen zu können.[115] In den Medien sollte „Gegeninformation" Raum finden, wobei die Medien auch zu den sozialen Bewegungen und diversen organisierten Interessen eine kompetente und kritisch fragende Distanz aufrecht erhalten sollten.

Was für die Wissenschaftsberichterstattung gesagt wurde, gilt im selben Mass auch für die Umweltberichterstattung. Praktisch alle Umweltprobleme entziehen sich in hohem Masse den Beobachtungs- und Beurteilungsmöglichkeiten einzelner Laien; sie werden durch Expertensysteme aufgearbeitet und über die Medien vermittelt. Daher muss die Umweltbericherstattung auf der Wissenschaftsberichterstattung aufbauen können. Die politische Bewältigung der Umweltproblematik muss sich letztlich zu einem grossen Teil in den Medien ansiedeln. Es ist ihre Aufgabe, gute Voraussetzungen für rationale Auseinandersetzungen mit breiter Beteiligung zu schaffen.

3.3.6 Die Zusammenarbeit von Wissenschaftern und Journalisten

In der Wissenschaftsberichterstattung arbeiten in der Regel zwei Berufe zusammen, die einem unterschiedlichen Berufsethos verpflichtet sind. Die Erfahrung zeigt, dass die Zusammenarbeit von Wissenschaftern und Journalisten konfliktträchtig ist, und dass den daran Beteiligten keine allgemein akzeptierten, geschweige denn verbindliche Modelle verfügbar sind. Ihre Kooperation wird von Fall zu Fall verhandelt, und immer wieder stellen sich dieselben Frustrationen ein. Die Liste der Schwierigkeiten, die einer befriedigenden Zusammenarbeit von Wissenschaftlern und Journalisten im Wege stehen können, ist umfangreich:

> „Eine mangelnde Rechercheinfrastruktur, das hohe Abstraktions- und Spezialisierungsniveau, Angst vor ‚unwissenschaftlicher Popularisierung', vor Image- und Reputationsverlust, schlechte Erfahrungen mit ‚inadäquater' Berichterstattung, naive Vorstellungen über die journalistische Arbeitsweise – wie den Aufwand elektronischer Medienarbeit – und Desinteresse an der Veröffentlichung der eigenen Forschungsergebnisse auf Seiten der Wissenschaft, Ressortautonomie und redaktionelle Zuständigkeits- und Konkurrenzgerangel, mangelnde interredaktionelle Koordination, Kontakt- und Versagensängste, hoher Rechercheaufwand bei geringem finanziellem Anreiz, intermedialer Konkurrenzdruck, berufsstrukturelle Zwänge wie den zur raschen Informationsselektion entsprechend verschiedener Nachrichtenfaktoren – Aktualität, Sensation, Prominenz, räumliche Nähe usw. –, persönliche Vorlieben auf Seiten der Kommunikatoren, Geld-, Zeit- und Ressourcenknappheit sowie unterschiedliche Sprache, Arbeits- und Entscheidungskriterien auf beiden Seiten sind als Hauptbarrieren verbesserter Zusammenarbeit zu nennen."[116]

Trifft dies zu, könnte schon viel erreicht werden, wenn in der Ausbildung beider Berufe ein Grundverständnis für die Arbeitsweise und die Anforderungen des anderen vermittelt würde. Zumindest die Wissenschafter sollten im Rahmen ihres Studiums einen Ein-

---

[115] Hömberg schlägt beispielsweise zugleich eine bessere Verankerung des Wissenschaftsjournalismus und flexiblere Formen der Zusammenarbeit über Ressortgrenzen hinweg vor (Vgl. Hömberg 1989, S. 145ff.).
[116] Schmidt 1989, S. 168f.

blick in die Medienarbeit und einige Tips für die Zusammenarbeit mit Journalisten erhalten. Darüber hinaus stellt sich aber dennoch die Frage, welchen Kriterien ihre Kooperation im Sinne einer kommunikativen Vernunft folgen sollte.

Im Grunde genommen besteht die Schwierigkeit darin, dass das wissenschaftliche Berufsethos höhere Ansprüche stellt, die Arbeit der Journalisten in vielen Fällen aber nachgeschaltet und der Kontrolle der Wissenschafter entzogen ist. Unsachgemässe oder sinnentfremdete Aussagen werden in der Regel den Wissenschaftern zugeschrieben; zumindest fällt es dem Publikum oft schwer, Eigenschaften von Beiträgen den Wissenschaftern oder den Journalisten zuzuschreiben. Wissenschaftlich nicht vertretbare Aussagen führen das Publikum in die Irre und gefährden den Ruf, das Karriere-Kapital der Wissenschafter. Die Journalisten können damit jedoch immer noch ein gutes Geschäft machen.

Aus dem Kernanspruch an die Wissenschaft, nämlich im Dienste der Erkenntnis von Wahrheit zu stehen, folgt, dass sich wissenschaftliche Ergebnisse keinen Geschäftsinteressen beugen dürfen. Sie müssen unabhängig formuliert, sinngetreu wiedergegeben und von den Wissenschaftern verantwortet werden. Andererseits folgt aus den Ansprüchen an den Journalismus, über möglichst alle Vorkommnisse von allgemeiner Relevanz wahrhaftig zu berichten, dass sich die Journalisten in ihrer Arbeit nicht den Interessen der Wissenschafter oder gar ihrer Kontrolle (oder Zensur) unterwerfen dürfen. Auch sie müssen unabhängig bleiben. Am letzten Wort und an der End-Verantwortung der Journalisten für ihre Beiträge darf nicht gerüttelt werden. Auf der Ebene der ethischen Ansprüche zeigt sich deshalb kein Ansatzpunkt zu Kompromissen; es gibt keinen moralischen Grund von den Anforderungen eines der beiden Gebiete abzuweichen, nur weil sie die Praxis vor gewisse Schwierigkeiten stellen.

Bei Themen der Wissenschaft in Selbstreferenz dürfte die Zusammenarbeit zwischen Wissenschaftern und Journalisten auch leicht zu lösen sein. Symbiotische Motive bestimmen die Kooperation, es besteht kein übermässiger Zeitdruck und es dürfte daher im Interesse der Journalisten liegen, ihre Entwürfe den Wissenschaftern zur Stellungnahme zu unterbreiten, auch wenn dies nicht bei allen Medien und allen Beiträgen im selben Mass möglich ist. In Krisensituationen, wenn typischerweise Auskünfte der Wissenschaft in Fremdreferenz nachgefragt werden, wenn die Zeit drängt, wenn die politische Bedeutung von Nebenbemerkungen gross ist, wenn vielleicht die Wissenschaft selbst schon mit Anschuldigungen konfrontiert wird, dann ist die Kommunikation zwischen Wissenschaft und Medien durch Spannungen belastet und das einander entgegengebrachte Vertrauen und die Bereitschaft zur offenen Kooperation gering. Sobald die Journalisten jedoch auf die Rücksprache mit den Wissenschaftern verzichten, übernehmen sie die alleinige Verantwortung für die sinngemässe Darstellung. Für diese Situation sind keine Rezepte verfügbar. Aber eine Überlegung hilft dennoch weiter: Die Bewältigung aussergewöhnlicher Situationen beruht auf den Voraussetzungen zur Zusammenarbeit, die sich Wissenschafter und Journalisten unter normalen Umständen schaffen. Es liegt an beiden Seiten, die speziellen Anforderungen des anderen Berufes zu respektieren und dafür Verständnis aufzubringen. Das heute oft unbefriedigende Verhältnis zwischen Wissenschaft und Massenmedien muss durch Lernprozesse, Kompetenzsteigerungen und strukturelle Reformen auf beiden Seiten verbessert werden. Dafür tragen Medien und Wissenschaft eine Verantwortung der Gesamtgesellschaft gegenüber.

4. Das Waldsterben der Forschung in der Schweiz

Viele Umweltprobleme werden in der Wissenschaft erkannt, erstmals definiert und über die Massenmedien an die Gesellschaft weitervermittelt. In ausgeprägter Weise war dies auch beim Waldsterben der Fall. Dieses Kapitel befasst sich mit den kommunikativen Leistungen der Waldschadenforschung in der Schweiz, Kapitel fünf mit den Leistungen einiger Medien. Unter kommunikativen Leistungen wird hier die Konstruktion eines Bildes des Waldsterbens, seinen Wandel und seine Aufbereitung hinsichtlich der politischen Auseinandersetzungen der Laien verstanden. Diese Leistungen der Forschung werden daraufhin geprüft, inwiefern sie dem Anspruch einer Orientierung am besseren Argument genügen – ein Anspruch, der von einer Bevölkerung, die eine gut begründete Politik wünscht, implizit erhoben wird.

Jede Geschichtsschreibung steht vor dem Problem, dass ihre Quellen nur einen Ausschnitt des Geschehens und diese zudem aus einer besonderen Perspektive zugänglich machen. Zur Rekonstruktion der wissenschaftlichen Bearbeitung des Waldsterbens in der Schweiz habe ich mich in erster Linie auf die Beiträge in der Schweizerischen Zeitschrift für Forstwesen (SZF) gestützt und in zweiter Linie auf weitere Publikationen von schweizerischen Wissenschaftern. Da die SZF zugleich eine wissenschaftliche Fachzeitschrift und das Organ des Schweizerischen Forstvereins ist, werden in ihr Fachartikel, Protokolle von Vereinsgremien, Tagungsberichte, politische Stellungnahmen sowie viele Rezensionen von Fachbüchern und Fachartikeln aus anderen Fachzeitschriften publiziert. Auf dieser Grundlage lässt sich der Verlauf der Vorstellungen des Waldsterbens relativ systematisch und effizient rekonstruieren. In der Schweiz wurde die Waldschadenforschung zu einem grossen Teil an der Eidgenössischen Anstalt für das Forstliche Versuchswesen (EAFV) angesiedelt. Die Bearbeitung des Waldsterbens wird deshalb auch in ihren Publikationen relativ systematisch dokumentiert. Für verschiedene Fragestellungen habe ich noch einzelne weitere Publikationen hinzugezogen. Auf diese Weise ist sicher keine lückenlose Quellenlage entstanden, aber eine, die für meine Fragestellungen durchaus genügt.

Im Folgenden wird die wissenschaftliche Verarbeitung des Waldsterbens zuerst chronologisch dargestellt. Der Wandel der Vorstellungen wird anhand verschiedener Phasen – Latenzphase, akute Phase und Zersetzungsprozess – erläutert und einzelne Aspekte der Arbeit werden kritisch beleuchtet. Zum Teil begleitet die Kritik die geschichtliche Rekonstruktion, zum Teil wird sie in eigenen Abschnitten zusammengezogen.

4.1 Das Waldsterben im Spiegel der Schweizerischen Zeitschrift für Forstwesen

In der SZF schreiben vor allem Schweizer Autoren über die Verhältnisse in den Schweizer Wäldern und der schweizerischen Forstwirtschaft. Die Anzahl der zu einem Thema publizierten Artikel ist ein grober Indikator für die Bedeutung dieses Themas in der schweizerischen Wissenschaft. Buchbesprechungen und Rezensionen von Artikeln aus anderen Zeitschriften spiegeln dagegen eher einen internationalen Rahmen. Berichte verweisen in der Regel auf Aktivitäten des Forstvereins und daher auf die politische Dimension.

Anzahl Beiträge

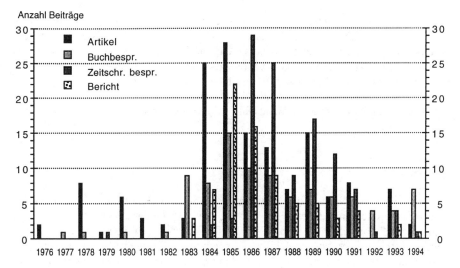

Abb. 3: Anzahl und Art der Beiträge in der Schweizerischen Zeitschrift für Forstwesen, die sich mit Aspekten des „Waldsterbens" befassen.

In den 90er Jahren sinkt die Anzahl der Fachartikel zu den neuartigen Waldschäden ungefähr auf das Niveau des „Tannensterbens" der 70er Jahre. Das dürfte vor allem auf zwei Gründe zurückzuführen sein: das Thema wird nicht mehr im selben Ausmass bearbeitet, und die immer spezialisierteren Fachartikel wandern in Fachzeitschriften mit höheren wissenschaftlichen Ansprüchen und speziellerem, aber internationalem, Publikum ab. Die einzelnen Artikel können im allgemeinen auch immer weniger zur allgemeinen Orientierung beitragen.

Das Thema etabliert sich auf der wissenschaftlichen Ebene etwas früher als auf der verbandspolitischen (durch die Berichte angezeigt). Bis und mit 1982 erscheinen in der SZF gelegentlich Beiträge zu Waldschäden durch Immissionen, z.T. in Ausgaben mit diesem thematischen Schwerpunkt. Erst 1983 wird erstmals der Begriff „Waldsterben" in einem Titel erwähnt. Noch im selben Jahr lassen sich die wissenschaftlichen Artikel zum Waldsterben an einer Hand abzählen. Rezensionen ausländischer, insbesondere bundesdeutscher Arbeiten sind dagegen häufiger. Das Wissen über das Waldsterben wird vorwiegend importiert.

1984 erscheint hingegen eine Flut von Originalbeiträgen zu diesem Thema. Anhand der Titel in der SZF ist eine klare „Politisierung" des Waldsterbens zu erkennen. Dies äussert sich zudem im erhöhten Anteil von Ansprachen, Protokollen von Vereinsaktivitäten, Stellungnahmen und anderen nicht forschungsbezogenen Texten. Ab 1985 wird die Semantik in den Titeln vielfältiger; neben dem Waldsterben ist auch von Baumsterben, von Waldniedergang und natürlich immer noch von (neuartigen) Waldschäden die Rede. Die Wirkungen des Ozons beschäftigt die Forschung besonders. Insgesamt scheint sich nun die Forschung zum Problemfeld der neuartigen Waldschäden konsolidiert zu haben; der Forschungsbereich hat sich organisiert und erste Resultate können publiziert werden. Immer noch werden sehr viele Beiträge zum Waldsterben rezensiert.

Ab 1986 setzt schon eine Beruhigung hinsichtlich des Waldsterbens ein; der Begriff selbst erscheint zunehmend seltener in den Titeln. Das Thema Waldsterben ist in die gewohnten Kanäle von Forschung und Politik eingespeist worden. Für die Wissenschaft bedeutet dies einerseits, dass sich das Problem als solches in der wissenschaftlichen Arbeitsteilung verliert und zunehmend seltener als Ganzes und über die Grenzen der Forschung hinaus reflektiert wird. Andererseits sind nun häufiger Artikel anzutreffen, die sich mit Folgeproblemen der Waldschäden befassen, so z.B. mit Fragen von Betriebswirtschaft, Holzmarkt, rechtlichen Ansprüchen, Holzqualität, Waldbau usw. Das Thema schwappt von der Waldschadenforschung in viele andere Forschungsbereiche über.

4.2 Die Latenzphase

Als Latenzphase möchte ich den Zeitraum bezeichnen, in dem sich das Thema Waldsterben vorbereitete, in dem es in der Luft lag. Diese Phase endet mit der Ausgabe von „Der Spiegel" vom 16. November 1981. Ihr Beginn lässt sich nicht eindeutig bestimmen, denn schon Ende des 19. Jahrhunderts wurden in Tharandt (BRD) Forschungen zur Wirkung von Immissionen auf Bäume durchgeführt. Seit dieser Zeit, aber vor allem seit den 60er Jahren waren lokal begrenzte, aber drastische Immissionen industrieller Betriebe, sogenannte „Rauchschäden" ein Forschungsgebiet der Forstwissenschaft. Weil die Waldschäden im Umkreis der Emittenten derart offensichtlich auftraten, standen die Kausalzusammenhänge ausser Frage und das Interesse richtete sich mehr auf die quantitativen Zusammenhänge, die letztlich für Grenzwertsetzungen und Schadenersatzansprüche relevant waren. Im Vordergrund der untersuchten Schadenfälle stand SO_2; Fluor und andere Gase waren jedoch auch als mögliche Schädiger bekannt.[117] Waldschäden wurden in der Rauchschadenforschung zwar nicht ausschliesslich, aber primär durch sichtbare Symptome wie Verfärbungen und Kronenverlichtungen definiert.

Die Zunft der „Rauchschadensachverständigen" (mit eigenen internationalen Arbeitstagungen)[118] war mit der Aufgabe betraut, die Schädigungen durch den Emittenten nachzuweisen und das Ausmass der Schäden zu bestimmen. Auf der Grundlage sichtbarer Symptome, vor allem der Kronenverlichtung, waren Waldschadeninventuren mit Stichprobensystemen entwickelt worden. Bekannt war auch die Methode, mittels „Falschfarben"-Infrarot-Luftaufnahmen geschwächte und abgestorbene Bäume zu bestimmen.[119] Die Rauchschadenexperten brachten oft auch ihre langjährige persönliche Erfahrung in die Beurteilung von Fällen ein.[120]

Die Wissenschafter an den Forschungsanstalten standen vor einer etwas anderen Ausgangslage als die Rauchschadengutachter. Sie mussten nicht so fallbezogen arbeiten und auch nicht als Richter zwischen Parteien auftreten. Als 1968 eine Begasungsanlage an der EAFV konzipiert wurde, stand die Frage im Vordergrund, ob die nationalen Immissionsgrenzwerte, insbesondere für SO_2, der Vegetation ausreichenden Schutz bieten, bzw. welche Symptome die gesetzlich erlaubten Belastungen hervorrufen.[121] Als Symp-

---

117 Vgl. Bauer 1978, Keller 1978.
118 Vgl. Landolt 1981.
119 Vgl. Wullschleger 1978.
120 Obwohl schon in der akuten Phase des „Waldsterbens", sind hierfür die Unterschiede der Argumentation zwischen Wentzel 1982 (Gutachter) und Bucher 1982 (Wissenschafter) eine hervorragende Illustration.
121 Vgl. Keller 1976, Wallimann 1978.

tome wurden nun auch „latente", vom freien Auge nicht ersichtliche Schäden, wie z.B. Schäden an Zellwänden oder Schadstoffanreicherungen in Nadeln und Blättern, mit einbezogen.

Damals war schon bekannt, dass die mit der Luftverschmutzung assoziierten Symptome auch andere Ursachen haben können.[122] Im Labor war auch die Wirkung von SO_2 auf Wurzeln nachgewiesen worden, was eine erhöhte Anfälligkeit auf Windwurf und Parasiten befürchten liess.[123] In einem intensiven und langfristig angelegten Freiland-Analyse-Projekt im Solling (BRD) wurden der Stickstoffeintrag in den Boden und die Aluminiumtoxizität als mögliche Ursachen von Waldschäden erkannt.[124] Als Folgen der Luftverschmutzung wurden ferner eine Verringerung von Jahrringbreiten[125] bzw. des Holzzuwachses[126] sowie das Ausbleiben von Jungwuchs[127] vermutet.

In der Erfahrungswelt der Rauchschadengutachter waren Waldschäden ein kontinuierliches Phänomen: Je nach vorherrschender Windrichtung treten die Schäden im Umkreis von Emittenten auf und ihre Intensität nimmt mit der Distanz ab.[128] Die früheste Luftreinhaltepolitik bestand darin, immer höhere Schornsteine zu bauen. In der Folge wurden zwar weniger gravierende Waldschäden, diese aber auf um so grösseren Gebieten beobachtet; die Möglichkeit einer flächendeckenden Schädigung lag „in der Luft".[129] In die selbe Richtung wiesen Überlegungen zu den Auswirkungen einer Zunahme verstreuter Emittenten wie z.B. der Motorfahrzeuge. Es wurde auch schon vermutet, dass NO_x und Ozon, die weit verbreitet auftreten, Schäden an Bäumen hervorrufen. Spätestens seit Ende 1979 wurden zudem in den Medien der BRD Szenarien schnellen Absterbens von Wäldern verbreitet.[130] Von einem allgemeinen Waldsterben war jedoch noch nicht die Rede, da die Probleme immer noch als lokale betrachtet wurden.

Neben den „Rauchschäden" war in der Forstwissenschaft auch das „Weisstannensterben" ein altbekanntes, lokal auftretendes Problem, das nicht mit der Luftverschmutzung in Zusammenhang gebracht worden war. Neu wurde diese Krankheit im ganzen Verbreitungsgebiet der Weisstanne beobachtet.[131] Als wahrscheinlichste Ursache erschien eine Stoffwechselstörung aufgrund von Trockenheit, bzw. einer Klimaänderung.[132] In den Forstwissenschaften war auch das lokal ausgeprägte „Sterben" anderer Baumarten Teil des gängigen Vokabulars.

Insgesamt zeichnet sich die Latenzphase des Waldsterbens dadurch aus, dass Waldschadenprobleme eher in einem praxisorientierten Sinn denn durch naturwissenschaftliche Grundlagenforschung angegangen wurden. Was als „gesunder" und was als „kran-

---

122 Vgl. Wullschleger 1978.
123 Vgl. Keller 1979.
124 Vgl. Keller 1980c.
125 Vgl. Keller 1978.
126 Vgl. Petsch 1978, Wentzel 1980.
127 Vgl. Petsch 1980.
128 Vgl. Moser 1980, S. 216.
129 Als zentrales Element der Biographie eines Rauchschadenexperten eindrücklich bei Wentzel 1982 nachzulesen. Schon Keller (1980a, S. 238) sieht die Konsequenzen der Entwicklung klar, wenn er kritisch anmerkt, mit dem Bau hoher Schornsteine, würden lokale gravierende Schäden vermieden. Aus dem lokalen Problem werde jedoch eines der Landesplanung, ohne dass eine Lösung im Sinne der Lufthygiene erreicht worden wäre.
130 Vgl. Petsch 1980, S. 198.
131 Vgl. Schütt 1981.
132 Vgl. Schütt 1981 und Leibundgut 1981; es ist nicht klar, ob Leibundgut mit Klimaänderung den „Treibhauseffekt" meint.

ker" Baum oder Waldbestand gelten könne, wurde nicht grundsätzlich reflektiert. Waldschäden wurden vorwiegend anhand sichtbarer Phänomene festgestellt und durchwegs als lokale Probleme behandelt, obwohl an vielen Stellen die Denkmöglichkeit äusserst grossflächiger Waldschäden zutage trat. Das spätere Waldsterben schimmerte schon unter der Oberfläche durch.

4.3 Die akute Phase

4.3.1 Der Auftakt

„Es liegt was in der Luft" titelt der Spiegel vom 16.11.1981, „Schwefelhaltige Niederschläge vergiften Wälder und Nahrung". Das Titelblatt der Zeitschrift zeigt einen gleichförmigen Nadelwaldbestand, der durch Industrieanlagen im Hintergrund in bräunlichen Qualm gehüllt wird; „Der Wald stirbt", heisst es unter der realistisch ausgeführten Zeichnung. Im Lead des Artikels ist dann zu lesen:

> „In Westdeutschlands Wäldern, warnen Forstexperten, ‚tickt eine Zeitbombe': Ein grossflächiges Tannen- und Fichtensterben ist, wie Fachleute befürchten, erstes Vorzeichen einer weltweiten ‚Umweltkatastrophe von unvorstellbarem Ausmass'. Denn der Auslöser des stillen Wald-Untergangs, saure Niederschläge aus den Schloten von Kraftwerken und Raffinerien, bedroht nicht nur Flora und Fauna, sondern auch die menschliche Gesundheit."[133]

Das Waldsterben wird nahezu nahtlos aus dem sauren Regen abgeleitet. Auf der ersten Seite des Artikels werden schwer geschädigte oder abgestorbene Bäume gezeigt.

> „Fichtensterben im Harz: „Die Schäden haben stürmisch zugenommen, viele Bäume gehen in wenigen Wochen kaputt'"

lautet der Kommentar. Ein Reigen von Schadensmeldungen aus verschiedensten Landesteilen, von Waldbesitzern, Forschern und Verwaltungsstellen eröffnet den Text.

> „Für Forstexperten addieren sich die Schadensmeldungen zu einem Krankheitsbild, das manchen schon den Zusammenbruch des gesamten Ökosystems befürchten lässt. In den Wäldern, sagt Hessens Landesbeauftragter für Naturschutz, Karl-Friedrich Wentzel, ‚tickt eine Zeitbombe'. Nachdem Forstkundler sich in den siebziger Jahren auf manchen Holzweg begeben und eine wahre ‚Odyssee von Vermutungen, Spekulationen und Hypothesen' (Schütt) bewältigt haben, gilt nun als wahrscheinlich, dass das Baumleiden nicht auf irgendeine Einzelursache zurückzuführen, sondern offenbar eine sogenannte Komplexkrankheit ist – die gleichwohl eine Primärursache zu haben scheint."[134]

Schwefeldioxid-Emissionen seien wahrscheinlich am verbreiteten Absterben von Nadelbäumen schuld. Es sei die Spitze eines Eisberges, denn bei steigenden Konzentrationen würden auch andere Baumarten geschädigt. SO_2 richte auch an anderen Nutzpflanzen und an Bauwerken Milliardenschäden an und bedrohe die Gesundheit von Bundesbürgern.

> „Die komplizierten chemischen, meteorologischen und biologischen Prozesse, die zum Tannensterben führen, glauben Waldwissenschaftler, wie der Göttinger Bodenkundler Ulrich, plausibel rekonstruieren zu können."

---

[133] Der Spiegel Nr. 47, 1981, S. 96.
[134] Der Spiegel Nr. 47, 1981, S. 97 und 99.

Daraufhin wird erläutert, dass sich SO_2 in Blättern und Nadeln anreichert, aber auch im Boden, wo es mineralische Nährstoffe auswäscht und giftige Aluminium-Ionen freisetzt. Die Aluminium-Ionen schädigen wiederum die Feinwurzeln, der Baum wird anfälliger für Windwurf und Schneebruch, der Boden vernässt eher und ist anfälliger auf Erosion. Wurzelschäden führen oft zu einem fauligen „Nasskern" im Stamm, der den Nährstofftransport zur Krone hemmt. Schliesslich erhöht das SO_2 auch die Anfälligkeit des Waldes gegenüber anderen Stressfaktoren, wie Frost und Parasiten. Auf die Blätter wirkt SO_2, indem es ihre schützende Wachsschicht auflöst und das Chlorophyll zersetzt. Dadurch wird die Assimilation des Baumes reduziert und seine Verdunstung gesteigert. Den Artikel beschliessen Befürchtungen von Forstexperten, wonach viele der Schäden, die an Laubbäumen zu beobachten sind, auch auf den Einfluss des SO_2 zurückgehen.

Alle wesentlichen Aussagen in diesem Artikel sind jeweils journalistisch niet- und nagelfest einem Experten, unter anderen auch den renommierten Waldschadenforschern Schütt, Ulrich und Wentzel, zuordenbar; die Wirkungen des SO_2 und insbesondere die Komplexkrankheit des Waldes werden sehr detailliert dargestellt: Es handelt sich um einen gründlich recherchierten Artikel. Trotz des Untergangsszenarios fällt der Ton des Artikels erstaunlich sachlich aus – ausser, es werden Experten wörtlich zitiert. Obwohl dieser Artikel zum ersten Mal der These eines allgemeinen Sterbens des Waldes zur Verbreitung verhilft, wird in ihm noch nicht die Bezeichnung „Waldsterben" verwendet. Aufgrund meiner Quellen kann ich die Frage nicht beantworten, ob die Initiative zu diesem Artikel von den zitierten Wissenschaftern ausging oder vom anonymen Journalisten. Jedenfalls ist es einigen deutschen Waldschadensforschern gelungen, ihre Thesen einer äusserst breiten Öffentlichkeit und insbesondere den Forstwissenschaftern im gesamten deutschen Sprachraum bekannt zu machen. Dieser Artikel postuliert ein Ereignis, nämlich ein grossflächiges Tannen- und Fichtensterben, das in der wissenschaftlichen Sicht der Dinge zuvor noch keinen Platz fand. Darüberhinaus wird angedeutet, dass andere Lebewesen und die Menschen dem Wald in den Untergang folgen könnten; der Spiegel hatte mehr im Sinn, als nur ein Waldsterben!

4.3.2 Ereignisse in Wissenschaft und Politik bis und mit 1983

Im Herbst 1981, also zur Zeit als der Spiegel-Artikel erschien, bereitete die Stiftung Mittlere Technologie unter der Leitung von Hermann Graf Hatzfeldt eine Tagung mit dem Titel „Stirbt der Wald? – Energiepolitische Voraussetzungen und Konsequenzen" vor. Sie fand am 22. und 23. April 1982 als 12. Kaiserslauterer Gespräch statt. Es war sehr wahrscheinlich die erste wissenschaftliche Tagung, die sich explizit mit dem Waldsterben befasste. Hatzfeldt hat die Beiträge in einem gleichnamigen Band noch im Herbst 1982 (frühestens September) herausgegeben. Im ersten Teil des Buches, der sich mit den Waldschäden befasst, begegnen uns neben zwei weiteren Namen auch wieder die Experten Wentzel, Ulrich und Schütt.

Für Tagungsleiter und Herausgeber Hatzfeldt lautet die Frage nicht mehr, ob der Wald stirbt, sondern nur noch warum. Von der Antwort auf diese Frage hänge es ab, ob dem Waldsterben noch rechtzeitig Einhalt geboten werden könne, doch an der Beurteilung der Ursachen scheiden sich die Geister.[135] Mit dieser Sicht können sich einige

---

[135] Vgl. Hatzfeldt 1982, S. 9.

Tagungsteilnehmer nicht identifizieren. So kritisiert Zimmermayer, ein Repräsentant des Kohlebergbaus:

> „Aufgrund der überprüften Literatur drängt sich der Eindruck auf, dass die öffentliche Diskussion, insbesondere im Anschluss an die Spiegel-Serie, den tatsächlichen Erkenntnis- und Diskussionsstand in der Wissenschaft weit hinter sich gelassen hat. War das vielleicht sogar gewollt?"[136]

Er weist darauf hin, dass weder im SNSF-Projekt (einem achtjährigen Forschungsprojekt in Norwegen), noch im Solling-Projekt in der BRD Wachstumsschäden durch saure Niederschläge gefunden werden konnten.

> „Art und Umfang der öffentlichen Diskussion liessen eigentlich erwarten, dass die Wälder hierzulande grossflächig geschädigt sind. Das ist gemäss einer Umfrage des Bundesministeriums für Ernährung, Landwirtschaft und Forsten nicht der Fall. Danach treten Tannenerkrankungen aus ungeklärter Ursache vorwiegend in Baden-Württemberg und Bayern in einigen Forsten auf. Zum Fichtensterben melden eine Reihe von Bundesländer ,Fehlanzeige'."[137]

Zu diesem Zeitpunkt liegen noch keine flächendeckenden Statistiken zum Waldzustand der BRD vor, sondern nur vielfältige Einschätzungen, Befürchtungen und lokale Beobachtungen verschiedenster Ämter und Experten. Für viele Wissenschafter stehen allerdings grossflächige Waldschäden ausser Zweifel. Unter den Wissenschaftern ist es unbestritten, dass SO_2 und andere Luftverunreinigungen als Risiken für die Gesundheit von Bäumen in Betracht gezogen werden müssen,[138] und dass trotz der Unsicherheiten in der Ursachenfrage, vorsorglich Emissionsreduktionen anzustreben sind (präventive Umweltpolitik). Für Hatzfeldt, der die Ergebnisse der Tagung zusammenfasst, haben die Waldschäden in der BRD ein „alarmierendes Ausmass" angenommen. Er interpretiert die sichtbaren Schäden als die Spitze eines Eisberges latenter Schäden:

> „Ob man es wahrhaben will oder nicht: der deutsche Wald liegt im Sterben."[139]

Auch in der Politik der BRD fasst 1982 das Waldsterben Fuss. Im Juni wechselt die Bundesregierung in Bonn ihre Haltung bezüglich des „sauren Regens" und verlangt wie die skandinavischen Länder, markante Reduktionen von Luftschadstoffen. Verschiedene innenpolitische Gründe[140] und die bevorstehenden Wahlen dürften dazu beitragen, dass das Waldsterben in der BRD schnell in grosse Auseinandersetzungen mündet. Im selben Jahr führen auch Umfragen unter den Forstdiensten zur alarmierenden Feststellung, dass in Bayern und Baden-Württemberg bereits etwa 10% aller Bäume Schadensymptome zeigen. Die Waldschadeninventuren von 1983 weisen für die Wälder von Baden-Württemberg und Bayern bereits Anteile geschädigter[141] Bäume von 40% bis 50% aus.[142] In einem „Sondergutachten über Waldschäden und Luftverunreinigungen" vom März 1983 kommt der Rat der Sachverständigen für Umweltfragen der BRD zum Schluss, dass sich die Waldschäden nicht ohne den massgeblichen Einfluss der Luftverschmutzung erklären lassen.

---

136 Zimmermeyer in Hatzfeldt 1982, S. 57.
137 Zimmermeyer in Hatzfeldt 1982, S. 58.
138 Vgl. z.B. Ulrich 1982a, S. 43 und Schütt 1982a, S. 77.
139 Hatzfeldt 1982, S. 220.
140 Vgl. Boehmer-Christiansen 1988 und Roqueplo 1987.
141 Damals war die Schadensgrenze noch auf 15% Nadel- oder Blattverlust (NBV) oder mehr gesetzt worden; später wurde sie auf 30% NBV oder mehr erhöht, wobei der NBV von Anfang an in 5%-Klassen erhoben wurde.
142 Schwarzenbach 1991, S. 4.

Vor allem die deutsche Schweiz wurde durch die Berichte über das Waldsterben aus der BRD sensibilisiert.[143] Am 10. Juni 1982 trägt CVP-Nationalrat Beda Humbel das Waldsterben erstmals ins Parlament. In einer einfachen Anfrage verlangt er vom Bundesrat Auskunft über die Ursachen des Weisstannensterbens und über allfällige Gegenmassnahmen.[144]

Am 6. Oktober 1982 reicht Nationalrätin Doris Morf, zusammen mit 92 mitunterzeichnenden Parlamentariern, eine Motion an den Bundesrat ein. Darin wird der Bundesrat beauftragt, ein Messnetz für Luftschadstoffe aufzubauen, einen Fonds für Waldpflegemassnahmen zu äufnen, alle vier Jahre über den Zustand des Waldes und über die Auswirkungen auf die Landwirtschaft zu berichten, nationale Forschungsprogramme zu den Ursachen, zu Prognosen des Schadenverlaufes und zu möglichen Gegenmassnahmen zu initiieren und schliesslich bilaterale Abkommen mit den Nachbarstaaten über Emissions-Grenzwerte abzuschliessen.[145] Diesen Verpflichtungen kann der Bundesrat nur nachkommen, indem er die langfristigen Routineaufgaben (z.B. Messnetze) den nationalen Forschungsinstitutionen überträgt. Da die meisten Hochschulen in der Schweiz den Kantonen unterstehen, können ihre Umweltforschungs-Institute nicht direkt vom Bundesrat beauftragt werden. Sie können jedoch im Rahmen ausgeschriebener Nationaler Forschungsprogramme Gesuche zur Finanzierung von Forschungsprojekten einreichen. Aufgrund dieser Rahmenbedingungen wird durch die Motion Morf schon die akademische Arbeitsteilung in Sachen Waldschadenforschung in der Schweiz vorgezeichnet.

Tags darauf gelangen 28 bürgerliche Nationalrätinnen und Nationalräte, unter der Führung der FDP-Nationalrätin Geneviève Aubry, mit der Forderung an den Bundesrat, die Kernenergie als Massnahme gegen die zunehmende Luftverschmutzung voranzutreiben.[146] Damit war eine Dimension der politischen Instrumentalisierung[147] des Waldsterbens eröffnet worden, die auf Jahre hinaus für Zündstoff sorgen sollte.

Am 29. November wird am Gottlieb Duttweiler-Institut (GDI) in Rüschlikon bei Zürich die erste schweizerische Tagung zu „Waldschäden durch Immissionen?" abgehalten. Die verhandelten Inhalte und die Zusammensetzung der Teilnehmenden erinnern an die Tagung in Kaiserslautern; auch die Herren Wentzel, Ulrich und Schütt sind wieder anwesend. Wie in der BRD werden auch in der Schweiz, aufgrund einer Umfrage unter den kantonalen Forstdiensten, weit verbreitete Waldschäden als Tatsache betrachtet. Aus dem Tagungsband[148] geht hervor, dass die beobachteten Schäden vielfach als Spitze eines Eisberges oder als Anfang einer sich beschleunigenden katastrophalen Entwicklung interpretiert werden. Der Wissenschaft wird primär die Aufgabe zugewiesen, die Kausalzusammenhänge zu klären. Etliche Referenten betrachteten das Waldsterben jedoch als eine Komplexkrankheit, die sich nicht im üblichen wissenschaftlichen Sinn nachweisen und erklären lasse. Verschiedene Hypothesen (saurer Regen, Dürre- und Stressfolgen) könnten das Phänomen erklären; die Referenten teilen jedoch die Ansicht, dass Luftschadstoffe in irgendeiner Weise beteiligt sind.

---

143 Vgl. Baumgartner 1990, S. 34.
144 Vgl. Baumgartner 1990, S. 35.
145 Der Motionstext ist in Gottlieb Duttweiler-Institut 1982, S. 219 abgedruckt.
146 Vgl. Baumgartner 1990, S. 35.
147 Von Instrumentalisierung spreche ich, weil die Förderung der Kernenergie für sich alleine keine Massnahme gegen die Luftverschmutzung und die Waldschäden sein kann. Sie würde allenfalls als flankierende Massnahme eine Politik der Reduktion fossiler Energieträger begleiten können.
148 Vgl. Gottlieb Duttweiler-Institut 1982.

Aus heutiger Perspektive fällt auf, dass vor allem über das Ausmass der Schäden, aber auch über einzelne Schadstoffwirkungen fast keine empirischen Ergebnisse in die Diskussion einflossen. Eine der Arbeitsgruppen kam denn auch zum Schluss, dass sie auch nach der heutigen Tagung wenig bis nichts schlüssig wisse, sondern nur aufgrund von Indizien vermute.

Während sich Politik und Wissenschaft in der Schweiz an das Problem herantasten, fallen die Förster zunächst durch ihr Schweigen auf. Sie sind von der Entwicklung überrannt worden und können sich die Vorgänge im Wald nicht erklären, werden aber ständig um Information angegangen.[149] Auch die Leitung der EAFV hält sich zuerst zurück. Ein Artikel des Vizedirektors F.H. Schwarzenbach in der NZZ vom 31. August 1983 ist der erste offizielle Bericht über die Waldsterbenssituation zuhanden der breiten Öffentlichkeit. Im Artikel äussert sich Schwarzenbach eher vorsichtig zum Schadensausmass und zu den möglichen Ursachen. Neben der Forstwissenschaft melden sich auch besorgte Förster zu Wort und die Diskussion gewinnt an Gewicht.[150]

Auf der politischen Ebene fasst das Thema vollends Fuss, als Bundesrat Alphons Egli Anfangs September einer Einladung des Bundesamtes für Forstwesen zu einer Waldbesichtigung nach Zofingen folgt.

„Er war sichtlich beeindruckt von den Schäden, die ihm die Beamten des Forstamtes und lokale Förster dort vor Augen führten. Und den Journalisten ging es nicht anders.“[151]

Zu dieser Zeit wird eine „aufsehenerregende Serie von Fernsehsendungen“[152] über das Waldsterben ausgestrahlt. Auch in der Schweiz fällt das Waldsterben auf einen politisch günstigen Boden:

„Bürgerinitiativen, die sich seit Jahren gegen die zunehmende Luftverschmutzung durch den wachsenden Durchgangsverkehr gewehrt hatten; Ärzte, die seit langem auf die steigende Zahl der Lungenerkrankungen aufmerksam gemacht hatten; Umweltorganisationen, die seit Jahren den Bundesrat drängten, die nach dem Scheitern der Albatros-Initiative für 12 autofreie Sonntage (im September 1977) gemachten Versprechungen für schärfere Abgasvorschriften wahrzumachen: Sie alle wurden durch das Waldsterben in ihrem Engagement bestärkt und zu weiterem Handeln herausgefordert. Und schliesslich ging es dem Wahlherbst 1983 entgegen. Da ‚ergrünten‘ viele Politiker. Damit war sozusagen vielschichtig der Boden gelegt, am Thema Waldsterben war nicht mehr vorbeizukommen.“[153]

Am 15. September 1983 findet die Hauptversammlung des Schweizerischen Forstvereins im Kongresszentrum Davos statt.[154] Die Veranstaltung steht zwar nicht unter dem Motto aber doch klar unter dem Zeichen des Waldsterbens. Ein Mitglied ruft in einem Brief den Forstverein auf, bezüglich des Problemkomplexes Waldsterben etwas zu unternehmen. Vom Vorstand wurde ein offener Brief an National- und Ständerat vorbereitet. Darin wird von einer dramatischen Zunahme der immissionsbedingten Waldschäden in Mitteleuropa ausgegangen. Diese Entwicklung könne für die Schweiz und insbesondere für die Siedlungen unter Schutzwäldern in den Bergen katastrophale Folgen haben. Da die Fachleute übereinstimmend Luftschadstoffe für die Waldschäden

---

149 Vgl. Baumgartner 1990, S. 35f.
150 Vgl. Baumgartner 1990, S. 36.
151 Baumgartner 1990, S. 36.
152 Baumgartner 1990, S. 36.
153 Baumgartner 1990, S. 39.
154 Vgl. Schw. Zs. f. Forstwesen Nr. 12, 1983, S. 1046.

verantwortlich machten, wird vom Parlament eine Reduktion der Schadstoffbelastung verlangt.[155] Der Brief wird von der Versammlung genehmigt. Ein Mitglied fordert den Verein auf, mit einer Eingabe an den Bundesrat die Anwendung des Notrechtes für Sofortmassnahmen gegen das Waldsterben zu verlangen. Dieser Punkt sei im Arbeitsprogramm des Vereins bereits enthalten, heisst es vom Vorstand.

Eine jahrringanalytische Studie[156] weist an umfangreichem Material aus verschiedensten Standorten und Regionen der Schweiz grosse und zunehmende Schäden an Tannenbeständen seit dem Jahr 1956 aus. Der Rückgang der Jahrringbreiten wird als Folge klimatischer oder immissionsbedingter Ereignisse interpretiert.[157] Aufgrund der Befunde dieser Studie postulieren später die Bundesbehörden ein Immissionsniveau wie in den 50er Jahren als Ziel der Luftreinhaltepolitik. Einige Jahre später erst wird sich herausstellen, dass in der Schweiz kein allgemeiner Rückgang der Jahrringbreiten erfolgte und dass sich die Daten dieser Studie auch durch die normale Dynamik des Wachstums von Baumbeständen erklären lassen.[158] Am 20. Oktober 1983 werden die ersten Ergebnisse des Sofortprogrammes „Sanasilva" – eine Umfrage unter den Forstrevieren in der Schweiz sowie chemische Nadelanalysen – veröffentlicht:

> „a) 16 Kantone lokalisierten nur einzelne, betroffene Bestände und bezeichneten die Lage als noch nicht alarmierend.
> b) 7 Kantone stellten eine beunruhigende Abnahme der Vitalität bei der Tanne, teilweise auch bei der Föhre, über grössere Gebiete fest.
> c) 3 Kantone wiesen gravierende Flächenausfälle in einzelnen Regionen aus."[159]

Am 8. November 1983 nimmt der Bundesrat Stellung zu den dringlichen Interpellationen, einfachen Anfragen und Motionen zum Thema Waldsterben.[160] Er zeigt sich besorgt vom Fortschreiten der Waldschäden in Mitteleuropa, deren künftige Entwicklung aber wegen mangelnder Kenntnisse und Erfahrungen nicht vorausgesagt werden könne.

> „Nach den heutigen Kenntnissen müssen als Primärursachen die Luftverschmutzung durch die Abgase aus Haus- und Industriefeuerungen sowie aus dem Motorfahrzeugverkehr in Betracht gezogen werden."[161]

In vier Richtungen sei den Waldschäden mit Massnahmen zu begegnen:
- Verringerung der Luftverschmutzung an der Quelle;
- Beobachtung und Überwachung der Schäden;
- Forschung zu den Ursachen und zu Gegenmassnahmen;
- Bewältigung der wirtschaftlichen Schadenfolgen.

---

155 Mein Kommentar: Die Formulierungen eröffnen Interpretationsspielräume. Ihr Bedeutungshorizont reicht von nüchterner Einschätzung der Ungewissheiten bis zur Gewissheit der bevorstehenden Katastrophe. Selbst nach mehrfacher, aufmerksamer Lektüre wurde mir nicht klar, wie ernst die Sache wirklich gemeint ist, wie nahe die Katastrophe bereits ist. Die angetönten katastrophalen Folgen werden doch erst in einiger Zukunft – wenn überhaupt – erwartet: man will sie nicht ausschliessen. Die erste Lektüre vermittelt allerdings das Gefühl, jetzt sei es um den Wald geschehen.

156 Vgl. Schweingruber, Kontic und Winkler-Seifert 1983.

157 Schweingruber, Kontic, Winkler-Seifert 1983, S. 23.

158 Persönliche Mitteilung von F. Schweingruber. Vgl. zur Kritik auch Caprez, Fischer, Stadler und Weiersmüller 1987, S. 91 ff.

159 Greminger 1989, S. 10.

160 Vgl. Schw. Zs. f. Forstwesen Nr. 12, 1983, S. 999 - 1004.

161 Schw. Zs. f. Forstwesen Nr. 12, 1983, S. 999.

Ferner spricht der Bundesrat am 3. Oktober auch 17 Millionen Franken für das Sanasilva-Projekt 1984 – 1988 zur langfristigen Beobachtung des Gesundheitszustandes des Waldes. Zudem soll das seit 1980 geplante NFP 14 „Lufthaushalt und Luftverschmutzung in der Schweiz" durch einen Teil „Waldschäden und Luftverschmutzung" (NFP 14+) ergänzt werden. Dafür werden 5.9 Millonen Franken bereitgestellt. Schliesslich werden auch 4 Millionen Franken für Parasitenbekämpfung, Düngungsversuche, verstärkte Instruktion über waldbauliche Massnahmen, Bewältigung wirtschaftlicher Folgen und Züchtung resistenter Bäume bewilligt. Angesichts der viel beschworenen katastrophalen Lage, nehmen sich diese Summen eher bescheiden aus.

4.3.3 Die zentralen Forschungsprogramme

Noch bevor der Bund ein System der Waldschadenforschung auf die Beine stellt, werden einzelne Kantone aktiv. Im Frühjahr 1983 werden beispielsweise in der Agglomeration Basel (v.a. Laubwald) 10 Beobachtungsflächen mit rund 80 - 90 Buchen im Alter von 60 - 80 Jahren bestimmt.

„In diesen Flächen wurden die verschiedenen Krankheitssymtome der Bäume einzeln erfasst, begleitet von Untersuchungen über die Wasserbeziehungen, physiologische und biochemische Veränderungen der Bäume, den Gehalt von Schad- und Nährstoffen in Regenwasser, Stammabfluss, Blättern, Wurzeln und Boden sowie über die biologische Aktivität im Boden."[162]

Damit wird ein möglichst ganzheitliches Bild über die Prozesse in den Beobachtungsflächen angestrebt. In den nächsten Jahren entwickelt sich ein System von über 50 Dauerbeobachtungsflächen in den Kantonen Aargau, Basel-Landschaft, Basel-Stadt, Bern, Solothurn, Zürich und Zug. Als Vitalitätindikator wird nicht die Kronenverlichtung, sondern das Wachstum von Gipfeltrieben und Stamm verwendet.[163] Die Forschungsarbeiten sind grösstenteils in den Händen privatwirtschaftlicher Institute und Büros.

Im Herbst 1983 legen Verwaltung, Wissenschaft und Forstdienst in wenigen Wochen intensiver Zusammenarbeit die Grundlage zum Sanasilva-Programm. Zur Begründung des Programmes werden unter anderem folgende Überlegungen aufgeführt:

„a) Der Forstdienst und die breite Öffentlichkeit sind durch das Phänomen der plötzlich weiträumig um sich greifenden Waldschäden verunsichert. Dies sowohl in bezug auf die Ursache als auch auf die zukünftige Entwicklung der Schäden und der daraus resultierenden praktischen Konsequenzen.
b) Die Häufung der Schadensmeldungen sowie erste Modellrechnungen lassen auf eine beschleunigte Zunahme der Schäden schliessen. Mit anderen Worten, je stärker die Schädigung eines Bestandes, desto schneller das Absterben.
c) Der ‚Gesundheitszustand' eines Baumes lässt sich am Belaubungs- oder Benadelungsgrad seiner Krone nebst den nicht natürlich bedingten Verfärbungen der Nadeln und Blätter erkennen.
d) Luftschadstoffe tragen die Hauptschuld an der gegenwärtigen Schadensituation."[164]

---

[162] Flückiger, Flückiger-Keller und Braun 1984, S. 391.
[163] Vgl. Flückiger, Braun, Flückiger-Keller, Leanoradi, Asche, Bühler und Lier 1986 und Flückiger in Programmleitung Sanasilva 1989.
[164] Greminger 1989, S. 12.

Der Name „Sanasilva" steht für eine Reihe von praxisorientierten wissenschaftlichen Teil-Programmen. Es werden Probleme aufgegriffen, die der schweizerischen Forstwirtschaft im Zusammenhang mit dem Waldsterben erwachsen. Die Trägerschaft der einzelnen Teilprogramme liegt zwar bei wissenschaftlichen Institutionen, doch wirkt in jedem Teilprogramm die Forstpraxis aktiv mit.[165] Für die politische Diskussion des „Waldsterbens" sind vor allem die terrestrische Waldschadeninventur, die Luftbild-Waldschadeninventur und der phytosanitäre Beobachtungs- und Meldedienst entscheidend.

Mit der terrestrischen Waldschadeninventur wird anhand einer Schätzung des Nadel oder Blattverlustes (NBV) bzw. der Kronenverlichtung (wie es später heissen wird) an einer systematischen Stichprobe des gesamten Schweizer Waldes sein Zustand und der Verlauf der Schäden jährlich erfasst. Die Ergebnisse sind in erster Linie für die politischen Entscheidungsträger auf Bundesebene gedacht.[166] Sie werden jedoch auch immer den Massenmedien präsentiert. Infrarot-Luftbilder[167] können ebenfalls zur Beurteilung des Waldzustandes eingesetzt werden. Ein Sanasilva-Teilprogramm soll die Interpretationsmethoden verbessern, damit die Kantone anhand von Luftbildern waldbauliche Massnahmen planen können.[168] Mit Infrarot-Luftbildern werden nur ausgewählte Problemgebiete erfasst. Der phytosanitäre Beobachtungs- und Meldedienst (PBMD) sammelt Angaben über vorhandene Krankheiten und das Auftreten von Schädlingen, um die Forstpraxis über deren Ausmass und Fortschreiten informieren zu können.[169]

Im Sanasilva-Programm ist v.a. die Waldschadenbeobachtung angesiedelt, während ein grosser Teil der Ursachenforschung im NFP 14+ verankert wird. Die Koordination der beiden grossen Programme geht jedoch nicht so weit, dass sich die erhobenen Daten direkt verbinden lassen.

Schon in der Vorbereitungsphase des NFP 14 „Lufthaushalt und Luftverschmutzung in der Schweiz" wird die Möglichkeit einer Beeinträchtigung der Vegetation durch die Luftverschmutzung diskutiert. Nachdem in der Schweiz neuartige Waldschäden beobachtet worden sind, setzt sich die Expertengruppe des NFP 14 für die Bereitstellung zusätzlicher Forschungsmittel ein. Erfolgversprechender als ein neues Forschungsprogramm erscheint die Erweiterung des NFP 14.[170] Entscheidend ist dabei die Überlegung, dass die meteorologischen und lufthygienischen Projekte des Stammprogrammes wichtige Grundlagen für die Erforschung der vermuteten Ursachen der „neuartigen Waldschäden" bereitstellen.[171]

---

[165] Vgl. Bundesamt für Forstwesen und Landschaftsschutz, Eidgenössische Anstalt für das forstliche Versuchswesen (1985a), S. 1. Zum finanziellen und personellen Aufwand des gesamten Sanasilva-Programmes sowie der Teilprogramme werden keine Angaben gemacht.

[166] Vgl. Bundesamt für Forstwesen und Landschaftsschutz, Eidgenössische Anstalt für das forstliche Versuchswesen (1985a), S. 3.

[167] Es handelt sich genaugenommen um Falschfarben-Infrarot-Luftbilder, ich verwende jedoch die Terminologie meiner Unterlagen.

[168] Vgl. Bundesamt für Forstwesen und Landschaftsschutz, Eidgenössische Anstalt für das forstliche Versuchswesen (1985a), S. 4.

[169] Vgl. Bundesamt für Forstwesen und Landschaftsschutz, Eidgenössische Anstalt für das forstliche Versuchswesen (1985a), S. 6.

[170] Persönliche Mitteilung von F.H. Schwarzenbach.

[171] Vgl. Schwarzenbach 1991, S. 10.

Im Frühjahr 1983 beginnen an der EAFV die Vorarbeiten für das NFP 14+, die schon im Juni in eine Gesamtstrategie „Massnahmen gegen das Waldsterben" und später in den Ausführungsplan des Forschungsprogrammes münden.[172]

„Nach den Grundsätzen der schweizerischen Vorsorge und Sicherheitspolitik sollten die strategischen Überlegungen auf den Fall des grösstmöglichen Risikos ausgerichtet werden."[173]

Dabei wird die Gesamtstrategie in fünf Bereiche unterteilt:
• Forschung zu Methoden, Ursachen, Auswirkungen und Massnahmen;
• Überwachung der Waldschadenentwicklung;
• Umsetzung der Forschungsergebnisse in Massnahmen;
• Information der Behörden und der Öffentlichkeit;
• Wissenschaftliche Dienstleistungen für Amtstellen, Forstdienste und Private.

Der Informationsarbeit und der Überwachung der Waldschadenentwicklung wird dabei ein hoher Stellenwert beigemessen.[174] Aus der Gesamtstrategie wird auch die Notwendigkeit einer wesentlichen Verstärkung der personellen und infrastrukturellen Kapazitäten der Waldschadenforschung in der Schweiz abgeleitet.[175]

„Schon früh fasst die Expertengruppe des NFP 14 den Grundsatzentscheid, die Untersuchungen zur Klärung der vermuteten ursächlichen Zusammenhänge auf einige Testflächen mit einem breiten Spektrum meteorologischer und lufthygienischer Messungen in Verbindung mit forstpathologischen Beobachtungen zu konzentrieren. Hinter diesem Vorschlag stand der Gedanke, den Forschern der verschiedensten Fachrichtungen eine Vielzahl von Referenzdaten zur Interpretation physiologischer und pathologischer Veränderungen von Waldbäumen zur Verfügung zu stellen."[176]

Um das Budget des NFP 14+ zu entlasten, sollten die technischen Installationen mit Sanasilva-Geldern finanziert werden. Da ein ursächlicher Zusammenhang zwischen Luftverschmutzung und Waldschäden angenommen wird, muss eine Versuchsanordnung mit unbelasteten Kontrollflächen ausser Betracht fallen. Aus Kostengründen können nur drei Standorte für nicht repräsentative „Fallstudien" ins Auge gefasst werden. Mit den Standorten Lägeren, Alptal und Davos wird sowohl erkenntnisbezogenen (Klima, Immissionen, bestehende Daten), als auch praktischen (laufende Projekte, Erreichbarkeit und Infrastruktur) Kriterien Rechnung getragen.[177] Für das NFP 14+ wird eine Koordination mit den Immissions-Messnetzen für Luft (NABEL) und Boden (NABO) angestrebt.[178]

4.3.4 Ereignisse in Wissenschaft und Politik 1984

Die Diskussion um das Waldsterben wird schon bald von kritischen und hinterfragenden Stimmen begleitet, die – wie könnte es anders sein – auch verschiedenste Interessen zum Ausdruck bringen. Ein frühes Beispiel aus der BRD ist eine „Streitschrift" von

---

[172] Vgl. Schwarzenbach 1991, S. 5.
[173] Schwarzenbach 1991, S. 6.
[174] Vgl. Schwarzenbach 1991, S. 6.
[175] Vgl. Schwarzenbach 1991, S. 7.
[176] Schwarzenbach 1991, S. 9.
[177] Vgl. Schwarzenbach 1991, S. 9.
[178] Vgl. Schwarzenbach 1991, S. 10.

Knipschild in „Feld und Wald" vom November 1983. Er zieht die empirische Basis der Immissionshypothesen in Frage und beklagt, dass die natürlichen Einflüsse auf den Waldzustand so wenig Beachtung finden. Er versteht seinen Beitrag nicht als

„Plädoyer gegen weitere Reinhaltemassnahmen unserer Luft, sondern eher als eine Warnung gegen blinden Aktionismus, etwa unter dem Motto: 'Hauptsache, wir tun etwas, auch wenn es falsch sein sollte'."[179]

Der deutsche Biologe Günther Reichelt stellt in der Umgebung verschiedener Kernanlagen unverhältnismässig starke Waldschäden fest und vermutet einen Einfluss radioaktiver Emissionen.[180] Nach einer Interpellation von Nationalrat H. Weder wird die EAFV vom Bundesrat beauftragt, die Schadenssituation in der Umgebung der Kernanlage Würenlingen (Eidg. Institut für Reaktorforschung) und der Kernkraftwerke Beznau I und II abzuklären.[181]

Am 30. März 84 tritt die EAFV mit einer Pressemitteilung zum Waldzustand an die Öffentlichkeit. 14% der Waldfläche des Landes seien „kränkelnd bis tot" und 4% „krank bis tot". Diese Ergebnisse der Sanasilva-Umfrage und -Nadelanalyse des Sommers 83, die teilweise schon im Herbst veröffentlich worden waren, sind durch die ersten Erhebungen des Landesforstinventars (LFI) bestätigt worden.[182] Umfrage und Nadelananlysen stimmen gut überein. Es treten deutliche regionale Unterschiede auf, die als Einfluss der Nebellagen interpretiert werden. Eine frühere Pressemitteilung des Eidgenössischen Departement des Innern (EDI) stellt eine Zunahme des Parasitenbefalls, insbesondere des Borkenkäfers, und grosse Zwangsnutzungen in Aussicht.

In der April-Nummer der SZF, in der die Ergebnisse der Sanasilva-Studie und des LFI veröffentlicht werden, befasst sich ein Beitrag auch mit dem Zusammenhang zwischen künstlicher Radioaktivität und Waldsterben.[183] Der Autor beurteilt das Ausmass der künstlichen Radioaktivität gegenüber der natürlichen als gering und ortet deshalb das Problem eher bei den Emissionen der fossilen Brennstoffe.

Am 27. Juni gelangt in München die „Multilaterale Konferenz über Ursachen und Verhinderung von Wald- und Gewässerschäden durch Luftverschmutzung in Europa" in ihrem Schlussdokument zur Ansicht, dass sich die Waldschäden nicht ohne den massgeblichen Einfluss der Luftverschmutzung erklären lassen.[184] Damit ist das Problem von der Politik praktisch europaweit anerkannt worden.

Am 29. und 30. Juni tagt die Arbeitsgemeinschaft für den Wald[185] in der Kartause Ittingen zum Thema „Probleme um die wachsenden Waldschäden". Es wird eine Pressekonferenz mit ca. 20 Journalisten abgehalten.

„Das Tagungziel war die Orientierung der politischen Gremien, der Wirtschafts- und Verkehrsverbände und der Industrie über den Stand der Erkrankung, die Auswirkungen auf die Waldfunktionen und die unumgänglichen Abhilfemassnahmen."[186]

---

179 Knipschild 1983, S. 27.
180 Vgl. Reichelt, G., Kollert, R. (1985): Waldschäden durch Radioaktivität. Karlsruhe, Müller.
181 Vgl. Hägeli, Cartier, Hauenstein, Jeschki, Leuppi, Scherrer, Schwarzenbach und Stoll 1987, S. 7.
182 Vgl. Bucher, Kaufmann, Landolt 1984.
183 Vgl. Burkhart 1984.
184 Vgl. Böhlen 1984, S. 960.
185 Die Arbeitsgemeinschaft ist eine Interessenorganisation, die sich auch Kreisen der Forst- und Holzwirtschaft zusammensetzt.
186 Arbeitsgemeinschaft für den Wald 1984, S. 1089.

Die Referate werden in der Novembernummer der SZF veröffentlicht, und rund 1500 Sonderdrucke werden an Interessenverbände, Ämter und Forschungsstellen abgegeben. Sie werden im Vorfeld der Sondersession vom Februar 1985 über das Waldsterben auch den Parlamentariern unterbreitet.[187]

Im Rahmen der Vernehmlassung zu den Tempolimiten von 80 kmh ausserorts und 100 kmh auf Autobahnen nimmt der Vorstand des Schweizerischen Forstvereins (SFV) zuhanden des EDI Stellung.

> „Das Sanasilva-Sofortprogramm hat gezeigt, dass die geographische Verteilung der Schäden und die Analysewerte von Schadstoffen in der Luft positiv korreliert sind. Es besteht ein gesicherter, statistischer Zusammenhang zwischen der Schadensituation und den Konzentrationen der Elemente, welche bei den Nadelanalysen im Rahmen des Sofortprogrammes Sanasilva bestimmt wurden."[188]

Der SFV geht davon aus, dass die Luftverschmutzung als Primärursache des Waldsterbens betrachtet werden muss,[189] und begrüsst alle Massnahmen, die geeignet sind, die Luftverschmutzung rasch und an der Quelle zu reduzieren. In der Schweizerischen Sicherheitspolitik gelte der Grundsatz, dass sich Massnahmen zum Schutz des Landes an der grösstmöglichen Bedrohung orientieren. Dieser Grundsatz sollte auch beim Waldsterben angewandt werden. Eine entsprechende Pressemitteilung wird an die Tagespresse versandt.

Im September 1984 veröffentlicht das EDI den Bericht „Waldsterben und Luftverschmutzung". Damit liegt erstmals eine umfassende offizielle Grundlage vor, von der die politischen Massnahmen im Zusammenhang des „Waldsterbens" ausgehen. Zum Waldsterben in der Schweiz wurde später noch etliches aus wissenschaftlicher und umweltpolitischer Perspektive verfasst, doch die Bedeutung und der Einfluss dieser 120 Seiten starken Schrift wurde von keinem anderen Dokument mehr erreicht.

Der Bericht umfasst zwei Teile, einen Teil „Waldsterben und Luftverschmutzung" sowie einen zweiten Teil, der die parlamentarischen Vorstösse und den Massnahmenkatalog behandelt. Im wesentlichen wird die Situation der Schweizer Wälder anhand der Ergebnisse des Sanasilva-Sofortprogrammes beschrieben, mit dem Zusatz allerdings, dass sie sich gegenüber 1983 schon wieder verschlechtert habe.

> „Neu am heutigen Waldsterben ist, dass es praktisch alle Baumarten auf allen Bodentypen und Standorten betrifft. Es tritt in bestgepflegten Wäldern ebenso auf wie in ungepflegten Beständen, in naturnah zusammengesetzten Mischwäldern ebenso wie in Kunstbeständen. Klimatische oder waldbauliche Faktoren fallen damit als Primärursache für das heutige Waldsterben ausser Betracht. Vielmehr muss als Primärursache für das Waldsterben eine chronische Vergiftung der Bäume durch die stetig zunehmende Schadstoffbelastung der Luft bezeichnet werden: Ohne die Luftverschmutzung gäbe es das heutige Waldsterben nicht. Die Wissenschaft verfügt heute über eine Vielzahl von Indizienbeweisen, welche diese Aussage stützen. Die Tatsache, dass luftverunreinigende Stoffe, insbesondere Schwefeldioxid und Stickstoffoxide und deren Umwandlungsprodukte, die massgebliche Ursache für bereits eingetretene oder weiter zunehmende Schäden

---

[187] Arbeitsgemeinschaft für den Wald 1985, S. 689.
[188] Schw. Zs. f. Forstwesen Nr. 8, 1984, S. 725.
[189] In der Statisik wird vor einer Verwechslung von Korrelationen und Kausalzusammenhängen gewarnt: Eine Korrelation von Waldschäden und Schadstoffen darf noch nicht als Beweis eines kausalen Zusammenhangs zwischen Luftverschmutzung und Waldschäden interpretiert werden. Es lässt sich nämlich keineswegs ausschliessen, dass irgendwelche weitere Faktoren zu einer zufälligerweise ähnlichen Verteilung von Waldschäden und Schadstoffen in Nadeln geführt haben.

an Wäldern darstellen, wurde auch von den 31 Signataren des Schlussdokumentes der multilateralen Umweltkonferenz vom Juni 1984 in München allgemein anerkannt."

So kommen die Autoren zur folgenden umweltpolitischen Wertung:

„Das Waldsterben stellt eine existentielle Bedrohung für unser Land dar. Der einzige erfolgversprechende Ansatzpunkt zur Bekämpfung des Waldsterbens besteht in einer erheblichen Reduktion der heutigen übermässigen Luftverschmutzung. (...) Aus jahrringanalytischen Untersuchungen an Bäumen kann abgeleitet werden, dass die Luftverschmutzung zur Gewährleistung des Schutzes der Wälder wieder auf einen Stand zurückgeführt werden sollte, der demjenigen zwischen 1950 und 1960 entspricht. Verglichen mit der heutigen Schadstoffbelastung erfordert dies zum Teil erhebliche Emissionsverminderungen."[190]

Im Dezember 1984 wird zum ersten Mal ein Bericht einer Sanasilva-Waldschadeninventur veröffentlicht.[191] Erst jetzt liegen systematisch und kontrolliert erhobene Daten zur Waldschadensituation in der Schweiz vor. Obwohl der Bericht auch in die Methodik der Waldschadeninventur einführt, dürften für Medien und Bevölkerung einzig die Aussagen zur Schadenentwicklung von Interesse gewesen sein:

„1983 wurde der Anteil der geschädigten Bäume durch die Revierförster der Schweiz auf 14% geschätzt. Ein genauerer Vergleich der Resultate von 1983 und 1984 ist für die Nadelbäume desjenigen Drittels der Schweiz möglich, der vom März bis November 1983 durch die Schweizerische Landesforstinventur erfasst worden ist. Für diesen Teil des Landes hat der Anteil der geschädigten Nadelbäume (ohne Lärche) von 13% auf 41% zugenommen (bei der Fichte von 12% auf 40%, bei der Tanne von 13% auf 39% und bei der Föhre von 29% auf 48%). Bei den Laubbäumen dürfte sich die Situation noch stärker verändert haben."[192]

Der Bericht schlüsselt die Schäden nach Schadklassen, nach Baumarten und nach Grossregionen der Schweiz auf. Ein Vergleich mit der Waldschadensituation in der BRD zeigt, dass der Anteil geschädigter Bäume von den nördlichen zu den südlichen Bundesländern zunimmt. Für Baden-Württemberg werden 66% geschädigte Bäume angegeben.[193] Auf dieser Karte ist auch die Schweiz zum Vergleich angegeben: Ihr Schadensanteil enspricht ungefähr dem, der nördlichen Bundesländer. Angaben über die Erhebungsmethodik in der BRD sucht man im schweizerischen Waldschadenbericht vergeblich; die Vergleichbarkeit der Zahlen wird schlicht unterstellt.

In den Jahren 1983 und 1984 werden schon etliche Bücher zum Waldsterben, die sich an Laien richten, publiziert.[194] Damit wird nun in der akuten Phase das Problem nicht nur inhaltlich voll ausgebreitet, sondern auch in der ganzen „publizistischen" Bandbreite abgehandelt, von einfachen Schlagzeilen über Reportagen und populärwissenschaftliche Literatur bis zu höchst umfangreichen akademischen Tagungsberichten.[195] In diese Phase fallen ebenfalls die ersten Sondernummern „Waldsterben" der Mitgliederzeitschriften von Umweltverbänden sowie erste Gegen-Literatur.[196]

---

[190] Eidg. Departement des Innern 1984, S. xf. Vgl. auch Eidg. Departement des Innern 1984, S. 33.
[191] Bundesamt für Forstwesen, Eidg. Anstalt für das forstliche Versuchswesen 1984.
[192] Bundesamt für Forstwesen, Eidg. Anstalt für das forstliche Versuchswesen 1984, S. 5.
[193] Damit wird die Befürchtung genährt, in der Schweiz könnten sich dereinst ähnliche Verhältnisse einstellen.
[194] Z.B. Bosch 1983, Schütt 1983.
[195] Beispiele: Hatzfeldt 1982, Hatzfeldt 1984, Rotach 1984 (bzw. VDI 1984), Keller 1985 (bzw. DVWK-Fachausschuss „Wald und Wasser" 1984), Keller 1986 (bzw. VDI 1985).
[196] Ein frühes Beispiel von Gegen-Literatur: Auto Vernünftig 1984.

4.3.5 Argumente aus der Wissenschaft

Ende 1984 war das Waldsterben wissenschaftlich und politisch vollumfänglich anerkannt gewesen. Ich möchte in diesem Abschnit nun detaillierter auf die wissenschaftliche Präsentation des Waldzustandes und der Ursachen des Waldsterbens eingehen.

a) Waldschäden: Ausmass und Erhebungsmethodik

Eine Lagebeurteilung der kantonalen Forstdienste zuhanden der Kantonsförsterkonferenz aus dem Jahr 1982 ergibt einen ersten, aber nicht besonders zuverlässigen Überblick. Das Interesse konzentrierte sich zudem auf Schäden an der Weisstanne und der Föhre.[197] Im Frühsommer 1983 erarbeiten die Kantonsoberförster eine nächste Lagebeurteilung, die später auch veröffentlicht wird. (Vgl. Abb. 4, Fig. a) Diese Karte fällt noch sehr undifferenziert aus, weist sie doch nur punktuell geschädigte Baumarten aus, ohne auch nur das geringste über die Schwere oder die Häufigkeit der Schäden auszusagen. Alleine die Fläche, die die Signete beanspruchen, suggeriert jedoch schon ein beachtliches Ausmass der Schäden.

Im Spätsommer 1983 wird die Waldschadensituation in der Schweiz nun mittels einer Umfrage erhoben. Diesmal werden die Ergebnisse durch die chemische Analyse von Fichtennadeln ergänzt.[198] An dieser Sanasilva-Umfrage beteiligten sich 1429 Forstreviere aus der ganzen Schweiz.[199] Gefragt wurde nur nach Schäden, deren Ursache unbekannt war und nach nahegelegenen Schadstoffemittenten. Die Ansprache der Bäume wurde in fünf Klassen (gesund, kränkelnd, krank, absterbend und dürr) operationalisiert, z.T. mit quantitativen Angaben über die Kronenverlichtung. Dabei entsprechen die Schadendefinitionen jenen des Landesforstinventars. Aus der Umfrage geht hervor, dass die Schäden regional sehr unterschiedlich ausfallen, von 0% bis zu 70% geschädigter Bäume pro Kanton. Dieses Ergebnis, dass auf den ersten Blick gegen ein grossräumiges Waldsterben und gegen die Luftschadstoffhypothese spricht, wird durch eine zweite Variable sinnvoller: Es besteht eine gute Übereinstimmung zwischen den Forstrevieren, die Schäden ausweisen und jenen, die eine Schadstoffquelle in ihrer Nähe nennen.[200] Die Nordwest- und Ostschweiz werden als regionale Schwerpunkte der Waldschäden bezeichnet. (Vgl. Abb. 4, Fig. b) Auf 840 Standorten, die auf einem Rasternetz von 8 km, bzw. 4 km in Agglomerationen, liegen, wurden von 1680 Fichten die Nadeln des Jahrgangs 1982 analysiert. Es zeigten sich nur wenige erhöhte Belastungen mit Schwefel, Chlor und Fluor und eine „gewisse" Übereinstimmung der belasteten Standorte mit den geschädigten Standorten (wobei sich Ozon und Stickoxide nicht nadelanalytisch nachweisen lassen). Aus den Karten, die die regionale Verteilung der Schadstoffgehalte in den Nadeln ausweisen, sticht bei allen drei Stoffen ein Gebiet Basel-Solothurn-Zürich-Schaffhausen als besonders belastet hervor.

---

[197] Vgl. Wandeler 1982, S. 20ff. Auf S. 22 ist eine Karte abgebildet. Es scheint, dass die Ergebnisse dieser "Lagebeurteilung" nicht veröffentlicht wurden.

[198] Vgl. Bucher, Kaufmann und Landolt 1984.

[199] Aus meinen Quellen geht nicht hervor, wie die Umfrage durchgeführt wurde, wie hoch die Rücklaufquote war und ob sich ein regionaler Bias ergeben hatte. Dies anzugeben wären leicht möglich gewesen, schliesslich wurde die Umfrage ja anonym durchgeführt und die Grundgesamtheit war auch vollständig bekannt.

[200] Bei der Interpretation der Daten wird nicht in Betracht gezogen, dass das Ausmass der Schäden eine Schätzung ist, und dass die Nennung eines Emittenten ein bestimmtes Wissen voraussetzt. Bei derart subjektiven Daten müsste mit der Möglichkeit von Forschungsartefakten gerechnet werden.

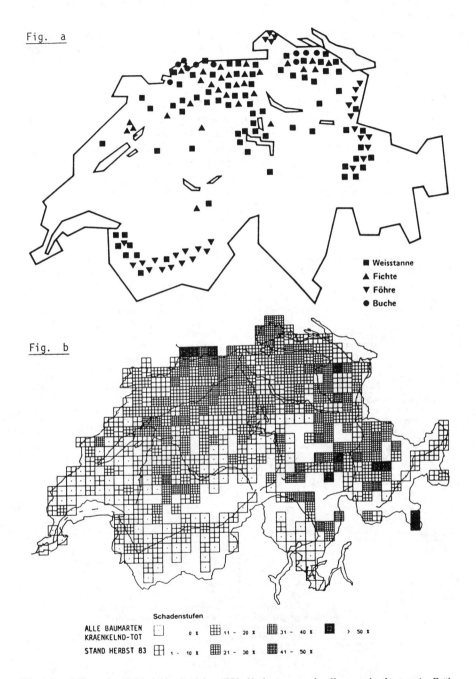

Fig. a

■ Weisstanne
▲ Fichte
▼ Föhre
● Buche

Fig. b

Schadenstufen

ALLE BAUMARTEN
KRAENKELND-TOT

STAND HERBST 83

☐ 0 %   ⊞ 11 – 20 %   ▦ 31 – 40 %   ■ > 50 %

⊞ 1 – 10 %   ▦ 21 – 30 %   ▦ 41 – 50 %

Abb. 4. Entwicklung der Waldschäden im Jahre 1983: Umfrage unter den Kantonsoberförstern im Früh-
sommer 1983 (a) und Sanasilva-Umfrage unter den Revierförstern im Herbst 1983 (b) über Schäden an
Tannen, Fichten und Buchen. (Aus: Eidg. Departement des Innern (EDI) 1984, S. 16).

Wahrscheinlich haben viele Personen die Ergebnisse der Umfrage und der Nadelanalyse ungefähr auf folgende Weise interpretiert:

„14% erkrankte und 4% sterbende Bäume Ende 1983 – das Waldsterben ist auch in der Schweiz Tatsache geworden. Erkrankt sind Einzelbäume und Gruppen, und zwar auch an guten Standorten und abseits eindeutiger Emissionsschwerpunkte. Tatsache ist auch, dass die Schäden mit unheimlicher Geschwindigkeit zugenommen haben."[201]

Erst nachdem der politisch zentrale EDI-Bericht schon publiziert worden ist, erscheint in der SZF der dritte und letzte Teil der Auswertung der Sanasilva-Studie von 1983. Jetzt erfahren wir mehr über die Methoden und unter anderem, dass gewisse Auswertungen nicht möglich waren, weil der Fragebogen unter Zeitdruck ungeschickt gestaltet wurde, und dass nicht einmal die Hälfte aller Revierförster den Fragebogen beantwortet haben![202] In welcher Weise dies die Repräsentanz der Ergebnisse für die Schweiz oder für einzelne Regionen und Kantone beeinflusst, wird nicht dargelegt.

Tab. 3. Der Waldzustand in der Schweiz gemäss der ersten Waldschadeninventur im Jahr 1984. (Nach: Bundesamt für Forstwesen und Eidg. Anstalt für das forstliche Versuchswesen 1984, S. 7 und S. 25)

	Schadstufen				
	1 Ohne Scha- densmerkmal (gesund)	2 Schwach geschädigt (kränkelnd)	3 Mittelstark geschädigt (krank)	4 Stark geschädigt (absterbend)	5 Abgestorben (tot)
Alle Baumarten	65.8%	26.3%	6.8%	0.5%	0.6%
Nadelbäume	62.4%	28.0%	8.2%	0.7%	0.7%
Laubbäume	75.1%	21.7%	3.0%	0.1%	0.1%

Die Klassierung in Schadstufen beruht zugleich auf dem Nadel- oder Blattverlust (NBV) und der Nadel- oder Blattvergilbung. Sie erfolgt nach der folgenden Kombinationstabelle:

	Anteil der vergilbten Nadel-/Blattmasse		
Nadel-/Blattverlust	0 – 25%	26 – 60%	61 – 100%
0 – 10%	0	1	2
11 – 25%	1	2	2
26 – 60%	2	3	3
61 – 100%	3	3	3
abgestorben	Die Definition der Schadstufen 4 und 5 geht aus der Quelle nicht hervor!		

---

[201] Burkhard 1984, S. 322.
[202] Vgl. Kaufmann, Bucher, Landolt, Jud und Hoffmann 1984, S. 819.

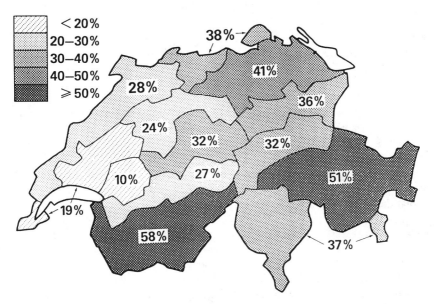

Abb. 5. *Ergebnisse der Sanasilva-Waldschadeninventur 1984: Anteile der geschädigten Bäume in den Forstregionen der Eidg. Forststatistik (Aus: Bundesamt für Forstwesen und Eidg. Anstalt für das forstliche Versuchswesen 1984, S. 11.).*

Im Sommer 1983 wird die Entwicklung der Jahrringe von 449 Weisstannen im Kanton Thurgau untersucht. Dabei zeigt sich, dass mehr als die Hälfte der Weisstannen eine verminderte Jahrringbildung aufweisen und als krank zu betrachten sind. Verringerte Jahrringbreiten zeigen sich regelmässig seit den 60er und vor allem in den 70er Jahren. Dieses Ergebnis korrespondiert mit einer unabhängig davon durchgeführten Kronenansprache, bei der ebenfalls rund die Hälfte aller Bäume als krank eingestuft wurden.[203]

Während der Sommermonate von 1984 wird in der Schweiz erstmals eine Waldschadeninventur durchgeführt.[204] Auf einem Netz von Stichprobenflächen, das die ganze Schweiz überzieht, wird durch speziell für diese Aufgabe ausgebildete Taxatoren der Grad des Verlustes an Nadeln und Blättern von Bäumen aller Arten geschätzt. Tabelle 3 und Abbildung 5 geben eine Übersicht zur Schadenssituation in der Schweiz.

Aus den Unterschieden zu den Ergebnissen der Sanasilva-Umfrage von 1983 wird eine dramatische Verschlechterung des Waldzustandes abgeleitet. Diese Interpretation wird durch den Verlauf von deutschen Inventurdaten und insbesondere durch den Vergleich mit den Daten des Drittels der Schweiz, das 1983 im Rahmen des LFI erfasst wurde, gestützt.

„Für diesen Teil des Landes hat der Anteil der geschädigten Nadelbäume (ohne Lärche) von 1983 bis 1984 von 13% auf 41% zugenommen. Innerhalb eines Jahres hat sich der Anteil der geschädigten Nadelbäume in der Schweiz etwa verdreifacht."[205]

---

203 Vgl. Hürzeler 1983.
204 Vgl. Bundesamt für Forstwesen und Eidg. Anstalt für das forstliche Versuchswesen 1984.
205 Vgl. Bundesamt für Forstwesen und Eidg. Anstalt für das forstliche Versuchswesen 1984, S. 16.

Aufgrund einer Annahme über die Dynamik des Schadensverlaufes zeichnet auch der Vizedirektor der EAFV, Fritz Hans Schwarzenbach ein düsteres Bild der Zukunft des Waldes:

„Die Befürchtung gewinnt an Wahrscheinlichkeit, dass das Waldsterben als ein sich selber verstärkender Spiralprozess aufgefasst werden muss, der die Gefahr irreversibler ökologischer Veränderungen und irreparabler Schäden durch schleichende Zerstörung der Wälder in sich birgt."[206]

Weil die Waldschadeninventur erst im folgenden Jahr die bis ins Jahr 1992 massgebliche Form erhalten wird, möchte ich an dieser Stelle nur kurz auf ihre Methodik eingehen. Wie in allen folgenden Inventuren wird der Gesundheitszustand eines Baumes primär anhand seines Nadel- oder Blattverlustes (NBV) bzw. der Kronenverlichtung geschätzt. Als ergänzendes Merkmal wird der Anteil der vergilbten Nadel- bzw. Blattmasse erhoben, doch waren dafür keine Schadklassen definiert worden. Die Schätzung erfolgt durch ein geübtes und instruiertes Auge, damit die Vergleichbarkeit der Daten einigermassen gewährleistet ist. Aus Gründen des Aufwandes hat sich die Inventur 1984 auf die Erfassung des öffentlichen und durch Strassen erschlossenen Waldes beschränkt. In einem Rasternetz von 4x4 km wurden sogenannte Trakte mit je 8 Stichprobenflächen bestimmt, auf denen die Kronenverlichtung und -Vergilbung der Bäume geschätzt wird. Schäden bekannter Ursache an Bäumen wurden bei der Erhebung gesondert erfasst. Die beiden Schätzwerte werden in 5%-Klassen erfasst und erst nachträglich kombiniert und in Schadklassen zusammengefasst. Auf 371 Trakten bzw. 2479 Probeflächen[207] wurden so 26'927 Bäume erfasst, deren Durchmesser auf Brusthöhe mindestens 20 cm betrug. Das Inventursystem und die Schadensansprache wurden nach dem Vorbild von Baden-Württemberg aufgebaut.

Für die Interpretation der Beobachtungen im Wald spielte schliesslich auch der Verlauf der Belastung mit Luftschadstoffen in der Schweiz eine Rolle. Der EDI-Bericht gibt hierüber umfassend Auskunft. Es zeigt sich, dass das SO_2, das v.a. von den Feuerungen stammt, stark rückläufig ist. NO_x wird in erster Linie und stark zunehmend vom Verkehr ausgestossen. Die ebenfalls stark zunehmenden HC stammen etwa zu gleichen Teilen von Verkehr und Industrie. Die Belastungen mit SO_2 und NO_2 sind gemäss EDI-Bericht zum grössten Teil hausgemacht, v.a. in den Agglomerationen und Städten.[208] Als eigentliches Problemfeld kristallisiert sich damit die rasch zunehmende Belastung mit Stickoxiden heraus, denn diese Stoffe sind an der Entstehung von Ozon und an der Versauerung der Niederschläge mitbeteiligt.

Trotz der noch mageren Datenlage, die zudem grosse Interpretationsspielräume offenlässt, wird von den meisten Wissenschaftern eine weiträumige und zunehmende Schädigung vieler Baumarten als Tatsache anerkannt. Nur wenige Wissenschafter waren sich damals der Schwierigkeiten einer angemessenen Interpretation der beobachteten Symptome des Waldzustandes bewusst. Bucher weist beispielsweise in seinem Beitrag zur GDI-Informationstagung im November 1982 auf einige Probleme der Diagnose des Waldzustandes hin. Er kritisiert insbesondere die nicht hinterfragte Interpretation durchlichteter Baumkronen als Folge von Immissionen.[209] Anhand der beobachteten Sympto-

---

[206] Schwarzenbach 1984, S. 735.
[207] Die geringere Zahl rührt wahrscheinlich daher, dass nicht immer alle Probeflächen bewaldet oder zugänglich waren.
[208] Vgl. Eidg. Departement des Innern 1984, S. 73f.
[209] Vgl. Bucher 1982, S. 92ff.

me liessen sich andere Ursachen wie Bakterien, Pilze, Viren, Boden- und Klimagegebenheiten, nicht ausschliessen. Konsequenterweise spricht er von zwei Überzeugungen, von denen er ausgehen möchte:

„(i) es gibt zur Zeit bedeutende Waldschäden und (ii) die Immissionen können zu bedeutenden Waldschäden führen."[210]

An diesem Gedankengang lässt sich erkennen, wie die Diagnose neuartiger Waldschäden und die Frage ihrer Ursachen wechselseitig verschränkt sind, wie sie sich gegenseitig voraussetzen. Solange Symptome im Einzelfall nicht klar einer Ursache zuzuordnen sind, kann aus den Symptomen nicht auf einen Fall neuartiger – und das heisst implizit: immissionsbedingter – Schädigung geschlossen werden. Solange sich aber das Ausmass unbekannter Schädigungen nicht bestimmen lässt, kann auch das Phänomen der verbreiteten, neuartigen Waldschäden nicht nachgewiesen werden. Aus der Verbreitung der Symptome lässt sich deshalb nicht auf eine bestimmte Ursache schliessen. Es muss unklar bleiben, was mit Kronenverlichtungen und Vergilbungen „eigentlich" erhoben wird. Wir werden sehen, dass diese Zweifel, die hier in einer relativ unsystematischen Form und vorsichtig geäussert werden, einige Jahre später an Kontur und Ordnung gewinnen werden. In der akuten Phase vermochten sie jedoch die Diskussion nicht wesentlich zu beeinflussen.

b) Ursachen: Hypothesen/Theorien, Forschungsresultate, Methodik

Während ich mich bei der Darstellung der Kenntnisse über die Waldschäden auf wenige Quellen konzentrieren kann, sind der Ursachenhypothesen fast so viele wie Experten. Fast alle treffen sich jedoch in der Annahme (oder Gewissheit), dass die Waldschäden durch einen Einfluss der weiträumig auftretenden Luftverschmutzung zu erklären sind. Dass noch andere Faktoren, wie z.B. Waldbau oder Witterungsverlauf für den Waldzustand in Betracht zu ziehen sind, gilt als selbstverständlich und wird deshalb nicht immer erwähnt. Darüber, wie und welche Luftschadstoffe im einzelnen für welche Auswirkungen verantwortlich sind, gehen die Meinungen auseinander. Einzelne Experten gehen sogar so weit, eine andere Ursache als die Luftverschmutzung als Hauptursache der Schäden anzusehen. Solche „Dissidenten" werde ich nur vereinzelt vorstellen können, denn es treten nur wenige in Erscheinung. So weit ich mir ein Bild der Diskussion machen konnte, bestreitet jedoch niemand die Möglichkeit eines ungünstigen Einflusses der Luftverschmutzung auf die Waldgesundheit.

Für die wissenschaftliche Erörterung der neuartigen Waldschäden in der Schweiz war wahrscheinlich die Tagung am Gottlieb-Duttweiler Institut im November 1982 der wichtigste Ausgangspunkt. In den Beiträgen treten sehr unterschiedliche Zugangsweisen zutage.

Karl Friedrich Wentzel rollt das Problem sozusagen aus der Perspektive der „kulturellen Evolution" auf: Er zeigt aufgrund von Schätzwerten aus den Ländern Tschechoslowakei, Polen, DDR und BRD, dass die Immissionsschäden seit den 60er Jahren enorm zugenommen haben müssen. Er behauptet, dass sich aufgrund der Politik der hohen Schornsteine einerseits die Walderkrankungen flächenmässig ausgedehnt haben, andererseits aber deren Intensität zurückgegangen sei. Als Schadstoff kommt für ihn nur das Schwefeldioxid der Grossindustrie in Frage.[211] SO_2-Schäden verschiedener Grössenordnungen seien gut dokumentiert. Der Hausbrand habe bisher niemals nennens-

---

[210] Bucher 1982, S. 91f.
[211] Es entsteht v.a. bei der Verfeuerung von Kohle und Erdöl.

werte Schäden verursacht[212] und es sei wenig wahrscheinlich, dass die VerkehrsImmissionen wesentlich in den Ferntransport eingehen. Ein Nachweis für die Verursachung von Waldschäden durch NOx, PAN oder Ozon stehe aus. Vermutet werden dürfe jedoch, dass sie in zweiter Linie an der Schädigung mitbeteiligt sind.[213]

Für Wentzel sind verschiedene Schadenssymptome nicht nur Indikatoren verschiedener Einflüsse, denn sie können auch auf unterschiedliche Schädigunsintensitäten zurückgehen und weisen in diesem Sinn einen Krankheitsverlauf aus.[214] Mit geringerem Einfluss der Schadstoffe verlängert sich das Siechtum der Bäume und der Einfluss sekundärer Schadfaktoren tritt stärker hervor.

„Da aber der Tod das Endstadium eines langen Krankheitsprozesses ist, muss die schleichende Giftwirkung schon lange vorher in die Wälder eingezogen sein. So besteht begründeter Anlass zu der Befürchtung, dass wir erst am Anfang einer noch viel grösseren Katastrophe stehen.“[215]

Seiner Ansicht ist er sehr sicher:

„Vor diesem Hintergrund muss ich deshalb der Auffassung entschieden entgegentreten, dass wir 'vor Rätseln stehen', dass es solche Erscheinungen 'noch nie gegeben' hätte oder 'das letzte Glied in der Wirkungskette nicht gefunden' wäre. Das trifft allenfalls für Sonderflächen und Teilerscheinungen zu. Ich halte auch nichts davon, nach dem 'grossen Unbekannten, dem Faktor X', zu fahnden. Der grosse Unbekannte ist längst bekannt, es ist Schwefeldioxid.(...) Es ist seit 100 Jahren in allen Konzentrationsbereichen in den Wäldern gut bekannt, in seiner hohen Giftwirkung niemals widerlegt, im Gegenteil durch eine breite Forschung immer wieder überführt und bestätigt worden.“[216]

Aus Wentzel spricht der empörte Praktiker, der die Zusammenhänge klar erkennt, auf Aktionen drängt und nichts für wissenschaftliche Pedanterien übrig hat.

Jürg Fuhrer geht das Problem von den Schadstoffen her an. Nachdem er Entstehung und Verbreitung verschiedenster Schadstoffe erläutert hat, betrachtet er die aus Experimenten bekannten kritischen Konzentrationen und kommt zum Schluss, dass im Nahbereich von SO_2-Emittenten stets, und in weiter entfernten Gebieten episodisch mit der Beeinträchtigung von Waldbäumen gerechnet werden muss.[217] Die NO_2-Konzentrationen liegen unterhalb der Grenzkonzentrationen für Pflanzenschädigungen, allerdings in vielen Fällen nur, wenn nicht gleichzeitig SO_2 in der Luft vorhanden ist.[218] Bedeutsam ist somit das Zusammenspiel von NOx und SO_2, denn deren Reaktionsmechanismen stehen in enger Beziehung zur Bildung anderer Schadstoffe, wie beispielsweise den photochemischen Oxidantien.[219] Die Sommerwerte von Ozon liegen in ländlichen Gebieten im Bereich der unteren Toleranzschwelle für sehr empfindliche Pflanzenarten.[220] Da die Bildung photochemischer Oxidantien Zeit beansprucht, treten die maximalen Ozonkonzentrationen häufig ausserhalb der Ballungszentren, in land- und forstwirtschaftlich ge-

---

[212] Diese Argumentation ist doch höchst seltsam: Es gibt doch nicht zwei Arten von SO_2; steht die weiträumige Verfrachtung und Verbreitung dieses Stoffes im Vordergrund, dann zählen alle Quellen v.a. nach ihrem Anteil an den Emissionen.
[213] Vgl. Wentzel 1982, S. 7f.
[214] Vgl. Wentzel 1982, S. 10.
[215] Wentzel 1982, S. 13.
[216] Wentzel 1982, S. 13f.
[217] Vgl. Fuhrer 1982, S. 31.
[218] Vgl. Fuhrer 1982, S. 33.
[219] Vgl. Fuhrer 1982, S. 33.
[220] Vgl. Fuhrer 1982, S. 35.

nutzten Gebieten auf. Er diskutiert auch die Deposition von Schadstoffen durch Niederschläge und weist auf erhöhte Säurekonzentrationen an der Nebelgrenze hin.[221]

„Abschliessend soll gesagt werden, dass – mit Bezug auf Waldökosysteme – die Immission von Schadstoffen in praktisch allen Gebieten Europas ein ernst zu nehmender Faktor ist. Bei entsprechend hoher Empfindlichkeit eines Ökosystems sind sowohl der trockene Eintrag von reduzierenden oder oxidierenden Verbindungen, wie auch die nasse Deposition von Säure oder Metallen, ausreichend, um die Gesundheit unserer Wälder zu beinträchtigen. Vorsicht ist aber geboten, wenn es darum geht, innerhalb des riesigen Faktorenkomplexes die Ursache zu identifizieren."[222]

Die Kenntnisse, die Fuhrer zur Beurteilung der Situation heranzieht, stammen aus den Laborstudien und beziehen sich dementsprechend auf den einzelnen Organismus, nicht aber auf Veränderungen des Lebensgefüges im Freiland. So zieht er beispielsweise NO_x nur als Luft-Schadstoff in Betracht, nicht aber als ein „Düngemittel", das Veränderungen der Vegetationszusammensetzung nach sich ziehen kann. Zugangsweisen wie die von Fuhrer entsprechen im Prinzip der klassischen Rauchschadensforschung und insbesondere der auf die Definition von Grenzwerten ausgerichteten jüngeren Immissionsforschung.

Im Gegensatz zu solchen auf den Organismus zentrierten Ansätzen nähert sich Bernhard Ulrich dem Waldsterben vornehmlich über den Boden und mit einer „ökosystemaren" Sicht. Diesen Ansatz, den er in Untersuchungen der Bodenchemie an Fichten und Buchenbeständen im Solling anwendet, grenzt er von der bisher dominierenden „Rauchschadenhypothese" ab, die eine direkte Schädigung von Blättern und Nadeln postuliert.[223] Der darauf aufbauende Forschungsansatz sei zwar nicht falsch, aber unvollständig, weil sich dadurch andere Wirkungsketten, beispielsweise Einflüsse von Luftverunreinigungen auf Wurzeln, Mikroorganismen und Boden, der Wahrnehmung entziehen.

Die Untersuchungen im Solling zeigen, dass der zur Deckung des Biomassezuwachses erforderliche Bedarf an Stickstoff, Kalium, Magnesium, Calcium und Schwefel ganz oder überwiegend aus Luftverunreinigungs-Depositionen stammt. Das erlaubt eine vorübergehend erhöhte Zuwachsleistung. Es wäre falsch, von den üblichen forstwirtschaftlichen Vorstellungen auszugehen und als Beweis für eine Bedrohung des Ökosystems Wald nur den Nachweis eines Zuwachsrückganges gelten zu lassen.

Ulrichs Interesse gilt der Akkumulation von potentiell toxischen Stoffen im Boden und in den Pflanzen selbst. Er findet Akkumulationsraten, die innerhalb von Jahren oder wenigen Jahrzehnten Schädigungen erwarten lassen.[224] Vereinfacht gesagt, führt der Stickstoffeintrag im Boden zur Bildung von Salpetersäure. In der Regel verbinden sich die H-Ionen problemlos mit Ca-Ionen. Es liegt nun wesentlich an den Witterungsbedingungen, ob der Stickstoffeintrag dennoch zu einer Versauerung des Bodens führt oder nicht. Ulrich sieht vor allem im Frühling bei der Erwärmung des Bodens und im Herbst bei der Wiederbefeuchtung die Möglichkeit von vorübergehenden Versauerungsschüben. Er vermutet in den Waldschäden der Wärme- und Dürrejahre 1911, 1920/21, 1934

---

[221] Fuhrer 1982, S. 39.
[222] Fuhrer 1982, S. 42.
[223] Ulrich 1982b, S. 56.
[224] Vgl. Ulrich 1982b, S. 62f.

und der Jahre um 1947 nicht nur den Ausdruck von Trockenheit, sondern auch von Versauerungsschüben.[225] Ein wesentliches Merkmal eines stabilen Waldökosystems ist, dass es im Boden keine Al-Ionen freisetzt. Solche Waldökosysteme gebe es jedoch selbst auf Kalksteinstandorten im Mitteleuropa kaum mehr. Die meisten Wälder befinden sich im Stadium des Humus-Vorratsabbaus.[226] Diese Entwicklung führt Ulrich auf die Waldnutzung seit etwa der Hälfte der Nacheiszeit zurück.

„Die moderne Forstwirtschaft hat durch die Beschränkung der Nutzung auf das Derbholz ganz wesentlich zu einer Erholung der Wälder beigetragen. Sie hat allerdings auch ihrerseits durch den Reinanbau von Baumarten mit schwer zersetzlicher Streu (Fichte, Kiefer, Lärche) selbst Versauerungsschübe ausgelöst."[227] Durch die Versauerungen wird Aluminium freigesetzt, das die Wurzeln angreift. An einem geschädigten Wurzelsystem allein sterben Pflanzen jedoch nicht – er erinnert an Verpflanzungen, an Schnittblumen und den Weihnachtsbaum. Doch bieten geschädigte Wurzeln keinen genügenden Schutz mehr gegen das Eindringen giftiger Stoffe und gegen Mikroorganismen. Als Folge davon können Wurzeln faul werden, Bäume neigen zu Windwürfen und werden eher von Schädlingen befallen. Im Zusammenwirken mit Rauchschäden können die Bodenversauerungen auch zur Verfärbung oder zum Abwurf von Assimilationsorganen führen.[228] Leider, und das sei verhängnisvoll, seien wegen der Komplexität des Ökosystems die schädlichen Zusammenhänge weder nachweisbar noch widerlegbar. Schädigungen liessen sich erst nachweisen, wenn der Akkumulationsprozess weit fortgeschritten und damit das ganze Ökosystem schon geschädigt sei.[229]

In Ulrichs Vorstellung des Waldsterbens kommen praktisch schon alle Elemente vor, die die Diskussion der nächsten Jahre ausfüllen werden: verschiedene Schadstoffe, die Schwierigkeit des Nachweises komplexer Beziehungen, die direkte und indirekte Wirkung von Schadstoffen, die Anfälligkeit für Windwurf und Parasiten, der Einfluss von Witterungsextremen usw. Seine Argumentation wirkt einerseits sehr plausibel, weil wahrscheinlich jeder einzelne der beschriebenen Kausalzusammenhänge im Prinzip empirisch richtig ist. Andererseits lässt er uns selbst wissen, dass der Nachweis des ganzen Zusammenspiels dieser Zusammenhänge nicht möglich sei. Für Ulrich begeht der Mensch ein gefährliches Experiment und dieser Befund spricht für sich und bedarf keiner weiteren konkreten politischen Forderung.

Ulrichs Vorstellung eines komplexen Prozesses der Akkumulation von Schadstoffen in einem Ökosystem wird in dieser allgemeinen Form von etlichen anderen Wissenschaftlern geteilt und dürfte sozusagen das Mainstream-Modell des Waldsterbens darstellen. Der Stellenwert von Bodenversauerung und Aluminiumtoxizität ist jedoch umstritten, da ja Schäden auch auf sehr karbonatreichen Standorten, wie z.B. im Jura, anzutreffen sind. Das Mainstream-Modell ist deshalb auch als Minimal-Modell aufzufassen, das sehr unterschiedliche Auslegungen erfahren kann.

---

[225] Vgl. Ulrich 1982b, S. 65.
[226] Vgl. Ulrich 1982b, S. 68.
[227] Ulrich 1982b, S. 69.
[228] Vgl. Ulrich 1982b, S. 73ff.
[229] Vgl. Ulrich 1982b, S. 82 - 89.

Otto Kandler tritt in der akuten Phase als einziger profilierter Kritiker der Mainstream-Auffassung des Waldsterbens hervor.[230] Nach seiner Auffassung liessen sich für die Immissionshypothesen trotz grosser Anstrengungen in den letzten Jahren keine schlüssigen Beweise erbringen.

„Es wurden vielmehr immer mehr Widersprüche zwischen den derzeitigen Symptomen des ‚Waldsterbens' und den altbekannten, durch SO_2 verursachten ‚Rauchschäden' deutlich. Eine sorgfältige Berücksichtigung der bisherigen waldbaulichen Erfahrung und einschlägiger Literatur lässt die Schüttsche Behauptung, es handle sich generell um ‚bisher unbekannte Krankheitsbilder', fragwürdig erscheinen."[231]

Gegen die Emissionshypothese sprechen Beispiele von gegenläufigen Entwicklungen der SO_2-Emissionen und der Waldschäden, sowie der Umstand, dass die im Labor hervorgerufenen Symptome nicht mit den im Freien beobachteten identisch sind.[232] Die unterschiedliche räumliche Verteilung der beobachteten Kronenverlichtungen und Vergilbungen spreche zudem dafür, dass es sich um zwei verschiedene Krankheiten handle.[233] Gegen die Stresshypothese bringt er vor, dass Jahrringanalysen seit Jahrzehnten ein periodisches Muster aufweisen, das sich durchaus auch als Epidemiewellen deuten lasse.[234] Zudem seien die Vergilbungen plötzlich erschienen, was gegen einen kumulativen Vorgang spreche; vielmehr deuten Versuche darauf hin, dass es sich bei den Vergilbungen um einen Nährstoffmangel handle, der die Zellmenbrane schädige und dem Pigmentabbau Vorschub leiste.[235]

„Die Wiederbelebung der Epidemie-Hypothese und eine Intensivierung entsprechender experimenteller Forschung erscheint daher geboten."[236]

Den Immissionen gesteht Kandler immerhin einen mehr oder weniger starken modifizierenden Einfluss auf Befallsbereitschaft, Ausprägung und Verbreitung der Krankheit zu. Für Kandler kommen als Erreger am ehesten Mykoplasmen (zellwandlose Bakterien) in Frage, weil sie schon als Ursache vieler anderer Baumerkrankungen identifiziert wurden, weil sie nicht besonders artspezifisch sind und durch Insekten auf viele Arten verschiedener Familien übertragen werden. Mykoplasmen würden sich durch Antibiotika bekämpfen lassen.

Kandler bestreitet also das Phänomen der weit verbreiteten Waldschäden nicht. Vielmehr führt er uns vor, dass allein der Umstand weit verbreiteter Waldschäden einen äusserst grossen Interpretationsspielraum eröffnet, und dass der Schluss auf Luftschadstoffe sich nicht so zwingend ergibt, wie es manchmal dargestellt wird.

Wenn sich bei einem Phänomen grosse Interpretationsspielräume bieten, ist es sehr wahrscheinlich, dass sie auch genutzt werden. So erstaunt es auch nicht, dass neben Luftschadstoffen, Erregern und Klima auch der Waldbau als mögliche Ursache der Waldschäden in Betracht gezogen wird. Einen Erklärungsansatz in dieser Richtung vertritt Fritz Fischer. Er unterscheidet bei den Ursachen von Waldschäden zwischen einer inneren Krankheitsbereitschaft und äusseren, umweltbedingten Veränderungen. Aus einigen Publikationen der 70er Jahre geht hervor, dass im Schweizer Mittelland

---

[230] Vgl. Kandler 1983, 1984 und 1985.
[231] Kandler 1983, S. 488.
[232] Vgl. Kandler 1984, S. 5f.
[233] Vgl. Kandler 1985, S. 6.
[234] Vgl. Kandler 1984, S. 7f.
[235] Vgl. Kandler 1985, S. 8f.
[236] Kandler 1983, S. 489.

Laubbäume zugunsten der Nadelbäume zurückgedrängt würden, dass die Verjüngung des Waldes ungenügend sei und nur etwa zwei Drittel der Waldfläche planmässig genutzt und gepflegt würden.[237] Fischer schliesst daraus, dass

„unsere Wälder eine hohe und immer noch zunehmende Disposition zur Schadensanfälligkeit aufweisen. Ursachen dafür sind:
- zu weitgehende Uniformität nach Baumartenzusammensetzung und nach Aufbau;
- deutlicher Überhang an alten Beständen und damit im Zusammenhang stehend, fehlende Jungwaldanteile;
- ausgeprägte Unternutzung und damit überfüllte Bestände;
- zu grosse Flächenanteile unregelmässig oder nicht genutzter Waldbestände."[238]

Er will im weiteren nicht bestreiten, dass die Luftverschmutzung ein Ausmass erreicht hat, das die gesamte Biosphäre bedroht, doch Näheres über den Zusammenhang zwischen Waldbau und Waldschäden ist vorerst nicht zu erfahren. Seine Argumentation führt also nur eine neue Hypothese ein, ohne sie jedoch besonders plausibel zu begründen.

Im September 1984 veröffentlicht Fritz Hans Schwarzenbach eine „Standortbestimmung zur Waldschadenfrage" in der SZF. Die Forstwissenschafter seien sich heute in der Frage nach den Ursachen des Waldsterbens weitgehend einig.

„Der Indizienbeweis für einen Zusammenhang zwischen Luftverschmutzung und Waldsterben ist ungewöhnlich breit abgestützt."[239]

Die Annahme der Kausalbeziehung beruhe im wesentlichen auf folgenden Beobachtungen: Die Symptome entsprechen denen der altbekannten Rauchschäden[240]; die Wirkung von Schadstoffen wurde experimentell nachgewiesen; in den Nadeln wurden Schadstoffanreicherungen in weiter Distanz festgestellt; es konnte gezeigt werden, dass Schadstoffe über weite Distanzen transportiert werden; die 1983 festgestellte Verteilung der Waldschäden lässt Beziehungen zur örtlichen und regionalen Luftverschmutzung erkennen (z.B. winterliche Hochnebelgrenzen, sommerlicher Photo-Smog); die seit dem 2. Weltkrieg auftretenden Wachstumshemmungen bei Nadelbäumen (Jahrringanalysen) werden als Frühsymptome des Waldsterbens gedeutet.[241] Das ist die denkbar offiziellste Position der schweizerischen Waldschadenforschung.

---

[237] Vgl. Fischer 1984, S. 7ff. Fischer hält sich in seinen Ausführungen eng an zwei ältere Veröffentlichungen: Ernst Ott in Mitteilungen der Schweizerischen Anstalt für das Forstliche Versuchswesen, Bd. 48, Heft 1935, 1972, und Bd. 49, Heft 4, 1973, sowie Hauptbericht der vom Eidg. Departement des Innern am 16.8.1971 eingesetzten Expertenkommissionen: „Gesamtkonzeption für eine schweizerische Wald- und Holzwirtschaftspolitik", Bern 1975.

[238] Fischer 1984, S. 10f. In eine ähnliche Richtung wie sie Fischer vertritt, zielen auch die Überlegungen von Volkart 1984.

[239] Schwarzenbach 1984, S. 731.

[240] Wie wir gesehen haben, sind sich in diesem Punkt nicht alle Wissenschafter einig. Zudem weisen viele Waldschadenforscher darauf hin, dass für ein Symptom durchaus verschiedene Ursachen in Betracht gezogen werden können.

[241] Vgl. Schwarzenbach 1984, S. 731f. Seine Argumente überzeugen nicht restlos: Die Wirkungen der Schadstoffe wurden für höhere als im Freien vorkommende Konzentrationen bzw. Dosen nachgewiesen (ausgenommen Ozonschäden an Tabak); die Schadstoffanreicherungen in den Nadeln waren gering und konnten nicht mit Funktionsstörungen in Verbindung gebracht werden; dass Schadstoffe weit verbreitet sind, ist nur eine Voraussetzung dafür, sie als Ursache weit verbreiteter Schäden in Betracht zu ziehen, aber noch lange kein Indiz für ihre schädigende Wirkung; die Übereinstimmung von Nebel- und Photo-Smog-Gebieten mit der Verteilung der Waldschäden wurde von Auge bestimmt, aber keiner systematischen (statistischen) Prüfung unterzogen; spätestens seit 1982 sind aus dem Ausland auch Jahrringanalysen bekannt, die einen Zuwachs ausweisen – zudem sind gute Ar-

Hinsichtlich der Ursachenfrage stellt der EDI-Bericht „Waldsterben und Luftverschmutzung" für die ausserwissenschaftliche Diskussion die zentrale Grundlage dar. Für die Bestimmung der Ursache war die Überlegung entscheidend, dass Waldschäden unbekannter Ursache an allen möglichen Orten und unter allen möglichen Umständen anzutreffen waren. Es war kein Merkmal bekannt, das sich dazu geeignet hätte, die Schäden räumlich aus- oder einzugrenzen.

> „Das Waldsterben in seiner heutigen Form stellt ein an sich komplexes Geschehen dar, an welchem mehrere Faktoren beteiligt sein können. Unter Abwägung der verschiedenen möglichen Einflussfaktoren muss heute eindeutig die stetig zunehmende Schadstoffbelastung der Luft als Primärursache für das Waldsterben bezeichnet werden: Ohne Luftverschmutzung gäbe es das heutige Waldsterben nicht. Weitere Einflussfaktoren fallen als Primärursache für das weiträumig auftretende Waldsterben vollständig ausser Betracht oder sind wissenschaftlich nicht hinreichend belegt."[242]

Zu diesen Aussagen führt der Bericht etliche Quellen an und er legt dar, welche möglichen Faktoren aus welchen Gründen ausscheiden:

- Einflüsse von Klima und Witterung sowie des Standortes bzw. der Nährstoffe scheiden aus, weil sie sich zeitlich oder räumlich eingrenzen lassen müssten.
- Tierische Schädlinge, Pilze und Bakterien scheiden aus, weil erstens ihre Verbreitung schon eine Anfälligkeit der Bäume voraussetzt und zweitens weil sie bestimmte Ausbreitungsmuster aufweisen müssten.
- Gegen Waldbau und Waldpflege als Ursache spricht, dass verschiedenste Baumarten und verschiedenste Waldtypen an unterschiedlichsten Standorten betroffen sein können.
- Krankheitserreger sind als Ursache unwahrscheinlich, weil alle bekannten Erreger bestimmte Verbreitungsmuster aufweisen.
- Die Wirkungen radioaktiver und elektromagnetischer Strahlungen auf den menschlichen Organismus sind gut erforscht, nicht jedoch ihre Wirkung auf das Ökosystem Wald. Hier bleibt der Bericht also vorsichtig.[243]

Von den klassischen Rauchschäden her ist die Wirkung verschiedener Luftschadstoffe bekannt und gut dokumentiert. Der Kausalzusammenhang wurde vielfach dadurch bestätigt, dass sich die Vegetation nach Stilllegung des Emittenten wieder erholte, wenngleich sehr langsam und teilweise sogar nur unvollständig.

> „Wenn auch das heutige Waldsterben anders in Erscheinung tritt als die klassischen Rauchschäden, nämlich weiträumig und kaum mehr in direktem Zusammenhang mit einzelnen Emittenten, so ist in Wissenschaft, Forschung und in den zuständigen Fachstellen des In- und Auslandes weitgehendst unbestritten, dass die stets zunehmende und jahrelange Luftverschmutzung primär und wesentlich für das jetzt beobachtete Waldsterben verantwortlich ist. Die Wissenschaft verfügt

---

gumente gegen die umstandslose Interpretation von Zuwachsveränderungen als Schädigungen vorgebracht worden.

Bewusst oder unbewusst interpretiert er Vermutungen und aussageschwache, empirische Ergebnisse als Indizien, und betrachtet die Summe der Indizien als eine Form von Beweis. Diese Argumentation von Schwarzenbach ist nur ein besonders prominentes und einflussreiches Beispiel für viele ähnliche, in denen die Bedingungen, die erfüllt sein müssten, um von einem Indizienbeweis sprechen zu dürfen, nicht reflektiert werden.

[242] Eidg. Departement des Innern 1984, S. 25.
[243] Vgl. Eidg. Departement des Innern 1984, S. 25 - 28.

heute als Ergebnis jahrzehntelanger Immissionsforschung über zahlreiche erhärtete Indizien zur Stützung dieser Aussage."[244]

Im grossen und ganzen dürfte der Stand der Ursachendiskussion im Herbst 1984 in der Schweiz ungefähr mit jenem der BRD übereinstimmen. An der Jahrestagung des deutschen Forstvereins, Ende September 1984 in Ulm, fasst Moosmayer den Kenntnisstand über die Ursachen zusammen: Es handle sich beim Waldsterben um einen Ursachenkomplex mit entscheidender Beteiligung der Luftschadstoffe, wobei das Schwefeldioxid [in der BRD; WZ] und die Stickoxide mit ihren Folgeprodukten im Vordergrund stehen.[245]

In der akuten Phase herrscht in der Wissenschaft weitgehende Einigkeit darüber, dass neuartige Waldschäden beobachtet wurden, ihre Ursachen aber noch ungeklärt sind. Aus den verschiedenen und seit langem bekannten Einflussfaktoren für den Baumzustand werden jeweils Hypothesen abgeleitet und mit mehr oder weniger Erfolg in der wissenschaftlichen Gemeinschaft vertreten. Es ergibt sich etwa folgendes Bild:

1. Die Waldbau-Hypothese: Sie wird gelegentlich von „Aussenseitern" vertreten. Waldbau wird als wichtiger Faktor vielfach in Erwägung gezogen, aber aufgrund vieler Gegenargumente als Hauptursache abgelehnt. Ein Problem bei dieser Hypothese ist, dass Fragen des Waldbaues stets auch forstpolitische Implikationen nach sich ziehen und obendrein mit persönlichen Ansichten, sogenannten „Lehrmeinungen", verwoben sind.

2. Klima- oder Witterungshypothesen: Klima und Witterung sind als wichtiger Faktor für den Baumzustand unbestritten. In der Schweiz vertritt jedoch niemand die These, die Waldschäden gingen nur auf klimatische Ereignisse zurück. Umgekehrt aber ziehen viele Autoren klimatische Ereignisse als verstärkenden Faktor in Betracht. Es liegen jedoch keine systematischen Untersuchungen vor.

3. Die Hypothese der unbekannten Erreger: Es handelt sich um eine Aussenseiterposition, der in der Schweiz Prof. Kandler aus München dennoch einige Publizität verschaffen kann. Weder in der schweizerischen Forschung noch in der Bundesverwaltung (BUS, F+D) gewinnt diese Hypothese offizielle Unterstützung; sie ist mit starken Gegenargumenten konfrontiert.

4. Die Hypothese der radioaktiven oder elektromagnetischen Strahlung: Hierüber bestehen zu geringe Kenntnisse, um die Frage sinnvoll abzuhandel. Diese Hypothesen sind auf den ersten Blick äusserst unwahrscheinlich und sie werden eher der Vollständigkeit halber am Rande erwähnt, aber kaum ernsthaft erwogen.

5. Die Immissionshypothese: Sie stellt im Prinzip den offiziellen Konsens dar. Die Immissionshypothese tritt jedoch in verschiedenen Varianten auf, die sich in der Berücksichtigung und Gewichtung von weiteren Einflüssen bzw. Mit-Ursachen unterscheiden. Die wichtigsten Unterhypothesen sind:
a) Saurer-Regen-Bodenversauerung;
b) die allgemeine Verbreitung von Rauchschäden;
c) Ozon als Hauptursache;
d) Akkumulation von Schadstoffen und steigender Stress in Verbindung mit den anderen Unterhypothesen.

---

[244] Eidg. Departement des Innern 1984, S. 30f.
[245] Vgl. Giss 1984, S. 1051.

c) Politische Forderungen und ihre Begründung

Die politischen Forderungen seitens der Wissenschaft sind wenige, dafür umso grundsätzlichere. Bucher fasst meines Erachtens den Hauptpunkt der Ableitung von Forderungen prägnant zusammen:

> „Da die Diagnose noch nicht differenziert nach der Immissionsart gestellt werden kann, sollten wir uns hüten, einzelne Komponenten allein verantwortlich machen zu wollen. Die Reduktion einzelner Emissionskomponenten könnte sich einmal mehr als ‚Politik der hohen Schornsteine' entwickeln. Wenn wir überzeugt sind, dass die Immissionen für die Waldschäden mitverantwortlich sind, gilt es, die Emissionen generell herabzusetzen. (...) Sollen Grenzwerte aus den Experimenten abgeleitet werden, so sollten wir Sicherheitsfaktoren miteinbeziehen."[246]

Wie wir gesehen haben, liegt eigentlich nur eine Art von Studien vor, die einen historischen Blick auf den Waldzustand erlauben, nämlich Jahrringanalysen. Aufgrund relativ weniger und räumlich stark beschränkter Jahrringanalysen wird eine allgemeine Wachstumseinbusse bei Bäumen seit den späten 50er Jahren und eine entsprechende Zielsetzung der Luftreinhaltepolitik abgeleitet. Sukkurs erhält diese Forderung noch durch die Überlegung, dass auch nur eine starke Verminderung der Vorläufersubstanzen von Ozon, die Konzentrationen dieses Schadstoffes auf ein tragbares Mass senken werden.[247]

Alle weiteren Forderungen, insbesondere die Konkretisierung der eben erwähnten Forderungen stammen nicht aus der wissenschaftlichen Waldschadendiskussion und werden auch nicht in diesem Rahmen begründet. So finden sich beispielsweise in forstwissenschaftlichen Publikationen[248] keine Überlegungen zu den Möglichkeiten, die Stickoxid-Emissionen zu reduzieren, obwohl sich die politische Debatte während der akuten Phase so unterschiedlichen Vorschlägen wie Katalysator, Tempolimiten, Autofreie Sonntage, Lenkungsabgaben und Ökobonus zuwandte.

4.3.6 Was heisst hier „Waldsterben"?

a) Das Phänomen...

Nachdem ich mich zur Einführung in die Diskussion um das Waldsterben sehr nahe an die Quellen und damit auch an individuelle Vorstellungen gehalten habe, möchte ich nun das Phänomen Waldsterben als ein verallgemeinertes Denkmodell rekonstruieren.

Vor dem Waldsterben waren erstens verschiedene Baumsterben aufgrund von Parasiten oder aufgrund von Witterungs bzw. Klimaeinflüssen bekannt; zweitens wurde seit Jahren das Tannensterben aufmerksam verfolgt; drittens waren im Umfeld von Emittenten etliche Fälle, teilweise sehr drastischer und weitläufiger „Rauchschäden" bekannt. Die Politik der hohen Schornsteine veränderte das Schadensbild von Rauchschäden und liess es damit auch als ein in Veränderung begriffenes erkennbar werden. Waldschäden aufgrund von Immissionen wurden von den Experten nicht als eine statische Gegebenheit, sondern als ein Prozess gesehen. Ende der 70er und Anfangs der 80er Jahre wur-

---

[246]   Bucher 1982, S. 105.

[247]   Vgl. Eidg. Departement des Innern 1984, S. 107f.

[248]   Der Bericht „Waldsterben und Luftverschmutzung" (Eidg. Departement des Innern 1984) ist eine Ausnahme. Es handelt sich dabei aber auch eher um einen politischen Bericht, der sich über weite Strecken auf wissenschaftliche Argumentationen stützt.

den in der BRD verbreitet unerklärliche Waldschäden an verschiedenen Baumarten wahrgenommen.[249] Die Summe relativ vereinzelter und unsystematischer Beobachtungen führte zu einem gründlichen Wandel des Interpretationsrahmens.

Es fanden zwei Erweiterungen oder Extrapolationen statt: Aus den lokal auftretenden klassischen Rauchschäden wurden die neuartigen und allgemein verbreiteten Waldschäden, und das Weisstannensterben ohne bekannte Ursache wurde zum Sterben verschiedenster Baumarten und des Waldes überhaupt verallgemeinert.[250] Verschiedene unerklärbare Phänomene können daraufhin plausibel als Anzeichen des Waldsterbens erklärt werden. Es ist, wie wenn eine Wand durchbrochen worden wäre, und nun die Sicht auf einen neuen Horizont frei geworden sei. Der Wandel des Interpretationsrahmens setzt sich so weit fort, dass fast jedes Schadensphänomen, wie Parasitenbefall oder Windwurf, zumindest als eine indirekte Folge des Waldsterbens gedeutet werden kann. Durch die neue Deutung von Beobachtungen erhält das Waldsterben den Status einer Tatsache. Fraglich ist nur die Ursache dieser Krankheit. Sehr fraglich ist sie allerdings doch nicht, denn der neuen Deutung der Beobachtungen liegt schon die Annahme der Luftverschmutzung als Ursache zugrunde.

Waldsterben wird als Prozess verstanden und die Extrapolationen bleiben nicht einfach bei der Deutung der Gegenwart stehen, sondern werden in die Zukunft weitergeführt. Das plötzliche Auftreten oder die plötzliche Verschärfung des Krankheitsbildes weisen auf einen schnellen Verlauf dieses Prozesses hin; eine Befürchtung, die durch Vorstellungen empfindlicher und sich beschleunigender Wandlungsprozesse in Ökosystemen genährt wird. Durch ein Gewebe verschiedenster Deutungen, die jeweils weitere Interpretationsspielräume eröffnen, entsteht auf der Basis weniger empirischer Resultate das Bild einer Umweltkatastrophe, die sich innerhalb weniger Jahre ereignen wird, wenn nicht schnell und radikal gehandelt wird. Diese Deutungsmuster können nicht als falsch betrachtet werden, aber sie sind empirisch kaum begründet und dürfen deshalb nur als Vermutungen und Möglichkeiten, jedoch nicht als Tatsachen begriffen werden.

In diesem Sinn ist auch der Begriff des Waldsterbens wissenschaftlich unangemessen. Erst die Deutung der empirischen Beobachtungen, erstens als Schäden, zweitens als schnell zunehmende Schäden, drittens als Anzeichen eines baldigen Absterbens, führen zur Überzeugung, vor einem Waldsterben zu stehen. Aus den Erhebungen und Experimenten lässt sich diese Vorstellung nicht ableiten. Diese Extrapolation war als Befürchtung gerechtfertigt, wurde aber von vielen Wissenschaftern als Tatsache betrachtet und präsentiert.

Indem sich das gängige Konzept des Waldsterbens von der allgemeinen Verbreitung bestimmter Symptome herleitet, gerät es in grosse Probleme. Um aber ein Waldsterben im Sinne eines Verteilungs-Phänomens feststellen zu können, müssen ihm trotzdem Eigenschaften von Einzelbäumen zuzurechnen sein. Da aber alle diskutierten Schadenssymptome, wie Kronenverlichtung, Verfärbung und Jahrringveränderungen, verschiedenste Ursachen haben können, ist dies vorhanden nicht möglich. Das Waldsterben, so wie es in der akuten Phase gedacht wurde, lässt sich deshalb streng genommen gar nicht

---

[249] Aus der Zeit vor den Waldschadeninventuren sind keine Zahlen vorhanden, die sich dazu eignen würden, das Vorkommen und die Art der damals beobachteten Schäden mit den heutigen zu vergleichen. Über die Wahrnehmungen und Beobachtungen lassen sich daher keine quantitativen Aussagen machen.

[250] Mahrer, Brassel, Stierlin 1984, S. 289: „...heute ist das Tannensterben wohl zu einem Bestandteil des Waldsterbens geworden."

durch eine Inventur erheben, weil die Voraussetzungen zur Umsetzung des Begriffes in Beobachtungsanweisungen nicht gegeben sind! Erheben lassen sich die Waldschäden unbekannter Ursache, die jedoch, solange sie nicht als eine Folge von Immissionen interpretiert werden, für die Umweltpolitik völlig belanglos sind. Spezifische Symptome, und damit eine Zuordnung des Einzelbaumes, dürften sich aber erst dann bestimmen lassen, wenn die Ursachenforschung die Kausalzusammenhänge weitgehend geklärt haben wird.

Durch die Modifikationen des Interpretationsrahmens für Waldschäden hat sich das Waldsterben aus dem Rahmen der in den 70er Jahren heftig geführten Diskussion um den sauren Regen langsam als eigenständiger Topos herausentwickelt. Aufgrund seiner Abstammung vom sauren Regen trägt die Waldsterbensdiskussion schon vor ihrer Geburt Konnotation der Kritik der Industrialisierung und damit auch der Moderne mit sich. Kohlekraftwerke und Schwerindustrie, die beide in der Schweiz nur spärlich, dafür in Deutschland reichlich anzutreffen waren, sind die Hauptemittenten des SO_2. Indem sich die Ursachendiskussion langsam vom SO_2 zu NO_x verlagert, gerät mit dem Automobil als Hauptemittent wahrscheinlich das stärkste Symbol der Industriegesellschaft ins Schussfeld der Kritik. So gesehen, führt die Waldsterbensdebatte ziemlich direkt ins Herz unserer Kultur und könnte dort einige Wandlungsprozesse ausgelöst haben.

b) ...und sein Immunsystem

In diesem Abschnitt möchte ich die „Mechanismen" im Denken und Sprechen aufzeigen, die dazu führen, dass sich kaum Zweifel an der gängigen Argumentation, ja nicht einmal eine breite kritische Reflexion entwickeln konnte. Das Waldsterben steht aufgrund seiner schmalen empirischen Basis in der akuten Phase zwischen Wunsch und Wirklichkeit. Es kann zu dieser Zeit weder bestätigt noch widerlegt werden und wird somit zu einer Frage der Deutungsrahmen und der Plausibilität verschiedenster Überlegungen. Dieses Schicksal teilt es wahrscheinlich mit vielen neueren „Erkenntnissen". Doch in diesem Fall wurde der Interpretationsspielraum strapaziert, was vielleicht erst heute relativ leicht festzustellen ist.

Ziel dieses Abschnittes ist es, anhand von Beispielen die Aufmerksamkeit für den Gebrauch der Sprache im Rahmen politisch relevanter Forschungsfelder zu wecken. Vor dem Hintergrund des erarbeiteten normativen Begriffes von Öffentlichkeit ist ein verständigungsorientierter und kritisch prüfender Gebrauch zu fordern: nur auf dieser Grundlage lässt sich argumentieren. Diesem Anspruch konnte die wissenschaftliche Debatte nicht immer gerecht werden. Wie im letzten Abschnitt schon angedeutet, zeichnet sich die Rede vom Waldsterben nicht gerade durch besondere Klarheit aus. Dies hat dazu geführt, dass sich der Denkkomplex relativ komfortabel von Kritik abschirmen konnte. Ich werde im folgenden versuchen, einige Komponenten des „Immunsystems" des Waldsterbens zu bestimmen, ohne dabei den Anspruch auf Vollständigkeit zu erheben.

1. Erkenntnisleitende Metaphern

Metaphern sind in der Sprache der Wissenschaft relativ häufig anzutreffen[251] und es ist eigentlich nur eine Frage des Bezugspunktes oder der Perspektive, um zwischen Meta-

---

251 Denken wir nur an Beispiele aus der Ökonomie: „Spill over" (für positive externe Effekte), Geld-„Kreislauf", „Inflation" usw. – oder aus der Ökologie: „Gleichgewicht", „Nahrungskette", „Trag-

phern und wohldefinierten Begriffen zu unterscheiden. Auch wenn sie selten bewusst gemacht und als solche deklariert werden, sind Metaphern höchst dienlich, um Kompliziertes einfacher und Abstraktes anschaulicher mitzuteilen. Vielfach wird mit ihnen aber auch ein Spiel mit Konnotationen getrieben, aus denen sich implizit und unbegründet weitere Tatsachen oder Normen ableiten. Metaphern beanspruchen gelegentlich den Status von Grundannahmen, die Forschungsansätze entscheidend prägen können. Daher spreche ich auch von erkenntnisleitenden Metaphern. Metaphern haben insgesamt eine kreative Funktion und zeichnen sich durch Unschärfe und Unkontrolliertheit aus. Sie können jedoch nicht pauschal als nützlich oder irreleitend beurteilt werden. Vielmehr muss ihre Funktion im konkreten Fall betrachtet werden. In der Literatur zum Waldsterben sind mir einige erkenntnisleitende Metaphern begegnet:

Die Spitze des Eisbergs. So ist beispielsweise folgendes zu lesen:

„Bei immissionsbedingten Krankheiten ist sehr zu befürchten, dass es nicht bei vereinzelten und/oder vorübergehenden Schäden bleiben wird, sondern wir müssen ernsthaft mit einer konstanten Zunahme, vielleicht sogar einer exponentiellen Entwicklung der Schäden rechnen, wenn nicht an den Emissionquellen drastische Reduktionsmassnahmen getroffen werden. Was wir jetzt erleben, ist bestimmt nur die Spitze des Eisberges, das heisst der Anfang von grösseren Schäden."[252]

Wir sehen an diesem Beispiel, wie die Metapher in einem besonderen Kontext auftritt. Die Botschaft vom Unheil verdichtet sich im Zusammenspiel von Akkumulation, exponentiellem Zuwachs und Eisberg. Wir müssen uns aber immer wieder fragen, wodurch diese Auffassungen begründet sind.

Der Spiralprozess. Manchmal wurde das Waldsterben als ein sich selbst verstärkender Spiralprozess aufgefasst.[253] Praktisch jeder unbekannte Prozess kann auf diese Weise interpretiert werden. Es liegt auch eine gewisse Vernunft darin, überraschende und kaum verstandene Vorgänge zuerst einmal so zu interpretieren und zuerst die Möglichkeit des Schlimmsten und des Dringendsten anzunehmen, bevor man die Wirklichkeit genauer bestimmt. Dennoch: Aus den verfügbaren Daten liess sich kein Spiralprozess ableiten; es wurde vielmehr (vielleicht in Analogie zu anderen Prozessen) von Möglichkeiten auf Fakten geschlossen.

Eine zweite Tücke besteht darin, dass sich aus der Vorstellung eines sich selbst verstärkenden Spiralprozesses, folgt man der Spirale nur weit genug, jedes mögliche Ereignis ableiten lässt, um Gegenmassnahmen beliebigen Ausmasses zu fordern. Ähnlich wie die Vorstellung der Spitze eines Eisberges, bietet auch diese erkenntnisleitende Metapher keine Anhaltspunkte für Abwägungen, für Prioritäten. Sie ist schrankenlos und ersetzt die Reflexion.

Die Pflicht des Arztes und die unbekannte Krankheit. Ärzte stehen oft vor dem Problem, dem Patienten helfen zu müssen, ohne die ganze Kausalkette zu kennen, die zur Erkrankung geführt hat.[254] Auch diese, in der Regel doch bewusst eingeführte Metapher, führt (erstens) dazu, dass keine Rechenschaft über die notwendigen Kenntnisse, die Hilfe erlauben würden, abgelegt wird. Die Metapher verschleiert, dass sich ein Arzt immer

---

fähigkeit" (carrying capacity). Alle Beispiele sind Wörter, die einem anderen Bereich, wie Mechanik oder Anatomie, entlehnt sind, und so stellt sich die Frage, unter welchen Bedingungen diese Übertragung noch als angemessen gelten darf.

[252] Schütz 1982, S. 113.
[253] Vgl. Schwarzenbach 1984, S. 735.
[254] Vgl. Wanner 1982, S. 6.

Gedanken über therapeutische Alternativen und „Nebenwirkungen" machen muss, also nicht einfach drauflos therapieren kann. In der Regel werden zudem vor einem Entscheid zu einer gefährlichen Operation die Risiken von Optionen mit dem Patienten besprochen und bewertet. Bei der häufig verwendeten Arzt-Metapher gilt es deshalb (zweitens) zu beachten, dass der Patient nicht der Wald, sondern die Gesellschaft bzw. die Allgemeinheit ist: In der Schweiz wurde der Wald noch nie gefragt, was er selbst will. Wenn dem Arzt im Rahmen dieser Metapher die Aufgabe zugewiesen wird, das Beste für den Patienten zu bestimmen, läuft dies auf eine heimliche Entmündigung der Bevölkerung durch Experten hinaus.

Zusammengefasst können wir folgende Funktionen erkenntnisleitender Metaphern feststellen:

- Sie dramatisieren das Phänomen und erzeugen auf diese Weise Handlungsdruck.
- Sie reduzieren die Unübersichtlichkeit der Situation, indem sie Fragen „ersetzen", die sich im Rahmen anderer Beschreibungen stellen würden.
- Sie reduzieren Aspekte der Bewertung oder des politischen Prioritäten-Setzens auf Aspekte von Sachverhalten.

Kurz, sie schaffen eine (vermeintliche) Klarheit, die sich mit Überzeugung vertreten lässt.

2. Autoritätsgläubigkeit

Folgen wir der Theorie kommunikativen Handelns, kann die Gültigkeit von Aussagen über Sachverhalte einzig durch Bezug auf Beobachtungen und Theorien, nicht aber durch Experten oder Autoritäten begründet werden, denn diese sind im Prinzip ebenso fehlbar wie das fragende Subjekt selbst. In der Waldschadendebatte ist immer wieder zu beobachten, dass die Berufung auf Personen das Argument und damit die kritische Prüfung von Behauptungen und Hypothesen ersetzt. Zur Bekräftigung der Ansicht, die Luftverschmutzung sei die Hauptursache des Waldsterbens, werden beispielsweise Dokumente wie das Schlussdokument der „Multilateralen Konferenz über Ursachen und Verhinderung von Wald- und Gewässerschäden durch Luftverschmutzung in Europa" vom 27.6.1984 in München oder das „Sondergutachten über Waldschäden und Luftverunreinigungen" des Rates der Sachverständigen für Umweltfragen der BRD vom März 1983 zitiert.[255] Für die Politik ist es freilich nicht unerheblich, wer wovon überzeugt ist, nur werden davon die Überzeugungen nicht richtiger oder falscher.

Wenn nur wiederholt wird, was andere für richtig befunden haben, bleibt der kritische Nachvollzug der Urteilsbildung aus. Die Wissenschaft wird immer vorläufige Erkenntnisse vertreten müssen, doch sollte dies mehr im Geiste der Offenheit für Kritik und weniger im Sinne sakrosankter Lehrmeinung geschehen. Wo die Möglichkeit der Kritik weder mitgedacht noch vorgesehen wird, wird auch den berechtigten Argumenten der Zugriff erschwert.

3. Fehlschluss von Befürchtungen (oder Vorstellungen) auf Tatsachen

Die vielleicht simpelste Form dieses Fehlschlusses ist eine rein rhetorische, die damals kaum jemandem aufgefallen ist, heute aber etwas verlegen anmutet:

„Ob man es wahrhaben will oder nicht, der deutsche Wald liegt im Sterben."[256]

---

[255] Vgl. Böhlen 1984, S. 960, aber auch Eidg. Departement des Innern 1984, S. vii.
[256] Hatzfeldt 1982, S. 220.

Auch Beschwörungen ändern in der Regel am Sachverhalt wenig.

Ein Fehlschluss von Befürchtungen auf Tatsachen schleicht sich manchmal fast unbemerkt ein, wenn Daten über den methodischen und empirische Rahmen der Studie hinaus interpretiert werden. Ich habe schon erläutert, dass das Phänomen Waldsterben selbst schon auf Extrapolationen ruht, die sich nicht aus den Beobachtungen ableiten lassen. Diese Vorstellung wird häufig durch grosszügige Auslegung von Untersuchungen gestützt; in der Schweiz beispielsweise durch die unkritischen Interpretationen einer Jahrringanalyse an Fichten und der Sanasilva-Studie von 1983. Das gleiche Problem kann auftreten, wenn Daten, die mit unterschiedlichen Verfahren erhoben wurden, ohne Einschränkungen und Vorbehalte zu Vergleichen herangezogen werden.[257]

Befürchtungen wurden manchmal auch dadurch zu Tatsachen, indem sie – unter Hinweis auf Poppers Falsifikationsprinzip – zur unwiderlegten Hypothese erklärt wurden.[258] Dabei wird unterschlagen, welchen Prüfungen diese Hypothese schon unterzogen wurde und gegen welche Alternativen sie sich dabei durchsetzen konnte. Mit Berufung auf Popper wird gelegentlich auch die Ansicht zurückgewiesen, dass sich unser Handeln nur auf Bewiesenes stützen dürfe.[259] Diese Aussage wird Popper jedoch nur gerecht, wenn zugleich verlangt wird, sich auf das am besten Begründete zu verlassen. Das heisst aber nichts anderes, als Vermutungen und Annahmen auch als solche zu handhaben! In die gleiche unheilige Kerbe schlägt auch die pauschale Forderung der Beweislastumkehr, d.h. ohne auf Sinn, Zweck und Voraussetzungen von Beweislastverteilungen zu reflektieren.[260] Man stelle sich nur vor, die andere Seite verlange das selbe.

4. Fehlschlusskette: Vermutungen, Indizien, Indizienbeweis

Anzeichen oder Indizien sagen über das von ihnen Bezeichnete nur aus, dass es sein könnte. An dieser Situation ändert sich im Prinzip nichts, wenn sich die Anzahl der Anzeichen für denselben vermuteten Gegenstand erhöht. Um aus Indizien einen Indizienbeweis zu konstruieren, müsste deshalb gezeigt werden können, dass sich der Spielraum der erwägenswerten Möglichkeiten durch die Indizien derart einengt, dass nur eine Erklärung möglich erscheint und alle anderen als praktisch unmöglich oder sehr unwahrscheinlich ausscheiden. Wenn in der akuten Phase behauptet wurde, ein Indizienbeweis liege vor oder die Indizien seien ausreichend,[261] dann lag dem eine Verkettung von Fehlschlüssen vom Möglichen auf das Tatsächliche zugrunde, dann wurde nicht nur von Befürchtungen auf Tatsachen, sondern auch von der Summe der Indizien auf den Beweis geschlossen. Abstrakt gesprochen: Die notwendigen Bedingungen für einen Indizienbeweis wurden mit den hinreichenden verwechselt.

Die Argumentationsform „Indizienbeweis" sollte ja als Ersatz für den kaum zu erbringenden Kausalbeweis dienen. Das kann so lange gut gehen, als auch diese Argumentationsform in die wissenschaftliche Methodologie eingebunden ist. Aber die

---

[257] Typischerweise: Internationale Vergleiche der Ergebnisse von Waldschadeninventuren (die evtl. auch in einer Karte zusammmen dargestellt werden) oder auch die Vergleiche der Sanasilva-Umfrage von 1983 mit den Ergebnissen der ersten Tranche des LFI oder mit der Sanasilva-Inventur von 1984.

[258] Vgl. Ulrich 1982b, S. 87f.

[259] Vgl. Ulrich 1982a, S. 40f.

[260] Vgl. Hatzfeldt 1982, S. 223.

[261] Vgl. Eidg. Departement des Innern 1984, S. vii; Kaufmann, Bucher, Landolt, Jud und Hoffmann 1984, S. 817; Schwarzenbach 1984, S. 731.

Bedingungen der Gültigkeit von „Indizienbeweisen" wurden weder dargelegt noch diskutiert. Dem Publikum waren damit die Voraussetzungen zum Nachvollzug oder zur Überprüfung dieser Argumentationsform nicht gegeben. Indizienbeweise konnten deshalb nach Belieben behauptet und bestritten werden.

5. Der nicht institutionalisierte Zweifel

Soll Kritik fruchtbar werden, muss sie aufgenommen werden. Das setzt Offenheit voraus. Die Augen und Ohren zu schliessen, schützt zwar vor Kritik, aber nicht vor Fehlern. In der akuten Phase fällt auf, dass das Hinterfragen und die kritische Reflexion der eigenen Position nicht zu den Stärken der Opinion-Leaders aus der Wissenschaft zählt. Aber auch die Kritiker der Mainstream-Vorstellung konnten sich nicht an prominenter Stelle als Herausforderer behaupten: Es enstand keine ernsthafte wissenschaftliche Debatte um das Waldsterben!

Über die dafür hinreichenden Gründe kann ich nur spekulieren. Einige hierfür förderliche Umstände lassen sich allerdings benennen:

- die an der Waldschadenforschung beteiligten Forscher haben sich gegenseitig kein hohes Mass an methodologischer Reflexion und Strenge abverlangt;
- das mag unter anderem auch daher rühren, dass viele von ihnen nicht als Biologen, Ökologen oder Forstwissenschafter, sondern als Forstingenieure ausgebildet wurden;
- es mag aber auch dadurch gefördert worden sein, dass das Problem Waldsterben primär in den Händen der hierarchisch organisierten (bundes-)staatlichen Forstverwaltung und Forstwissenschaft landete; es gab daher keine institutionalisierte Konkurrenz und keine Kultur der Streitbarkeit innerhalb der schweizerischen Waldschadenforschung;
- die Waldschadenforschung stand unter einem grossen politischen Druck und das Waldsterben passte zum Zeitgeist;
- die Waldschadenforschung in der Schweiz orientierte sich stark am deutschen Vorbild und das Waldsterben wurde praktisch als wissenschaftlich vordefiniertes Problemfeld importiert;
- die Entscheidungsträger in diesen Bereichen praktizierten eine politisch aktive und Probleme vereinnehmende Wissenschaft.

Insgesamt waren daher die Voraussetzungen für eine funktionierende wissenschaftsinterne Öffentlichkeit nicht besonders günstig. Es scheint ein Klima geherrscht zu haben, in dem eine gemeinsame und starke Haltung viel zählt. Für diesen Befund sprechen auch etliche Aussagen aus Interviews, die ich im Rahmen dieses Forschungsprojektes geführt habe, sowie Diskussionen über eine einheitliche Doktrin in Sachen Waldsterben innerhalb des Forstvereins, der mit der Waldschadenforschung personell und über die SZF relativ eng verbunden war.[262]

6. Zweifler und Kritiker werden diffamiert

Häufig nimmt diese Immunisierungsstrategie die Form an, dass der Seite der Kritiker pauschal vorgeworfen wird, das Problem zu bagatellisieren oder gar zu bestreiten, die öffentliche Meinung zu beschwichtigen und unbequeme Entscheidungen zu verzögern.[263] Oder es werden die „selbsternannten Experten" angeklagt, sich ohne Fachaus-

---

262 Vgl. das Protokoll der Jahresversammlung des Schweizerischen Forstvereins vom 20. September 1984 in Trento, Italien. Schw. Zs. f. Forstwesen Nr. 12, 1984, S. 1095.
263 Vgl. Hatzfeldt 1982, S. 11.

bildung anzumassen, komplizierte biologische, chemische und meteorologische Prozesse zu beurteilen. Es heisst auch, in der Schweiz würden die bereits vorhandenen, umfangreichen Forschungsergebnisse nicht, lückenhaft, oder gar falsch, zur Kenntnis genommen.[264] Dies führe dazu, dass die Auffassungen über das Waldsterben weit auseinandergehen.

Diese Vorwürfe mögen in vielen Fällen durchaus berechtigt sein. Wird jedoch darauf verzichtet, zu zeigen, woran der Vorwurf zu messen sei und welche Fälle damit gemeint sind, dann kann das Verdikt nicht mehr als Kritik an einer Gegenposition nachvollzogen werden, sondern dient nur noch dazu, die eigene Auffassung vor Einwänden abzuschirmen. Die Argumente der „Gegner" werden nicht als solche anerkannt und aufgegriffen, sondern einfach ignoriert; auf diese Weise wird dem Zweifel eine Chance verweigert und ihm implizit seine Berechtigung abgesprochen.

Wenn man seinen politischen Gegner als willenlos,[265] uneinsichtig oder abgestumpft charakterisiert, macht es keinen Sinn, eine aufrichtige Diskussion mit ihm fortzuführen. Damit wird ihm die Chance entzogen, ein gutes Argument vorzubringen und die eigene Auffassung wird als die letztgültige erachtet.

7. Notstandsdenken

Im Zusammenhang mit der ökologischen Krise ist immer wieder – und an den unterschiedlichsten Orten – eine Denkfigur anzutreffen, die ich „Notstandsdenken" nennen möchte. Aufgrund einer Situation, die als eine Verbindung von Zeitdruck und gravierenden Folgen oder zumindest grossen Risiken dargestellt wird, soll unumgänglich gehandelt werden, statt kostbare Zeit mit Diskussionen zu verlieren. Im Rahmen der Waldsterbensdebatte liest sich das dann etwa folgendermassen:

> „Wir dürfen unsere Kräfte aus forstpolitischen Gründen nicht in unfruchtbare Diskussionen und Rechthabereien zersplittern, und damit Öffentlichkeit und Politik von ihrer bedeutungsvollen, primären Verantwortung ablenken. Bis dieses Ziel erreicht ist, stehen wir, so glaube ich, in einer Notstandssituation, die verlangt, dass anstelle und zu Lasten des sonst üblichen Demokratieprozesses mit Diskussionen und Vernehmlassungen Prioritäten gesetzt und Massnahmen realisiert werden müssen."[266]

Oder etwas unscheinbarer:

> „Ein Zuwarten ist angesichts der bedrohlichen Lage nicht mehr länger zu verantworten, da bei einer weiteren Verstärkung des Zerstörungsprozesses Schäden unvorstellbaren Ausmasses zu erwarten sind."[267]

An diesem Argumentationstyp ist nicht auszusetzen, dass er einen Diskussionsprozess zugunsten des Handelns abbrechen will. Apels Verantwortungsethik zeigt uns, dass wir dies in einer endlichen und unvollkommenen Welt immer tun müssen. Die Einsicht in die Notwendigkeit endlicher Argumentation führt uns aber direkt zur Frage der Abbruch- bzw. Gestaltungskriterien von Auseinandersetzungen. Nicht an jedem Punkt der Argumentation ist ihr Abbruch gerechtfertigt; ein solcher Entscheid ist auf der Ebene des Metadiskurses angesiedelt und muss dort im Lichte von Alternativen begründet werden. Aus Sicht der Diskurs- und Verantwortungsethik führt kein Weg an Abwägungen vorbei. Das Notstandsdenken kennt hingegen nur ein „Für", aber kein „Wider"! Die

---

264 Vgl. Böhlen 1984, S. 959.
265 Vgl. Hatzfeldt 1982, S. 223.
266 Schütz 1984b, S. 917.
267 Schwarzenbach 1984, S. 736.

Endzeit scheint alles zu legitimieren![268] Das Notstandsdenken schirmt sich von miss-fallenden Argumenten ab und tendiert dazu, die eigene Ansicht zu den Sachverhalten und die eigenen Interessen als das allgemein gültige Mass der Dinge darzustellen und entsprechende Massnahmen daraus abzuleiten.

Eine abgeschwächte Form des Notstandsdenkens ist häufig im Zusammenhang mit Risiko- und Vorsorge-Argumenten anzutreffen. Statt zwischen den Risiken von Handlungsalternativen minimierend zu wählen, wird einer pauschalen Risikovermeidungs-strategie das Wort geredet. Erstens unterliegt jede Handlungsweise bestimmten Risiken und zweitens unterschlägt dieses Vorgehen die Gründe jener, die sich für eine andere Handlungsalternative aussprechen.

8. Komplexkrankheit – das schwarze Loch

Mancher Autor charakterisiert das Waldsterben als Komplexkrankheit. „Komplex" kann von „kompliziert" unterschieden werden und heisst dann, dass unterschiedliche Beschreibungen notwendig sind, um einen Sachverhalt adäquat zu erfassen. Peter Schütt verwendet den Begriff schon sehr früh, aber eher im Sinne von kompliziert. Er spricht dann von Komplexkrankheit, wenn nach einer auslösenden Ursache eine ganze Reihe von Sekundärschäden auftreten, die sowohl im biotischen wie im abiotischen Bereich verankert sein können.[269] In der Waldsterbensdiskussion spielt der Begriff „komplex" aber meistens nur die Rolle eines Euphemismus für wissenschaftliche Ratlosigkeit oder Resignation.

„Vor solchen Erscheinungen wie dem Waldsterben müssen wir in mancher Hinsicht ein Ohnmachtsbekenntnis ablegen, genauso wie ein Arzt vor einer sehr schweren Krankheit. Wir haben es mit Ökosystemen zu tun, welche ausserordentlich komplexe Regelsysteme darstellen. Die vollumfängliche Kenntnis der Kausalzusammenhänge des Geschehens ist heute trotz der enormen Fortschritte in der Forschung noch sehr dürftig."[270]

Und eine andere Quelle die wir schon gehört haben, sagt uns, dass die insgesamt komplexen und vielfältigen Wirkungsspektren zu schwer interpretierbaren Schadbildern führen. Ähnlich wie beim Krebs seien die Kausalzusammenhänge im Einzelfall nicht ermittelbar.[271]

Nie wurde die Definition von Schütt weitergeführt oder geklärt, was „komplex" im Zusammenhang eines Erkenntnisobjektes oder eines Erkenntnisprozesses sonst bedeuten soll. Vielmehr wurde das Wort dort als Leerformel verwendet, wo die Autoren mit ihren Kenntnissen und ihrer Forschungslogik am Ende waren, wo für sie die Welt unübersichtlich, ungeordnet und nicht mehr handhabbar erschien. So heisst komplex einmal, dass viele Faktoren zusammenwirken, ein andermal wird damit die Vielfalt von Baumarten, Waldtypen und Standorten umschrieben und dann heisst es, dass keine strengen Beweise zu erbringen sind. Ein Grund neben anderen für diesen defensiven Gebrauch des Wortes komplex könnte sein, dass der Wald als ein Ökosystem, d.h. als

---

[268] Es ist dieselbe Denkstruktur, die zur Aufgabe der gegenwärtigen Existenz zugunsten einer verheissungsvollen Zukunft führt. Solche Handlungsweisen sind von religiösen sozialen Bewegungen und von Sekten her bekannt.

[269] Vgl. Schütt 1982b, S. 186.

[270] Schütz 1982, S. 111.

[271] Vgl. Eidg. Departement des Innern 1984, S. 34.

Ganzheit vielfältiger und gleichzeitiger Zusammenhänge, betrachtet wurde, während dafür noch keine Forschungs-Methodologie ausgearbeitet war.[272]

Solange jedoch die Möglichkeit, das Phänomen kausalanalytisch zu bestimmen, nicht ausgeschlossen werden kann, ist es sinnvoll, die Leistungsfähigkeit der Begriffe und Methoden zu hinterfragen. Vor einem unscharfen, intuitiven Begriff von Komplexkrankheit erscheinen aber alle weiteren erkenntnistheoretischen Überlegungen überflüssig. Dieser Begriff tendiert dazu, alle entsprechenden Fragen wie ein schwarzes Loch in sich aufzusaugen.

An dieser Stelle konnten nur Aspekte des „Immunsystems" des Lagers vorgestellt werden, das das Waldsterben relativ unkritisch als Gegebenheit hingenommen hat. Kaum jemand hat jedoch die Waldschäden als Konstrukt betrachtet, als eine Anwendung von Beobachtungsinfrastruktur und Interpretationsrahmen auf objektive Gegebenheiten und kaum jemand sah sich deshalb in dieser Phase veranlasst, Behauptungen über die Existenz weit verbreiteter Waldschäden zu hinterfragen. Deshalb ist in meinen Quellen die Materiallage einfach zu dünn, um auf Seiten der Kritiker Aspekte des Immunsystems zu rekonstruieren und Vergleiche anzustellen. Es wäre sicher interessant zu sehen, welche neuen Strategien hinzukommen und ob nicht gleiche Strategien mit anderen Inhalten gesättigt werden.

An die Rekonstruktion des Immunsystems schliessen sich allerdings noch Fragen an. Wie wirkt es? Betrachten wir das Waldsterben versuchsweise einmal als semantisches Selbstbehauptungssystem, dann wirkt sein Immunsystem, indem und solange es überzeugt. Es bricht zusammen, sobald seine argumentativen Schwächen durchschaut werden. Das Immunsystem kann Kritiker nicht ausschliessen oder mundtot machen. Aber es ist in eine kommunikative Umgebung eingebettet, die unter hohem politischen Druck steht. Man könnte sagen, Kritik werde mit semantischen Risiken aufgeladen: Wer nicht in der Lage oder willens ist, das Waldsterben nach der Lehrmeinung zu sehen, der sieht nicht richtig und folglich ist ihm politisch nicht über den Weg zu trauen.

4.4 Der Zersetzungsprozess

4.4.1 Ereignisse in Wissenschaft und Politik

Am 1. Februar 1985 tritt der Autogewerbeverband der Schweiz (AGVS) mit einer Pressemitteilung „Waldsterben: Desinformation!" an die Öffentlichkeit:

„Es ist nicht erwiesen, dass die Luftverschmutzung Hauptursache des Waldsterbens ist.
Es trifft nicht zu, dass die Luftverschmutzung, die unsere Wälder belastet, ausschliesslich aus unserem Lande stammt.
Es trifft nicht zu, dass das Auto der Hauptschuldige am Waldsterben ist.
Es trifft nicht zu, dass der Wald in einigen Jahren tot ist, wenn nicht Sofortmass-

---

[272] Eine ähnliche Vermutung äussert schon Schütt 1982b, S. 188: „In diesem Zusammenhang stellt sich die Frage, ob die gegebenen und im wesentlichen aus dem vorigen Jahrhundert übernommenen Strukturen der forstlichen Forschung eine hinreichende Voraussetzung für eine derartige Aufgabe darstellen. Die bisherigen Aktivitäten der Waldsterbens-Forschung lassen daran zweifeln." Er hat dabei vor allem den Aspekt mangelnder Interdisziplinarität vor Augen, doch bleibt der Grund für sein Statement die Vermutung, das Forschungsinstrumentarium sei dem Erkenntnisinteresse unangemessen.

nahmen ergriffen werden.

Alle diese Beschuldigungen, die wir aufgrund wissenschaftlicher Unterlagen bestreiten, finden sich in offiziellen Dokumenten und in Erklärungen zuhanden der eidgenössischen Parlamentarier im Hinblick auf die Sondersession vom 4. bis 6. Februar 1985.

Die Öffentlichkeit weiss nicht, dass die offizielle These über das Waldsterben seriöser Grundlagen entbehrt und dass sie auf einer Zusammenstellung von Tatsachen, Halbwahrheiten, Vereinfachungen, nicht überprüften Laboratoriumshypothesen und Ideologien, die mehr politisch als ökologisch abgestützt sind, beruht.

Sowohl in Universitäten wie auch bei Forstleuten, die oft zum Schweigen verurteilt sind, wird die offizielle These angezweifelt. ..."[273]

Eine Pressemitteilung des „Verbandes Deutscher Biologen" mit dem Titel „Krankt der Wald an falscher Diagnose?" bestätigt den AGVS in seinen Auffassungen. „Auto Vernünftig" verschickt deshalb die Pressemitteilung des Verbandes Deutscher Biologen am 19.10.1985 an sämtliche Zeitungen in der Schweiz. In dieser Pressemitteilung werden die Schäden im Wald als Faktum einer „aktuellen Not im Forst"[274] unterstellt. Drei Ursachenthesen seien dafür in Diskussion, nämlich die Luftschadstoff-Hypothese, die Stress- oder Umkipp-Hypothese und die Epidemie-Hypothese. Sie werden mit ihren Schwachpunkten kurz vorgestellt ohne explizit eine zu favorisieren. Der Epidemiehypothese wird allerdings mehr Platz eingeräumt und das Element der Verallgemeinerbarkeit bei der Luftschadstoffhypothese wird mehrmals in Frage gestellt. Die Argumentation erinnert an die Kandlers.

Der Verband Deutscher Biologen geht auch methodisch hart mit der Waldschadenforschung ins Gericht:

„Dass die Waldschadenforschung nur schleppend vorankommt, liegt nicht zuletzt an der ungenügenden Beschreibung der verschiedenen Krankheitsbilder. Jeder Arzt muss, bevor er eine verlässliche Diagnose stellen kann, die Krankengeschichte des Patienten erheben. Nicht anders sollte beim ‚Patienten Wald' vorgegangen werden. Trotz breiter Förderung der Waldschadensforschung durch das Bundesministerium für Forschung und Technologie sowie einiger Bundesländer wird der Krankheitsverlauf der einzelnen Bäume nicht genau ermittelt. Überdies fehlen zeitliche und räumliche Übersichten von der Ausdehnung der verschiedenen Krankheitsbilder. (...) Wenn wir unsere Wälder retten wollen, muss konsequent und kritisch zwischen einfachen Ursachen und komplexen Abbausyndromen der Wälder unterschieden werden."[275]

Ob diese Vorwürfe an die Adresse der Waldschadenforschung auch ihren Rahmenbedingungen gerecht werden, kann ich nicht beurteilen. Interessant daran ist jedoch zweierlei: Erstens tritt darin ein wissenschaftlicher Territorialkonflikt zutage. Es macht den Anschein, dass die deutschen Biologen den Aufsprung auf den lukrativen Zug der Waldschadenforschung verpasst haben, denn der Verband der Biologen dürfte kaum ein Interesse daran zeigen, die Forschung seiner eigenen Mitglieder zu diskreditieren. Interessant ist diese kritische Stimme ferner, weil sie auf begriffliche Schwächen und die sich daraus ergebenden Mängel der Beobachtung hinweist. An der Vorstellung eines monolithischen Phänomens „Waldsterben" wird bereits deutlich gerüttelt.

---

[273] Autogewerbeverband 1985a, S. 7.
[274] Zitiert nach Autogewerbeverband 1985b, S. 42.
[275] Autogewerbeverband 1985b, S. 43.

Vom 2. bis 4. Oktober 1985 findet eine internationale Arbeitstagung „Auswirkungen der Luftverschmutzung auf den Wald" in Freiburg i. Br. statt. Sie wird getragen von der Europäischen Forstkommission der FAO und von der Arbeitsgruppe „Auswirkungen" der Genfer Konvention gegen weiträumige, grenzüberschreitende Luftverschmutzung. An der Arbeitstagung sollte ein Rahmenkonzept für ein international koordiniertes Überwachunsprogramm dikutiert werden. Es waren die Mehrzahl der westeuropäischen Länder sowie Ungarn, die Tschechoslowakei, Kanada und die USA vertreten.

„Aufgrund der Berichte der Delegierten liegt das Schwergewicht der Waldschäden in Mitteleuropa (D, CH, A) und in osteuropäischen Staaten. Es kam einmal mehr zum Ausdruck, dass nicht alle Länder von der Schadstoffhypothese überzeugt sind (USA, UK). Immerhin wurde wenigstens mit Ausnahme vielleicht der USA von allen Vertretern die Möglichkeit solcher Auswirkungen nicht mehr ausgeschlossen. Anderseits wurde aber in vielen Voten die Frage gestellt, wie weit die gängigen Schadenaufnahmen wirklich Luftverschmutzungseffekte wiedergeben."[276]

An der Tagung wurden v.a. die Methodiken von Inventuren und von Dauerbeobachtungsflächen diskutiert und Empfehlungen zu einzelnen Punkten erarbeitet.

Im Frühjahr 1987 wurden in der Schweiz verbreitet Waldschäden beobachtet, die sich in einer auffallenden Nadelverrötung mit nachfolgender Nadelschütte äusserten. Die Schadensgebiete wurden auf insgesamt über 1000ha geschätzt. Untersuchungen führten zum Schluss, dass es sich um Frostschäden von aussergewöhnlichem Ausmass handelt. Ob allenfalls Immissionen zusätzlich noch als disponierende Faktoren wirkten, liess sich nicht bestimmen.[277]

In seinem Jahresbericht 86/87 holt der Präsident des Forstvereins zu einer Schelte an der Waldschadenforschung aus, die sich gewaschen hat:

„Im Gegensatz zu den politischen Forderungen und der zunehmenden Bereitschaft zur Ursachenbekämpfung stehen die geringen Fortschritte einer absolut positivistisch und auf enge Fachgebiete ausgerichteten Ursachenforschung, wie sie teilweise auch bei uns betrieben wird. Vor diesem Hintergrund ergeben sich für den SFV als Fachverein beinahe unüberwindliche Schwierigkeiten bei der sachlichen Information und der forstpolitischen Tätigkeit. Gefragt sind nicht brilliante Hypothesen, sondern eine fachübergreifende Zusammenarbeit. Notwendig sind interdisziplinäre Forschungsprojekte mit ganzheitlichen Denkansätzen. Noch über längere Zeit dürfte uns dieser Problembereich grösste Sorge bereiten. Auf dem Spiele steht die Existenz ausgedehnter Wälder."[278]

In dieser Passage kommt der ungeheure Erwartungsdruck, der durch die bisherigen Aktionen und Verlautbarungen zum Waldsterben aufgebaut wurde, deutlich zum Ausdruck. Nachdem eine bestimmte Sicht der Vorgänge verbreitet wurde, wird nun von der Wissenschaft deren nachträgliche Legitimation erhofft, und wenn sich die erwarteten Forschungsresultate nicht einstellen wollen, kann es nur an der Forschung liegen (und nicht an den Erwartungen).

Am 2. November 1987 wird das Buch „Wald und Luft"[279] an einer Pressekonferenz (mit Pressedossier[280]) in Bern vorgestellt. Zum ersten Mal wird in der Schweiz eine

---

[276] Volz 1986, S. 88.
[277] Vgl. Eidg. Anstalt für das Forstliche Versuchswesen 1987, S. 828f.
[278] Giss 1987, S. 744f.
[279] Caprez, Fischer, Stadler, Weiersmüller 1987.
[280] Weiersmüller, Fischer, Stadler, Caprez 1987.

Schrift publik, die eine Kritik an der gängigen Vorstellung des „Waldsterbens" mit einem Anspruch an eine umfassende und gründliche Darstellung vorbringt, und die einen Vergleich mit manch anderem Übersichts- oder Synthesebericht zulässt. Nach den Autoren lasse sich das Waldsterben auch ohne Einbezug der Luftverschmutzung weitgehend plausibel erklären:

> „Hier ist vor allem im *witterungsbedingt dauernd etwas schwankenden Gesundheitszustand* der Wälder eine *zusätzliche Verschlechterung* eingetreten, mit der als Folge einiger Gegebenheiten früher oder später zu rechnen war. Bei der Vielzahl der Luftverschmutzungshypothesen sind die wichtigsten Ursachen jedoch weder eindeutig erkannt noch die längst notwendigen, forstlichen Korrekturmassnahmen mit Nachdruck eingeleitet worden."[281]

Folgende Faktoren machen die Autoren für den Zustand der Wälder geltend:
- Seit der Einführung des Eidg. Forstgesetzes wurde in der Schweiz stark aufgeforstet. Vielerorts wurden Fichten, häufig aufgrund zu hoher Ertragserwartungen, in zu geringen Abständen gepflanzt, was zu unstabilen Waldgesellschaften führt.[282]
- Die notwendigen Auslichtungen der Jungwüchse und der Dickungen sind vielerorts unterblieben. In der Folge schwächen eingeengte Kronen- und Wurzelentwicklung die Widerstandskraft der Bäume. Ferner wird dadurch die Alters- und Baumartendurchmischung im Wald gehemmt; Monokultur und ungünstiger Altersaufbau bleiben langfristig bestehen.[283]
- Der Überalterung im Wald leistet zudem der hohe Bestand an Schalenwild Vorschub.
- Aufgrund tiefer Holzpreise sind viele Holznutzungen unterblieben. Im Laufe der Zeit haben sich zweitklassige Indidviduen angereichert und die Probleme mit dem Jungwuchs haben sich verschärft.

Bei so labilen Beständen sei es nur eine Frage der Zeit, bis beispielsweise ein trockener Sommer Waldschäden auslöse. Nachdem die Waldschäden nun auch für Laien erkennbar seien, würde die Situation mangels vergleichbarer Daten aus der Vergangenheit hochgespielt. Als Auslöser dieser Waldsterbehysterie machen sie die Forstwirtschaft und die Forstwissenschaft verantwortlich, die auf Subventionen schielen, Mängel vertuschen wollen und die Tatsache praxisferner Forschung verdrängen wollen.[284]

Rodolphe Schlaepfer, der neue Direktor der EAFV, publiziert im August 1988 seinen ersten Synthesebericht zur Waldschadenproblematik: „Waldsterben: eine Analyse der Kenntnisse aus der Forschung". Das Ausmass der Kronenverlichtung, das zwischen gesunden und kranken Bäumen trennt, ist nicht bekannt und jede Schadensgrenze ist daher Konvention. Trotzdem ist die Kronenverlichtung das günstigste Merkmal, um Waldschadeninventuren durchzuführen.[285] Diese weisen für die Wälder der nördlichen Hemisphäre einen schlechten Gesundheitszustand aus. Noch konnten die Ursachen des Waldsterbens nicht genau bestimmt werden; sie sind wahrscheinlich vielfältig. Aufgrund der Hypothesen, die aus den bisherigen Forschungsergebnissen gewonnen

---

[281] Caprez, Fischer, Stadler und Weiersmüller 1987, S. 9.
[282] Vgl. Caprez, Fischer, Stadler und Weiersmüller 1987, S. 9.
[283] Vgl. Caprez, Fischer, Stadler und Weiersmüller 1987, S. 10.
[284] Vgl. Caprez, Fischer, Stadler und Weiersmüller 1987, S. 10.
[285] Vgl. Schlaepfer 1988, S. 35f.

werden, kann das Waldsterben jedoch nicht ohne Beteiligung der Luftverschmutzung erklärt werden.[286]

„In diesem Artikel ist das ‚Waldsterben' definiert als eine feststellbare Verschlechterung des Gesundheitszustandes (Vitalitätsverlust) des Ökosystems Wald, besonders der Bäume. Die Symptome können nicht klassischen Schadenursachen zugeordnet werden. (...) Wir müssen darauf hinweisen, dass der Begriff ‚Waldsterben' nicht unbedingt der geeignetste ist, um das Phänomen zu beschreiben. Verschiedene Forscher finden, dass Wörter wie z.b. ‚Degradation' oder ‚Vitalitätsverminderung' besser wären."[287]

Aus der komplexen und beunruhigenden Realität des Waldsterbens sollten Konsequenzen gezogen werden. Schlaepfer schlägt vor, die Forschung zu intensivieren und die Waldbeobachtung fortzuführen, die gesellschaftlichen Konsequenzen des Waldsterbens zu untersuchen, die Luftverschmutzung zu reduzieren und die Forst- und Holzwirtschaft zu unterstützen. Das Waldsterben sei aber auch als eines von vielen Umweltproblemen (z.b. Zerstörung der Wälder in der Dritten Welt) anzusehen und in diesem Kontext zu beurteilen.[288]

Dieser Bericht wurde zusammen mit einer Pressemitteilung am 31. August den Medien zugeschickt. Sie entspricht weitgehend der Zusammenfassung im Bericht selbst. In der Pressemitteilung wird einmal mehr erwähnt, dass die Folgen für die Gesellschaft und für die Forstwirtschaft gravierend sein könnten, wenn sich das Waldsterben weiterentwickelt. Über den Zeitraum dieser möglichen Entwicklung ist nichts zu erfahren.[289]

In diesem Bericht zeichnet sich die Möglichkeit einer Neu-Einordnung des „Waldsterbens" erst schwach ab; im Prinzip wird immer noch von Anzeichen einer weit verbreiteten Schädigung und von der Luftverschmutzung als wahrscheinliche Ursache dafür ausgegangen. Der Schweizer Illustrierten war jedoch der Perspektivenwechsel an der Spitze der EAFV nicht entgangen. SI-Redaktor Jörg Kachelmann publiziert am 29. August unter dem Titel „Waldsterben: Fehldiagnose?" einen Artikel und ein Interview mit Schlaepfer, in denen die Problematik der Schadensgrenze – und damit des Schadensausmasses – und der ungewissen Rolle der Luftschadstoffe aufgearbeitet wird. Auf die Frage, ob man nun das Waldsterben vergessen könne, will Schlaepfer nicht eindeutig antworten; es brauche noch mehr Informationen und Forschung. Für ihn stehe jedoch die Existenz eines grossräumigen Vitalitätsverlustes ausser Frage. Jörg Kachelmann schreibt hingegen an mehreren Stellen vom „Abschied vom Waldsterben". Der Bericht und insbesondere das Interview in der Schweizer Illustrierten erregt in Forst- und Umweltschutzkreisen deutlichen Widerspruch.

Darauf kann das Bundesamt für Forstwesen und Landschaftsschutz im Oktober mit einem Bericht zur Ursachenforschung reagieren. Er ist für die Praxis bestimmt und beschreibt den momentanen Wissensstand wie folgt:

„a) Die ‚neuartigen' Waldschäden können grossflächig (länderübergreifend) und verallgemeinernd weder durch klimatische Bedingungen, einzelne Luftschadstoffe noch durch einzelne Bodenfaktoren alleine hinreichend erklärt werden.
b) Die Schäden müssen deshalb vielmehr als Folge eines Ursachenkomplexes aufgefasst werden, in dem direkt, indirekt und prädisponierend wirkende Faktoren in gegenseitigen Wechselbeziehungen zueinander stehen und zu einer Belastung und

---

[286] Vgl. Schlaepfer 1988, S. 39f.
[287] Schlaepfer 1988, S. 31.
[288] Vgl. Schlaepfer 1988, S. 42.
[289] Vgl. Eidg. Anstalt für das forstliche Versuchswesen (Hrsg.).1988.

Schädigung führen (...).

c) In diesem Ursachenkomplex können die Immissionen (gasförmige Luftschad-stoffe, saure Niederschläge), die qualitativ und quantitativ standörtlich stark variieren können, sowohl direkt (oberirdische Pflanzenteile) wie indirekt (Boden-faktoren, Wurzelsystem) auf die einzelnen Forstpflanzen und weitere Teile des Ökosystems Wald negativ einwirken."[290]

Abgesehen von seiner Bemerkung zur Unangemessenheit des Begriffes „Waldsterben", vertritt Schlaepfer keine grundsätzlich andere Position. Beide gehen von der „Tatsache" neuartiger Waldschäden aus und anerkennen eine Reihe von Indidizien für schädigende Einflüsse der Luftverschmutzung. Beide Quellen anerkennen:

„Ein allgemeingültiges und klar definiertes Schadbild bezüglich einer Baumart gibt es daher nicht. Die Schadbilder variieren z.T. stark in ihrer geographischen Verbreitung und ihrem zeitlichen Verlauf."[291]

In den USA läuft ein grosses nationales Programm zur Beurteilung der sauren Nieder-schläge (NAPAP). 1988 wird ein Zwischenbericht veröffentlicht, der Forschung für 300 Millionen Dollar und über 1000 Publikationen repräsentiert. Er befasst sich unter ande-rem auch mit der Wirkung saurer Depositionen auf den Wald, sowie mit Waldschäden im allgemeinen. In den USA lassen sich die Waldschäden lokalisieren und auf einzelne Baumarten beziehen. In der Schweiz und anderen europäischen Ländern wird dagegen ein flächendeckendes Muster mit Tendenzen beschrieben. Als schädigende Faktoren werden in den USA Ozon, Wasserstoffperoxid, Auswaschung von Nährstoffen aus Na-deln, Stickstoffeintrag, Bodenversauerung und Aluminiumtoxizität sowie Synergien und multiple Stressfaktoren diskutiert. Es konnten keine direkten Schäden durch saure Depositionen festgestellt werden. Ozon steht im Verdacht, Zuwachseinbussen hervor-zurufen. Der Bericht ist allerdings in der Wissenschaft und in der Öffentlichkeit umstrit-ten.[292]

Am 5. April 1989 findet in Zürich eine Sanasilva-Tagung zur „Kritischen Analyse des Kenntnisstandes in Sachen Ursachen-Forschung" statt. Es geht unter anderem um die Interpretation der ersten Resultate aus Projekten, die im Rahmen des NFP 14+ durch-geführt werden. Peter Bachmann meint im Vorwort des Tagungsbandes, dass Vorbe-halte zu ersten Erklärungsversuchen für äusserst komplexe Gegebenheiten nicht dazu führen dürfen, die Existenz von geschädigten Wäldern selbst in Frage zu stellen. Es sei zwar nicht eindeutig bekannt, was als normal, gesund oder vital gelten könne, doch könne die Mitbeteiligung der Luftverschmutzung an der Schädigung der Bäume kaum mehr ausgeschlossen werden.[293] Peter Greminger räumt einige Seiten weiter ein:

„Das zunehmend als komplex erkannte Problem hat zu einer Relativierung des Problems selbst und konsequenterweise zur Verunsicherung in ‚Forschung und Praxis' geführt."[294]

Am 14. Dezember 1990 reicht Ständerätin Bührer eine Interpellation ein. Der Direktor der WSL habe

„verschiedentlich in seinen Kommentaren zum Waldsterben den Zusammenhang zwischen Luftverschmutzung und Waldschäden grundsätzlich in Frage gestellt.

---

[290] Bundesamt für Forstwesen und Landschaftsschutz 1988, S. 3f.
[291] Bundesamt für Forstwesen und Landschaftsschutz 1988, S. 62. Vgl. auch Schlaepfer 1988, S. 40.
[292] Vgl. Ruchti 1988.
[293] Vgl. Programmleitung Sanasilva 1989, S. 4.
[294] Vgl. Programmleitung Sanasilva 1989, S. 4.

Wie stellt sich der Bundesrat dazu, dass der Direktor einer Eidgenössischen Forschungsanstalt der Umweltpolitik von Bundesrat und Parlament entgegenwirkt?"[295]

In seiner Antwort nimmt der Bundesrat Rodolphe Schlaepfer vollumfänglich in Schutz, indem er einige Passagen aus Schlaepfers Texten zitiert, in denen er trotz Unsicherheiten im Kenntnisstand aufgrund von Risikoüberlegungen für eine griffige Umweltpolitik plädiert. Der Bundesrat weist darauf hin, dass es zu den Aufgaben der Wissenschaft gehöre, den Kenntnisstand zu überprüfen und öffentlich darüber zu orientieren; die Meinungsäusserung der Wissenschaft sei für die öffentliche Diskussion von grundlegender Bedeutung.

Am 28./29. Januar 1992 findet an der WSL in Birmensdorf zum zweiten Mal ein „Forum für Wissen" statt. Dieses Jahr ist die Tagung der Waldschadenforschung in der Schweiz und dem Stand der Kenntnisse gewidmet. Zum Forum sind die Forstpraxis, die Medien und Wissenschafter aus der Schweiz und dem angrenzenden Ausland eingeladen. Rund 20 Referate werden in einem Tagungsband abgedruckt, der schon als Tagungsunterlage und damit auch den Medien aktuell verfügbar ist.[296] Es ist bis jetzt das umfassendste Dokument zum Thema Waldsterben in der Schweiz geblieben.

Mit einer Synthese der Erkenntnisse der Waldschadenforschung läutet Schlaepfer in diesem Band die Reihe der Beiträge ein, und fasst auch gleich ihre Kernaussagen zusammen. Im Schweizer Wald werde seit 1984 eine tendenziell steigende Kronenverlichtung beobachtet, der Holzzuwachs sei jedoch nicht zurückgegangen und die Sterberate könne kaum als beunruhigend betrachtet werden. Es kann kein Zusammenhang zwischen Kronenverlichtung und Luftverschmutzung festgestellt werden, entweder, weil keiner existiert oder weil zu dessen Nachweis das Datenmaterial nicht ausreicht. Allerdings wurde eine Korrelation zwischen dem Niederschlag der Monate August bis Oktober und der Kronenverlichtung im darauffolgenden Jahr gefunden. Heute gebe es zudem genügend Hinweise dafür, dass die in vielen Gebieten auftretenden Ozonkonzentrationen die Toxizitätsschwelle für empfindliche Pflanzen bereits überschritten haben, oder sehr nahe daran sind. Es sei anzunehmen, dass die Luftverschmutzung für den Schweizer Wald ein Risikofaktor ist.[297] Unter den offenen Forschungsfragen hebt er eine hervor: Wie könnten Risikoanalysen in die Waldschadenforschung integriert werden?[298]

1992 liegen die Ergebnisse des NFP 14 inklusive NFP 14+ nicht nur in Form von sechs ausführlichen Berichten, sondern auch in einem Buch zusammengefasst vor. Hinsichtlich des „Waldsterbens" hat die Ursachenforschung den von vielen erhofften Beweis nicht erbringen können. Auf den Untersuchungsstandorten des NFP 14+, nämlich Lägeren, Alptal und Davos konnten keine Schädigungen durch Luftschadstoffe nachgewiesen werden. Doch hinsichtlich

„der Ozonbelastung auf den drei Versuchsflächen fällt auf, dass die Jahresmittelwerte im Vergleich zu den Wirkungskonzentrationen, wie sie aus Versuchen mit empfindlicheren Pflanzen z.B. Rotklee und Pappel bekannt sind, beachtlich hoch erscheinen."[299]

---

295 Bührer und Bundesrat 1991, S. 1.
296 Eidg. Forschungsanstalt für Wald, Schnee und Landschaft (Hrsg.) 1992a.
297 Vgl. Schlaepfer 199a, S. IVff.
298 Vgl. Eidg. Forschungsanstalt für Wald, Schnee und Landschaft (Hrsg.) 1992a, S. I.
299 Roth 1992, S. 138.

Die Ozonbelastung dürfte deshalb als ernstzunehmender Stressfaktor in Frage kommen. Die Wissenschaft sei jedoch nicht in der Lage, eine allgemeingültige Aussage über die Schädlichkeit der Luftverschmutzung zu machen. Für gewisse Nutzpflanzen und für Flechten seien Schäden durch Luftschadstoffe nachgewiesen, bei den Waldbäumen sei hingegen die Unsicherheit gross.[300]

Im November 1992 wird der Sanasilva-Waldschadenbericht erstmals von Greenpeace mit einem Insanasilva-Bericht ergänzt und umweltpolitisch interpretiert. Greenpeace hält daran fest, dass sich seit 1985 die Waldschäden verdoppelt haben und dass sich die Umweltpolitik an dieser langfristigen Entwicklung orientieren solle. Der konkrete Zusammenhang von Luftschadstoffen und Waldschäden könne noch nicht in einer lückenlosen Kausalkette dargestellt werden, dazu sei das Ökosystem Wald zu komplex.

„Die Wissenschafter der eidgenössischen Forschungsanstalt für Wald, Schnee und Landschaft klammern im Sanasilvabericht die Ursachen für die Waldschäden aus – angeblich wegen mangelnder Beweise. Wir meinen aber, dass es nicht genügt, die Krankheitssymptome statistisch zu erfassen, ohne deren Ursachen zu nennen. Der Greenpeace-Insanasilvabericht nimmt da kein Blatt vor den Mund."[301]

Für Greenpeace ist es offensichtlich, dass die Luftverschmutzung zu einer steten Zunahme der Waldschäden führt. Die Umwelt-Organisation fordert deshalb eine Reihe von Massnahmen, die auf eine Reduktion des Verbrauchs fossiler Brenn- und Treibstoffe zielen.[302]

Am 1. Dezember 1992 wollten die Mitglieder der parlamentarischen Gruppen „Forst", „Bergbevölkerung" und „Natur- und Heimatschutz" durch ein Hearing erfahren, ob das „Waldsterben die Lüge des Jahrhunderts oder bedrohliche Wirklichkeit sei".[303]

Rodolphe Schlaepfer, Direktor der WSL, Peter Lienert, Kantonsoberförster von Nidwalden und der Wissenschaftsjournalist Reto Locher standen den Parlamentariern Red und Antwort. Schlaepfer erläuterte den Kenntnisstand, wie er sich im Forum für Wissen zeigte. Lienert berichtet vom besorgniserregenden Zustand der Schutzwälder und appelliert an die Parlamentarier, die Massnahmen zur Walderhaltung weiterzuführen. Locher erklärte, dass die Zeit der drastischen Schlagzeilen zum Waldsterben vorbei sei. Das Thema befinde sich in der Phase der Institutionalisierung und erfordere weiterhin Aufmerksamkeit.[304]

Im Oktober 1993 führt eine Pressefahrt in einen Bergwald im Kanton Nidwalden. Auf einem Parcours wird das „Walderhebungsprogramm 1992-1995 (WEP)" vorgestellt. Es löst das Sanasilva-Programm ab, führt aber einige wesentliche Aufgaben des Sanasilva-Programmes weiter, insbesondere die Waldbeobachtung. Den Medienvertretern werden auch die wichtigsten Ergebnisse der WSI von 1993 präsentiert.

Wie im Jahr zuvor, publiziert Greenpeace seinen Insanasilva-Bericht parallel zum Sanasilva-Bericht der WSL. Greenpeace wirft der Waldschadenforschung vor, das Problem zu verharmlosen und deshalb ihrer politischen Verantwortung nicht gerecht zu werden. Die Umweltorganisation fordert eine wirksame Reduktion des Verbrauchs fossiler Energieträger. Die Medien greifen vor allem die Sanasilva-Resultate, die ja teilweise

---

[300] Vgl. Roth 1992, S. 145.
[301] Greenpeace 1992, S. 5.
[302] Vgl. Greenpeace 1992, S. 11.
[303] Bleistein 1993, S. 28.
[304] Vgl. Bleistein 1993, S. 28.

schon im Herbst publiziert worden sind, sowie die Vorwürfe von Greenpeace auf. Ihnen entgehen nicht nur die politischen Forderungen von Greenpeace, sondern auch die brisanteste Botschaft des Sanasilva-Berichtes. Über einige Seiten werden darin nämlich die methodischen Tücken und Unsicherheiten der WSI diskutiert. Die Unsicherheiten sind so gross, dass die Möglichkeit in Aussicht gestellt wird, die WSI nicht mehr oder nur auf ganz andere Weise weiterzuführen, sollte sich ihre Zuverlässigkeit nicht innert weniger Jahre deutlich verbessern.[305]

Ende 1993 wird in der SZF ausgesprochen, was in der Bevölkerung wahrscheinlich viele über die Waldschadenforschung und überhaupt über die gesellschaftlichen Hintergründe des „Waldsterbens" denken:

> „Die rasante Verschlechterung der Schadensituation ist nicht eingetreten, und die Politik hat sich ‚aktuelleren' Themen zugewandt. Die Forstwissenschaft kann bis dato keine gesicherten Aussagen aus Experimenten ableiten. Dem Forstdienst, den Waldbesitzern und der Forschung wird vorgehalten, in den achtziger Jahren die Gunst der Stunde genutzt zu haben und aufgrund eines Phantoms Millionen von Franken auf ihre Mühlen umgeleitet zu haben."[306]

4.4.2 Waldzustandsinventuren

Die Waldschadeninventur (WSI) hat die Aufgabe, die Verlichtung der Baumkronen und deren Veränderung repräsentativ zu erfassen. Es sind Aussagen für die ganze Schweiz oder für die fünf Grossregionen Jura, Mittelland, Voralpen, Alpen und Alpensüdseite möglich. Für einzelne Baumarten sind nur Aussagen über die gesamte Schweiz zulässig. Die Erhebung basiert auf einem landesweiten Netz regelmässig angelegter Probeflächen (vgl. Abb. 6) im Abstand von vier Kilometern. Auf rund 700 bestockten Flächen werden über 8000 Bäume von mehr als 12 cm Stammdurchmesser erfasst.

Der Zustand der Bäume wird durch das Merkmal der Kronenverlichtung erfasst; die „Nadel- oder Blattverluste" werden in 5%-Klassen geschätzt. Zur Vereinheitlichung der Ansprache werden die Taxatoren anhand eines Bilderbuches und einer Dia-Serie geschult.

Es ist umstritten, welche Bedeutung der Kronenzustand für die Gesundheit eines Baumes hat und ob bei lichteren Kronen wirklich Verluste von Nadeln und Blättern vorliegen. Der prinzipielle Zusammenhang zwischen Kronenzustand und Überlebenschancen des Baumes ist offensichtlich, aber die Vermutungen über die natürliche Schwankungsbreite der Kronenverlichtung bei Bäumen und über die Verteilung der Verlichtunsklassen in gesunden Beständen gehen weit auseinander.[307] Nicht restlos geklärt ist zudem das Ausmass der verschiedenen möglichen Schätzfehler; sie liegen für die Klasse von 30% und mehr NBV jedoch mit grosser Wahrscheinlichkeit im Bereich einiger Prozente und damit in der Grössenordnung der jährlichen Veränderungen der Kronenverlichtung. Bei einer Gesamtnutzung von ca. 1.5% der Bäume pro Jahr bleibt der Einfluss der Holznutzung auf die Verteilung der Kronenverlichtung relativ gering. Die unter diesen Umständen feststellbare Sterberate liegt im Bereich von 0.2 bis 0.3

---

[305] Kap. 6 wird sich in Form einer Fallstudie ausführlicher damit befassen.

[306] Tranchet, Fürst, Stadler und Volz 1993, S. 5. Vgl. auch Reichert und Zierhofer 1993, S. 210ff.

[307] Dabei ist weiter zu beachten, dass sich in einem weiteren Schritt auch die Norm eines Nutzwaldes von der eines natürlichen Waldes stark unterscheiden dürfte.

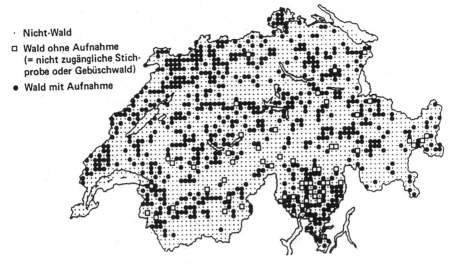

- Nicht-Wald
- □ Wald ohne Aufnahme
  (= nicht zugängliche Stichprobe oder Gebüschwald)
- ● Wald mit Aufnahme

Abb. 6. Geographische Verteilung der Stichproben zur Erfassung der Kronenverlichtungen im Schweizer Wald (Brassel 1992, S. 27).

Prozent.[308] Allerdings können gesund erscheinende Bäume ohne erkennbare Ursache absterben. Kronenverlichtung ist ein unspezifisches Merkmal, das durch verschiedene Faktoren in einem unbekannten Mass beeinflusst wird. Es ist unwahrscheinlich, dass die Schwankungen von Jahr zu Jahr eine direkte Folge gasförmiger Immissionen sind.[309] Das wirft wiederum die Frage auf, in welchem Ausmass sich die Einflüsse von Witterung, Waldentwicklung und Forstwirtschaft im Kronenzustand niederschlagen und in welchen Zeithorizonten Schwankungen von Tendenzen unterschieden werden sollen.

Trotz vieler Interpretationsprobleme bleibt die Inventur auf der Basis der Kronenverlichtung die effizienteste Weise, ein flächendeckendes, reproduzierbares Bild vom Zustand und von den Veränderungen des Waldes zu erhalten.[310] Das heisst allerdings nicht, dass grossangelegte Inventuren auch das effizienteste Frühwarnsystem für neuartige Waldschäden sein müssen. 1984 wurde die Serie der Inventuren mit der Zielsetzung begonnen, Klarheit über den Verlauf des Waldsterbens zu gewinnen, um die Dringlichkeit und den Umfang von Gegenmassnahmen abschätzen zu können. Die Waldschadeninventur diente primär der Politik; sie war nicht dazu konzipiert worden, mit ihren Daten weiterführende Auswertungen anstellen zu können. Heute stellt sich das Problem des Waldzustandes in ganz anderen Qualitäten dar, und die Zweckmässigkeit der Waldzustandinventuren muss überprüft werden.

---

308 Vgl. Bundesamt für Umwelt, Wald und Landschaft, Eidg. Forschungsanstalt für Wald, Schnee und Landschaft 1992, S. 16.

309 Grössere und unregelmässige Schwankungen weist eigentlich nur das Ozon auf. Aber aufgrund von Laborexperimenten gelten Flecken und Verfärbungen von Blättern und Nadeln als die ersten Schadsymptome des Ozon.

310 Weiterführende Literatur hierzu: Bundesamt für Umwelt, Wald und Landschaft, Eidg. Forschungsanstalt für Wald, Schnee und Landschaft 1990, 14ff., sowie Innes et. al. 1994.

Nadel-/Blattverlust (%)	Revierumfrage 1983 Schweiz	Waldschadeninventur 1984-1990 Schweiz	Waldschadeninventur 1984-1990 BRD		Forschungsbeirat Waldschäden/Luftverunreinigungen (BRD) Vorschlag 1989	UN-ECE 1986-1990 / EG 1987-1990
- 0 -						
10 -	gesund	ungeschädigt	ohne Schadmerkmale		gesund	nicht verlichtet
20 -		schwach geschädigt Warnstufe (ab 1990)	schwach geschädigt Warnstufe (ab 1989)		indifferent	schwach verlichtet
30 -	kränkelnd					
40 -		mittelstark geschädigt	mittelstark geschädigt		geschädigt	mittelstark verlichtet
50 -						
60 -	krank			deutliche Schäden (ab 1989)		
70 -					stark geschädigt	stark verlichtet
80 -	absterbend	stark geschädigt	stark geschädigt			
90 -						
- 100 -	dürr	abgestorben	abgestorben		abgestorben	tot
	Schadensklassen	Schadstufen	Schadstufen		Vitalitätsstufen	Verlichtungsstufen

Tab. 4. Übersicht über Waldschadendefinitionen in der Schweiz, der BRD, der United Nations Economic Commission for Europe [UN-ECE] und der Europäischen Gemeinschaft [EG]. (Aus: HAEMMERLI in Eidg. Forschungsanstalt für Wald, Schnee und Landschaft (Hrsg.) 1992, S. 15).

Aufgrund der Auslegungsprobleme sollten die Inventurdaten vor allem als Hinweise auf einen mittel- bis langfristigen Trend gelesen werden.[311] Es ist nicht sehr sinnvoll aus den Zahlen eines Jahres direkt auf Belastungen des Waldes oder auf seine Überlebenskraft zu schliessen. Hinsichtlich der Problematik von Waldschäden sind die mittelfristigen Veränderungen in den Klassen stärkerer Kronenverlichtung wahrscheinlich das aussagekräftigste Mass.[312] Wird einmal nur die Entwicklung des Anteils der Bäume mit ≥25% NBV in Betracht gezogen, ergibt sich der aus den Medien bekannte Trend (vgl. Abb. 7).

Ein Blick auf die Verlaufskurven für alle 5%-Klassen zeigt, dass sich vor allem eine Verschiebung der tiefsten Verlichtungsklassen in die Klassen von 15% bis und mit 35% NBV ereignet hat. In den Klassen von 40% NBV und mehr fallen die Entwicklungen sehr unterschiedlich aus, doch finden sich jeweils nur wenige und ab 60% NBV oft gar keine Bäume in diesen Klassen. Bis 1993 lässt sich also kein „Nachrutschen" der Bäume in Verlichtungsklassen, die mit grosser Wahrscheinlichkeit Schäden anzeigen, beobachten. Die Zahl der deutlich siechenden Bäume hat, so weit dies aufgrund ihrer geringen Zahl überhaupt noch beurteilbar ist, nicht stark zugenommen. Ähnlich sieht es nördlich des Rheins aus. Seit 1978 sind in Baden-Württemberg Dauerbeobachtungsflächen für Waldschäden eingerichtet und seit 1983 werden Waldschadeninventuren durchgeführt. Sie belegen, dass die Kronenverlichtungen im baden-württembergischen

311 Als die Inventuren aufgenommen wurden, befürchteten die verantwortlichen Wissenschafter allerdings eine massive Veränderung aufgrund von Immissionen innert weniger Jahre. Diese Möglichkeit lässt sich heute zwar nicht ausschliessen, scheint aber nicht besonders wahrscheinlich zu sein.

312 Zumindest solange angenommen werden darf, dass geschwächte oder angeschlagene Bäume im Durchschnitt sensibler auf zusätzliche Belastungen reagieren.

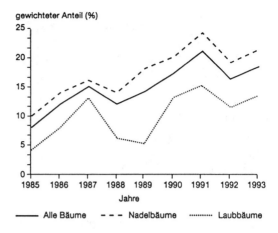

Abb. 7. Verlauf des mittleren gewichteten Anteils von Bäumen mit einem Nadel-/Blattverlust (NBV) von 25% und mehr, für alle Baumarten und für Nadelbäume und Laubbäume getrennt. (Aus: INNES et.al. 1994, S. 35.) In früheren Sanasilva-Berichten wurde jeweils die Kurve für einen NBV von 30% und mehr (Stufen 2 - 4) dargestellt. Der „Verlust" bezieht sich auf den geschätzten Unterschied zur Vorstellung eines idealen Baumes.

Wald in der ersten Hälfte der achtziger Jahre zwar rasch zunahmen, sich seither aber der Zustand der Baumkronen verbessert hat.[313] Für ein Waldsterben im wörtlichen Sinn ergeben sich also keine Anhaltspunkte. Da jedoch schon die Häufigkeit von geringen Kronenverlichtungen mit Wurzelfäule und Baumstabilität schwach, aber signifikant korreliert,[314] ist anzunehmen, dass sich im beobachteten Trend auch eine Belastung des Waldes ausdrückt. Worauf diese zurückzuführen ist, ob sie natürlich oder anthropogen, besorgniserregend oder nicht, Vorbote eines langsamen Waldniedergangs ist usw., lässt sich (noch?) nicht sagen.

Im Laufe der Zeit hat die WSI einige kleinere und grössere Änderungen erfahren. Nur 1984, in der ersten Inventur musste der private und schlecht zugängliche Wald aus organisatorischen Gründen ausser acht gelassen werden. Seit 1985 besteht im Prinzip dasselbe Inventursystem, das einen direkten Vergleich der Ergebnisse von Jahr zu Jahr erlaubt. 1989 wurden die Namen der NBV-Klassen den internationalen Richtlinien angepasst; seither wird nur noch eine Kronenverlichtung ab 30% NBV als Schaden betrachtet. Ab 1990 wird neben der Verlichtung unbekannter Ursache auch diejenige mit erkennbarer Ursache dokumentiert. Ab 1992 werden die Klassen des NBV nicht mehr als Schadensklassen, sondern als Klassen der Verlichtung bezeichnet.

Die Inventur von 1993 weist einige wichtige Neuerungen auf. Mit der Ausdehnung des Stichprobennetzes auf ein Raster von 8 x 8 km reduziert sich die Zahl der Probeflächen auf einen Viertel. Dadurch lassen sich in der Schweiz nur noch Berggebiet und Nicht-Berggebiet unterscheiden; Aussagen für eine der fünf Grossregionen und für einige weniger häufige Baumarten sind nicht mehr zulässig. Auf der anderen Seite werden weitere Merkmale des Baumes, wie Vergilbung oder dürre Zweige, sowie Bodeneigenschaften und Vegetationszusammensetzung zusätzlich erfasst. Die Inventur wird statistisch ärmer, aber ökologisch reicher. Dem Anspruch, nicht nur den Baumzustand,

---

[313] Vgl. Bucher 1994, S. 400.
[314] Vgl. Schmid-Haas 1994, S. 383.

122

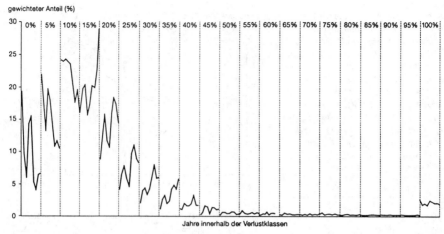

gewichteter Anteil (%)

Jahre innerhalb der Verlustklassen

Abb. 8. Graphischer Vergleich der Baumanteile in den 5%-Klassen des Merkmals „unerklärte Nadel-/Blattverluste" der Jahre 1985 bis 1993. (Aus: INNES et.al. 1994, S. 34).

sondern auch den Waldzustand zu erfassen, wird sie in der neuen Form eher gerecht. Neben diesen Änderungen der Erhebung wurde aus der „Waldschadeninventur" eine „Waldzustandsinventur" (WZI) und die Darstellung der Verlichtung in fünf Stufen (die früheren Schadstufen) wurde aufgegeben. Nun werden die Daten grafisch und als Tabelle in den 5%-Klassen, nach denen sie auch geschätzt wurden, dargestellt.

Ab 1995 wird die Waldzustandsinventur nur noch auf einem 16 x 16 km-Raster durchgeführt.

„Diese jährlichen Erhebungen sind notwendig, um die internationalen Verpflichtungen zu erfüllen."[315]

Sie entsprechen dem europäischen Standard. Alle drei Jahre wird eine Inventur wie bisher auf dem 8 x 8 km-Netz durchgeführt werden, das nächste Mal also 1987. Aus der Erhebung auf dem ausgedünnten Netz sind zwar keine gesicherten Aussagen über unser Land mehr abzuleiten, aber plötzliche, massive Verschlechterungen will man damit doch erkennen können, um dann unverzüglich zu einer umfassenderen Erhebung zurückzukehren.

Insgesamt entwickelt sich die schweizerische Waldbeobachtung zu einem System, das zwar immer noch als Warnlampe für die Umweltpolitik dienen kann, sich zugleich aber intensiver der Erforschung verschiedenster Kausalzusammenhänge widmet.

Seit 1984 werden die Resultate der Inventur in einem Bericht veröffentlicht. Bis 1992 hiessen die Berichte „Sanasilva-Waldschadenbericht" und wurden jeweils etwa Ende November den Medien im Rahmen einer Pressekonferenz, bzw. 1992 nur mit einer Pressemitteilung, präsentiert. Der institutionellen Verankerung des Sanasilva-Programmes entsprechend, wurden sie gemeinsam von der Forstverwaltung und von der Forstwissenschaft herausgegeben. Da sie zumindest die ersten Jahre jeweils an einer Bundeshauskonferenz vorgestellt wurden, war die Veröffentlichung der Inventurergebnisse klar

---

[315] Oester 1995, S. 4.

als politisches Ereignis markiert, und konsequenterweise befassten sich auch in erster Linie die Bundeshauskorrespondenten der schweizerischen Medien mit den Inventurergebnissen. Die Inventurberichte waren auf anspruchsvollem, aber immer noch populärwissenschaftlichem Niveau abgefasst; sie konnten von Laien verstanden und auch umfangmässig leicht bewältigt werden. Sie gaben räumlich und nach Baumarten differenzierte Auskunft über die Ergebnisse der WSI und des PBMD. Gelegentlich wurden noch weitere Themen, wie der Zustand der Wälder in Europa, angeschnitten. Die Darstellung der Ergebnisse der WSI waren jedoch immer auch mit einer Beurteilung der Waldschadensituation und mit Erläuterungen zum Kenntnisstand der Ursachenforschung verknüpft.

Mit der Zeit wurde dieses Umweltbeobachtungsinstrument stufenweise entpolitisiert. Die Presseorientierungen wurden an die WSL verlegt und zwischen der Präsentation der Ergebnisse und ihrer politischen Interpretation durch die Forstdirektion wurde deutlicher unterschieden. Seit 1993 liegt die Inventur in der Eigenverantwortung der WSL und der Waldzustandsbericht wird umfangreicher und anspruchsvoller, obwohl er immer noch allen Medien mit einer Pressemitteilung zugestellt wird.

4.4.3 Metamorphosen des Waldsterbens

Den Anfang des Zersetzungsprozesses markiert die Einsicht, dass das Faktum Waldsterben nicht auf eine einzelne Ursache zurückgeführt werden kann. Sehen wir uns einen dafür typischen Argumentationsgang einmal an:

1. These: Das Wetter ist schuld. Die Niederschlagsmessungen seit 1970 bis 1984 ergeben erstens keine Korrelation mit den Schäden, zweitens handelt es sich mit Ausnahme der Sommer 83 und 84 um eine relativ kühle und nasse Periode. Es traten regional schon ähnliche Sommer auf, ohne vergleichbare Waldschäden hervorzurufen.

2. These: Die unerkannte Epidemie (Insekten, Pilze, Viren u.a.). Gegen diese Vermutung spricht, dass nur wenige Krankheiten und Schädlinge bekannt sind, die viele verschiedene Arten befallen.[316]

3. These: „Der Förster ist schuld". Die Verteilung der Schäden führt zum Schluss, dass die falsche Baumartenwahl mit dem Waldsterben offenbar nichts zu tun hat.[317] Auch für Überalterung oder Bestandesstruktur als Ursache zeigen sich aufgrund der Resultate der Waldschadeninventur keine Hinweise.

4. These: Immissionen. Die Hypothese von B. Ulrich u.a., saurer Regen führe zu einer Bodenversauerung und dem Freisetzen von Aluminium- und Schwermetallionen und damit zu Waldschäden, widerspricht der Verteilung der Schäden auf unterschiedlichsten Böden (v.a. Kalkböden). Doch die Prozesse im Boden sind noch schlecht verstanden. Eine andere Hypothese besagt, dass die Bäume gasförmige, flüssige und feste Stoffe aus der Luft „auskämmen". Die Korrelationen mit topographischen Merkmalen stützen diese These teilweise: Windexponierte Bäume sind eher geschädigt.[318] Zur Beurteilung der These, Ozon und Photooxidantien seien schadenverursachend, reichen die NABEL-

---

[316] Schmid-Haas 1985, S. 265.
[317] Vgl. Schmid-Haas 1985, S. 266.
[318] Vgl. Schmid-Haas 1985, S. 267.

Messreihen nicht aus. Die These muss weiterhin ernsthaft überprüft werden. Über andere Stoffe in der Luft ist zu wenig bekannt und Radioaktivität sowie elektromagnetische Wellen scheinen keinen genügend grossen Einfluss auf Pflanzen zu haben, als dass damit die Waldschäden erklärt werden könnten.[319]

5. These: Kombinierte Ursachen. Aus Laborexperimenten kennt man Hinweise darauf, dass verschiedene Immissionen die Widerstandsfähigkeit für Trockenheit und Frost reduzieren können. Zwar gab es in jüngster Zeit einige Temperaturstürze, doch zeigten die Nadelanalysen von Landolt, Bucher und Kaufmann keinen Nährstoffmangel. Auch Synergismen mit Nährstoffmangel im Boden oder mit Epidemien scheiden als plausible Ursachen aus.[320]

„Es gibt vorläufig offenbar keine Hypothese, die für sich allein alle beobachteten Zusammenhänge und Unterschiede erklären könnte. Alle Hypothesen, welche die Waldschäden falschen waldbaulichen Massnahmen oder nur der Witterung zuschreiben, können verworfen werden, da sie mit den Beobachtungen nicht übereinstimmen. Immissionen müssen eine massgebliche Ursache für die Waldschäden sein, da man das Geschehen ohne Immissionen fast nicht erklären kann. Andererseits scheinen Immissionen allein ebenfalls nicht alle Beobachtungen erklären zu können. Schon eher kann das Geschehen durch Hypothesen erklärt werden, die den Einfluss von Immissionen mit der Witterung der letzten Jahre und allenfalls mit Epidemien kombinieren. Immissionen scheinen zu bewirken, dass Bäume Trockenheit, Temperaturstürzen und Infektionen schlechter widerstehen können."[321]

Es sei noch viel Forschung nötig, bis diese Zusammenhänge klarer werden, meint Schmid-Haas im Jahr 1985. Seine Argumentation geht noch vom Faktum der Waldschäden aus. Einige Jahre später zieht auch Bonneau unter derselben Prämisse noch ein vergleichbares Fazit. Er grenzt das Problem als ein Zusammenwirken von drei Faktoren ein:

1. ein zufälliger natürlicher Faktor: der Einfluss von Trockenperioden wurde dendrochronologisch nachgewiesen;
2. ein disponierender Faktor: auf bestimmten Standorten macht das Grundgestein das forstliche Ökosystem anfälliger auf saure Depositionen und ev. auch auf Ozon;
3. ein verstärkender Faktor: Luftverschmutzung in Form saurer Niederschläge, Stickstoffoxide, Ozon und in geringerem Masse auch SO_2.

Der Einfluss eines jeden Faktors muss jedoch nach der Natur des Bestandes und dem ökologischen Kontext gewertet werden.[322]

Was sich eigentlich schon in Ulrichs Arbeiten im Solling abzeichnete und von etlichen Autoren befürchtet oder vorhergesagt worden war, wurde je länger je mehr zur Gewissheit: Schon 1989 wird ernüchtert festgestellt, dass es trotz intensiver Forschung nicht gelungen ist, die Auswirkungen anthropogener Immissionen von altbekannten Forstschutzphänomenen zu trennen.[323] Auch eine Reihe von Fallstudien, in denen geschädigte Laubhölzer zwischen Rumänien und Frankreich untersucht wurden, kann im Jahr 1994 noch keine Luftschadstoffe als massgebliche Schadfaktoren identifizieren.[324] Die

---

[319] Vgl. Schmid-Haas 1985, S. 268f.
[320] Vgl. Schmid-Haas 1985, S. 269f.
[321] Schmid-Haas 1985, S. 270f.
[322] Vgl. Schneider 1990.
[323] Vgl. Heiniger 1989.
[324] Vgl. Keller 1994.

im Schwarzwald gehäuft auftretenden Vergilbungen von Fichtennadeln können im Laborexperiment reproduziert und eindeutig als Folge eines Nährstoffmangels ausgewiesen werden, ohne dass eine direkte zusätzliche Schadwirkung von sauren Niederschlägen oder Schadgasen angenommen werden muss. Primär kommen als Ursache dafür Trockenperioden in Frage. Eine indirekte Beteiligung von Luftschadstoffen könne jedoch nicht ausgeschlossen werden.[325]

So wird vorderhand davon ausgegangen, dass es diesen Zusammenhang zwischen Luftschadstoffen und Waldschäden nicht gibt oder dass er sich nicht erkennen lässt. Als „Nebenprodukte" der Forschung fallen immerhin Nachweise einer Pflanzenschädigung durch Ozon und einer Beeinträchtigung von Flechten durch SO_2 an.

Erst gegen Ende der 80er Jahre richtet die Wald-Sterbe-Forschung ihr Augenmerk auf die Mortalitätsraten. Eine Analyse von Daten aus Waldzustandsinventuren zeigt, dass sich die Mortalitätsrate in den letzten Jahren nicht wesentlich erhöht haben kann. Der Zusammenhang zwischen Mortalitätsrate und Kronenverlichtung der Vorjahre lässt sich jedoch belegen. Die Mortalitätsrate hängt von gewissen Standortfaktoren ab, nicht aber vom Bestandesalter. Sie ist eher abnehmend mit steigender Seehöhe. Damit zeigen sich Probleme der heutigen Waldzustandsinventuren. Alte Bäume können zwar einen schlechten Kronenaspekt aufweisen, brauchen deswegen aber nicht einen schlechten Gesundheitszustand (oder eine hohe Mortalitätsrate) zu haben. Vermutlich werden die Nadelverluste im Hochgebirgsbeständen systematisch überschätzt.[326]

Einzelne Wissenschafter wurden auf alte Fotografien aufmerksam. Diese nähren den Verdacht, dass auch ein beachtlicher Anteil der Bäume in früheren Jahrzehnten relativ schüttere Kronen aufgewiesen hat.[327] Damit ist die Frage nach der angemessenen Deutung der Beobachtungen aufgeworfen: Was sind Waldschäden? Vielen Wissenschaftern war von Anfang an bewusst, dass die Transparenz von Baumkronen ein unspezifisches Symptom ist; es kann ganz unterschiedliche Ursachen haben. Zudem wurden schon früh die Schwierigkeiten eine Schadensgrenze zu setzen erkannt. Während in der Schweiz 1985 eine Kronenverlichtung von mehr als 10% NBV als leichte Schädigung bezeichnet wird, sprechen die Schweden und die Österreicher erst ab 20% NBV von Schäden. Sie begründen dies v.a. mit dem Umstand, dass Fichten nach trockenen Sommern oft bis zu zwei Nadeljahrgängen bzw. bis zu 14% ihrer Nadeln abwerfen können.[328]

Vergleiche mit einem anderen gebräuchlichen Indikator für den Zustand von Bäumen, nämlich dem Verlauf der Jahrringbildung, führen kaum weiter. So wurde beispielsweise an 75 Fichten aus 8 Forstkreisen das Wachstum der Jahrringe seit 1850 untersucht. Dabei stellte sich für alle Forstkreise eine stete Wachstumssteigerung heraus, die nur von einzelnen witterungsbedingten Zuwachsdepressionen unterbrochen wurde. Zwischen dem Zuwachs und der Benadelungsdichte im Bereich von 20% bis 40% Nadelverlust sowie den Vergilbungen wurden keine Zusammenhänge festgestellt.[329]

Somit stellt sich die Frage nach der Zweckmässigkeit von Waldschadeninventuren, die auf dem Merkmal der Kronendichte aufbauen. Die Verwendung des Merkmals „Na-

---

[325] Vgl. Fink 1989, S. 21ff.
[326] Vgl. Bachmann 1991.
[327] Vgl. Hugentobler 1989.
[328] Vgl. Wasser 1986a und 1986b.
[329] Vgl. Schweingruber 1987, S. 364.

del- und Blattverlust" als Indikator für die neuartigen Waldschäden wird denn auch in
den 90er Jahren gründlich hinterfragt:

> „Hinter diesen unspezifischen Symptomen können zum einen sehr unterschied-
> liche Ursachen versteckt sein und zum anderen wissen wir nicht, was als lang-
> jähriger Durchschnitt zu gelten hat, da diese Symptome erst seit wenigen Jahren
> mehr oder weniger reproduzierbar aufgenommen werden. bezogen auf den
> Einzelbaum lassen die Waldschadenzahlen weder eine Aussage über den Zeit-
> punkt des ‚Nadel- oder Blattverlustes' zu, noch wissen wir, welche Jahrgänge
> davon betroffen sind, respektive ob es sich um effektive Verluste handelt oder
> nicht. Zudem traten die Nadel- und Blattverluste, die wir heute als Zeichen des
> Waldsterbens ansehen, schon früher auf (Schweingruber 1989). Daher gilt nicht
> das Symptom an sich als neu, sondern nur dessen weite Verbreitung. Diese An-
> nahme ist aber nicht durch Daten belegt. Die Situation wird noch dadurch
> kompliziert, dass eine Waldentwicklung auch ohne Immissionseinflüsse nicht
> immer harmonisch verläuft."[330]

Unabhängig davon, welches Merkmal zur Beurteilung der Gesundheit von Bäumen
herangezogen wird, stellt sich die Frage nach der Norm oder zumindest nach einem
sinnvollen Referenzpunkt. Auf 21 Dauerbeobachtungsflächen in Nordrhein-Westfalen
wurden Paarvergleiche bezüglich Kronenverlichtung und Zuwachs durchgeführt. Es
zeigte sich, dass mit einer sehr grossen Variabilität auch in gesunden Beständen zu
rechnen ist.[331]

Vegetationskundliche Vergleichsstudien zeigen, dass die Stickstoffanreicherung in
vielen Waldböden und deren Versauerung nicht umstandslos Immissionen aus der Luft
zugeschrieben werden dürfen.[332] Weit zurückliegende Formen der Waldnutzung und
Übernutzungen könnten noch in der heutigen Vegetationsdynamik eine bedeutende Rolle spielen und die Auswirkungen heutiger Immissionen könnten sich aufgrund der Puf-
ferfähigkeit von Ökosystemen möglicherweise auch erst in Jahrzehnten bemerkbar
machen. Mit floristisch-ökologischen Methoden lassen sich jedoch die Auswirkungen
von Stickstoff- und Säureeinträge in Waldökosysteme weder schlüssig nachweisen noch
ausschliessen.[333]

Waldschäden werden zunehmend als lokale Ereignisse betrachtet. Die Belastungen
für den Wald und die Waldschadenentwicklung variieren räumlich stark, wie es z.B. die
Infrarotaufnahmen aus Flims, Altdorf oder Zofingen belegen. Eine Regionalisierung
und Lokalisierung der Schädigungen wird für einen weiteren Fortschritt in der Waldschadenfrage als unumgänglich angesehen.[334]

Die Zweifel, die ich hier nur exemplarisch vorführen konnte, werden auch in sogenannten Syntheseberichten kaum je systematisch dargestellt und durchdiskutiert. Die
Perspektive der Synthesen ist immer noch auf die Konsolidierung dessen ausgerichtet,
was man als wahr ausweisen können möchte, und kaum auf die Bereinigung wider-
sprüchlicher Ergebnisse bzw. Interpretationen. Doch insgesamt haben diese Zweifel zu
einer Zersetzung des monolithischen Phänomens „Waldsterben" geführt:

> „Die Forschungsergebnisse in der Schweiz stärken die Konzeption, dass wir es in
> den achtziger Jahren in Mitteleuropa wohl nicht mit einem allgemeinen Wald-

---

[330] Landolt 1992, S. 74.
[331] Vgl. Hartmann 1989.
[332] Vgl. Kuhn 1993.
[333] Vgl. Kuhn 1993, S. 363f.
[334] Vgl. Eidgenössische Forschungsanstalt für Wald, Schnee und Landschaft 1991 (Hrsg.), S. 82f.

sterben (forest decline) zu tun hatten, sondern mit einem Komplex ganz verschiedenartiger Erkrankungstypen (verschieden nach Baumart und Region). Sie unterscheiden sich nach ihrem Krankheits- und Erholungsverlauf und ihren typischen Symptomen. Sie werden durch jeweils spezifische Ursachenbündel ausgelöst. In ihnen wirken viele natürliche Stressoren (grossflächig) und Luftschadstoffe (nur lokal oder regional) mit räumlich und baumartenspezifisch wechselndem Gewicht zusammen."[335]

Darüberhinaus bleibt aber die Bedeutung der ständigen Zunahme der Kronenverlichtung beklemmend unklar: Ist es eine natürliche Schwankung oder ein Anzeichen einer Beeinträchtigung der Lebensfunktionen? Und welches sind jeweils die Ursachen? Ist es angesichts dieser Unsicherheiten überhaupt noch sinnvoll, von einem Phänomen auszugehen, das erstens räumlich weit verbreitet ist und zweitens praktisch alle Baumarten betrifft?

Nach 1985 standen kaum mehr bedeutende politische Entscheide zum Waldsterben an. Viele Wissenschafter, die in der akuten Phase am Ende ihrer Artikel noch explizit für Massnahmen der Luftreinhaltung plädierten, begnügen sich in der Zersetzungsphase mit dem Hinweis, dass noch viel Forschung nötig sein werde. Weiterführende Überlegungen, z.B. über die Effizienz umweltpolitischer Massnahmen, über Risikominimierungsstrategien oder andere Orientierungen an der politischen Dimension des Problems sind in der Literatur der Waldschadenforschung nicht mehr anzutreffen.

4.4.4 Stand der Kenntnisse (Mitte der 90er Jahre)

Den unumstrittenen Kenntnisstand in der Waldschadenforschung gibt es nicht. Zu viele der offenen Fragen sind von grundlegender Bedeutung, zu viele Forschungsergebnisse lassen noch beachtliche Interpretationsspielräume offen. Im Vergleich mit den frühen 80er Jahren hat sich aber ein Stock gefestigter Erkenntnisse gebildet, der zu einem in vielen zentralen Belangen grundsätzlich anderen Bild des „Waldsterbens" führt. Aus schweizerischer Perspektive wird der „Kenntnisstand" mehr oder weniger regelmässig in Syntheseberichten zusammengefasst. Im folgenden beziehe ich mich hauptsächlich auf die Synthese von Rodolphe Schlaepfer im Tagungsband des „Forums für Wissen" vom Januar 1992 und auf einen Aufsatz von John Innes in einem Band über die neuartigen Waldschäden und den Klimawandel. Beide Arbeiten beziehen sich auf eine Fülle von internationalen Quellen und versuchen das relativ gut gesicherte Wissen von offenen Fragen zu trennen.

a) Waldzustand: Gibt es ein „Waldsterben"?

Die Waldschadeninventuren weisen seit 1984 eine mehr oder weniger stetige Zunahme der Kronenverlichtung aus. Das gibt Anlass zur Beunruhigung und bedarf einer Erklärung; die Sterberate der Bäume scheint hingegen nicht beunruhigend zu sein. Sie wird durch die Holznutzung nur schwach beeinflusst. Es kann auch kein allgemeiner Zuwachsrückgang festgestellt werden; in viele Beständen hat der Holzzuwachs sogar zugenommen. Holz aus verlichteten Fichten und Tannen weist keine Qualitätsverminderungen auf. In Nadelanalysen konnten keine verbreiteten Mangelerscheinungen festgestellt werden. Ab 1983 lässt sich ein leichter Trend zu früheren Eintrittsterminen bei

---

[335] Rehfuess 1992, S. 157.

der jährlichen Vegetationsentwicklung erkennen. Im Rahmen der von einigen Kantonen durchgeführten Waldbeobachtungsprogrammen konnten keine sichtbaren Schädigungen durch Immissionen festgestellt werden. Diese Ergebnisse sprechen insgesamt gegen eine generelle Vitalitätsverminderung der Schweizer Wälder.

Über die Verbreitung von Stamm- und Wurzelpilzen oder von Nadelschütte-Pilzen sind nicht hinreichend Daten vorhanden. Die Erfahrungen der Forstdienste und Säger sprechen aber für deren weite Verbreitung. In den Wäldern des Mittellandes haben Stickstoff anzeigende Pflanzen zugenommen, in denen der Alpen hingegen Säure anzeigende Pflanzen.[336]

Folgen wir der Interpretation von John Innes, dann konnte weder in Europa noch in den USA die Existenz eines „Waldsterbens" oder „neuartiger Waldschäden" im Sinne einer grossflächigen und verschiedenste Baumarten betreffenden Schädigung nachgewiesen werden.[337] Einzig in einigen Gebieten im Südosten Deutschlands, im Norden Tschechiens und in Polen verfallen Wälder in regionalem Massstab. Doch selbst dort konnte der Einfluss der Luftverschmutzung nicht zweifelsfrei nachgewiesen werden. Die verschiedenen nationalen Waldzustandsinventuren weisen lediglich nach, dass der Waldzustand, gemessen an der Kronenverlichtung, von Land zu Land und von Jahr zu Jahr variiert. Zudem sind die Daten zwischen den Ländern nicht direkt vergleichbar und die Dauer der Inventuren noch relativ kurz, um geringfügige Trends mit hoher Wahrscheinlichkeit bestimmen zu können. Die Daten sprechen weniger für ein allgemeines Waldsterben als vielmehr für viele lokale Faktoren, die den Zustand einzelner Baumarten in verschiedenen Regionen beeinträchtigen.[338]

Bis heute ist es unklar, ob die Kritik von Innes in der Sprachregelung der WSL berücksichtigt wird. Bis zum Sommer 1995 geht die Direktion der WSL jedenfalls immer noch von der Vorstellung eines zwar nicht einheitlichen, aber doch zusammengehörigen Phänomens aus, wie dies beispielsweise schon anlässlich des „Forums für Wissen" von 1992 formuliert wurde:

„Das ‚Waldsterben' ist eine komplexe Walderkrankung, die bei fortschreitender Vitalitätsverminderung zum Sterben von Beständen führen kann. Die meist benutzten Merkmale für die Beschreibung der Krankheit waren bislang die Kronenverlichtung und die Vergilbung von Blättern oder Nadeln. Es gibt in Europa verschiedene Typen der komplexen Waldkrankheit; sie sind baumarten- und standortspezifisch. Plausible Erklärungshypothesen gibt es nur für wenige Fälle; so zum Beispiel für die Nadelvergilbung der Fichte im Fichtelgebirge (Deutschland), welche auf einem Magnesiummangel beruht. Das in der Schweiz beobachtete Phänomen zeichnet sich durch eine Verlichtung von Baumkronen aus."[339]

Gegenüber der Konzeption des Waldsterbens in der akuten Phase wurden damit die zentralen Probleme nicht ausgeräumt. Die Kronenverlichtung ist ein zu unspezifisches Symptom, um damit das Merkmal zu sein, das eine Zuordnung zum Waldsterben oder zu der komplexen Walderkrankung ermöglicht. Es war und ist immer noch unklar, welche Bedingungen erfüllt sein müssen, um sagen zu können, dass neuartige Waldschäden beobachtet werden. Daher lassen sich immer noch unterschiedlichste Ereignisse als Anzeichen dieser Krankheit und als Indiz für Schäden durch die Luftverschmutzung deuten. Rein logisch betrachtet besteht ebenso die Möglichkeit, dass umgekehrt Symp-

---

[336] Vgl. Schlaepfer 1992a, S. IVf.
[337] Vgl. Innes 1993, S. 95.
[338] Vgl. Innes 1993, S. 80f.
[339] Schlaepfer 1992a, S. VII.

tome, die durch Immissionen hervorgerufen werden, nicht beachtet werden, nur ist dies unter den gegenwärtigen Erkenntnisinteressen eher unwahrscheinlich.

Für die Forschung bedeutet dies insbesondere, dass die unterschiedlichsten Forschungsergebnisse absorbiert werden können, ohne zu einer Änderung der Vorstellung zu drängen. Dies leistet Situationen Vorschub, wie sie Innes kritisiert: Der Begriff „neuartige Waldschäden" sei ohne angemessenen Bezug zur umfangreichen Literatur über Baumschäden in der Vergangenheit verwendet worden. 1985 definierten beispielsweise Schütt und Cowling die neuartigen Waldschäden als

„the widespread and substantial decline in growth and the change in behaviour of many softwood and hardwood ecosystems in central Europe"

während

„in reality, no widespread and substantial decline in growth and the change in behaviour of softwood und hardwood ecosystems had been documented. Changes had been seen in individual stands, but these could under no circumstances be described as widespread".[340]

Die Hypothese von der „Komplexkrankheit Neuartige Waldschäden" ist dermassen unbestimmt, dass sie sich kaum überprüfen lässt. Solange keine Operationalisierung dieses Begriffes wenigstens versuchsweise vorgenommen wird, verurteilt sich die Wissenschaft zur Spekulation und setzt sich damit selbst matt. An einer Tagung im April 1989 machte der Philosoph Gereon Wolters darauf aufmerksam,

„in welch beträchtlichem Ausmass hier noch begriffliche Grundlagenarbeit zu leisten ist."[341]

Er hatte Begriffe wie „geschädigt", „Vitalität", „Stress" und dergleichen vor Augen.

Das Problem der mangelnden Operationalisierung ist aber beileibe kein rein akademisches. Es taucht nämlich mindestens an zwei Orten in der Politik auf. Was der Öffentlichkeit zunächst als das Ausmass des Waldsterbens präsentiert wurde, nämlich die Resultate der Waldschaden- bzw. Waldzustandsinventuren, muss heute als *Kronentransparenz unbekannter Ursache* bezeichnet werden. Welcher Anteil dieser lichten Baumkronen dem entspricht, was in den frühen 80er Jahren neuartige Waldschäden hiess, muss dahingestellt bleiben. Dasselbe Problem erscheint bei den sogenannten Zwangsnutzungen, die jährlich mit zweistelligen Millionenbeträgen subventioniert wurden. Auch hier ist unklar, wann es sich um neuartige Waldschäden handeln soll. Auf jeden Fall eröffnen sich der Politik damit komfortable Interpretationsspielräume.

Die Wissenschaft tut vorläufig gut daran, am Unterschied zwischen unerklärter Kronentransparenz und Waldschäden festzuhalten. Die Umweltpolitik muss allerdings die Möglichkeit selbst von massiven Schäden in Rechnung stellen und eine Form der politischen Verarbeitung von Befürchtungen und Ungewissheiten finden!

b) Wirkungsforschung: Was steht hinter den Beobachtungen?

Koch hat 1876 für die Medizin Kriterien postuliert, die erfüllt sein müssen, um einen Kausalzusammenhang als nachgewiesen betrachten zu dürfen. Diese Kritereien wurden verschiedentlich weiterentwickelt, zuletzt auch von Schlaepfer[342] hinsichtlich der Waldschadensfrage:

„- detection and definition of the problem

---

340 Innes 1993, S. 79.
341 Wolters 1989, S. 41.
342 Vgl. Schlaepfer 1992b.

- description of magnitude, dynamics and variability of the phenomenon
- detection of associations in space and in time between the symptoms and the hypothetical causes
- experimental reproduction of the observed symptoms
- explanation of the mechanism
- validation of the models"[343]

Dieser Liste möchte Innes noch das gründliche Studium der beschreibenden und der ätiologischen[344] Literatur sowie die Anwendung eigentlicher Diagnosetechniken hinzufügen. Die Identifikation und Beschreibung des Problems sollte eine der ersten Stufen der Forschung sein, doch im Falle der neueren Waldschadenforschung wurde das Phänomen mit grosser Selbstverständlichkeit als gegeben vorausgesetzt.[345]

Mit Ausnahme weniger, bekannter lokaler Baumschäden wurden diese Kriterien nie alle zugleich erfüllt. Eine allgemein vorkommende Beeinträchtigung von Bäumen durch die Luftverschmutzung konnte bisher nicht nachgewiesen werden. Einflüsse der Luftverschmutzung konnten, wenn nicht für Bäume, so doch für andere Elemente des Ökosystems Wald nachgewiesen werden, insbesondere auf die Verbreitung von Flechten. Veränderungen der Bodenvegetation und der Bodenchemie könnten zwar von der Luftverschmutzung herrühren, doch spricht vieles dafür, dass Klimaänderungen und waldbauliche Eingriffe die bedeutenderen Faktoren sind. Insgesamt wurde in der Forschung die Frage des Einflusses der Luftverschmutzung auf das gesamte Ökosystem Wald eher vernachlässigt, weil sich die Aufmerksamkeit auf die Kronenverlichtung richtete.[346]

Es gilt als gesichert, dass sich die Chemie der Waldböden während der letzten hundert Jahre verändert hat. Im Vordergrund stehen Prozesse der Bodenversauerung und des Nährstoffmangels, für die ebenso die natürliche Entwicklung der Wälder, der Waldbau, saure Niederschläge oder der Eintrag von Stickstoff als Ursachen in Frage kommen. Es spricht viel für einen engen Zusammenhang zwischen Bodenbeschaffenheit und Waldzustand an bestimmten Orten.[347] Die Untersuchungen auf den Dauerbeobachtungsflächen einiger Mittelland-Kantone deuten beispielsweise daraufhin, dass sich durch Immissionen ein Nährstoffungleichgewicht ergibt: Dem hohen Stickstoffangebot steht ein Mangel an Kalium, z.T. auch an Magnesium und Bor gegenüber.[348] Ein Zusammenhang mit einzelnen Schadenssymptomen konnte jedoch nicht nachgewiesen werden.

Aus mehrjährigen Untersuchungen einer grösseren Population von Fichten geht hervor, dass Fäule im Stock und in den Wurzeln deutlich mit den Merkmalen Kronenverlichtung, Mortalität, Jahrringzuwachs und Stabilität von Bäumen korreliert. Die Fäulnis erklärt damit auch einen Teil der Korrelationen zwischen der Kronenverlichtung und geringeren Jahrringbreiten. Auch Nadelverluste unter 30% können damit ein Indiz für eine eingeschränkte Gesundheit sein.[349] Welche Einflussfaktoren wiederum die Wurzelfäule begünstigen, ist jedoch ungeklärt.

---

[343] Innes 1993, S. 87.
[344] Ätiologie: Lehre der Krankheitsursachen.
[345] Vgl. Innes 1993, S. 87.
[346] Vgl. Innes 1993, S. 90.
[347] Vgl. Innes 1993, S. 94.
[348] Vgl. Flückiger, Braun, Flückiger-Keller, Leonardi, Asche, Bühler und Lier 1986, sowie Neukomm 1985.
[349] Vgl. Schmid-Haas 1994, S. 384. Dieser Befund ist vorsichtig zu interpretieren. Er besagt nämlich nicht, dass Schwankungen des Nadelverlustes im Bereich bis zu beispielsweise 25% nicht natürlich sein können und notwendigerweise Schädigungen anzeigen müssen.

Immer wieder wurden Strahlungen aller Art als mögliche Ursachen von Waldschäden in die Diskussion gebracht. In einem Freiland-Experiment an der WSL wurden junge Buchen und Fichten während dreieinhalb Jahren einer sehr hohen Mikrowellen-Belastung ausgesetzt. Weder konnten an den Bäumen Schäden oder bleibende chemische Veränderungen festgestellt werden, noch veränderte sich der Säurewert des Bodens. Es erscheint somit unwahrscheinlich, dass in der Schweiz Waldschäden durch Mikrowellen ausgelöst werden. Die Kenntnisse auf diesem Gebiet sind jedoch noch sehr gering.[350]

Die These, dass Radioaktivität eine Ursache des Waldsterbens sei wird praktisch nur durch die Arbeiten (Kartierungen, Experimente, Pflanzenanalysen) von Prof. Reichelt gestützt. Reichelt hatte in der Umgebung der Kernanlagen von Beznau und Würenlingen im Kanton Aargau Waldschäden kartiert und einen Einfluss radioaktiver Strahlung vermutet. In einer Auftragsarbeit des Bundesrates untersuchte die WSL mit einer flächendeckenden Auswertung von Infrarot-Luftbildern die Waldschäden in diesem Gebiet. Es konnte weder eine eindeutig erhöhte Schädigung der Waldbestände innerhalb des Immissionsbereichs der Kernanlagen, noch eine Korrelation zwischen Schäden und radioaktiven Immissionen nachgewiesen werden.[351]

Bis jetzt konnte in der Schweiz kein Zusammenhang zwischen den Veränderungen der Kronenverlichtung und Luftverschmutzung nachgewiesen werden. Auch experimentell liess sich die Kronenverlichtung bei Fichte, Tanne oder Buche für im Freien vorkommende Schadstoffbelastungen[352] nicht reproduzieren. Für die Kronenverlichtung der wichtigsten Baumarten in der Schweiz gibt es noch keine plausible Erklärung. Es gibt jedoch etliche Hinweise dafür, dass die in vielen Gebieten auftretenden Ozonkonzentrationen nahe bei der Toxizitätsschwelle für empfindliche Pflanzen liegen. Deshalb wird die Luftverschmutzung als Risikofaktor betrachtet.[353] Aus Baden-Württemberg ist ähnliches zu vernehmen: Es wird von einem Ursachenkomplex aus abiotischen und biotischen Faktoren mit erheblicher räumlicher und zeitlicher Variation ausgegangen. Die unmittelbare Wirkung von Luftschadstoffen auf die Blattorgane forstlicher Pflanzen wird als nicht bedeutend angesehen. Latente Wirkungen werden jedoch nicht ausgeschlossen.[354]

Was wäre eine Darstellung des Kenntnisstandes, wenn nicht auch der Stand der Unkenntnis reflektiert würde. Schlaepfer nennt unter anderen folgende offene Forschungsfragen:

- Inwieweit liegt der heutige Waldgesundheitszustand ausserhalb des Normalen?
- Inwiefern ist die Kronenverlichtung ein Mass für die Vitalität eines Baumes oder eines Bestandes?
- Welche Rolle spielen Wurzelschädigungen und Stammfäulen?
- Wie verhält sich ein „normales" Ökosystem Wald?
- Es fehlen Methoden, um Ergebnisse aus Experimenten mit Jungpflanzen auf den Wald zu extrapolieren.

---

[350] Vgl. Schmutz, Siegenthaler, Bucher, Tarjan, und Stäger 1994.
[351] Vgl. Hägeli, Cartier, Hauenstein, Jeschki, Leuppi, Scherrer, Schwarzenbach und Stoll 1987.
[352] Diesbezüglich wird die Forschung erschwert, weil keine der Messstationen für Luftschadstoffe des NABEL oder der Kantone zu Beginn der Achtzigerjahre im Wald installiert war. Ab 1990 waren es dann wenigstens zwei. Vgl. Schlaepfer 1992a, S. VI.
[353] Vgl. Schlaepfer 1992a, S. VIff.
[354] Vgl. Bucher 1994, S. 400.

- Wenn wie in der Schweiz, die Symptome schwach sind, sollten an die Stelle von „Beweisen" Risikobetrachtungen treten.[355]

4.4.5 Semantische Wandlungen

In der Wahl der Worte drückt sich praktisch unvermeidlich ein bestimmtes Verständnis des Gegenstandes aus. So ist auch der Wandel der Semantik im Zusammenhang mit dem Waldsterben eine Folge sich verändernder Sichtweisen und Problemverständnisse. Nicht zuletzt, weil mit Semantiken auch Politik betrieben wird, werden Veränderungen von Namen oder Beschreibungen von den Medien und wahrscheinlich auch von der interessierten Bevölkerung aufmerksam verfolgt.

Das zentrale Wort „Waldsterben" ist keine aus der Luft gegriffene Erfindung, sondern eine Ableitung oder Weiterentwicklung von Vorläufern. In der Forstwissenschaft wurden schon die verschiedensten „Sterben" untersucht. Direkter Vorläufer des Waldsterbens war das Weisstannensterben. Über die Angemessenheit des Begriffes lässt sich streiten, denn die Weisstannen zeigten Schadsymptome ohne notwendigerweise abzusterben. Das Sterben war eine Möglichkeit, eine Befürchtung. Und diese Bedeutung hatte das Sterben auch für die Forstwissenschafter, die im Spiegel vom 16. November 1981 bekannt gaben, dass der Wald sterbe.

In den Medien und auch im politischen Diskurs setzte sich der Begriff Waldsterben schlagartig gegen alle möglichen Alternativen durch. Nicht so ausgeprägt war dies auch in der wissenschaftlichen Literatur der Fall. Dort wurde auch die semantische Linie der „Waldschäden", sozusagen parallel zur „Sterbe"-Linie, verfolgt. Praktisch zur selben Zeit wie das „Waldsterben" entstanden auch die „neuartigen Waldschäden". Dass etwas Neues oder Neuartiges beobachtet wurde, ging dem Begriff des Waldsterbens sogar voraus.[356] Dass etliche Medien in den 90er Jahren gegen die Forstwissenschafter den Vorwurf erheben, mit der Wendung „neuartige Waldschäden" das „Waldsterben" verharmlosen zu wollen, zeugt von Unkenntnis der Diskussion. Denn im politisch einflussreichsten Papier, dem Bericht „Waldsterben und Luftverschmutzung"[357] von 1984, wurden die Begriffe „Waldsterben" und „neuartige Waldschäden" synonym verwendet. Dass die beiden Gebilde unterschiedliche Vorstellungen nahelegen, ist offensichtlich und damit lässt sich auch Sprachpolitik betreiben, z.B. verharmlosen und dramatisieren, versachlichen und emotionalisieren.

Der entscheidende Wandel in der Semantik vollzieht sich von Waldsterben zu „Waldsterben". Mit den Anführungszeichen wird die Metaebene, die Reflexion und die Distanzierung ausgedrückt. Das Waldsterben gibt es nicht und deshalb führt kein Weg um das „Waldsterben" herum. Im wort- und lautlosen Satzzeichenpaar verkörpert sich das Unangenehme, das viel zu langer Erklärungen bedürfte, um aussprechbar zu werden. Es lässt sich nicht einfach in einem Wort fassen, denn das „sogenannte Waldsterben" wäre doch wieder zu unverbindlich, die „Waldsterbenslüge" aber zu hart und ungerecht.

Leichter fällt der Umgang mit dem Begriff der neuartigen Waldschäden. Es besteht keine Not ihn in Anführungszeichen zu setzen, obwohl dies gelegentlich auch ge-

---

[355] Vgl. Schlaepfer 1992a, S. VII.
[356] Vgl. z.B. Schütt 1981, Leibundgut 1981 oder auch Bucher 1982.
[357] Eidg. Departement des Innern 1984.

schieht. In der Wissenschaft setzt sich dieser Begriff ab Mitte der 80er Jahre auf Kosten des Waldsterbens bald durch. Die Waldzusammenbrüche finden nicht statt und die Rede von neuartigen Waldschäden kann mit etwas gutem Willen auch der Auffassung von verschiedenen Typen von Waldschäden gerecht werden. Sie überlebt diesen Aspekt der Auflösung des Phänomens. Schwierigkeiten ergeben sich erst aus dem Umstand, dass das Neuartige dann nicht mehr für alle, sondern nur noch für einzelne dieser Waldschadenstypen zutrifft. Historisch gesehen bezeichnete aber das Neuartige gerade den Zusammenhalt des Phänomens, nämlich die Verbreitung über weite Gebiete und verschiedenste Baumarten hinweg.

Eine weitere semantische Linie kreist um das Gegensatzpaar gesund/krank. Sie ist eng gekoppelt mit dem Schadensbegriff. Das äussert sich zum Beispiel in Bezeichnungen wie „Sanasilva-Waldschadeninventur". Aufgrund der Schwierigkeiten mit der Deutung des Merkmals der Kronenverlichtung ist in den Inventurberichten bald nicht mehr von Schäden oder Nadel- oder Blattverlusten die Rede, sondern von der neutraleren Kronenverlichtung oder dem Waldzustand. Keiner dieser Begriffe wurde nicht schon in Zweifel gezogen. „Kronentransparenz" konnte sich noch nicht allgemein durchsetzen.

Mit der Abwendung von der Schadenssemantik wird auch die Rede in Begriffen von krank und gesund gemieden. Dennoch soll das Markenzeichen „Sanasilva" weiterhin für Ansehen und Aufmerksamkeit sorgen und die Kontinuität mit dem Waldsterben (ohne Anführungszeichen) markieren. Auf diese Weise akzeptiert die Gesunder-Wald-Forschung implizit auch die Erwartungen (z.B. die Luftverschmutzung als Ursache des Waldsterbens zu identifizieren), die zur hohen Zeit des Waldsterbens an sie gerichtet wurden, die sie heute aber als ungerechtfertigt empfindet. Eine Nebenlinie der Gesundheitssemantik eröffnet die „Vitalität". Es ist ein bisher undefinierter und vieldeutiger Begriff, der sich in der Literatur hartnäckig hält.

Solange Waldsterben oder neuartige Waldschäden als einheitliches Phänomen betrachtet werden, ist auch die Rede von Komplexkrankheit oder komplexe Walderkrankung zu finden. Mit der Auflösung des Phänomens wird der Verweis auf einen Komplex von Ursachen oder Faktoren, oder auch auf ein Ursachenbündel häufiger. Dieser Wandel hat sich nicht sehr konsequent vollzogen, weil vielfach auch noch (implizit) von einem zusammenhängenden Phänomen ausgegangen wird.

Das Wort komplex und seine Derivate sind erstaunlich konstant anzutreffen. Es ist mindestens so alt wie das Waldsterben selbst und wurde schon von Schütt im Spiegel-Artikel verwendet. Auch Ulrichs frühe Konzepte einer weit verbreiteten Schädigung verschiedenster Wälder durch Luftverschmutzung gingen davon aus, dass vielfältige Ursachen zusammenspielen. Das, was später Waldsterben hiess, war von Anfang an als eine komplexe Angelegenheit gedacht worden, noch lange bevor diese beiden Worte gebräuchlich wurden. Im Gegensatz zum Begriff der Vitalität beispielsweise, wurde der Sinn der Komplex-Semantik (so weit dies aus meinen Quellen erkennbar ist) bisher keiner Prüfung unterzogen. So kann „komplex" weiterhin vieles und sehr unterschiedliches meinen; es ist eine bequeme Blackbox, die alles mögliche aufnimmt.

Die Zersetzung des Waldsterbens bestand nicht nur darin, dass sich das ursprünglich beobachtete Phänomen als eine unsichere bis unhaltbare Konstruktion erwies, sondern auch darin, dass die mit Überzeugung vermuteten Ursachen bis heute nicht mit den unsicheren Beobachtungen in Zusammenhang zu bringen waren. Möglicherweise schä-

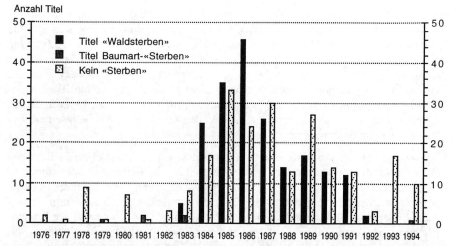

Abb. 9: *Semantik in den Titeln von Beiträgen zur Waldschadenproblematik in der schweizerischen Zeitschrift für Forstwesen. Der Begriff „Waldsterben" konnte sich nur wenige Jahre gegen weniger anspruchsvolle Sprachregelungen (Schäden, Kronenverlichtung, Risikofaktoren etc.) behaupten und ist mittlerweile im naturwissenschaftlichen Kontext ad acta gelegt.*

digende Luftverunreinigungen wurden in Dokumenten der WSL zuerst als Hauptursachen und dann als Mitursachen bezeichnet. Unter dem Eindruck der Resultate des NFP 14+ wurden sie für kurze Zeit als Gefahren[358] und dann als Risikofaktoren[359] behandelt. An dieser Sprachregelung wurde seit 1990 festgehalten. Doch auch die Risikosemantik ist so neu nicht. Schon in der Frühphase des „Waldsterbens" operierten Bosshard und Schwarzenbach von der EAFV mit dem Begriff des grösstmöglichen Risikos (im Sinne der Landesverteidigung). Zwischen diesen beiden Zugängen zur Risikothematik besteht keine Kontinuität und in beiden Fällen ist die wissenschaftliche Auseinandersetzung mit dem Risikobegriff und mit Risikobewältigungsweisen ausgeblieben.[360]

In „Wald und Luft", also bei Gegnern der herrschenden Auffassung des Waldsterbens, ist von einer „landesweiten Waldkrise"[361] die Rede. Sie anerkennen weitgehend die verbreiteten Schäden oder zumindest die besorgniserregenden Beobachtungen, bestreiten aber die gängigen Erklärungen. Damit sind sie fast gezwungen, ein Waldsterben der anderen Art einzuführen. Mit dem Begriff der Waldkrise knüpfen sie mehr oder weniger direkt an Management- oder Führungssemantiken an, was der Logik von Waldschäden aufgrund waldbaulicher Mängel entspricht.

Zimmermann weist darauf hin, dass das Waldsterben ab 1988 und insbesondere in den Diskussionen im Vorfeld des Neuen Waldgesetzes[362] von der Semantik der „Wald-

358 Vgl. Schlaepfer und Haemmerli 1990a, S. 184.
359 Meines Wissens zum erstenmal in Schlaepfer 1990, S. 3.
360 Von schweizerischer Seite hat immerhin Hoffmann 1994 versucht, die Risikothematik für die Forstwissenschaft fruchtbar zu machen, allerdings nur am Rande hinsichtlich der Waldschadensfrage.
361 Caprez, Fischer, Stadler und Weiersmüller 1987, S. 11.
362 Vgl. Bundesversammlung der schweizerischen Eidgenossenschaft 1991.

erhaltung" abgelöst wurde.[363] Das mag für die politische Bühne zutreffen. In den wissenschaftlichen Semantiken spielt „Walderhaltung" jedoch keine besondere Rolle. Seit jeher sollten alle gesetzlichen Regelungen der Waldnutzung die Waldbestände oder sogar ihre Funktionsfähigkeit als Holzlieferant, Lawinenschutz oder Jagdgebiet erhalten. Es ist nicht nur konsequent, sondern schon fast ein Zwang, den langfristigen Schutz vor Immissionen – selbst im Falle eines wortwörtlichen Waldsterbens – spätesten dann in diese Semantik zu integrieren, wenn die gesetzlichen Grundlagen der Waldnutzung zur Debatte stehen.

Im Begriff der Walderhaltung schwingt auch der Begriff der Waldpflege mit. Das traditionelle Rollenverständnis, nachdem der Förster praktisch allein für den Zustand des Waldes verantwortlich ist, wurde durch das Waldsterben erschüttert. Jedes Modell von weitgehend autonomer Ressourcenbewirtschaftung muss unter Bedingungen technischer Fernwirkungen (Immissionen) scheitern: Die Probleme des Waldes lassen sich nicht mehr im Wald selbst, mit waldbaulichen oder forstpolizeilichen Massnahmen, anpacken, sondern müssen an den unterschiedlichsten Entstehungsorten in der Gesellschaft bearbeitet werden. Auf die Forstpraxis (und nicht auf die Forstwissenschaft) sind im Zusammenhang des Waldsterbens verschiedene Aufgaben im Bereich der Kommunikation, von politischer PR über Umweltbildung bis zu partizipativer Waldfunktions-Planung, zugekommen. Das Waldsterben hat damit nur einen, auch aus anderen Gründen notwendigen, Rollenwandel der Forstwirtschaft akzentuiert. Denn zwischen den Einflüssen auf den Wald und der Zuständigkeit für den Wald muss sich eine Schere auftun, solange Wälder frei zugänglich sind, verschiedenste Nutzungen erlauben und verschiedenste Funktionen erfüllen sollen. Zudem verändern sich die Belastungen des Waldes und die Ansprüche an ihn mittlerweile ziemlich kurzfristig. Beispielsweise stellen Natur- und Umweltschutzorganisationen neue Ansprüche an den Wald, und die Zuständigkeit der Förster für diese Belange auf die Probe. Diese Veränderungen des Selbstverständnisses der Förster werden sich sicher in Umwandlungen und Weiterentwicklungen der Semantiken niederschlagen, und das Waldsterben wird darin wahrscheinlich nur eine aussergewöhnliche Episode sein.

---

[363] Vgl. Zimmermann, 1990, S. 8f.

5. Das Waldsterben in den Medien

5.1 Vorgehen

Nachdem anhand vorwiegend wissenschaftlicher Publikationen ein Bild vom Verlauf des Kenntnisstandes in der Wissenschaft dargelegt wurde, wird in diesem Kapitel anhand von Zeitungsartikeln die Geschichte des Waldsterbens und seine Darstellung in einigen Medien verfolgt. Meine Wahl ist auf drei in Zürich produzierte, aber in der ganzen deutschsprachigen Schweiz verbreitete Tageszeitungen gefallen: Blick, Neue Zürcher Zeitung und Tages-Anzeiger. Der Blick ist das schweizerische Boulevardblatt, farbig, sensationslüstern und populistisch. Der Tages-Anzeiger ist ein relativ attraktiv aufgemachtes Blatt mit sanft progressiver Stossrichtung und einem gewissen Qualitätsbewusstsein. Die Neue Zürcher Zeitung ist die graue Eminenz unter den Blättern, ausführlich, präzise, zuverlässig und auf die bürgerlich-liberale Bildungselite zugeschnitten. Mit Auflagen von derzeit rund 360'000, 280'000 und 150'000 sind sie zugleich die drei grössten Schweizer Tageszeitungen. Alle drei erscheinen in Zürich, und sie erreichen zusammen rund 20% der Auflage aller schweizerischer Tageszeitungen. Aufgrund ihrer Grösse können sich alle drei Blätter im Vergleich mit dem schweizerischen Durchschnitt mehr Eigenproduktion leisten und qualitative Akzente setzen. Kleinere Zeitungen werden ihre Aktivitäten eher auf die Lokalberichterstattung aus ihrer Region konzentrieren, und bei Themen wie dem Waldsterben vermehrt auf Agenturmeldungen zurückgreifen.[364]

Da zur Auswahl der Artikel nicht rund zehntausend Zeitungsausgaben durchgesehen werden können, habe ich auf die Archive der Printmedien zurückgegriffen. Diese Lösung ist praktikabel und erfasst die grosse Mehrzahl aller Artikel, sodass sich die nennenswerten Ereignisse und die Art der Berichterstattung darüber gut verfolgen lassen. Obwohl alle Archive ein Stichwort „Waldsterben" (evtl. kombiniert mit „Wald") führen, dürften sich leichte Unterschiede bei der Klassierung von Artikeln zeigen.

Aus der Perspektive der Theorie kommunikativen Handelns sind die Leistungen der Medien primär an den Möglichkeiten der Meinungsbildung, die ein Blatt einem kritischen und rationalen Leser eröffnet, zu messen: Inwiefern unterstützt oder behindert die Berichterstattung die Suche nach dem besseren Argument? Die argumentativen Leistungen der Medien sind ihr entscheidender Beitrag zur Aufrechterhaltung und Weiterentwicklung von Öffentlichkeit. Es sind diese Qualitäten, die aus der „vierten Gewalt" im Staat eine Macht der Aufklärung und Emanzipation der Menschen und nicht ein Mittel zur Reproduktion von Partikularinteressen und zur Gängelung der Massen durch zahlkräftige oder vorwitzige Organisationen machen.

Die unten folgende Chronologie wurde aus den fast 1200 Artikeln, die in die Untersuchung miteinbezogen wurden, erstellt. Aus ihnen geht eine Fülle von Ereignissen her-

---

[364] So gesehen müssten für gewisse Ereignisse eher die beiden Agenturen „sda" (Schweizerische Depeschenagentur) und „ap" (Associated Press) als die beiden grössten „Schweizer Tageszeitungen" betrachtet werden.

vor, die wir als Leser und Leserinnen damals fast täglich mit Interesse und zuweilen gar Spannung verfolgt haben. Meiner Auswahl der Ereignisse, und damit dem Bild der Geschichte, das ich vermittle, liegen folgende Kriterien zugrunde:

- die wichtigsten Ereignisse in Politik und Wissenschaft sollen verfolgt werden;
- dabei beschränke ich mich allerdings auf die Politik der nationalen Ebene und vernachlässige insbesondere den Kanton Zürich;
- die Vielfalt und thematische Reichweite der Welt des Waldsterbens, wie sie uns aus den Medien (und für die meisten Leute: nur aus den Medien) entgegenkam, soll erkennbar werden;
- besondere Aufmerksamkeit erfahren Artikel, die zur Festigung oder Veränderung der Vorstellung des Waldsterbens beigetragen haben;
- und gelegentlich erlaube ich mir seltsame, aufschlussreiche oder auch nur amüsante Müsterchen einzustreuen.

Obwohl ich primär einer chronologischen Darstellung folge, interessiert mich die Geschichte nur in zweiter Linie. Mein primäres Interesse gilt den Argumentationsweisen verschiedener Seiten.

5.2 Die Latenzphase

Von einer Latenzphase kann die Rede sein, wenn einige oder die meisten der wesentlichen Merkmale des Phänomens Waldsterben schon festzustellen sind, wenngleich nicht unter diesem Namen. „Der Wald stirbt!" – Wir erinnern uns: Diese Botschaft verkündete „Der Spiegel" im November 1981, und hat damit das Waldsterben auf den Begriff gebracht.

Durch die Brille der Dokumentationen von Blick, Tages-Anzeiger und Neuer Zürcher Zeitung betrachtet, findet sich nur – immerhin! – ein Artikel aus der Zeit vor 1981, der im Rückblick eindeutig dem Waldsterben zuzuordnen ist. Ein weiterer Artikel[365] befasst sich mit dem „Weisstannensterben", ein bis heute ungeklärtes Phänomen, das damals nicht unbedingt mit der Luftverschmutzung in Zusammenhang gebracht wurde, und deshalb zumindest für die Zeit vor dem Waldsterben nicht mit dem Waldsterben vermengt werden sollte.

Am 8.10.1975 erschien in der NZZ ein bemerkenswerter Artikel über „Unsichtbare Pflanzenschädigung durch Abgase". Theodor Keller, ein Immissionsforscher an der EAFV, hat ihn anlässlich des 90jährigen Jubiläums seiner Forschungsanstalt verfasst. Ich möchte seine Argumentation hier auszugsweise wiedergeben:

> „Sehr viele Abgase von Industrie, Verkehr und Hausfeuerung beeinträchtigen den Stoffwechsel in den Pflanzenzellen und können bei verhältnismässig hohen Konzentrationen die Pflanzen sogar abtöten. So sind in manchen industriellen Ballungsgebieten, zum Beispiel im Ruhrgebiet, die Nadelbäume auf grossen Flächen ‚ausgeräuchert' worden. Die relativ rasche Vernichtung der Pflanzen durch Spitzenkonzentrationen ist jedoch in der Regel mit äusserlich sichtbaren Schadensymptomen verbunden, welche in vielen Fällen erlauben, die Ursache des Baumsterbens festzustellen. In schweizerischen Verhältnissen spielen hohe Abgaskonzentrationen aber höchstens lokal eine Rolle; von grösserer Bedeutung sind jedoch niedrige, über lange Zeiträume wirkende Konzentrationen schädlicher Gase, welche ein langsames Siechtum der Pflanzen verursachen, ohne dass die

---

365   TA 14.3.1978: Walliser Trockentanne überlebt am besten.

Pflanzen typische Symptome ausbilden. Es finden sich nur unspezifische Anzeichen geschwächter Vitalität, zum Beispiel Kurznadligkeit, verzögerte Laubentfaltung (..), erhöhte Gefährdung durch Frost oder Befall durch Schwächeparasiten wie zum Beispiel Borkenkäfer."

Keller beschreibt im weiteren, wie er im Wallis bei Pflanzen, die in Töpfen ausgebracht wurden, einen Rückgang der Assimilation mit zunehmender Nähe zu einem Fluor-Emittenten nachweisen konnte. In den Nadeln der Bäume, die in der Nähe der Schadstoffquelle ausgesetzt worden waren, liess sich ebenfalls ein markanter Anstieg des Fluorgehalts feststellen.

„Wenn die Luftverunreinigungen die Assimilation beeinträchtigen, so stehen der Pflanze weniger Baumaterialien für die Bildung von Zellen zur Verfügung. Die Bäume zeigen in der Folge ein vermindertes Dickenwachstum. Wenn man daher die Jahrringe untersucht, kann man in solchen Fällen feststellen, dass die Jahrringe infolge der gasförmigen Immissionen schmäler werden."

Stoffwechselprozesse werden durch Enzyme gesteuert. Nach Keller ist die Peroxidase ein empfindlicher Indikator für verschlechterte Lebensbedingungen.

„In alternden Geweben findet man eine erhöhte Peroxidase-Aktivität, ebenso in Pflanzen, welche verunreinigter Luft ausgesetzt sind. Daher liegt der Schluss nahe, dass Luftverunreinigungen eine vorzeitige Alterung bewirken. Diese Folgerung wird augenfällig bestätigt durch die Beobachtung, dass in Rauchschadengebieten die herbstliche Laubverfärbung und der Blattverfall oftmals verfrüht einsetzen. Eine derartig erhöhte Peroxidase-Aktivität fanden wir ebenso bei strassennahen Eschen, welche den Abgasen der Motorfahrzeuge im Stadtzentrum Zürichs ausgesetzt waren (..), wie auch bei anderen Baumarten im Einflussbereich verschiedener Immissionen."

Der Artikel erhellt auf einmalige Weise die wissenschaftlichen Hintergründe und Denkweisen, mit denen nach 1982 in der Schweiz argumentiert wurde. Dieser Text nimmt vieles vorweg und macht dadurch vieles, das noch folgen sollte, verständlich:

• die Vorstellung einer räumlich weit verbreiteten Schädigung, die mehr als zwei Jahrzehnte unentdeckt bleiben konnte,
• der Nachweis dieser Schädigung durch Jahrringanalysen,
• die Vielfalt unspezifischer Symptome,
• das Kontinuum von unsichtbarem Siechtum bis zur sichtbaren Agonie,
• die erhöhte Anfälligkeit auf Parasiten und Witterungsextreme.

Das Waldsterben muss zum Greifen nahe gewesen sein. Alle notwendigen Ingredienzen für die explosive Mischung waren aufbereitet – bis auf eine: Die Beobachtung weit verbreiteter und rasant zunehmender Waldschäden.

5.3 Das „coming out"

Alle weiteren in Betracht gezogenen Artikel stammen aus einer Zeit, in der das Sterben des Waldes schon angekündigt worden war und in der das Wort oder der Begriff „Waldsterben" zusehends Verbreitung findet. Für den hier untersuchten Datensatz umfasst diese Phase das Jahr 1982 und reicht bis in die erste Augustwoche 1983. In dieser Zeit schält sich das Waldsterben in den Köpfen der Schreibenden als ein eigenständiger Topos aus seinen Vorläuferthemen – saurer Regen und Weisstannensterben –

heraus. Gelegentlich werden diese drei Themen zu einem Thema zusammengezogen,[366] womit der Eindruck einer Kontinuität von Schädigung, entsprechender Forschung und Politik vermittelt wird. Hie und da erscheinen aber auch noch „klassische" Artikel,[367] die ausschliesslich vom Sterben einer Baumart berichte 1. Die grosse Mehrzahl der Berichte befasst sich jedoch bereits mit dem Waldsterben, bzw. spezialisiert sich schon in dieser frühen Phase auf besondere Aspekte des Waldsterbens.

Im Frühjahr 1983 wird das Waldsterben erstmals von einer kantonalen Verwaltung verzeichnet.[368] Das thurgauische Kantonsforstamt appelliert sogleich an die Politik, der Luftverschmutzung Einhalt zu gebieten. Kurz darauf wird das Waldsterben auch aus den Vogesen und aus dem Schwarzwald gemeldet.[369] Günther Reichelt, Professor der Biologie in Donaueschingen (BRD), kann weder in den Vogesen, noch im Schwarzwald einen gesunden Nadelbaumbestand finden. Vor allem in höheren Lagen nehmen die Schäden schnell zu. Mit einer Verzögerung von etwa zwei Jahren gegenüber dem Schwarzwald seien auch die Wälder der Vogesen dem Tod geweiht. Reichelt rechnet damit, dass spätestens 1986 oder 1987 viele Fichtenbestände im Schwarzwald völlig abgestorben sein werden.[370]

Gegen Ende Mai machen verschiedene Forstkreise in der ganzen Schweiz erste Angaben zum Waldsterben: Die Waldschäden nehmen zum Teil explosionsartig zu.[371] Die Planung zu einem Programm „Sanasilva" setzt ein und für das Jahr 1984 werden erste systematische Erhebungsresultate in Aussicht gestellt. Im Sommer werden auch Schäden an den Stadtbäumen von Zürich beobachtet,[372] doch das „Weisstannensterben" im Kanton wird als nicht alarmierend erachtet.[373]

Den Auftakt zur breiten wissenschaftlichen Auseinandersetzung mit dem Waldsterben in der Schweiz setzt im November 1982 eine Tagung im Gottlieb Duttweiler-Institut. Hans Heusser berichtet in der NZZ ausführlich darüber.[374] Er schreibt unter anderem:

„Einigkeit herrschte über das alarmierende Ausmass und die schnelle Zunahme der Waldschäden in Europa, völlig kontrovers waren die Ansichten über deren Ursachen; man erhielt sogar den Eindruck, dass die Referenten über völlig verschiedene Schadenbilder sprachen."

Bild und Name des Phänomens waren damals noch flüssig: Offensichtlich konnte sich ein aufmerksamer Beobachter damals noch die Frage erlauben, ob denn die Wissenschafter überhaupt vom selben Sachverhalt redeten.

Im selben Jahr noch weist der Tages-Anzeiger auf den mangelnden Kenntnisstand in Sachen Waldsterben hin.[375] Spätere Artikel befassen sich mit den Fragen, ob Ozon an

---

366 TA 9.9.1982: Säureverschmutzer Europas; NZZ 2.8.1983: Langer Weg zum Sauren Regen.
367 NZZ 25.11.1982: Weisstannenscheiben unter der Lupe; NZZ 22.7.1983: Untersuchungen zum Buchensterben im Aargau; TA 26.7.1983: Weisstannensterben im Kanton Zürich.
368 NZZ 26.4.1983: Waldsterben im Thurgau.
369 NZZ 31.5.1983: Waldsterben im Dreiländereck; TA 6.6.1983: Grosses Waldsterben auch in den Vogesen; Blick 13.6.1983: Der Schwarzwald stirbt!
370 Vgl. TA 6.6.1983: Grosses Waldsterben auch in den Vogesen.
371 TA 25.6.1983: Waldschäden nehmen zum Teil explosionsartig zu.
372 NZZ 29.7.1983: Sommerhitze bringt Baumschäden an den Tag.
373 TA 26.7.1983: Weisstannensterben im Kanton Zürich nicht alarmierend.
374 NZZ 1.12.1982: Waldschäden durch Immissionen.
375 TA 15.12.1982: Forschungs- und politische Bemühungen sind ungenügend.

den Schäden beteiligt sei und ob Wäldern mit Düngungen geholfen werden könne.[376] Im Sommer 1983 wird gemeldet,[377] dass der Regierungsrat des Kantons Aargau dem Botanischen Institut der Universität Basel einen Beitrag zur Fortsetzung der Untersuchungen des Buchensterbens zusichert. Es handelt sich dabei um die Krankheit der Buchenrindennekrose (auch Buchenschleimfluss), die gehäuft an günstigen Standorten auftritt.

> „Nach Mitteilung des Aargauischen Informationsdienstes sah man bisher keine Zusammenhänge zwischen dem Buchensterben und der Luftverunreinigung, doch deuten erste Resultate darauf hin, dass ein gewisser Zusammenhang zwischen dem Befall der Buchen und dem Schwefeldioxidgehalt der Niederschläge bestehen könnte."

Im Winter 1983 animieren die nahen Bundestagswahlen die Politiker in der BRD offensichtlich dazu, das Waldsterben zum zentralen Thema zu machen und umweltpolitisch aktiv zu werden.[378] In der Schweiz erregt eher das Fehlen politischer Ereignisse im Zusammenhang mit dem Waldsterben die Aufmerksamkeit der Medien.[379] Im Mai fordert die Atomwirtschaft die Kritik ihrer Gegner heraus, weil sie die Kernenergie als Mittel gegen den sauren Regen propagiert.[380] Eine ähnliche Auseinandersetzung bahnt sich in der BRD an[381]:

> "Die neue Fraktion der Oekologisten[382] wartete mit ihren Radikalforderungen wie einem Stufenplan zur drastischen Verminderung des Schwefeldioxidausstosses, dem Einsatz alternativer Energie sowie gleichzeitig einem totalen Stopp der Atomenergie auf."

Es ist anzunehmen, dass zwar in verschiedensten kantonalen Parlamenten Vorstösse zum Waldsterben oder zur Luftreinhaltung eingereicht wurden, dass die entsprechenden Passagen aus den Ratsberichten in dieser Zeit jedoch nicht gesondert archiviert wurden.

Für die Phase des „coming out" zeichnen die Medien noch ein vielfältiges und widersprüchliches Bild. Manchmal erscheinen Berichte in kurzen Abständen, dann herrscht wieder monatelang Ruhe. Einmal schrecken apokalyptische Szenarien, dann dämpfen wieder emotionslose Schadenmeldungen von Verwaltungen. Es scheint sich erst langsam eine allgemeinverbindliche Vorstellung durchzusetzten; in den untersuchten Medien findet sich auch kein Artikel, der *das Waldsterben* von Grund auf einführen würde.

5.4 Durchbruch

Im August 1983 setzt schlagartig eine grosse Medienaktivität zum Waldsterben ein, ausgelöst durch einen Sinneswandel an der Spitze der EAFV:

---

[376] NZZ 22.12.1982: Waldsterben durch Ozon? TA 17.5.1983: Brauchen kranke Wälder Dünger? TA 31.5.1983: Mit Soforttherapie gegen das Waldsterben; NZZ 13.7.1983: Hilft Düngung gegen das Waldsterben.
[377] NZZ 22.7.1983: Untersuchungen zum Buchensterben im Aargau.
[378] NZZ 27.1.1983: Das Waldsterben in der Bundesrepublik.
[379] Blick 20.4.1983: Schützt doch endlich die schönen Wälder!
[380] NZZ 9.5.1983: Schäden durch sauren Regen.
[381] NZZ 21.5.1983: Debatte in Bonn über das Waldsterben.
[382] Gemeint ist die Partei der Grünen im Bundestag der BRD.

„Forstfachleute schlagen jetzt auch in der Schweiz Alarm: Nur mit einem ‚massiven und raschen' Handeln kann dem Waldsterben entgegengetreten werden, erklärte Fritz Schwarzenbach (...). Schwarzenbach ist sicher, dass das Phänomen des Waldsterbens, das vor einem Jahr Süddeutschland erfasste, sich dieses Jahr auch in der Schweiz weiter ausbreiten wird. Innerhalb einiger Monate seien in verschiedenen Regionen bereits ein Viertel der Weisstannen abgestorben und die Hälfte zumindest ‚angeschlagen' worden."[383]

Der Text im Tages-Anzeiger fährt in ähnlichem Stil weiter: die Abgänge bei der Rottanne haben sich überraschend verstärkt, das Weisstannensterben habe sich enorm verschärft, und die Situation habe sich durch die Hitze zugespitzt.

„Obwohl die Ursachen wissenschaftlich noch nicht quantifiziert sind, zeigt sich Schwarzenbach überzeugt, dass die Luftverschmutzung hauptverantwortlich für das Waldsterben ist."

Zu diesem Zeitpunkt gibt es weder empirische Daten, die für die ganze Schweiz vergleichbare Aussagen über den Waldzustand und die Abgänge erlauben würden, noch sind die involvierten Kausalzusammenhänge bestimmt worden. Als empirische Grundlage dienen Situationseinschätzungen von Kantonsoberförstern und Forstwissenschaftern.

Einige Tage später erscheint ein halbseitiger Artikel in der NZZ[384] mit ähnlicher Stossrichtung:

„Was vor zwei drei Jahren als Weisstannensterben erstmals einiges Aufsehen erregte, ist zu einem beunruhigenden Phänomen geworden: Nach Angaben aus dem Bundesamt für Forstwesen nehmen die Schadenmeldungen der Forstdienste explosionsartig zu und betreffen neuerdings auch Laubbäume und Rottannen. Als Hauptursache gelten Schadstoffe in der Luft."

Als Symptome werden vom Bundesamt für Forstwesen Nadelverluste und ein Zuwachsrückgang bei den Jahrringen genannt. Oft liessen sich die Ursachen für das Absterben eines Baumes nicht eindeutig bestimmen.

„Für Schwarzenbach ist in Europa die Forschung vom Waldsterben überrumpelt worden. Es gebe viele Hypothesen und noch wenig Substanz. Kaum bestritten wird indessen der Zusammenhang zwischen dem Waldsterben und der zunehmenden Belastung der Luft mit Schadstoffen..."

Wissenschaftlich betrachtet kann freilich das Unbestrittene schlichtweg ungeprüft und damit möglicherweise falsch sein. Im politischen Geschäft aber zählt letztlich alles, wogegen sich kein Widerstand erhebt. Das hier zitierte Beispiel ist ein typisches und steht für viele andere Situationen, in denen mit dem Unterschied wissenschaftlicher und politischer Rationalität gespielt wurde – wahrscheinlich ohne sich dessen bewusst zu sein.

Fritz Schwarzenbach, Vizedirektor der EAFV, und Bruno Böhlen Vizedirektor des BUS plädieren in diesem NZZ-Artikel dafür, ohne Zeitverlust die Forschung zu intensivieren, um verlässliche Grundlagen für die zweifellos erforderlichen politischen Entscheide bereitzustellen. Sie schlagen vor, das Nationale Forschungsprogramm 14 „Lufthaushalt und Luftverschmutzung" mit einigen Millionen Franken aufzustocken.

---

[383] TA 4.8.1983: Waldsterben: „Massives und rasches Handeln". Vgl. auch Blick 4.8.1983: Baumsterben: Ist unser Wald noch zu retten?

[384] NZZ 8.8.1983: Alarmierende Zunahme der Waldschäden.

In den folgenden Tagen erscheinen einige Berichte über politische Vorstösse in Bern und Zürich.[385] Turi Honegger greift in seiner Kolumne[386] im Blick eine Begebenheit aus dem Zürcher Kantonsrat auf:

„Der Grüne Richard Birsig erklärte, dass unsere Wälder zum ‚Frühwarnsystem‘ geworden seien. Frühwarnsystem für was? Für unseren eigenen Gifttod? Frühwarnsystem? Da hat einer, ausgerechnet ein Grüner, wohl in der Terminologie danebengegriffen. Der Sterbewald ist nicht ein Frühwarnsystem für uns, sondern ein Symbol des langsamen Absterbens der Menschheit – auch ohne Atom- und chemische Waffen. Selbstmord durch Ersticken nennt man das ganz einfach.“

Nur drei Monate später wird sich der selbe Turi Honegger schon bitter darüber beklagen, dass die Automobilisten immer und immer wieder zu Sündenböcken gestempelt werden.[387] Man sollte zuerst einmal genau wissen, ob wirklich das Auto an den sterbenden Bäumen schuld ist.

Ende August fordert die Schweizerische Gesellschaft für Umweltschutz (SGU) ein Notprogramm und denkt laut darüber nach, ob nicht zum Notrecht Zuflucht genommen werden müsse, weil die Gefahr, auf dem Weg der ordentlichen Gesetzgebung zu spät zu kommen, erschreckend gross sei.[388] Zwar bestünden noch Unkenntnisse über die genauen Zusammenhänge des Waldsterbens,

„doch sei sicher, dass jetzt in bezug auf die Belastung mit Abgasen die Situation ‚umzukippen‘ beginne. Die Toleranzgrenze sei überschritten, die Krankheit breche aus und breite sich mit rasender Geschwindigkeit aus.“

Kurz darauf wirft die SGU den Forstleuten vor, sie hätten das Waldsterben schon viel früher erkennen können, aus Jahrringanalysen hätte schon früher auf Veränderungen im Wald geschlossen werden können.[389]

In einem langen Artikel legt Fritz H. Schwarzenbach eine forschungspolitische Standortbestimmung vor und spurt damit für das spätere Sanasilva-Programm vor.[390] Er beginnt mit einer Darlegung des Kenntnisstandes über das Waldsterben. Das Phänomen „mitteleuropäisches Waldsterben“ wird bei ihm – er fasst seinerseits internationale Fachliteratur zusammen – mit folgenden Merkmalen beschrieben:

- es breitet sich rasch von den zentraleuropäischen Mittelgebirgen zu den Alpen hin aus;
- nach den Weisstannen sind nun auch Nadel- und Laubbäume betroffen;
- die Bäume zeigen Symptome einer vorzeitigen Alterung und eines Vitalitätsverlusts;
- es sind nur kurzfristige Beobachtungsreihen vorhanden und die Prognosen über die Ausbreitung sind sehr unsicher;
- die Ursachen sind nicht eindeutig bestimmt; Insekten, Pilze, Bakterien sind jedoch weitgehend ausgeschlossen;

[385] Blick 20.8.1983: Alarm in Bern; TA 23.8.1983: Waldsterben zum dringlichen Thema erklärt; NZZ 23.8.1983: Interpellationen zum Waldsterben; TA 26.8.1983: „Wie es dem Wald geht, so geht es dem Menschen“; NZZ 26.8.1983: Motion zum Waldsterben.
[386] Blick 24.8.1983: Endlich sehen auch Politiker den Zustand unserer Wälder.
[387] Blick 18.11.1983: Die scheinheiligen Ritter der Strasse wollen Wald retten.
[388] NZZ 29.8.1983: Gesellschaft für Umweltschutz fordert Notprogramm gegen das Waldsterben.
[389] TA 30.8.1983: Waldsterben: Signale schon vor 20 Jahren; TA 30.8.1983: Frühe Hinweise auf Waldsterben?
[390] NZZ 31.8.1983: Waldsterben als Forschungsaufgabe.

- es ist zu befürchten, dass es zu einer tiefgreifenden Veränderung des Ökosystems Wald kommt;
- Indizien weisen auf diverse Luftschadstoffe als Ursachen hin;
- ein grosser Teil der Luftverschmutzung ist hausgemacht;
- das Krankheitsbild zeigt Parallelen mit den bekannten Rauchschäden, daher sind die entsprechenden Vorkenntnisse und Forschungsansätze für die neue Frage benutzbar.

In einem kleinen Land wie der Schweiz müssten aufgrund der geringen Mittel die Forschungsanstrengungen zudem auf wenige Schwerpunkte konzentriert werden. Er führt folgende an:

- Optimierung von Luftbildaufnahmen und terrestrischen Schadensinventuren;
- Entwicklung von Prognosemethoden für die Schadensentwicklung;
- Entwicklung von Methoden zur Beobachtung der Immissionsbelastung der Wälder;
- Untersuchung des Einflusses von Standortfaktoren auf die Schädigung;
- Beschaffung von Grundlagen für die Schadenabwehr;
- Entwicklung von Methoden der Erfolgskontrolle für die dereinst ergriffenen Waldschutzmassnahmen;
- Kausalanalytische Untersuchungen zum Waldsterben.

Insgesamt kann dieser Katalog wohl als sehr politikbezogen bezeichnet werden. Schwarzenbach betont, dass ein solches Forschungsprogramm mit dem Beobachtungsnetz für Luftfremdstoffe, mit dem Phytosanitären Beobachtungs- und Meldedienst „Sanasilva" und mit dem NFP 14 verbunden werden müsse.

Anfang September gelingt dem Waldsterben der endgültige Durchbruch[391]: Das Bundesamt für Forstwesen und Kantonsoberförster A. Studer (Aargau) orientieren im Zofinger Wald. Die Presse, Parlamentarier, Wald- und Umweltschutzorganisationen sind reichlich vertreten; anwesend sind auch der Generalstabschef der Armee, Korpskommandant Zumstein, und zeitweise sogar Bundesrat Egli. „Zu sehen", schreibt Walter Schiesser in der NZZ,

„war beim Augenschein östlich von Zofingen nicht etwa ein toter, wohl aber ein geschädigter Wald, in dem nach den Worten von Dr. M. de Coulon, dem Direktor des Bundesamtes für Forstwesen, für den Laien fast nichts, für den Fachmann jedoch heute fast alles abnormal ist."

Im geschichtlichen Rückblick wird deutlich, dass die Demonstration des Waldsterbens vor den Parlamentariern und insbesondere vor Bundesrat Alfons Egli diesem Problem die volle Anerkennung verschafft und damit der Luftreinhaltepolitik den Weg bereitet hat.

Noch im September 1983 erscheint in der NZZ ein Artikel, der sich mit dem damals gängigen Bild des Waldsterbens auseinandersetzt.[392] Anton Bucher kritisiert, dass in den Medien der Eindruck vermittelt werde, der Wald in Europa gehe einer grossen Katastrophe entgegen. Er spricht verschiedene Formen von Waldschäden als Symptome unterschiedlichen Nährstoffmangels an; damit stellt er implizit die Vorstellung eines einheitlichen Phänomens „Waldsterben" in Abrede. Die Auffassung, das Baumsterben werde primär durch Immissionen von SO_2 und NO_x verursacht, stehe vor dem Problem, dass sich die räumlichen Verteilungen von Schadstoffen und Schäden nicht in Einklang bringen lassen. Dies widerspreche zumindest jedem Erklärungsversuch, der auf ein-

391 NZZ 2.9.1983: Wald mit Krankheitssymptomen; vgl. auch TA 5.9.1983: Staatsvisite und Rundgang im kranken Wald.
392 NZZ 7.9.1983: Waldschäden und Walderernährung.

fache Kausalbeziehungen abstelle. Die von Anton Bucher bevorzugte These der Ernährungsstörungen beruht im wesentlichen darauf, dass Muttergestein, hohe Niederschläge, Baumartenzusammensetzung und Waldbewirtschaftung zu Bodenverhältnissen führen können, in denen sich selbst erhaltende Mangelerscheinungen einzelner Nährstoffe – v.a. Calzium, Magnesium, Kalium – bilden können. Saure Niederschläge und Stickstoffeinträge können diese Prozesse zusätzlich verschärfen.

Die Forstdirektoren, die Föderation der grünen Parteien der Schweiz (GPS) und verschiedene Umweltschutzorganisationen treten mit umweltpolitischen Forderungen an die Öffentlichkeit.[393] An konkreten Massnahmen werden Tempolimiten, Tarifreduktionen im öffentlichen Verkehr, Abgasreinigung bei Industrie- und Kehrrichtverbrennungsanlagen, Raumtemperaturen von maximal 20° C, Energieberatungsstellen, bleifreies Benzin, diverse Schadstoffgrenzwerte, individuelle Heizkostenabrechnung sowie bessere Wärmeisolation für private und öffentliche Gebäude vorgeschlagen. An anderer Stelle wird von Umweltorganisationen auch das Verursacherprinzip für den Verkehr gefordert.[394] Mit Umweltschutz und „Arbeit für alle" ziehen die Sozialdemokraten in den Wahlkampf; die Partei denkt auch über eine Volksinitiative zum Umweltschutz nach.[395] Die Imker befürchten, dass es in zehn Jahren keinen Waldhonig mehr gibt;[396] ein Grüner Politiker schlägt vor, auf den Christbaum zu verzichten, um damit ein Zeichen gegen das Waldsterben zu setzen;[397] einige Pfarrer rufen angesichts des Waldsterbens zu einer Autofastenkur auf;[398] ein Verein „Aktion gegen den Baumtod" wirbt mit Postsendungen um Mitglieder und um Spendengelder, und die Umweltschutzorganisationen und das Bundesamt für Forstwesen warnen vor dem Verein und seinem dubiosen Geschäft, weil er seine Versprechungen rein materiell gar nicht einlösen könne.[399] Ebenfalls noch im September 1983 erscheint schon der erste Artikel, der sich aus medienwissenschaftlicher Warte mit dem Dauerthema Waldsterben befasst.[400]

Anfangs Oktober bewilligt der Bundesrat 17 Millionen Franken für das Sanasilva-Programm und weitere 6 Millionen Franken für die Aufstockung des NFP 14.[401] Im Nationalrat kommen zum Thema Waldsterben 17 Vorstösse zur Sprache.[402] Nationalrat Konrad Basler zeichnet zur Bewältigung des Waldsterbens einen Weg von der wissenschaftlichen Abklärung zum politischen Auftrag vor.[403] Seine Forderung, zu einer Luftqualität der 60er Jahre zurückzukehren, begründet er mit dem Nachweis, dass die Bäume seit dieser Zeit einen markanten Schwund der Jahrringbreiten aufweisen.

---

[393] NZZ 10.9.1983: Vorschläge für Massnahmen gegen das Waldsterben; vgl. auch TA 10.9.1983: Waldsterben: sofort handeln.

[394] TA 17.9.1983: Autoverkehr soll Schäden zahlen.

[395] TA 12.9.1983: Mit „ansteckendem Optimismus" in die Wahlen; TA 12.9.1983: SP-Volksinitiative zu Umweltschutz.

[396] Blick 15.9.1983: Waldsterben: Bienen können keinen Honig mehr sammeln.

[397] Blick 23.9.1983: Gegen das Waldsterben: Verzichtet auf Christbäume.

[398] Blick 5.10.1983: Pfarrer leisten erste Hilfe für Waldsterben – Mit Autofastenkur.

[399] TA 4.10.1983: Kampf dem Waldsterben oder dubioses Geschäft?; TA 5.10.1983: Warnung vor „Baumschützern".

[400] TA 26.9.1983: Das Waldsterben ist kaum nur ein modischer Medienrenner.

[401] NZZ 5.10.1983: Waldsterben, parlamentarische Vorstösse.

[402] TA 7.10.1983: Bundesrat nimmt Forderungen weitgehend auf.

[403] NZZ 10.10.1983: Waldsterben: was nun?

Die SGU fordert vom Bundesrat einen Krisenstab, damit innert vier Wochen Sofortmassnahmen gegen das Waldsterben beantragt werden könnten. Ihr Präsident, Bernhard Wehrli

"fordert den Bundesrat auf, entweder rasch und energisch wirksame Massnahmen gegen das Waldsterben durchzuführen oder aber zurückzutreten."[404]

An der Generalversammlung des Schweizerischen Verbandes für Waldwirtschaft hält Walter Bosshard, Direktor der EAFV, einen Vortrag über das Waldsterben[405]:

„Obschon die genauen Zusammenhänge des Ursachennetzes der Wissenschaft noch nicht so bald bekannt sein werden, ist die Luftverschmutzung als Hauptursache undiskutabel. Die Behauptung, man habe für Massnahmen der Schadstoffreduktion noch zu wenig Beweise, sei fahrlässig und verantwortungslos. (...) Die Luftverschmutzung müsse nicht nur sofort stabilisiert, sondern auf ein Niveau wie etwa zu Beginn der sechziger Jahre heruntergedrückt werden. Für die Behebung der sich jetzt abzeichnenden Schäden seien die Forstbetriebe finanziell überfordert, weshalb die Öffentlichkeit die Kosten des Waldsterbens übernehmen müsse."

Der Verband verabschiedet schliesslich eine Resolution, in der Gesetze zur Schadstoffreduktion, die Waldschadenüberwachung und eine Abgeltung der Schäden für die Waldbesitzer verlangt werden.

Der Politikwissenschafter Willi Zimmermann analysiert für den Tages-Anzeiger die von den Bundesratsparteien verfolgte Politik bezüglich des Waldsterbens.[406] Die Art, in der die parlamentarischen Vorstösse abgefasst waren und die minimale Präsenz der Nationalräte bei den Abstimmungen

„vermag somit nicht den Eindruck zu erwecken, eine oder mehrere Bundesratsparteien hätten sich zu Anwälten des Schweizer Waldes gemacht."

Dieser Eindruck verstärkt sich für ihn noch durch die Tatsache, dass sich keine der Parteien in den Budgetdebatten für das Jahr 83 für eine Erhöhung der real stark rückläufigen Beiträge an die Forstwirtschaft eingesetzt hatte. Auch in den Parteiprogrammen wird die Bedeutung des Waldes für unsere Wirtschaft und Gesundheit weitgehend verkannt. Bis Mitte Oktober 1983 war somit das Waldsterben von der Politik erst halbherzig aufgegriffen worden.

Im Oktober ist zu erfahren, dass die Waldschäden in der BRD in dramatischer Weise zugenommen haben.[407] Laut Landwirtschaftsminister Ignaz Kiechle haben sie sich seit 1982 vervierfacht. Der Tages-Anzeiger berichtet über die Positionen unserer Nachbarländer zur Einführung von Bleifrei-Benzin[408]: Frankreich und Italien drängt es nicht, Österreich strebt eine koordinierte Aktion an, aber die BRD macht Druck und will die Vorreiterrolle übernehmen.

Für die Befürworter der Kernenergie kommt das Waldsterben wie gerufen. Ein Verein „Kettenreaktion" (zur Unterstützung der Kernenergie) richtet einen Aufruf an die Behörden, Fernwärmeprojekte zügig voranzutreiben und elektrische Heizungen zu fördern.[409] An der Generalversammlung der Motor-Columbus in Baden präsentiert

---

404 NZZ 8.10.1983: Krisenstab gegen Waldsterben?
405 NZZ 15.10.1983: Der Verband für Waldwirtschaft und das Baumsterben.
406 TA 18.10.1983: Unser Wald: Stiefkind der Parteien?
407 NZZ 19.10.1983: Ein Drittel der deutschen Wälder erkrankt.
408 TA 27.10.1983: Einführung des bleifreien Benzins soll die Umwelt entlasten.
409 NZZ 7.10.1983: Mit Kernkraft gegen Waldsterben.

Michael Kohn die Kernenergie als Lösung gegen die Luftverschmutzung und das Wald-sterben.[410] Die Schweizerische Vereinigung für Atomenergie (SVA) appelliert an Politi-ker und Umweltorganisationen, ihr energiepolitisches Zaudern aufzugeben, und den wichtigen Beitrag der Kernkraftwerke zum Schutz der Umwelt anzuerkennen. Die Sicherheit von Kraftwerken und Endlagerung seien technisch lösbare Probleme.[411] In der NZZ erscheinen auch etliche Leserbriefe, die die Kernenergie als saubere Alter-native zu den fossilen Brennstoffen und damit als Rezept gegen das Waldsterben anpreisen.[412]

Am 29. Oktober meldet der Tages-Anzeiger[413]:

„Die Waldschäden in der Schweiz sind schlimmer als bisher befürchtet. Dies ergab eine erste Meinungsumfrage bei den Kantonen zum Projekt Sanasilva (gesunder Wald). Das vorgezogene, seit Mitte Oktober landesweit laufende Vor-programm zum Projekt Sanasilva des Bundes soll bis zum Frühling 1984 einen ersten Überblick über das Ausmass und die Verbreitung des Waldsterbens brin-gen."

Eine Woche später liegen dem Tages-Anzeiger und dem Blick schon erste Zahlen (Teil-ergebnisse) vor.[414]

Die konsumentenfreundliche Fernsehsendung Kassensturz hat zu den finanziellen Folgen des Waldsterbens recherchiert.[415] Fritz Hans Schwarzenbach, Balz Rageth (Kan-tonsförster von Graubünden), sowie Nationalrat Martin Bundi kommen zu Interviews. Bundi zieht Parallelen zu Kriegsbedrohungen und zu Notmassnahmen wie dem Wah-len-Plan.[416]

„Erschüttert von ihrer Recherche zum Waldsterben haben die beiden Autoren der ‚Kassensturz'-Sendung selber bereits Konsequenzen gezogen: Barbara Bosshard hat ihr Auto verkauft, während Philipp Leutenegger seine Autofahrten auf ein Minimum reduziert, wie beim Fernsehen zu erfahren war."

Die Baselbieter Regierung will ihrem Kantonsparlament eine Standesinitiative für un-verzügliche Massnahmen zur Luftreinhaltung vorschlagen. Eine Motion mit ähnlichen Zielen hat der Bündner Nationalrat Martin Bundi eingereicht, und die SGU hat ein Not-standsprogramm gegen das Waldsterben ausgearbeitet.[417] Es bezweckt die Luftver-schmutzung um ein Viertel auf den Stand vor 1960 zu senken.[418]

„Das Waldsterben ist nach der Meinung von SGU-Präsident Bernhard Wehrli ‚mit den Mitteln der normalen Verwaltung und Gesetzgebung' nicht mehr zu verhindern. Wehrli verglich die Grösse und Dringlichkeit dieser Aufgabe mit

---

410 NZZ 28.10.1983: Mit der Kernenergie gegen das Waldsterben. Es würden Jahrzehnte verstreichen, bis ein grosser Teil der Hausfeuerungen, Motorfahrzeuge (Flugzeuge?) und Industrieanlagen elek-trisch betrieben werden könnten – nach den damaligen Zeithorizonten des Waldsterbens also eine todsichere Sache.

411 NZZ 15.11.1983: Kernenergie gegen Waldsterben.

412 Der GAU in Tschernobyl wird sich erst im April 1986 ereignen.

413 TA 29.10.1983: Kein Wundermittel gegen Waldsterben; vgl. auch: NZZ 29.10.1983: Waldschäden noch schlimmer als vermutet.

414 TA 5.11.1983: Erste Zahlen zum Waldsterben; Blick 5.11.1983: Waldsterben: Weisstannen sind am meisten gefährdet.

415 TA 29.11.1983: 2. Alarmstufe beim Gebirgswald.

416 Ein Plan zur Selbstversorgung der Schweiz mit Nahrungsmitteln während des zweiten Weltkrieges.

417 TA 2.12.1983: Sofortaktion gegen Waldsterben.

418 TA 2.12.1983: „Nur noch Notprogramm hilft gegen Waldsterben"; vgl. auch NZZ 1.12.1983: Zwischenbilanz über das Waldsterben.

einer Kriegsmobilmachung. ‚Auch beim Waldsterben liegt eine landesweite kriegsähnliche Existenzbedrohung vor.' Es sei beschämend und bedrohlich, dass bisher noch keine Massnahmen getroffen worden seien. Das System habe völlig versagt." Das Notprogramm der SGU bezweckt die Reduktion und die Entgiftung des Verbrauchs fossiler Brenn- und Treibstoffe.

In einem Grünbuch, das fünf Motionen und ein Postulat begründet, will auch der „Landesring der Unabhängigen" dem Umweltschutz eine Gasse bahnen.

„Ein Umweltschutz-Krisenstab, Notmassnahmen und Langzeitmassnahmen gegen das Waldsterben, Forderungen für den Landschaftsschutz, Finanzierungsmöglichkeiten sowie ein Vorschlag, wie Autofahrer in Bahnfahrer ‚umgewandelt' werden könnten, bilden die Bestandteile des Pakets. Offen ist die parlamentarische Realisierungsmöglichkeit."[419]

Nach Angaben der Baselbieter Zentralstelle für Obst- und Weinbau deuten verschiedene Anzeichen darauf hin, dass die Luftverschmutzung auch die Obstbäume in Mitleidenschaft zieht.[420]

Kurz vor Weihnachten schreibt auch der Regierungsrat des Kantons Zürich nach Bern. Er legt dem Bundesrat verschiedene Luftreinhaltemassnahmen in den Bereichen Verkehr und Feuerungen nahe. Weil die technischen Massnahmen im Verkehr nur langsam wirksam würden, seien auch Einschränkungen des motorisierten Individualverkehrs zu prüfen.[421] Am selben Tag rufen alle 25 Rechtsprofessoren der Universität Zürich die Bundesbehörden zu Sofortmassnahmen gegen das Waldsterben auf.[422] Sie empfehlen die Anwendung von Dringlichkeitsrecht. Diese Erlassform sei in der Vergangenheit schon für weit weniger wichtige Angelegenheiten angewendet worden.[423] Im Februar publiziert PD Dr. jur. Heribert Rausch in der NZZ eine rechtstheoretische und politologische Erörterung des Instrumentes „dringlicher Bundesbeschluss".[424]

In seinem Leitartikel zum Neuen Jahr wendet sich Walter Schiesser von der NZZ gegen die Ungeduld in Sachen Waldsterben.[425] Das Phänomen sei zwar erst letzten Sommer ins öffentliche Bewusstsein gedrungen, doch die Schädigungen reichen viel weiter zurück. Deshalb müsse nicht innerhalb von Wochen oder Monaten gehandelt werden.

Hans Heusser erläutert in der NZZ die Krankheitssymptome des Waldsterbens.[426] Er spricht dabei allerdings nur die unspezifischen Krankheitssymptome am Einzelbaum an, aber nicht das Erscheinungsbild des grossflächigen Phänomens Waldsterben.

Im Tages-Anzeiger vom 16.2.84 werden nun die Ergebnisse der Sanasilva-Umfrage vom Sommer 83 publiziert.[427] Der Schweizer Wald ist zu 14 Prozent krank bis todkrank. Es findet sich eine Tabelle über „Baumarten und Schadstufen". In der Klasse „absterbend oder tot" werden einzig für Tanne und Föhre Zahlen, die von Null abwei-

419   TA 16.12.1983: Landesring-„Grünbuch" gegen das Waldsterben; vgl. auch Blick 16.12.1983: Waldsterben: Grünbuch verlangt Tempo 100 und Gratis-Abo für alle.
420   NZZ 12.12.1983: Baumsterben auch bei Obstbäumen?
421   TA 22.12.1983: Soforthilfe gegen Waldsterben.
422   NZZ 21.12.1983: Rechtsprofessoren gegen das Waldsterben.
423   TA 22.12.1983: Mit Dringlichkeitsrecht gegen das Waldsterben?
424   NZZ 4.2.1984: Dringlichkeitsrecht zur Bekämpfung des Waldsterbens?
425   NZZ 3.1.1984: Warten auf Massnahmen gegen das Waldsterben.
426   NZZ 23.1.1984: Woran kann der Laie das Waldsterben erkennen?; vgl. auch NZZ 20.1.1984: Woran erkennt man kranke Bäume?
427   TA 16.2.1984: Schweizer Wald zu 14 Prozent krank bis todkrank.

chen, ausgewiesen. Für die Fichte, die 47% des Waldbestandes der Schweiz ausmacht und die zu 17% als geschädigt gilt, werden dagegen keine absterbenden oder toten Bäume aufgeführt.

Walter Bosshard, Direktor der EAFV zeichnet an einer Tagung des holzverarbeitenden Gewerbes in Interlaken ein äusserst düsteres Bild der Situation.[428] Er redet von enormen Zwangsnutzungen, von einem Warnsignal für die Existenzbedrohung des Menschen überhaupt und von beträchtlichen Einkommensverlusten für die Waldbesitzer. Nach seiner Schätzung werden rund 50% der Tannen in den nächsten zwanzig Jahren, 30% der Fichten innerhalb der nächsten 15 Jahre und 30% der Buchen innerhalb der nächsten 10 Jahre der Zwangsnutzung anheim fallen müssen. Es geht aus dem Artikel nicht hervor, worauf er diese Zahlen stützt.

Mitte März erscheint im Tages-Anzeiger eine Kombination von zwei Artikeln, die einerseits noch einmal die Ergebnisse der Sanasilva-Umfrage mit einer Karte darstellt und andererseits einige Kantonsförster mit ihrer Sicht des Problems zu Wort kommen lässt.[429] Die Zusammensetzung der Wälder, klimatische und meteorologische Faktoren werden zur Erklärung der erstaunlichen Unterschiede des Waldzustandes, die die Umfrage ja ausgewiesen hatte, bemüht. Über die empirischen und erhebungsmethodischen Grundlagen, die zu diesen Aussagen führen, ist nichts zu lesen. Im Artikel über die Sanasilva-Umfrage wird hingegen deren Methodik erläutert.[430] Unter anderem hatten die Förster

„gleichzeitig anzugeben, ob ihre Reviere in der Nähe von grösseren Strassen, von Industrien, Kehrrichtverbrennungsanlagen oder sonstwie die Umwelt belastenden Betrieben lägen. Diese Angaben wurden auf eine Rasterkarte übertragen. Legt man diese auf die Karte mit den Waldschäden, so ergibt sich Deckungsgleichheit: Wo die Luftbelastung durch Schadstoffe aller Art am stärksten ist, dort sieht der Wald entsprechend schlecht aus."

Es wird eingeräumt, dass diese Bestandesaufnahme auch eine subjektive Angelegenheit sei, dass da und dort die Haltung und der Wissensstand eines Försters eine Rolle gespielt habe.

Laut einer Pressemitteilung des Genfer Landwirtschaftsdepartements erfreuen sich die Wälder des Kantons einer erstaunlich guten Gesundheit.[431] Ist dies nur Anzeichen einer „Galgenfrist" oder vollbringen Bodenbeschaffenheit und Klima dieses Wunder? Ungenannte Experten vermuten, dass das Phänomen dem hohen Anteil an Laubbäumen zuzuschreiben ist. Dass den Daten aus der Sanasilva-Umfrage vielleicht eine andere Einschätzung von Schäden zugrundeliegen könnte, wird jedoch nicht erwogen.

Zwei Wochen nach den Umfrageergebnissen werden auch die Ergebnisse der parallel dazu durchgeführten chemischen Analysen von Fichtennadeln publiziert:[432]

„Die letzten Zweifel über den Zusammenhang von Luftverschmutzung und Waldsterben sind nach der ersten (noch nicht veröffentlichten) Interpretation der jüngsten Sanasilva-Ergebnisse ausgeräumt: 61 Prozent der 1208 Forstreviere mit Waldschäden gelten als ‚immissionsbelastet' (der Luftverschmutzung mehr oder

---

428 TA 16.2.1984: Probleme auch mit der Holznutzung.
429 TA 15.3.1984: Warum sind die Wälder so unterschiedlich krank?
430 TA 15.3.1984: Sanasilva bestätigte die Schreckensmeldungen.
431 NZZ 17.3.1984: Erstaunlich gesunder Genfer Wald.
432 TA 30.3.1984: Ohne Luftverschmutzung kein Waldsterben; vgl. auch NZZ 31.3.1984: Luftschadstoffe und Waldschäden. Vgl. Bucher, Kaufmann, und Landolt 1984; Landolt, Bucher und Kaufmann 1984; Kaufmann, Bucher, Landolt, Jud und Hoffmann 1984.

weniger stark ausgesetzt) und 76 Prozent der 221 Forstreviere ohne Waldschäden als ‚immissionsfrei'. Ein namhafter Einfluss der Luftverschmutzung auf das derzeitige Waldsterben in der Schweiz kann daher nicht mehr ausgeschlossen werden. So lautet das Fazit der mit der Auswertung der Sanasilva-Umfrage beauftragten Eidgenössischen Anstalt für das forstliche Versuchswesen in Birmensdorf (EAFV)."

Schwefel wird als Leitsubstanz für die Luftverschmutzung angenommen. Die Ergebnisse zeigen eine relativ grosse Übereinstimmung der Gehalte von Schwefel, aber auch von Chlor und Fluor in Fichtennadeln mit den Angaben zu Waldschäden aus der Sanasilva-Umfrage. Auf dieser Grundlage wurde auf einen ursächlichen Zusammenhang zwischen Luftverschmutzung und Waldschäden geschlossen.[433]

An der Tagung der Europa-Union Zürich hält Fritz H. Schwarzenbach einen Vortrag über „Europäische Aspekte des Waldsterbens":[434]

„Das neuartige Waldsterben trat Ende der siebziger Jahre zuerst im Bereich der DDR, der Tschechoslowakei, Polens und der BRD auf, wo Schwerpunkte der Braunkohlverfeuerung liegen, und breitete sich dann schnell nach allen Richtungen aus. Die Schweiz gilt zurzeit mit Österreich zusammen im internationalen Vergleich als ‚mittelschwer' betroffen. (...) Der zeitliche Verlauf der Schadenentwicklung entpricht einer S-förmigen Kurve, d.h. nach einem punktuellen Beginn und einer allmählichen Verdichtung der Punkte, nehmen die Schäden exponentiell zu, bis etwa 50 Prozent der Bäume betroffen sind, dann verflacht sich die Ausdehnungsgeschwindigkeit der Schäden wieder. Jede Waldbaumart ist gefährdet, dazu neuerdings auch Obstbäume und Reben, doch variiert der zeitliche Ablauf des Absterbens nach Arten. Während an der Weisstanne schnell die ersten Schäden sichtbar werden, der Zustand dann aber vorübergehend stationär bleibt, tritt bei der Rottanne als europäisch wichtigstem Baum zunächst ein äusserlich unauffälliger Wachstumsstillstand ein, der mehrere Jahre andauern kann, bis der Baum dann plötzlich – manchmal innert Monaten – abstirbt. Waren zu Beginn vorwiegend 60- bis 100jährige Bäume betroffen, werden heute auch junge krank, was für die Forstwirtschaft die Umtriebszeit der Waldnutzung durch Zwangsnutzungen drastisch verkürzt."

Angesichts so detaillierter Prognosen stellt sich die Frage, woher Schwarzenbach diese Kenntnisse hat und wie gut sie abgestützt sind. Der Artikel gibt darüber keine weitere Auskunft.[435]

Ein kleiner Artikel in der NZZ präsentiert Otto Kandlers Epidemie-Thesen und einige Gegenargumente.[436]

Die Heizungsbranche wehrt sich gegen die Tendenz, die Schadstoffe aus Heizungsanlagen zum hauptsächlichsten Verursacher des Waldsterbens zu stempeln.[437] Der Beitrag des Verkehrs an die Luftverschmutzung, insbesondere die Stickoxide betrage ein vielfaches und überhaupt komme der Hauptteil der Verschmutzung aus dem Ausland. Den-

---

[433] Dazu musste mindestens folgendes implizit unterstellt werden: Man weiss, was ein Schaden ist, die Umfrage weist wirklich Schäden aus, es gibt keinen anderen Faktor, der erdräumlich eine ähnliche Verteilung wie die Luftschadstoffe aufweist, die Schwefelkonzentrationen in den Fichtennadeln sind ein guter Indikator für die Belastung mit anderen Schadstoffen.

[434] NZZ 13.4.1984: Waldsterben im europäischen Rahmen.

[435] In der von mir ausgewerteten Fachliteratur war von solchen S-Kurven und von Angaben zu artspezifischen Verläufen des Waldsterbens nichts zu lesen. Ich vermute, dass diese Behauptungen auf Überlegungen von Schwarzenbach zurückgehen. Trifft dies zu, handelt es sich um Vermutungen.

[436] NZZ 2.5.1984: Waldsterben - eine Epidemie?

[437] NZZ 10.2.1984: Die Heizungsbranche zum Waldsterben.

noch werde die Heizungsbranche die Entwicklung umweltfreundlicherer Anlagen vorantreiben. Im Frühjahr 1984 wird in den Medien eine intensive Auseinandersetzung um die Wirksamkeit und den Sinn von Katalysatortechnik und von tieferen Tempolimiten geführt.[438] Die Umweltschutzorganisationen drängen auf die strengeren amerikanischen Schadstoffnormen von 1983 statt der für 1986 vorgesehenen.[439] Am 12. März beschliesst der Bundesrat ein Zehn-Punkte Programm zur Eindämmung der Luftverschmutzung.[440] Die wichtigsten Punkte umfassen die Einführung der Katalysatortechnik, Vergaserkontrollen, diverse Vorschriften für Ölfeuerungen und für die Gebäudeisolation.[441]

Am 19. März ergänzt der Bundesrat im Kampf gegen das Waldsterben die Luftreinhaltemassnahmen durch Massnahmen der Walderhaltung.[442] Für Zwangsnutzungen und die Bekämpfung des Borkenkäfers mit Fallen soll ein auf fünf Jahre befristeter dringlicher Bundesbeschluss, der noch dem Parlament zu unterbreiten sein wird, 150 Millionen Franken an die Waldbesitzer bereitstellen.

Jugendliche betreiben auf ihre Art Politik und ersetzen aus Protest gegen das Waldsterben den offiziellen Christbaum ihrer Gemeinde durch einen geschädigten Baum.[443] Der Stadtrat bringt dieser Aktion wenig Verständnis entgegen und verdonnert sie zu Strafarbeit unter Aufsicht des Försters.

Nach einer Studie, die das Büro INFRAS im Auftrag der SGU erstellt hat, sind strenge technische Massnahmen zur Luftreinhaltung nicht hinreichend, um den Wald zu retten.[444] Ein ergänzender Massnahmenplan[445] zeigt auf, wie die Luftbelastung auf den Stand vor 1960 zu reduzieren wäre. In erster Linie werden dabei Sparmassnahmen und erst in zweiter Linie auch technische Massnahmen ins Auge gefasst. In mancher Hinsicht ist dieser Bericht ein Vorläufer des im Herbst erscheinenden EDI-Berichtes „Waldsterben und Luftverschmutzung" gewesen.

Der Nationalrat lehnt am 2. Mai die dringliche Einführung der Tempolimiten 100/80 für Motorfahrzeuge und eine massive Verbilligung der SBB-Tarife deutlich ab.[446] Der Rahmenkredit von 150 Millionen zur Bekämpfung der Borkenkäfer und für eine bessere Pflege der geschwächten Wälder wird hingegen ohne Gegenstimme genehmigt.

Der Bundesrat schickt im Mai einen Vorschlag in die Vernehmlassung, der vorsieht, drei Jahre lang die Geschwindigkeiten auf Autobahnen von 130 km/h auf 100 km/h und

---

[438] NZZ 15.2.1984: Tempo 100 kann den Wäldern helfen; vgl. auch TA 15.2.1984: Abgasverminderung praxisnah beurteilt; TA 15.2.1984: Überwiegend zustimmende Reaktionen; TA 15.2.1984: Wirkt wie 33 autofreie Sonntage; TA 15.2.1984: 12 000 Tonnen Stickoxide weniger; Blick 23.2.1984: Waldsterben: keiner Weiss genau, wie weit das Auto schuld ist; Blick 29.2.1984: TCS-Experte: Vergaser richtig einstellen bringt mehr als Tempo 100; NZZ 2.3.1984: Autogewerbe gegen „Sündenbockrolle"; Blick 8.3.1984: Nume nid gschprängt mit Tempo 100; TA 9.3.1984: Abgaskontrolle für Autos: Kommt auch hier eine Vignette?; TA 9.3.1984: Fachgremien für Abgaskleber; TA 10.3.1984: Temporeduktion zwischen Eigennutz und Gemeinwohl.

[439] TA 15.2.1984: Temporeduktion und Kontrollen sind wirksam.

[440] TA 13.3.1984: Kein Tempo 100/80: Reaktionen; NZZ 13.3.1984: Sofortmassnahmen gegen das Waldsterben.

[441] NZZ 13.3.1984: Erste Schritte; TA 14.3.1984: Scharfe Kritik und unverhohlene Befriedigung; TA 14.3.1984: „Welschland würde Tempo 100/80 akzeptieren".

[442] NZZ 20.3.1984: Bekämpfung der Waldschäden; TA 20.3.1984: Zwangsrodungen gegen folgen des Waldsterbens.

[443] Blick 2.4.1984: Christbaum vertauscht: Strafarbeit.

[444] TA 3.5.1984: Den Benzinverbrauch um 50 Prozent senken?

[445] NZZ 7.5.1984: Halbierung des Treibstoffverbrauchs; TA 3.5.1984: SGU fordert Benzinrationierung

[446] TA 3.5.1984: Der Nationalrat lehnt Tempo 100/80 ab.

die auf den übrigen Ausserortsstrassen von 100 km/h auf 80 km/h zu reduzieren.[447] Der Bundesrat mag auch nicht ausschliessen, dass Truppen zur Bekämpfung von Waldschäden zum Einsatz kommen.[448]

An einer Kundgebung in Bern gegen das Waldsterben nehmen am 2. Mai 30'000 bis 50'000 Personen teil.[449] Die volksfestartige Veranstaltung, die von 10 Umweltschutzorganisationen getragen wird, steht unter dem Motto: Ein Fest für den Wald – ein Fest für das Leben.

Seit Anfang März 1984 läuft eine Unterschriftensammlung zu einer Erklärung, mit der jeder Unterzeichner die Forderung nach einem sofortigen Handeln auf allen Ebenen bekräftigt, und seine/ihre Bereitschaft ausdrückt, den persönlichen Lebensstil so zu ändern, dass Natur und Umwelt möglichst geschont werden.[450] Am 4. Juli werden im Bundeshaus 170 000 Unterschriften eingereicht.[451] Die „persönlichen Erklärung für wirksame Massnahmen gegen das Waldsterben" – eine Petition – fordert Bundesrat und Parlament auf, bis zum 1. August wirksame Sofortmassnahmen zur Luftreinhaltung anzuordnen.

Zur selben Zeit haben schon rund 140 000 Personen die vom Basler Autojournalisten Bernhard Böhi Ende März lancierte Initiative für Tempo 130/100 unterschrieben. Das Volksbegehren wird von den Automobilverbänden unterstützt.

Nach einer Tagung der Schweizerischen Vereinigung für Atomenergie, an der Experten aus Hochschulen, Forschungsinstituten und Energiewirtschaft eine „erfreulich positive Bilanz" gezogen haben, preisen zwei Journalisten der NZZ[452] die Kernenergie als "die mit Abstand sicherste, sauberste und umweltfreundlichste heute verfügbare Energieform" und als „Wohltat für die Umwelt".[453]

Unter dem Titel „Nichts Neues unter der Sonne" druckt die NZZ ohne weiteren Kommentar und ohne Erläuterungen ein Kapitel aus einem 1724 in Leipzig erschienenen Buch ab, das unter anderem über Waldschäden und regional absterbende Baumarten berichtet.[454] Offensichtlich sollte damit das Publikum in den Glauben versetzt werden, es habe früher schon ein Waldsterben gegeben. Der Forstwissenschaft sind freilich solche räumlich begrenzten Kalamitäten, die in der Regel durch Parasiten hervorgerufen werden, seit jeher bekannt, auch wenn nicht alle Phänomene zufriedenstellend erklärt sind. Mit vernünftiger Meinungsbildung haben solche publizistischen Aktionen nichts mehr zu tun.

Die ersten Resultate des Landesforstinventars bestätigen die Waldschadensituation.[455] Der Schweizer Wald befinde sich in einem alarmierenden Zustand, und es sind grosse (falls sich der Borkenkäfer stark ausbreiten sollte sogar: katastrophale) Zwangsnut-

---

447 TA 15.5.1984: Tempo 100/80 nur für drei Jahre.
448 NZZ 24.5.1984: Truppeneinsatz gegen Waldschäden.
449 NZZ 7.5.1984: Druck zum Handeln gegen das Waldsterben; vgl. auch TA 7.5.1984: 30'000 demonstrierten für Rettung des Waldes; TA 7.5.1984: Waldfest auf dem Bundesplatz – mit Appellen ans Bundeshaus.
450 NZZ 27.4.1984: Vor einer Waldkundgebung in Bern.
451 NZZ 6.7.1984: 170'000 Unterschriften gegen das Waldsterben ... und über 140 000 für Tempo 130/100.
452 NZZ 17.5.1984: Kernenergie – Wohltat für die Umwelt.
453 Die uspründlichste, umweltfreundlichste und natürlichste Energienutzung, nämlich Sonnenenergie in ihren vielfältigen Formen von Biomasse, scheint den Autoren nicht bekannt gewesen zu sein.
454 NZZ 26.5.1984: Nichts Neues unter der Sonne.
455 NZZ 2.6.1984: Landesforstinventar bestätigt Waldschadensituation.

zungen zu erwarten. Jeder siebzehnte Nadelbaum wird kurz- oder mittelfristig keine Überlebenschance haben.[456]

Die Kernkraftwerk Gösgen-Däniken AG widerspricht der These von Waldschäden aufgrund der Radioaktivität: Erstens sind die entweichenden Mengen so gering, dass sie im Vergleich zur natürlich vorkommenden Strahlung zu vernachlässigen sind. Zweitens haben Jahrringanalysen ergeben, dass die Waldschäden schon vor der Erstellung des AKWs eingesetzt haben.[457]

Im Saal des Bahnhofbuffets in Bern treffen sich Prof. Günther Reichelt und Vertreter der Kernindustrie zu einem Gespräch.[458] Organisiert wird diese Veranstaltung vom WWF, der auch die Medien dazu eingeladen hat. Reichelt vertritt die These, dass Betastrahlen zusammen mit klassischen Schadstoffen zu überdurchschnittlichen Waldschäden führen. Diese These sieht er durch Waldschadenkartierungen im Umkreis von AKWs erhärtet. Reichelt muss viele Zweifel und mehr oder weniger stichhaltige Argumente kontern. Die Vertreter des Kernkraftwerkes versichern der kritisch nachfragenden Presse, dass die Strahlungsdosen, die AKWs an die Umwelt abgeben, mit Sicherheit nicht für die Waldschäden verantwortlich seien. Richard Aschinger vom Tages-Anzeiger fragt sich:

„Wer hat das Streitgespräch gewonnen? Auf jeden Fall hat keine Seite die Argumente der anderen definitiv entkräftet. Solange die Kernindustrievertreter so gereizt und auf weiten Strecken schwach argumentieren, werden Zweifel an der völligen Schadlosigkeit der KKW-Radioaktivität bleiben. Und solange Professor Reichelt oder andere Wissenschafter nicht dichtere Informationen liefern, wird man seine vorerst einmal gewagt scheinende These vom Zusammenhang zwischen KKW und Waldsterben nicht glauben wollen."

Vom Verband schweizerischer Automobilimporteure wird am 27. Juni ein Pressegespräch in Kloten mit anschliessender Waldbegehung veranstaltet.[459] Otto Kandler und Fritz Fischer sind als Referenten geladen. Beide zweifeln an der These, dass die Luftverschmutzung die Primärursache der Waldschäden sei und erläutern ihre favorisierten Thesen der Epidemie bzw. der waldbaulichen Mängel. Von weiteren, im Artikel nicht namentlich erwähnten Experten wird die These einer Wachstumszäsur in den 60er Jahren zurückgewiesen. In gut gepflegten Beständen sei eher ein üppigeres Wachstum zu beobachten, und die gegenwärtig zu beobachtenden Schäden an Laubbäumen gingen auf die Trockenheit zurück.

Die Arbeitsgemeinschaft für den Wald führt zwei Tage darauf eine Tagung zur Problematik des Waldsterbens durch.[460]

„Mit allem Nachdruck trat Walter Bosshard, Direktor der Eidgenössischen Anstalt für das forstliche Versuchswesen in Birmensdorf, den Meinungen entgegen, wonach das Waldsterben die Folge einer Seuche, mangelnder Waldpflege oder des Wetters sei. (...) Die primäre Ursache des Waldsterbens liege in der chronischen Vergiftung durch die vielfältig verschmutzte Luft, fuhr Bosshard fort, und somit helfe als Abwehr allein die Beseitigung der Giftstoffe."

---

[456] Diese Prognose wird auch im Sanasilva-Waldschadenbericht 1984 wiederholt.

[457] NZZ 22.6.1984: Leserbrief.

[458] TA 27.6.1984: Der Professor und die Herren von der Industrie; TA 27.6.1984: Begünstigen Kernkraftwerke das Waldsterben?

[459] NZZ 27.6.1984: Eingleisige Schuldzuweisung in der Waldschadenfrage.

[460] TA 30.6.1984: „Schäden in den Wäldern steigen drastisch an"; NZZ 2.7.1984: Politisch-psychologische Barrieren vor Massnahmen gegen Waldsterben.

Er sprach sich auch mit Nachdruck für die Temporeduktionen aus. Der Tages-Anzeiger schreibt weiter:

„Inzwischen ist der Kausalzusammenhang zwischen Luftverschmutzung und Waldsterben international anerkannt worden. Jedenfalls haben die Umweltminister von 31 Staaten, die sich diese Woche in München trafen, in ihrer Schlusserklärung ganz klar festgehalten, dass Schwefeldioxid und Stickoxide als die wesentlichen Verursacher des Waldsterbens gelten."

Gegen Ende Juli erscheinen in der NZZ die Stellungsnahmen je eines Vertreters der Forstwirtschaft und der Automobilverbände.[461] Werner Giss, der Präsident des Schweizerischen Forstvereins, breitet das bekannte Bild des Waldsterbens aus, weist insbesondere auf die Bedeutung von Ozon und von Synergieeffekten unter den Luftschadstoffen hin, und schliesst biotische Erreger als Ursache aus. Auf den letzten Nachweis, dass die Luftverschmutzung die Primärursache darstelle, werden wir jedoch noch lange warten müssen, meint Giss. Die Bekämpfung des Waldsterbens müsse sich analog zur Sicherheitspolitik, auf die Bewältigung des grösstmöglichen Risikos einstellen. Giss macht auf den Wert des Waldes aufmerksam: seine Schutzwirkungen, die unvorstellbaren Kosten von gleichwertigen Schutzbauten, die Arbeitsplätze in der Forstwirtschaft. Die Lufthygiene müsse kurzfristig verbessert werden. Da sich technische Massnahmen aber erst nach Jahren auswirkten, spricht er sich vehement für eine befristete Einführung von Tempo 80/100 aus.

Für Etienne Membrez, Direktor des Touringclubs der Schweiz (TCS), sind trotz einer unübersehbaren Vielzahl von Veröffentlichungen, die Ursachen der Waldschäden ebenso umstritten, wie die Möglichkeiten ihrer Bekämpfung. Die Beweiskette stehe noch aus, und die Berechnungen des BUS zu den Auswirkungen der Tempolimiten weisen einige Ungereimtheiten bzw. methodische Schwächen auf. Membrez warnt im weiteren davor, dass die Abwanderung des Verkehrs von der Autobahn auf andere, weniger sichere Strassen zu einer Erhöhung der Unfallzahlen beitragen könnte. Schliesslich stellt er die rechtliche Kompetenz des Bundesrates, aus Umweltschutzüberlegungen ins Verkehrsrecht einzugreifen, in Frage. Der TCS spreche sich deshalb gegen Tempolimiten, aber für die Einführung der Katalysatortechnik aus.

Diese beiden umfangreichen Statements spiegeln die umweltpolitische Polarität, die sich durch die Problematik des Waldsterbens manifestiert. In den Medien sind die Fronten schon seit dem Spätsommer 1983 erkennbar. Sie schälen sich zunehmend deutlicher heraus. Das ist ein Indiz dafür, dass sich die politische Polarisierung der Schweiz nicht erst durch die Gründung der Autopartei (heute: Die Freiheitlichen) auf der einen Seite und des Verkehrsclubs der Schweiz (VCS) und Greenpeace auf der anderen Seite ergeben hat, sondern dass sie durch diese Organisationen primär gesammelt, kanalisiert und allenfalls verstärkt wurde. Zu bedenken bleibt ferner, dass noch weitere, deutlich und zum Teil eigenständig, auftretende Interessen im Spiel sind: die Forstwirtschaft, die, wenn es um Fragen der Waldbewirtschaftung geht, durchaus mit dem Umweltschutz in Konflikt geraten kann, und die Elektrizitätswirtschaft, die wegen der Kernenergie mit den Umweltschutzorganisationen im Konflikt steht, obwohl sie mit ihnen am selben Strick gegen die fossilen Energieträger zieht.

Mitte August „entdecken" die Medien die methodische Dimension des Waldsterbens. Möglicherweise ist der Start der Sanasilva-Waldschadeninventur der Auslöser. Jeden-

---

461 NZZ 27.7.1984: Tempolimiten – umstrittene Sofortmassnahme gegen das Waldsterben.

falls erscheint in der NZZ ein weiteres Mal eine Erläuterung verschiedenster Schadens-symptome an Laub- und Nadelbäumen.[462] Sie ist als Hilfe gedacht, sich selbst ein Urteil bilden zu können. Kurz darauf orientiert ein Artikel in der NZZ über das Sanasilva-Programm und insbesondere über die Stichprobenmethode der Waldschadeninventur.[463] Der Tages-Anzeiger[464] und der Blick[465] bringen Artikel über die Erfassung von Waldschäden mit Infrarot-Luftbildern. Einige Tage später erläutert Forstingenieur Christian Küchli im Tages-Anzeiger die Schwierigkeiten der Waldschadenforschung, einen Kausalbeweis über komplexe Zusammenhänge zu erbringen.[466] Zugleich er-scheint im Tages-Anzeiger ein mittelgrosser Artikel, in dem sich der anonyme Autor über Widersprüche in und zwischen den Aussagen von Wissenschaftern beklagt.[467]

Walter Bosshard konstatiert Ende August in der NZZ einen beschleunigten Verlauf des Waldsterbens.[468]

> „Wenn in der Schweiz die weitere Entwicklung ähnlich verläuft, wie in den stark geschädigten Gebieten von *Bayern* und *Baden-Württemberg*, und es ist zu ver-muten, dass dies der Fall sein wird, dann beginnt die innere Auflösung der Wälder in den nächsten Jahren."

Die Forstdienste werden dann gezwungen sein, die absterbenden Bäume zu fällen und es werden Kahlflächen entstehen, mit gravierenden Folgen für die Bergregionen. Lawi-nen, Hochwasser, Rutschungen und Steinschlag werden örtlich ausgeprägt zunehmen. Dieser Vorgang wird beschleunigt verlaufen.

Das eidgenössische Departement des Inneren (EDI) veröffentlicht Mitte September den Bericht „Waldsterben und Luftverschmutzung", der schon im Herbst 1983 in Aussicht gestellt worden war, und der Bundesrat nimmt davon Kenntnis.[469]

> „Wenn das Waldsterben im bisherigen Ausmass fortschreitet, ist in den Berg-gebieten ‚mit Auswirkungen katastrophalen Ausmasses' zu rechnen. (...) Län-gerfristig gesehen hätte ein stetig zunehmendes Waldsterben und damit ein grossflächiges Verschwinden des Waldes verheerende Folgen für die Schweiz. (...) Neu an den heutigen Waldschäden ist, dass sie praktisch alle Baumarten auf allen Bodentypen und Standorten befallen. Sie treten in gut gepflegten Wäldern ebenso auf wie in ungepflegten Beständen, in naturnah zusammengesetzten Mischwäldern wie in Kunstbeständen. Damit fallen nach dem heutigen Stand der Wissenschaft klimatische oder waldbauliche Faktoren als Primärursache für das heutige Waldsterben ausser Betracht.[470] Vielmehr muss als Ursache eine chroni-sche Vergiftung der Bäume durch die stetig zunehmende Schadstoffbelastung der Luft bezeichnet werden, die sich nach den vorliegenden Untersuchungen an den Jahresringen der Bäume seit 1960 bemerkbar macht. Die Wissenschaft verfügt für diese These über eine Vielzahl von Indizienbeweisen."

---

462 NZZ 15.8.1984: Kränkelnde Bäume.
463 NZZ 23.8.1984: Das Sanasilva-Programm ist angelaufen.
464 TA 16.8.1984: „Schirmbildaktion" für den kranken Schweizer Wald.
465 Blick 23.8.1984: Alarmstufe Violett – „Spionagekamera" enthüllt die Schäden in unseren Wäldern.
466 TA 28.8.1984: Waldsterben: Warum die Wissenschaft im „Beweisnotstand" ist.
467 TA 28.8.1984: Hypothesen und Behauptungen verwirren die Allgemeinheit.
468 NZZ 21.8.1984: Beschleunigter Verlauf des Waldsterbens.
469 TA 13.9.1984: Vom Waldsterben sind alle Baumarten betroffen.
470 Es liesse sich allerdings ebensogut entgegengesetzt argumentieren: gerade Witterung und wald-bauliche Fehler sind Faktoren, die unabhängig vom Standort wirken und auch standortunabhängige Symptome nach sich ziehen. Es ist aber auch denkbar, dass sich sowohl Luftschadstoffe wie auch Witterung und Waldbau je nach Standortgunst sehr unterschiedlich auswirken.

Am selben Tag gibt der Bundesrat auch seinen Entscheid bekannt, Tempo 80 ausserorts und Tempo 120 auf den Autobahnen einzuführen.[471] Mit dieser Vorgabe hat sich der Bundesrat zwischen Bank und Stühle gesetzt. Es hagelt von allen Seiten herbe Kritik.

Eine vom WWF präsentierte Studie von Ruedi Stahel und Dieter Hünerwadel kommt zum Schluss, dass die räumliche Überlagerung von Kernkraftanlagen und Waldschäden letztlich so eng sei, dass ein ursächlicher Zusammenhang vermutet werden müsse.[472] Die Behörden sollten diesen Verdacht überprüfen und, zumindest noch vor der Abstimmung, die entsprechenden Infrarotaufnahmen veröffentlichen und interpretieren.[473] Heini Ringger vom Tages-Anzeiger kommentiert:[474]

„Erstaunlich ist es nicht, dass im Vorfeld der Abstimmung zur Energie- und Atominitiative der WWF-Schweiz als lokale Ursache für das Waldsterben die Kernkraftwerke mit ins Spiel bringt. Zwei der zurzeit am heftigsten diskutierten Themen – Umwelt/Waldsterben und Energie/Kernkraftwerke – sind damit verflochten. Einer Versachlichung ist damit wohl kaum geholfen. Trotz dieser Zuspitzung ist der Versuch des WWF, in eigener Regie etwas Licht in die verworrenen Zusammenhänge zwischen Kernkraftwerken und Waldsterben zu bringen, zu begrüssen."

Der Ball sei nun bei den Behörden, und der Bundesrat habe gegenüber dem Nationalrat schon signalisiert, eine eigene Erhebung zu veranlassen.

Noch rechtzeitig vor den Abstimmungen wird der Forderung des WWF genüge getan: Am 13. Sept. wird eine Studie über Waldschäden in der Umgebung der Kernreaktoren von Beznau und Würenlingen veröffentlicht.[475] Sie war bereits im Frühjahr von der Aargauer Regierung in Auftrag gegeben worden, und von der Eidgenössischen Kommission zur Überwachung der Radioaktivität (KUeR), der Hauptabteilung für die Sicherheit der Kernenergieanlagen (HSK), der Sektion Lufthygiene des aargauischen Industrie- und Gewerbeamtes (Kiga), zusammen mit der Eidgenössischen Anstalt für das forstliche Versuchswesen in Birmensdorf (EAFV) durchgeführt worden. Sie basiert auf der Auswertung von Infrarotluftaufnahmen und dem Vergleich mit anderen Wäldern im Kanton.

„Allerdings wurden im nächsten Umkreis der Kernenergieanlagen von Beznau und Würenlingen lediglich drei Waldflächen von je 500m Länge untersucht, wodurch die von den Verantwortlichen gezogenen Schlussfolgerungen relativiert werden müssen."

Diese Kritik schmeichelt der empirischen Basis der Studie ungemein. Dessen sind sich die Verantwortlichen wahrscheinlich bewusst, denn ihre Argumentation an der Pressekonferenz beruht im wesentlichen darauf, dass die gemessenen Emissionen an Radioaktivität im Vergleich zu der natürlichen Belastung gering ausfallen, und dass das Waldsterben bedeutend früher, noch vor der Erstellung dieser Anlagen, eingesetzt habe. So weit die empirische Basis der Studie einen Vergleich überhaupt zulässt, entsprechen die festgestellten Waldschäden denen an anderen Orten im Kanton.

---

[471]   TA 13.9.1984: Mutlos, halbbatzig, Alibi, vertretbar; TA 13.9.1984: Zugeständnis an welsche Opposition: Tempo 80/120.
[472]   NZZ 29.8.1984: Kernkraftwerke und Waldsterben.
[473]   TA 29.8.1984: Tragen Kernkraftwerke zum Waldsterben bei?
[474]   TA 29.8.1984: Behörden sollen WWF-Befunde überprüfen.
[475]   TA 14.9.1984: Mit oder ohne KKW: Krankheitsbild rapid verschlechtert; TA 14.9.1984: KKW nicht an Waldsterben schuld?

In einem Kommentar macht Heini Ringger darauf aufmerksam, dass die Strahlenbiologie international noch in den Kinderschuhen stecke, und der Kenntnisstand nicht ausreiche, um einen Kausalzusammenhang zwischen Waldschäden und Radioaktivität auszuschliessen, wie dies der Vizedirektor der EAFV anlässlich der Pressekonferenz zu dieser Studie behauptet.

Die EAFV befürchtet, dass durch die schnelle Entwicklung beim Waldsterben das Erbgut vieler an spezielle Bedingungen angepasster Baumrassen unwiderbringlich verlorengeht.[476] Sie ruft daher alle Schweizer Förster auf, noch diesen Herbst möglichst viele Samen zu sammeln und zu konservieren.

Die dieses Jahr auffallend früh einsetzende Verfärbung der Laubbäume wird als Symptom des Waldsterbens und als wahrscheinliche Folge der Luftverschmutzung gedeutet.[477]

In einem Bericht über die Waldschadensituation im Erzgebirge, die häufig als Vorbild des Waldsterbens interpretiert wird, erfahren wir, dass es sich dabei um einen besonderen Fall handle.[478] Aufgrund falscher Baumartenwahl (Fichtenmonokultur) habe sich der Boden versauert und die Bäume seien sehr anfällig geworden.

Der zweite Teil des EDI-Berichtes „Waldsterben und Luftverschmutzung" wird der Presse vorgestellt.[479] Er behandelt die im Parlament eingereichten, vom Bundesrat ins Auge gefassten, und die schon beschlossenen Massnahmen gegen das Waldsterben. In erster Linie wird die Einführung von bleifreiem Benzin und der Katalysatortechnik (US-83 Normen) inklusive flankierender Massnahmen genannt; es werden aber auch die Überprüfung der SBB-Tarife, Vorschriften bezüglich einer verbrauchsabhängigen Heizkostenabrechnung und ein Impulsprogramm Holz zur Verwertung von Zwangsnutzungen angekündigt. Walter Schiesser kommentiert:[480]

„Grund zur Beruhigung [aufgrund der bisher erlassenen und ins Auge gefassten Massnahmen; WZ] besteht indessen, solange man das heute politisch Mögliche als Masstab nimmt. Misst man hingegen an den Erfordernissen, die das Geschehen im Wald nahelegt, so verdüstert sich das Bild."

Wenn es nämlich zutreffe, dass die Luftverschmutzung die primäre Ursache der Waldschäden sei und seit den fünfziger Jahren Wachstumseinbussen zu beobachten sind, dann müsse, einer einfachen Logik gehorchend, die Luftverschmutzung unverzüglich auf einen Stand von 1950 oder tiefer gebracht werden.

„Scheuen wir [vor den dazu hinreichenden Massnahmen; WZ] zurück, so haben wir entweder den Nachweis zu erbringen, dass sich die als massgebend angesehenen Forstwissenschafter in der Lagebeurteilung *geirrt* haben, oder aber wir müssen uns eingestehen, dass wir zu einer angemessenen Therapie entweder *nicht fähig oder nicht willens* sind, und uns darauf einrichten, mit vor allem in den Berggebieten gravierenden Schäden zu leben. Alles andere wäre *Vogel-Strauss-Politik*."

---

476   TA 26.9.1984: Aktion Arche Noah für die Schweizer Waldbäume.
477   TA 20.10.1984: Herbst kam im Laubwald um einen Monat zu früh.
478   TA 8.11.1984: Mit „rauchharten" Bäumen gegen das Waldsterben im Erzgebirge.
479   TA 22.11.1984: Schärfere Abgasvorschriften für Dieselmotoren; NZZ 22.11.1984: Aufträge zu Massnahmen gegen das Waldsterben.
480   NZZ 22.11.1984: Die Frage nach dem Massstab.

Nachdem Tages-Anzeiger und Blick schon einige Tage zuvor einige Zahlen aus der ersten Waldschadeninventur (WSI) veröffentlichen konnten,[481] werden am 27. November die Ergebnisse der Inventur in einer Pressemitteilung des Bundesamtes für Forstwesen bekanntgegeben. Der Tages-Anzeiger publiziert die wesentlichsten Zahlen zum Waldzustand, eine Karte der Schadensverbreitung sowie Angaben zu Umfang und Methodik der Erhebung.[482] Auch die NZZ geht nur auf die gröbsten Differenzierungen (Laub- und Nadelbäume; Landesteile) der Ergebnisse ein und erwähnt die wichtigsten Aspekte der Methodik.[483] Der Artikel beschränkt sich praktisch darauf, die Zahlen wiederzugeben. Einzig auf die erhöhten Schäden in den Gebirgskantonen, wo der Wald eine Schutzfunktion erbringe, wird hingewiesen; sonst werden die Ergebnisse nicht weiter interpretiert. Weder im Tages-Anzeiger, noch in der NZZ wird auf die Definition der Schadensklassen und ihre Bedeutung hingewiesen. Diese Informationen werden allerdings im später veröffentlichten Sanasilva-Bericht auch nur im Anhang erläutert.

Die Walliser Förster schenken den Resultaten der WSI keinen Glauben; sie können die angeblich 57% kranker Bäume in ihrem Wald nicht erkennen.[484]

Die Inventurergebnisse decken sich weitgehend mit den Zahlen, die ein Jahr zuvor aus der Sanasilva-Umfrage hervorgegangen sind. Aus heutiger Sicht kann diese Ähnlichkeit ebensogut dem Zufall wie den realen Umständen zu verdanken gewesen sein. Nach mehr als 10 Jahren Waldschadeninventuren zeigen sich doch erhebliche Schwankungen der Kronentransparenz von Jahr zu Jahr. Zweitens ist nicht bekannt, wie stark in der Umfrage die Schadenstaxierungen der Revierförster untereinander und wie stark sie von denen der Erhebungsteams der Waldschadeninventur abgewichen haben konnten. Spätere Vergleichstests zwischen Inventurteams aus der Schweiz und ihren Nachbarländern haben systematische Unterschiede von etlichen Prozenten ergeben, obwohl diese Experten von den selben Referenzmaterialien ausgegangen sind. Es ist anzunehmen, dass die dafür ungeschulten Revierförster in der Umfrage eine grössere Streuung und möglicherweise auch eine systematische Abweichung produziert haben. Drittens wurden auch die regionalen Unterschiede zwischen Inventur und Umfrage nicht unter die Lupe genommen, obwohl beide Erhebungen für sich allein auch als Grundlage zur Beurteilung des regionalen Waldzustandes verwendet wurden.

Entscheidend ist zu diesem Zeitpunkt jedoch, dass erstmals systematisch erhobene und für die ganze Schweiz sowie für grosse Regionen (z.B. Mittelland, Jura, Alpensüdseite etc.) repräsentative Angaben zu den Waldschäden vorliegen. Damit tritt die Geschichte des Waldsterbens gegen Ende 1984 in eine neue Phase ein.

Fazit zur Phase des Durchbruches

Die Sorge um den Wald fiel auf einen politisch fruchtbaren und vorbereiteten Boden. In den 70er Jahren verbreitete die Diskussion um die Folgen des sauren Regens das Bewusstsein um die Luftverschmutzung. Ein Jahrzehnt zuvor war in der Schweiz die Gewässerverschmutzung mit nachsorgenden Massnahmen gezügelt worden und nach die-

---

481 TA 24.11.1984: Vier von zehn Bäumen krank; Blick 25.11.1984: Katastrophal: Jetzt ist fast die Hälfte unserer Bäume todkrank.

482 TA 27.11.1984: Gebirgswälder jetzt zu über 50 prozent krank.

483 NZZ 27.11.1984: Ein Drittel des Baumbestandes erkrankt.

484 TA 27.11.1984: Walliser Förster glauben Zahlen aus Bern nicht; vgl. auch NZZ 29.11.1984: Walliser Regierung zu den Waldschäden.

sem Vorbild schien nun die Luftverschmutzung an der Reihe zu sein. Während im Falle der Gewässerverschmutzung die Schweiz ausnahmslos und buchstäblich selbst an der Quelle des Problems sass, musste das Problem des sauren Regens im internationalen Gleichschritt angegangen werden. Forschungsprojekte (z.B. das NFP 14) und politische Willensbekundungen waren schon eingeleitet, als das Waldsterben das Problem Luftreinhaltung vereinnahmte und seiner eigenen Dynamik unterordnete. Einerseits hat die noch junge Sensibilität für Umweltprobleme und insbesondere für den sauren Regen, das Thema Waldsterben stark gefördert und vielleicht überhaupt erst möglich gemacht. Andererseits wurde alsbald das Waldsterben zum eigentlichen Motor und Richtungsweiser der Luftreinhaltepolitik. Ob dies auf Kosten anderer Luftreinhalteprobleme – z.B. Schwermetalle, Stäube – ging, oder ob diese umgekehrt im Kielwasser leicht mitschwimmen konnten, muss dahin gestellt bleiben.

Willi Zimmermann diagnostiziert schon im Rückblick auf 1984 bei der breiten Öffentlichkeit einen gewissen Sättigungsgrad des Themas Waldsterben. Bei den politischen Entscheidungsträgern sei dagegen ein allmählicher Übergang von der Diskussions- und Bewusstseinsbildungsphase in die Entscheidungsphase feststellbar.[485] Erstaunlich schnell sind zwei Bundesbeschlüsse und eine Verordnung für grosszügige Subventionen an die Forstwirtschaft zustandegekommen.[486] Während die Grundlage für die wissenschaftliche Waldbeobachtung (Sanasilva) und die Ursachenforschung (NFP14+) gelegt wurde, können sich die politischen Entscheidungsträger nur zu solchen Massnahmen durchringen, die der Lagebeurteilung und der Zielsetzung des Bundesrates nicht gerecht werden.[487]

Im grossen und ganzen beschränken sich die untersuchten Medien auf die Berichterstattung sowie darauf, verschiedenen Stimmen ein Forum anzubieten. Der Kommentar wird nicht selten als Mittel dafür verwendet, die von Experten und Interessenvertretern präsentierten Vorstellungen zu durchleuchten, oder um auf Unstimmigkeiten der Politik hinzuweisen. Nur in seltenen Fällen werden (plumpe) Versuche einer propagandistischen Berichterstattung unternommen. Das „Waldsterben" wird nur zu einem geringen Grad durch die Medien „gemacht", aber es wird in hohem Masse in den Medien als politische Auseinandersetzung (z.B. in Form von Stellungnahmen und wegweisenden Artikeln) inszeniert. Die später kritisierte Dramatisierung des Waldsterbens geht dabei in erster Linie von Wissenschaftern und von Aktiven der Umweltschutzorganisationen aus, aber nicht von den Journalisten und Journalistinnen. Möglicherweise würde dieses Urteil ein wenig anders ausfallen, wenn auch die Leistungen des Fernsehens in Betracht gezogen würden.

Das Bild des Waldsterbens, das insbesondere vom Direktor und vom Vizedirektor der WSL in den Medien und an Vorträgen verbreitet wird, ist sehr besorgniserregend. Wissenschaftlich betrachtet steht es nicht nur auf schwachen Füssen (was nicht anders möglich war), sondern umfasst auch Interpretationen des Waldzustandes und des Schadensverlaufs, die aufgrund der damals verfügbaren empirischen Kenntnisse nicht nachvollziehbar sind. Zwischen Befürchtungen, Szenarien und Prognosen wird nach wissenschaftlichen Massstäben nicht hinreichend unterschieden – politisch mag dies wirkungsvoll gewesen sein.

---

[485] Vgl. Zimmermann 1985, S. 276.
[486] Vgl. Zimmermann 1985, S. 276.
[487] Vgl. Zimmermann 1985, S. 279.

In dieser Phase werden auch die politischen Kampfplätze des Waldsterbens eröffnet. Es zeichnet sich schon deutlich ab, dass die Forstwirtschaft kräftig unterstützt und damit zugleich gegen die Umweltlobby ausgespielt wird: Grosszügige finanzielle Zugeständnisse zur Beseitigung der Waldschäden lenken davon ab, dass auf der Ebene der Ursachenbekämpfung nur das unternommen wird, was dem Automobilgewerbe ein neues Geschäft verspricht oder sonst keine besonderen Opfer abverlangt. Das zeigt mitunter auch, dass die Situation durch Bundesrat und bürgerliche Mehrheit der Parlamentarier bei weitem nicht so dramatisch eingeschätzt wird, wie es ihre Wissenschafter wahrmachen möchten. Ein zweiter lebhafter Schauplatz wird von den Interessenvertretern und den Gegnern der Kernenergie eröffnet. An dieser Diskussion ist besonders schön zu beobachten, wie schnell das neue Thema, das neue Impulse, neue Urteile ermöglicht, instrumentalisiert wird. Dabei mögen allerdings ein gewisser Zeitdruck wegen der bevorstehenden Abstimmung, sowie schon etablierte und medienerfahrene Fronten der Interessenvertretungen mitgeholfen haben.

Aus einigen Kommentaren geht hervor, dass die Journalistinnen und Journalisten dem Ränkespiel zwischen Politik und Wissenschaft durchaus unvoreingenommen und skeptisch gegenüberstehen. Hinweise auf wissenschaftliche Schwachpunkte in der Argumentationen fehlen jedoch weitgehend. Die Medien transportieren die Darstellungen der Wissenschafter weitgehend unkritisch und nehmen kaum den Standpunkt eines kritisch fragenden und nach Begründungen verlangenden Publikums ein. Da sie dies hingegen im Bereich der Politik leisten können, liegt die Vermutung nahe, dass ihnen gegenüber der Wissenschaft die dazu notwendige Kompetenz fehlt.

5.5 Hohe Zeit

Die sozialdemokratische Partei (SP) beabsichtigt im Herbst 1984 eine ausserordentliche Session zum Waldsterben einzuberufen.[488] Sie beruft sich auf einen selten in Anspruch genommenen Artikel der Bundesverfassung, wonach fünf Kantone oder ein Viertel der Mitglieder des Nationalrates eine ausserordentliche Session verlangen können.[489] Die auf den 4. Februar 1985 geplante Sondersession wird dem Waldsterben gewidmet werden.

Nach F.H. Schwarzenbach hat sich in der schweizerischen Waldschadenforschung abgezeichnet, dass sich ein Risikogebiet mit der winterlichen Hochnebeldecke und der sommerlichen Smogzone deckt.[490] An der Nebelgrenze komme es zu erhöhter Ozonbildung. Während beim sauren Regen vor allem der erste Schub sauer sei und der weitere Niederschlag zu einer Auswaschung der Schadstoffe beitrage, würden sich im Nebel, der durch die Sonneneinstrahlung verdunstet, die Schadstoffe anreichern.

Zum Neuen Jahr redet Walter Schiesser den Politikern mit einem halbseitigen Leitartikel ins Gewissen.[491] Über das Waldsterben sei derzeit keine Sicherheit zu haben. Plausibel erscheint jedoch, dass es in einigen Jahren zu flächenartigen Waldzusammenbrüchen in der Grössenordnung von Aren oder einer Hektare kommt. Gemessen am

---

488 NZZ 29.11.1984: SP gegen Leo 2 - für Waldsterbens-Sondersession.
489 NZZ 30.11.1984: Sondersession als „Blitzgedanke" Hubachers.
490 NZZ 15.12.1984: Waldschäden durch sauren Nebel.
491 NZZ 29.12.1984: Das Waldsterben als Herausforderung für 1985.

„Sanierungsziel", die Luftverschmutzung auf den Stand von 1950 zu reduzieren, wozu Schadstoffreduktionen von bis zu 90% notwendig sein werden, nehmen sich die eingeleiteten Massnahmen, die nur Verbesserungen von wenigen Prozenten versprechen, bescheiden aus. Mit technischen Massnahmen alleine werde dieses Ziel wahrscheinlich nur längerfristig zu erreichen sein.

„Wir sind mit einer Herausforderung konfrontiert, deren Meisterung nicht ohne Folgen bleiben wird für das Ansehen des Staates. Es geht um seine Glaubwürdigkeit als Insitution zur Bewältigung eines neuen Problems von vitaler Bedeutung."

Auf den 1. Januar 1985 tritt das Bundesgesetz über den Umweltschutz in Kraft. Gleichzeitig werden die ersten Vollzugsverordnungen in die Vernehmlassung geschickt.[492]

Der Tages-Anzeiger bringt eine Reportage aus Bristen, wo ein Schutzwald über den Siedlungen erschreckend licht geworden ist. Als Ursachen werden geschwächte Bäume und Borkenkäfer genannt.[493]

Walter Bosshard füllt fast eine ganze Seite der NZZ mit Überlegungen zum Schutz der Berggebiete, die durch das Waldsterben bedroht werden:[494] Das Waldsterben beschreibt er als einen langsamen Vergiftungsprozess durch Luftschadstoffe (Primärursache), der die Bäume empfindlich auf Schädlinge und Trockenheit (Sekundärursachen) reagieren lässt. Es komme zu einer schrittweisen Zersetzung der Waldbestände, bis schliesslich nur noch vereinzelt kümmerliche Bäume auf den sich ausweitenden Kahlflächen stehen, wie dies im Schwarzwald schon zu beobachten sei.

Auch in den inneren Gebieten Norrlands (Mittel- und Nordschweden), die nur einen Bruchteil der Schwefeldioxid- und Stickoxid-Belastungen Zentraleuropas ertragen müssen, kränkeln zahlreiche Bäume.[495] Die Ursachen dieser erst jetzt entdeckten Erscheinung sind der Wissenschaft unbekannt.

Forscher der EAWAG haben im Rahmen des NFP 14+ Untersuchungen zur Chemie von Niederschlägen, insbesondere des Nebels, durchgeführt.[496] Sie können nachweisen, dass sich die Luftschadstoffe im Nebel konzentrieren.

F. Gassmann vom Eidg. Institut für Reaktorforschung und G. Gensler von der Schweizerischen Meteorologischen Anstalt erläutern in einem langen Artikel die Zusammenhänge zwischen lokalen Luftströmungen (Kaltluftseen, Konvenktionsströmen etc.) und der lokalen Schadstoffbelastung.[497] Sie weisen den Photooxidantien eine grosse Bedeutung für künftige Forschungsanstrengungen zu.

Noch vor der „Waldsession" unterbreiten vier Umweltschutzorganisationen (SBN, SGU, VCS und WWF) eine Studie „Tut etwas Mutiges! Abschätzung der Wirksamkeit beschlossener, versprochener und zusätzlich notwendiger Massnahmen gegen das Waldsterben", die vom Büro INFRAS ausgearbeitet wurde.[498] Walter Schiesser nimmt in seinen Artikel auch eine tabellarische Übersicht zu den mit verschiedenen Massnahmen erreichbaren Reduktionen der SO2-, NOx- und HC-Frachten auf. Daraus geht

[492] Vgl. Zimmermann 1985, S. 289.
[493] TA 3.1.1985: Bannwald stirbt direkt über den Häusern.
[494] NZZ 11.1.1985: Vom Waldsterben bedrohte Berggebiete.
[495] TA 16.1.1985: Auch Schwedens Wälder kränkeln.
[496] NZZ 16.1.1985: Der Nebel als Träger konzentrierter Schadstoffe.
[497] NZZ 26.1.1985: Waldschäden und Transportwege von Luftschadstoffen.
[498] NZZ 30.1.1985: Gewichtung von Massnahmen gegen das Waldsterben; Vgl. auch NZZ 17.1.1985: Die Wirkung lufthygienischer Massnahmen.

drastisch hervor, dass einzig für die SO2-Belastung das Ziel ohne weitere Massnahmen erreicht werden kann, wogegen für NOx und HC die beschlossenen und in Aussicht gestellten Massnahmen bei weitem nicht ausreichen. Einen Tag später bemüht sich Walter Schiesser mit kritischer Aufmerksamkeit eine Situationsanalyse als Grundlage für ein „Abwehrkonzept" zu erstellen.[499] Er fragt, „wie krank ist der Wald?", und erhält von den verschiedensten Forstexperten einmütig die Antwort, dass der Wald einem sich beschleunigenden Zerstörungsprozess durch die Luftverschmutzung unterliegt.

> „In Zweifel gezogen wird in der Schweiz der ursächliche Zusammenhang zwischen Luftverschmutzung und den um sich greifenden Waldschäden, wenn man von wenigen Ausnahmen absieht, nur von Leuten ohne Fachkompetenz in bezug auf den Wald."

Am 31. Januar 1985, also kurz vor der Waldsterben-Sondersession der eidgenössischen Räte, bringt der Blick einen Beitrag, in dem Prof. Rehfuess daran zweifelt, dass Bäume mit bis zu 25% NBV schon als krank gelten sollten.[500] Viele Bäume fielen in diese Klasse. Der Wald sei gesünder als man denke und die meisten Bäume seien noch zu retten. Und tags darauf ist der NZZ zu entnehmen, dass die Walliser Umweltbehörde die Sanasilva-Zahlen gegen unten relativiert: Im Wallis werde seit rund 20 Jahren das Phänomen des verlangsamten Wachstum von Bäumen beobachtet, das mit der Luftverschmutzung nichts zu tun habe.[501] Ziehe man 33% verlangsamt wachsende Bäume von der Sanasilva-Studie ab, dann seien nur noch 24% der Walliser Bäume krank.

Kurz vor Beginn der Wald-Sondersession werfen Tages-Anzeiger und Blick Resultate von Meinungsumfragen zum Waldsterben und zu seinen Ursachen in die Diskussion.[502] Aus der Umfrage des Tages-Anzeigers geht hervor, dass im Grossraum Zürich mehr Leute meinen, das Waldsterben werde überschätzt, als dies noch letztes Jahr der Fall war. Aus der Untersuchung des Blicks geht hervor, dass die Mehrheit der Bevölkerung dem Auto nicht die Hauptschuld am Waldsterben zusprechen will.

Am Samstag vor Beginn der Sondersession zum Waldsterben sperren Bürgergruppen in der ganzen Schweiz Strassen für eine Viertelstunde, um auf die katastrophale Lage des Waldes aufmerksam zu machen. Sie verlangen von National- und Ständerat, die Lage als nationalen Notstand anzuerkennen und sofort einschneidende Massnahmen zu ergreifen.[503]

Den ersten Tag der Sondersession, den 4. Februar, läutet der Autogewerbeverband mit einer Pressemitteilung ein. Er sieht in den offiziellen Berichten zum Waldsterben einen klaren Fall von Desinformation, und die einzige Notmassnahme, die sich aufdränge, sei eine parlamentarische Kommission damit zu beauftragen, Sinn und Zweck dieser Desinformationskampagne abzuklären.

> „Seit mehreren Monaten, schreibt der AGVS, versuche eine gelenkte Kampagne den Bürgern Schuldgefühle einzureden, damit sie Notmassnahmen und neuen Subventionen zustimmten, ohne dass erwiesen sei, dass all dies dem Wald nütze. Die offizielle These über das Waldsterben entbehrt nach Ansicht des Verbandes

---

499 NZZ 31.1.1985: Wie weiter mit dem Waldsterben?
500 Blick 31.1.1985: Ist der Wald gar nicht so krank?
501 NZZ 1.2.1985: Der Zustand des Walliser Waldes.
502 TA 2.2.1985: TA-Umfrage brachte ein überraschendes Ergebnis: Wird das Waldsterben überbewertet?; Blick 2.2.1985: Nein, das Auto ist nicht der Hauptschuldige am Waldsterben.
503 TA 4.2.1985: Eine Viertelstunde für den Wald; vgl. auch NZZ 4.2.1985: Baumstamm-Barrikaden gegen das Waldsterben.

seriöser Grundlagen und beruhe auf einer ,Zusammenstellung von Tatsachen, Halbwahrheiten, Vereinfachungen, nicht überprüften Laboratoriumshypothesen und Ideologien, die mehr politisch als ökologisch abgestützt sind.'"[504]
Der AGVS unterstützt jedoch die von der Nationalratskommission für Gesundheit und Umwelt vorgeschlagenen Massnahmen und fordert zusätzlich die Verbilligung sowie verschiedene finanzielle Vergünstigungen für Fahrzeuge mit geringem Abgasausstoss sowie für den Einbau von Katalysatoren.

In der Eintretensdebatte zum „Waldbericht" erklärt Bundesrat Egli, wer heute noch die Luftverschmutzung als Hauptsache der Waldschäden anzweifle, sei entweder unbelehrbar oder aber bösgläubig.[505]
Der Nationalrat beauftragt den Bundesrat Massnahmen auszuarbeiten, mit denen der schweizerischen Waldwirtschaft geholfen werden kann. Sie sollen über Treibstoffzölle und eine Abgabe auf Heizöl finanziert werden. Der Nationalrat spricht sich mit grosser Mehrheit für einen tieferen Schwefelgrenzwert im Heizöl extra leicht und für eine zweckgebundene Abgabe auf Heizöl aus. Er stimmt sogar der Einführung einer Tempolimite 80/100 zu.[506]
Der Bundesrat wird ferner vom Ständerat beauftragt, einen Massnahmenplan zur Senkung der Luftverschmutzung auf den Stand der Fünfzigerjahre auszuarbeiten. Verschiedene Motionen des Nationalrates, wie etwa der Ruf nach Tempo 100 auf Autobahnen, sollen erst in der Märzsession behandelt werden, damit der Kommission genügend Zeit für eine seriöse Vorberatung bleibt.[507]
In beiden Räten machen einige Parlamentarier darauf aufmerksam, dass die Frage der Ursachen noch nicht endgültig geklärt sei.[508] Einig sind sich aber praktisch alle Volskvertrerinnen und Volksvertreter, dass die Wälder geschädigt sind und dass eine ökologische Krise zur Bewältigung ansteht.

In der Wochenendausgabe der NZZ, nach Beendigung der Waldsterbens-Sondersession, erscheint eine dreiseitige, reichlich und eindrücklich bebilderte Reportage über das Waldsterben im Kanton Uri.[509]
Turi Honegger (Blick) erhält im Februar 1985 aufgrund seiner Kolumne Post von Bundesrat Egli.[510] Unter anderem war der Bericht Waldsterben und Luftverschmutzung beigelegt. Mit diesem befasst sich Honegger kritisch. Er bezweifelt beispielsweise, dass die mangelnde Waldpflege keinen Einfluss auf den Waldzustand habe, und er fragt, warum die „Jahrzehntelange Immissionsforschung" nicht schon vor Jahren Alarm geschlagen hat.

Das vom Nationalrat anfangs Februar beschlossene Massnahmenpaket wird einige Wochen später von der vorberatenden Kommission des Ständerates arg zerpflückt. Sie lehnt die Tempolimiten und die Abgabe auf Heizöl ab und stimmt nur der Subventionierung der Waldwirtschaft im Interesse einer besseren Waldpflege zu.[511] Der Ständerat schiebt auf elegante Weise den Schwarzen Peter der Tempolimiten an den Bundesrat

---

[504] NZZ 4.2.1985: Das Autogewerbe zum Waldsterben.
[505] NZZ 7.2.1985: Einiges wurde geleistet, vieles bleibt noch zu tun.
[506] TA 8.2.1985: Abgabe auf Heizöl soll Waldtherapie bezahlen.
[507] NZZ 9.2.1985: Walddebatte auf März vertagt.
[508] NZZ 9.2.1985: Ständerat will Wald-Motionen des Nationalrates erst in der März-Session behandeln
[509] NZZ 9.2.1985: Der Wald stirbt nicht allein.
[510] Blick 23.2.1985: Bundesrat Egli: Warum schlug man für den Wald nicht früher Alarm?
[511] TA 27.2.1985: Tempo 100 wird abgelehnt.

weiter, indem er das Anliegen nicht als verbindliche Motion, sondern nur als Postulat überweist.[512] Begründet wird dieser Schachzug mit der Überlegung, dass der Rat der Regierung in ihrem eigenen Aufgabenbereich keine verbindlichen Befehle erteilen könne. In seinem Kommentar weist Richard Aschinger darauf hin, dass der Ständerat bei anderer Gelegenheit dem Bundesrat auch schon unbekümmert per Motion Befehle erteilt habe.[513]

In einem Vortrag, den F.H. Schwarzenbach vor der Delegiertenversammlung der kantonalen EVP hält, macht er deutlich, der Beweis, dass die Luftverschmutzung das Waldsterben verursache, sei noch nicht erbracht. Es gebe jedoch eine Menge Indizien dafür und noch viel weniger sei das Gegenteil erwiesen.[514] Darüber, wer in welcher Situation welchen Beweis zu erbringen hat, und wie sich allenfalls Befürchtungen, Indizien und Plausibilitätsüberlegungen zueinander verhalten, wird im Artikel nicht weiter nachgedacht.

Am 20. März schreibt der Wissenschaftsjournalist Reto Locher in der NZZ über die Dynamik des Waldsterbens und das Problem, sie wahrzunehmen.[515] Jahrringanalysen hätten gezeigt, dass sich der Gesundheitszustand von Bäumen schon seit Jahrzehnten verschlechtert habe. Die heutige Schadenssituation sei gemessen am Indikator der Jahrringentwicklung dramatisch; daran gebe es keinen Zweifel.

„Aber die Schadensvergrösserung in der Natur verläuft auf Grund der vorliegenden Untersuchungen weniger dramatisch. Die heute anerkannte Schadenssumme ist im Verlauf von zwei bis drei Jahrzehnten entstanden und nicht von einem Jahr aufs andere. Diese Dynamik des Waldsterbens wird auch durch andere Daten bestätigt."

Aufgrund von Untersuchungen an klassischen Rauchschäden und anhand von Begasungsexperimenten wisse man auch, dass es keine Schadstoffschwellenwerte gebe, wie es Äusserungen von Forstfachleuten suggerierten, sondern ein Kontinuum der Schädigung.

„Trotz den sich seit Jahrzehnten langsam steigernden Schäden, haben in der Schweiz Wissenschaft, Presse und Forstleute erst in den vergangenen zwei Jahren von ‚Waldsterben' und dann von einer ‚plötzlichen, dramatischen Zunahme der Waldschäden' gesprochen. Offenbar hatten also auch die Berufsgruppen ebenso wie der Laie und der Politiker Wahrnehmungsprobleme, denn angesichts der vorliegenden jahrringanalytischen Untersuchungen scheint nicht das Sterben das Plötzliche zu sein – das Plötzliche ist das Erkennen."

Möglicherweise hätten die extremen Trockenjahre 1983 und 84 zu einer Zunahme des Absterbens von Bäumen geführt und damit die Wahrnehmung des Phänomens erleichtert. Doch diese These des Stresses durch Trockenheit vermöge nicht zu erklären, warum in einigen Ländern massive Waldschäden beobachtet werden und die Wissenschafter in anderen Ländern davon nichts bemerkt haben wollen.

„Offenbar hat die Mehrheit der Wissenschafter in Frankreich, Schweden und den Vereinigten Staaten immer noch Mühe und wenig Interesse, das Waldsterben zu erkennen. Das gilt auch für die dortigen Politiker und Journalisten."

---

512 TA 6.3.1985: Auch Ständerat für Tempo 100 auf Autobahnen.
513 TA 6.3.1985: Umweltpolitische Klärung.
514 TA 7.3.1985: Ein Wissenschafter zwischen Hammer und Amboss.
515 NZZ 20.3.1985: Zur Dynamik des Waldsterbens; vgl. auch TA 9.7.1985: Weshalb blieb das Waldsterben zehn Jahre unentdeckt?

Locher interpretiert seinen Befund allerdings nicht zugleich als Anstoss, um auch an der gegenwärtigen Wahrnehmungsfähigkeit zu zweifeln. Er sieht sich auch nicht veranlasst, Deutung, Aussagekraft und Reichweite der Jahrringanalysen oder die Definition von Schäden zu hinterfragen.

Im Blick vom 23.4.85 steht, dass in den einzelnen Waldgebieten das Waldsterben durch die verschiedensten Schadstoff-Kombinationen verursacht werde.[516] Nach Dr. Sigurd Schulte-Hostede von der Münchner Gesellschaft für Strahlen- und Umweltforschung gibt es derzeit „keine für alle Standorte gültige Erklärung für das Waldsterben". Spätestens damit kündigt sich in den Medien schon unbemerkt und sanft der Abschied von der einfachen Vorstellung eines grossflächigen, zusammenhängenden Phänomens „Waldsterben" an.

Prof. Paul Crutzen vom Max-Planck-Institut für Atmosphären-Chemie in Mainz vertritt die These, die weltweite Tierhaltung setze grosse Mengen Methan frei, das zusammen mit NOx das für Bäume schädliche Ozon bilde.[517]

In Österreich entsteht ein weniger dramatisches Bild der Waldschäden. In einem Bericht des österreichischen Landwirtschaftsministerium wird neben der Luftverschmutzung die Witterung als Schadensfaktor dargestellt.[518] Gemäss der NZZ haben die Waldschadeninventuren in Österreich ergeben, dass im Mittel mit 13 bis 16 Prozent geschädigten Bäumen zu rechnen ist. Bisherige Schätzungen, die wie die erste Sanasilva-Studie in der Schweiz, auf Umfragen beruhten, sind vom doppelten oder mehr ausgegangen.[519] Auf die Verlässlichkeit der Zahlen in der Schweiz wird nicht eingegangen.

Der Blick meldet, dass jeder 5. Schweizer den Berichten zum Waldsterben nicht traut.[520]

Als Gast der SGU spricht Dr. Wolf-Dieter Grossmann vom Institut für angewandte Systemanalyse in Laxenburg bei Wien.[521] Er präsentiert Überlegungen zu Kausalzusammenhängen und darauf aufbauende Modellrechnungen, die einen Kollaps der Wälder um die Jahrtausendwende prophezeien.

„Daraus zog der Referent den Schluss, dass wir keine zweite Chance hätten, den Wald noch zu retten, wenn wir nicht rasch wirksame Gegenmassnahmen ergreifen."

Bernhard Wehrli, Präsident der SGU, nimmt die These von der Selbstbeschleunigung des Waldsterbens auf und warnt davor, dass das Ökosystem Wald/Luft gleichsam plötzlich abstürzen könnte.[522] Die Dynamik dieses Vorganges werde in der Umweltpolitik bis jetzt zuwenig beachtet.

Im Tages-Anzeiger erscheint ein Bericht über die Auseinandersetzungen um die Kritik des Ökonomen Thomas von Ungern-Sternberg am EDI-Bericht.[523] Vier Berner Wissenschafter qualifizieren seine Kritik als unwissenschaftlich und distanzieren sich von ihr. Peter Baumgartner vom Tages-Anzeiger stellt einige der Kritikpunkte am EDI-Bericht

---

516 Blick 23.4.1985: Ursachen des Waldsterbens: Diskussion geht weiter.
517 Blick 9.5.1985: Forscher behauptet: Methan-Gas aus der Dritten Welt macht unsere Wälder krank.
518 Blick 24.5.1985: Waldsterben: Österreich buchstabiert zurück.
519 NZZ 23.5.1985: Relativierendes über Waldschäden in Österreich.
520 Blick 24.5.1985: Waldsterben: Jeder 5. Schweizer traut den Berichten nicht.
521 NZZ 8.7.1985: Waldsterben und Systemanalyse; TA 9.7.1985: Beschleunigt sich das Waldsterben?
522 TA 26.7.1985: Stürzt das Öko-System Wald/Luft ab?
523 TA 12.7.1985: „Ökologische und ökonomische Interessen abwägen".

dar, aber nicht den Sinn des gesamten Ansatzes, den von Ungern-Sternberg geltend machen will. Auch die NZZ (bzw. die Nachrichtenagentur ap) berichtet über die Auseinandersetzung zwischen dem Ökonomen und einer Gruppe von Lufthygienikern. Sie geht nicht auf die Standpunkte der Kontrahenten ein.[524] Die Medien werden hier offensichtlich von der Wissenschaft instrumentalisiert, um wissenschaftsinterne Fehden auszutragen. Sie versäumen es jedoch ihrerseits, den sachlich interessanten Aspekte des Konfliktes auf den Grund zu gehen. Ungern von Sternberg hatte nämlich nicht nur Ungereimtheiten im EDI-Bericht bemängelt, sondern auch versucht, klassische ökonomische Entscheidungsinstrumente auf das Problem, eine Luftreinhaltepolitik unter der Bedingung von zwei in Wechselwirkung stehenden Schadstoffen zu betreiben, anzuwenden.[525] Dieser Vorschlag wurde weder von seinen wissenschaftsinternen Gegnern oder den Mitarbeitern des EDI, noch von den Medien aufgegriffen. Ob sie ihn nicht verstehen konnten oder ihn nicht verstehen wollten, kann ich nicht beurteilen. Auf jeden Fall wurde eine Chance vertan, eine Auseinandersetzung für einen Lernprozess zugunsten einer rationalen Problembewältigung fruchtbar zu machen. Statt Argumente aufzurollen, wird das Problem personalisiert: Eine der streitenden Parteien muss am Ende als die Dumme, als Verliererin dastehen. Verloren haben aber eigentlich wir alle, denn die Problematik ist bis heute nicht ausdiskutiert.

Die EAFV erhält vom Bundesamt für Umweltschutz den Auftrag, Waldschadenerhebungen im Umkreis von Kernanlagen und von Radio- und Fernsehsendern durchzuführen.[526]
Nach Untersuchungen der EMPA St. Gallen und der ETH Zürich, weisen geschädigte Bäume keine verminderte Holzqualität auf.[527]

Im August schreibt Walter Bosshard in der NZZ über den unaufhaltsamen und beschleunigten Fortgang des Waldsterbens.[528]

„Obstbäume, Parkbäume und Alleebäume werden dasselbe Schicksal erleiden. Es dürfte nur eine Frage der Zeit sein, bis auch an der Weinrebe und an anderen landwirtschaftlichen Kulturpflanzen der fortschreitende Vergiftungsprozess sichtbar wird. (...) Aus den bisherigen Beobachtungen in der Schweiz und im Schwarzwald muss gefolgert werden, dass sich grössere, flächenweise auftretende Totalschäden innerhalb der nächsten fünf bis zehn Jahre einstellen werden."

Eine vom BUS in Auftrag gegebene und herausgegebene Literaturstudie des Büros INFRAS zur Frage, ob Kernkraftwerke zum Waldsterben beitragen, kann einen schädigenden Einfluss der KKW nicht ausschliessen. Das BUS hat diese Studie in seiner Schriftenreihe publiziert, ohne sie zu werten. Das EDI, dem das BUS angehört, reagiert mit einer Pressemitteilung, in der ein Einfluss von KKW auf das Waldsterben ausgeschlossen wird. Ausgearbeitet wurde die Pressemitteilung von der Eidgenössischen Kommission zur Überwachung der Radioaktivität (KUeR) und der Hauptabteilung für die Sicherheit von Kernanlagen (HSK), die beide ebenfalls dem EDI angehören. Sie stützen sich einerseits auf Untersuchungen über den Einfluss von C14 in Baumblättern und andererseits auf Strahlungsmessungen im Umkreis von Kernanlagen. Die festge-

---

[524] NZZ 29.7.1985: Waldsterben-Kontroverse an der Universität Bern.
[525] Vgl. von Ungern-Sternberg 1985a, Eidg. Departmenet des Innern 1985; von Ungern-Sternberg 1985b; von Ungern-Sternberg 1987.
[526] TA 27.7.1985: Radioaktivität und Vegetation.
[527] NZZ 8.8.1985: Keine Beeinträchtigung der Holzqualität durch das Waldsterben.
[528] NZZ 14.8.1985: Unaufhaltsamer Fortgang des Waldsterbens.

stellten Strahlendosen liegen im Bereich der natürlichen Variationen und seien viel kleiner als die natürliche Strahlungsbelastung. Deshalb könnten sowohl direkte Schädigungen wie auch solche aufgrund von Synergieeffekten mit Luftschadstoffen ausgeschlossen werden.

Für die EAFV, die ebenfalls zum EDI zählt, nimmt F.H. Schwarzenbach Stellung. Zwar seien im Umkreis der Kernanlagen im Aaretal Waldschäden festzustellen, doch gleiche das Verbreitungsmuster und das Ausmass dem anderer Gebiete im Mittelland. Aufgrund der bisherigen Luftbilduntersuchungen liesse sich daher nicht auf einen Einfluss der Kernanlagen schliessen, aber die Untersuchungen würden weitergeführt.[529]

Dieser Streit ist ein weiteres schönes Beispiel dafür, wie mit verschiedenen Diskurs-Rationalitäten politisches Spiel betrieben werden kann: Wer sagt, ein Einfluss radioaktiver Strahlung auf die Gesundheit von Pflanzen lasse sich nicht ausschliessen, bewegt sich wissenschaftlich gesehen auf sicherem Boden und kann mit dieser offenen Formulierung zugleich eine politische Auseinandersetzung warm halten. Wer diesen Einfluss ausschliesst, zieht die aufgrund von Plausibilitätsüberlegungen naheliegenden Konsequenzen und versucht mit einer kategorischen Feststellung die politische Auseinandersetzung vom Tisch zu wischen. Was bei solchen Spektakeln auf der Strecke bleibt, oder sich zumindest nicht entfalten kann, ist die Form wissenschaftlicher Rationalität, die sich nicht politischen Interessen beugt und trotzdem ihren Bezug zur Alltagspraxis wahren kann – wissenschaftliche Eigenständigkeit im Dienste einer gesellschaftlichen Anteilnahme.

In einem Artikel über die ersten Ergebnisse des Intensivbeobachtungsprogrammes im Kanton Zürich erfährt man, dass Laubanalysen auf eine Überversorgung mit Stickstoff und zugleich eine Unterversorgung mit Kalium hinweisen.[530] Das Kalium werde durch saure Niederschläge ausgewaschen, wodurch die Frost- und Stressresistenz abnehme, der Wasserhaushalt gestört werde und sich die Anfälligkeit für Schädlinge erhöhe.

Botaniker Brinkmann aus Bonn glaubt hingegen herausgefunden zu haben, dass die Bäume an vorzeitiger Vergreisung sterben, weil in der Luft hormon-ähnliche Schadstoffe sind.[531]

In Interviews, die der Tages-Anzeiger mit allen Bundesräten führt, zeigt sich, dass der Begriff „Waldsterben" von der Regierung mit allen möglichen Bedeutungen gefüllt wird, von „nicht dramatisch" (Delamuraz) und „gab es schon früher" (Aubert, Furgler) über „Massnahmen sind nötig, brauchen aber Zeit" (Kopp, Stich, Schlumpf) bis zu „die Situation ist dramatisch" (Egli).[532]

Der Blick informiert über die neuesten WSI-Ergebnisse noch vor ihrer offiziellen Veröffentlichung.[533]

„Auf das gesamte Land bezogen, sind jetzt rund 34 Prozent der Waldfläche krank oder angekränkelt. Vor einem Jahr waren es 32 Prozent. Das heisst: Die Zunahme ist minim. Jedenfalls sind die Befürchtungen nicht wahr geworden, dass sich das Waldsterben ebenso rasch fortsetzen werde wie in den letzten Jahren. Angesichts dieser nüchternen Zahlen werden es die grünen Ultras schwer haben, weiterhin

---

[529]   TA 27.8.1985: Klarheit durch Luftbilder? Vgl. auch NZZ 24.8.1985: Kernkraftwerke unschuldig am Waldsterben.
[530]   NZZ 30.8.1985: Waldschäden und Luftverschmutzung.
[531]   Blick 12.10.1985: Lösung für Baumsterben gefunden.
[532]   TA 23.10.1985: Die sieben Bundesräte und der Umweltschutz.
[533]   Blick 18.11.1985: Waldsterben ist vorerst stabilisiert.

unrealistische Forderungen wie Benzinrationierung, Fahrverbote und drastischen Konsumverzicht zu begründen. Harte Abgasnormen, saubereres Heizöl und Industriefilter, wie sie bereits vorgeschrieben worden sind, werden es schon bringen", kommentiert Peter Uebersax.

Eineinhalb Wochen später sind die Sanasilva-Ergebnisse offiziell. Der Blick bringt zwei Artikel, einen Bericht mit Fotos von geschädigten Bäumen auf der Frontseite[534] und einen zweiten Bericht mit Stellungnahmen vom WWF, von der Forstdirektion (Heinz Wandeler), und der EAFV (Walter Bosshard) auf der zweiten Seite.[535] Wandeler und Bosshard warnen vor übertrieben positiven Schlussfolgerungen, der Wald sterbe zweifellos weiter. Sorge bereitet den Fachleuten der Gebirgswald und der Verlust der Schutzfunktion: „Bei einem allfällig schneereichen Winter 85/86 sind ernsthafte Gefährdungen absehbar", wird Bosshard zitiert.

An einer Pressekonferenz im Bundeshaus wird der Sanasilva-Bericht 1985 vorgestellt.[536] Er weist gegenüber 1984 einen um wenige Prozent verschlechterten Waldzustand aus; besonders hohe Schäden werden in den Alpen und auf der Alpensüdseite festgestellt. Das Waldsterben schreitet nicht so rasant vorwärts, wie noch im Vorjahr befürchtet wurde. Alle drei Zeitungen berichten über die Veränderungen des Zustandes einzelner Baumarten und über die Entwicklung der Waldschäden in den Grossregionen der Schweiz. Die Kommentatoren in Tages-Anzeiger und Neuer Zürcher Zeitung warnen davor, dass die neuesten Sanasilva-Zahlen zur Sorglosigkeit (NZZ) oder zum Ausrufen des Endalarms (TA) verleiten könnten. Auf den Sanasilva-Bericht „reagiert" der Tages-Anzeiger mit einer ganzseitigen Reportage über die Möglichkeiten, den Bergwald durch Kunstbauten zu ersetzen.[537]

Turi Honegger (Blick) stellt einige Tage später fest, dass die Leute nichts mehr vom Thema Waldsterben wissen wollen.[538] Die neuesten Alarmmeldungen haben nur ein geringes Echo gefunden. Dass der Wald nur um 2 Prozent kränker wurde hat eher zu einem Aufatmen geführt.

„Es ist nicht die ‚Flucht' vor dem Problem Waldsterben, die das Thema in der öffentlichen Diskussion ‚erschlagen' hat. Es ist die Übersättigung mit widersprüchlichen Meldungen und Darstellungen, die das Volk misstrauisch gemacht hat."

Prof. Bernhard Ulrich ist zur selben Zeit zu einem Vortrag am Botanischen Institut der Universität Basel eingeladen.[539] In der NZZ erscheint ein grosser, detaillierter Artikel über die Ergebnisse der Waldschadenforschung im Solling und über die Erklärung des Waldsterbens durch Stressfaktoren und Bodenchemie. Wir erfahren, dass neben dem Eintrag von Luftschadstoffen in den Boden, auch Klimaveränderungen, Witterungsextreme und starke Waldnutzung zur Versauerung des Bodens und damit zu Nährstoffmangelerscheinungen bei den Bäumen führen können. Der Nachweis über die Schadensursache bei Bäumen müsste jeweils lokal geführt werden, und könne zu unter-

---

[534] Blick 29.11.1985: Waldsterben verlangsamt.
[535] Blick 29.11.1985: Waldsterben verlangsamt.
[536] TA 29.11.1985: 36 Prozent aller Bäume geschädigt; TA 29.11.1985: Waldzustand verschlechtert sich; NZZ 29.11.1985: Der Zustand des Schweizer Waldes; NZZ 30.11.1985: Die Sorge um den Wald bleibt; Blick 29.11.1985: Waldsterben verlangsamt – trotzdem fordern Grüne Benzin-Rationierung.
[537] TA 29.11.1985: Können Kunstbauten den Bergwald ersetzen?; TA 29.11.1985: Katastrophenkarten.
[538] Blick 2.12.1985: Die Leute wollen nichts mehr vom Thema Waldsterben wissen.
[539] NZZ 27.11.1985: Der Waldboden im Ungleichgewicht.

schiedlichen Ergebnissen führen. Es fällt niemandem auf, dass sich diese Aussage nicht mit der gängigen Vorstellung eines einheitlichen Phänomens „Waldsterben" vereinbaren lässt.

Einmal mehr erhält Günther Reichelt eine Gelegenheit, seine Thesen zur Mitverursachung von Waldschäden durch radioaktive Strahlung den Medien vorzutragen. Diesmal organisiert das Nordwestschweizer Aktionskommitee gegen Atomkraftwerke eine Pressekonferenz.[540] Heini Ringger versucht in einem längeren Kommentar argumentative Ordnung zu schaffen.[541] Die Situation sei in der Tat verworren; Gutachten, Studien und Gegenstudien widersprechen sich. Auf eine überzeugende Position ist Ringger bisher nicht gestossen.

Prof. Horst Bannwarth aus Köln schreibt in einem Gutachten, dass Luftschadstoffe, erst wenn sie lange in der Luft bleiben und sich unter Lichteinfluss mit Sauerstoff verbinden, für Pflanzen schädlich werden; dies gelte vor allem für Schwefel- und Stickoxide.[542] Mit nicht umgewandelten Schadstoffen würden die Bäume jedoch leicht fertig, ja sie können sogar nützlich sein. Gerade Hochkamine sorgen aber dafür, dass die Luftschadstoffe lange in der Luft bleiben.

Eine Forschungsgruppe um Heinz Faulstich in Heidelberg glaubt in Triäthylblei die Ursache für das Waldsterben gefunden zu haben.[543]

Kurz vor Weihnachten berichtet Felix Thurner im Inlandteil des Tages-Anzeigers über das nationale Forschungsprogramm „Waldschäden und Luftverschmutzung".[544] Die Bezeichnung NFP 14+ wird nicht erwähnt und der Artikel stellt auch mehr eine Reportage vom Untersuchungsstandort Lägeren, denn eine systematische und gründliche Orientierung über das Forschungsprogramm dar. So erfährt die Leserschaft beispielsweise, dass man bewusst einen gesunden Wald und neben Davos und Alptal einen Standort im Mittelland auf Kalkgestein ausgewählt habe, doch der Zweck dieser Wahl bleibt ebenso unerklärt, wie der Sinn von Begasungskammern oder Wurzelbeobachtungen. Lokalreportage statt Wissenschaftsjournalismus:

„Von der Baumkrone bis zur feinsten Haarwurzel wird dem Wald der Puls gefühlt. Nicht ohne Beklemmung fühlt sich der Laie statt im trauten Wald auf einer ‚Intensivstation' mit all den Schläuchen und der elektronischen Überwachung, den ‚Sauerstoffzelten' für Kleinpflanzen. Der Waldspaziergang wird hier zum Besuch am Krankenlager, denn der Wald ist Patient geworden."

Sicher eine treffende Analogie, die auch die Leser und Leserinnen berührt haben wird. Für sich gesehen ist daran kaum etwas zu bemängeln, doch am Ende wird Unterhaltung niemals Information ersetzen können. Wer von diesem Artikel Einsichten ins NFP 14+ – über das vergleichsweise selten berichtet wird – erwartet, muss enttäuscht werden.

Anfangs Februar 1986 wird an der „Silva"-Konferenz in Paris klar, dass sich in der Interpretation des Waldsterbens zwischen den europäischen Ländern Gräben auftun.[545] Frankreich und Grossbritannien wehren sich gegen allzu monokausale Erklärungen, wie

---

[540]   TA 5.12.1985: Der Strahlensmog birgt Gefahren in sich.
[541]   TA 5.12.1985: Fördern KKW das Waldsterben?
[542]   Blick 10.12.1985: Deutsches Gutachten: Abgase schaden dem Wald nur, wenn sie lange in der Luft schweben.
[543]   NZZ 14.12.1985: Eine neue Theorie zum Waldsterben.
[544]   TA 18.12.1985: Der Wald an der Lägeren wird scharf beobachtet.
[545]   NZZ 8.2.1986: Waldschutzgelöbnisse in Paris.

sie im deutschen Sprachraum, in Holland und in den skandinavischen Ländern vorherrschen.

Fazit der Phase Hohe Zeit

Prägte 1984 noch das Waldsterben die politische Debatte auf Bundesebene, so wurde es 1985 von der Asylproblematik überholt.

> „Obwohl die im Rahmen einer Sondersession durchgeführte Walddebatte der Eidgenössischen Räte ins Berichtsjahr 1985 fällt, sind in diesem Politikbereich nur relativ wenige verbindliche Entscheide von den zuständigen politischen Instanzen gefällt worden. Dies ist wohl nicht zuletzt darauf zurückzuführen, dass das Waldsterben in der breiten Öffentlichkeit von einem Spitzen- zu einem Durchschnittsthema zurückgefallen ist und somit der besondere Druck von der Basis fehlt. Die gegenüber dem Vorjahr um einiges bescheidener ausgefallene Reaktion der Medien auf die Ergebnisse der Sanasilva-Waldschadeninventur 1985 kann als Indiz für die abnehmende Aktualität des Themas Waldsterben im politischen Alltag gewertet werden.“[546]

Die Massnahmen des Bundes 1985: Auf der Forstseite wurde das Impulsprogramm Holz von Bundesrat und Parlament in Kraft gesetzt; es will die Holzverwendung fördern und stellt der Holz- und Forstwirtschaft 17 Millionen Franken für Aus- und Weiterbildung, sowie Marketing für die nächsten sechs Jahre zur Verfügung. Bezüglich der Luftreinhaltung hat der Bundesrat beschlossen,

> „auf den 1. Oktober 1987 für Personenwagen die US-83-Norm einzuführen, womit die Schweiz – zusammen mit Österreich – eine Spitzenstellung bei den Abgasvorschriften einnehmen wird.“[547]

Noch nicht entschieden wurde über Abgasvorschriften bei Motorrädern und schweren Motorfahrzeugen. Dafür wurde auf den 1. Januar 1986 schon die obligatorische Abgasprüfung für Motorfahrzeuge in Kraft gesetzt. Alle beschlossenen Massnahmen werden erst längerfristig wirksam werden. Eine mögliche Erklärung für die Zurückhaltung der Politiker bei kurzfristig wirksamen Massnahmen zur Luftreinhaltung könnte im umwerfenden Erfolg der Volksinitiative „pro Tempo 130/100“ gesehen werden: Neun Monate nach ihrer Lancierung konnte die Initiative mit 256'000 gültigen Unterschriften eingereicht werden – eines der besten je erzielten Resultate.[548]

Für die Hohe Zeit des Waldsterbens fallen einige interessante Begebenheiten meiner Auswahl von Ereignissen zum Opfer. Ich möchte deshalb einige Beobachtungen nachtragen:

- Aus diversen Kantonen und einzelnen Städten, v.a. der deutschen Schweiz, aber auch aus der welschen Schweiz treffen Meldungen zum Zustand der Wälder ein. Sie berichten mehrheitlich von einer Zunahme der Schäden und sie stehen weitgehend im Einklang mit dem Bild des Waldsterbens, das auf Bundesebene entworfen wird.

---

[546] Zimmermann 1986, S. 282.
[547] Zimmermann 1986, S. 283.
[548] Vgl. Zimmermann 1986, S. 283. Dass diese Initiative bei der Abstimmung schliesslich scheiterte mag zwei Gründe haben: einen Gesinnungswandel in der Zwischenzeit (mit Tempo 120/80 lebt man auch gut) und die starke Polarisierung des Themas, d.h. die Initiative könnte von einer politisch herausgeforderten, aber finanzkräftigen und gut organisierten Minderheit eingereicht worden sein.

- Gelegentlich erscheinen auch Meldungen über Waldschäden im Ausland. Dabei kann keine Systematik erkannt werden; offensichtlich sind die internationalen Forstorganisationen zu schwach, um dem grenzüberschreitenden Problem mit einer ebenso grenzüberschreitenden Öffentlichkeitsarbeit gerecht zu werden. So ergibt sich für das Publikum ein sehr geschecktes Bild: Einige Ländern sprechen von katastrophalen Waldschäden, andere Länder melden nur geringe Waldschäden. Es bleibt bei den nackten und sporadischen Meldungen – keine Reflexion, kein Hinterfragen der Unterschiede, keine Übersichtsartikel. Es ist dem Laien kaum möglich, die Situation in der Schweiz international zu orten.

- Im Vorfeld der Sondersession melden sich verschiedenste Organisationen zu Wort, die die Interessen von Förstern, Waldbesitzern und Berggemeinden vertreten.

- Nach der Sondersession finden keine Demos oder politische Aktionen „auf der Strasse" mehr statt. Die Politik war in Bewegung gesetzt worden und wurde nun in den formellen Kanälen ab- und ausgehandelt. Zudem waren alle zentralen Massnahmen, die hinsichtlich des Waldsterbens diskutiert worden waren, an der Sondersession zur Entscheidung unterbreitet worden. Politisch war vorerst kaum mehr zu erreichen.

- Die Zeit vor und während der Sondersession war die Zeit der höchsten publizistischen Aktivität. Häufig wurden pro Zeitungsausgabe gleich ganze Pakete aus Waldsterbe-Artikeln geschnürt.

- In etlichen Artikeln wird auf widersprüchliche Meinungen von Experten verwiesen.

- Der Blick nimmt die Automobilisten in Schutz, wettert gegen die Grünen und nutzt jede Gelegenheit, das Waldsterben tot zu reden.

Im Vergleich mit der Diskussion in der forstwissenschaftlichen Literatur werden in den Massenmedien viel mehr Themen mit dem Waldsterben in Verbindung gebracht, und gleichzeitig wird praktisch kein Thema aus der Wissenschaft unterschlagen. Daran lässt sich erkennen, dass die wissenschaftsexterne Öffentlichkeit wirklich breiter funktioniert und eine Integration über verschiedenste gesellschaftliche Bereiche hinweg ermöglicht. Neben der Vielfalt fallen, im Vergleich zur Wissenschaft, aber auch andere Gewichtungen auf. Sie werden den Medien freilich mehr oder weniger durch die (z.T. speziell für die Medien inszenierten) Ereignisse aufgezwungen. So wird beispielsweise die Frage der Radioaktivität als Ursache von Waldschäden in den Medien viel prominenter als in der Fachliteratur abgehandelt, weil sich sowohl Umweltschutzorganisationen wie auch Interessenvertretungen der Kernenergie alle Mühe geben, durch das Waldsterben politisches Terrain für sich zu gewinnen.

In den Massenmedien erscheinen aber auch viel mehr verschiedene Ursachenthesen als in der von mir betrachteten Fachliteratur. Ereignisse, die als wissenschaftliche dargestellt werden und den Medien eine Meldung wert sind, müssen in der wissenschaftsinternen Öffentlichkeit noch lange keine Wellen schlagen. Ich kann anhand meines Materials allerdings nicht beurteilen, ob diese oder jene These zu den Ursachen des Waldsterbens nicht doch in irgendeiner Fachpublikationen erschienen ist, oder ob sie nicht in der Lage war die Hürde der „peer-review"[549] zu nehmen.

---

[549] Jede einigermassen vernünftige wissenschaftliche Zeitschrift hält etwas auf ihre redaktionelle Verantwortung. Entweder entscheidet eine kleine Redaktion über die Wissenschaftlichkeit von eingereichten Fachartikeln oder die Zeitschrift führt ein mehr oder weniger umfangreiches, oft international zusammengesetztes „editorial board" von anerkannten Experten, die einzelne Artikel begutachten.

Wichtig ist nun, dass in den Massenmedien die Angaben zu den interpretativen, empirischen und methodischen Rahmen von Studien oder Hypothesen in den allermeisten Fällen nicht ersichtlich und schon gar nicht hinterfragt werden. Das Publikum hat unter solchen Umständen keine Chance, die vorgebrachten Geltungsansprüche zu beurteilen. Die eine These ist so gut wie jede andere und die Meinungsbildung verkommt praktisch zwangsläufig zur Vertrauensseligkeit gegenüber den immer wieder zu Vorträgen eingeladenen und anschliessend zitierten Spitzen der staatlichen Wissenschaftspyramide.

Ich meine nicht, dass sich jeder Laie für sich allein seine Argumente Stück für Stück in den Artikeln zusammensuchen sollte, sondern vielmehr, dass schon in den Fragen, Darstellungsweisen und Kommentaren der Journalisten ein Klima produziert werden sollte, das es Autoritäten erschwert, unbegründete und unhaltbare Aussagen in die Welt zu setzen. Die Medien sollen die wissenschaftsinterne Öffentlichkeit nicht ersetzen, aber sie durch ihre Arbeit auch nicht untergraben.

Es erstaunt nicht weiter, dass es in erster Linie die gemäss der wissenschaftlichen Problemdefinition am direktesten tangierten Interessen sind, die sich mehr oder weniger erfolgreich auf die Suche nach Schwachstellen der Argumentation machen. Wenn sie dann noch über eine effiziente PR-Maschinerie verfügen, wie z.B. der Verband des Autogewerbes, dann sind sie in der Lage, in den Medien Gegendruck zu erzeugen. Da sie der Wissenschaft die rhetorischen Mittel abschauen, sieht sich das Publikum zwei Autoritäten und zwei „Glaubensbekenntnissen" gegenübergestellt. Das Waldsterben wird in den Medien sozusagen als verbaler „Religionskrieg" organisiert.

Der Aufmerksamkeit der Medien entgehen mit den Rahmenbedingungen der Forschung auch die strukturellen Voraussetzungen der Forschung. Während die kühnsten Ursachenthesen aus aller Welt gemeldet werden, wird über das zentrale Ursachen-Forschungsprogramm in der Schweiz erstens selten und zweitens in oberflächlicher Weise berichtet. Zudem steht das NFP 14+ im Schatten des Sanasilva-Programmes. Das NFP 14+ betreibt eine Öffentlichkeitsarbeit, wie sie für ein Forschungsprogramm üblich ist. Über das Sanasilva-Programm können die Stellen für Öffentlichkeitsarbeit einer grossen Forschungsanstalt und eines Bundesamtes viel effizienter informieren. Hinzu kommt, dass das Sanasilva-Programm von Anfang an viel enger an die Politik gebunden war, insbesondere durch die jährliche Waldschadeninventur, die zumindest in den 80er Jahren jeweils an einer Pressekonferenz im Bundeshaus vorgestellt wurde. Die Berichterstattung der Medien widerspiegelt im wesentlichen nur die Struktur der wissenschaftlichen Öffentlichkeitsarbeit und in keiner Weise die Relevanzstrukturen des anstehenden Problems. Schliesslich müssten Ursachenforschung und Waldbeobachtung etwa gleich bewertet werden. Die Medien lassen sich also zum Thema Waldsterben primär bedienen, und entwickeln selbst keine Strategie der Informationsvermittlung. Allenfalls werden einzelne Journalisten und Journalistinnen punktuell aktiv und versuchen Argumentationen von Interessenvertretungen zu hinterfragen (z.B. H. Ringger) oder politische Ziele und Massnahmen zu evaluieren (z.B. W. Schiesser). Doch gehen auch diese Ansätze, eine eigene Position zu erarbeiten, nicht über das Material hinaus, das die Tagespolitik gerade den Medien zugehalten hat.

Würden die Medien als Beobachtungsinstrument der Gesellschaft für sich selbst verstanden, so würde man eine Ausrichtung der Beobachtung auf das Problem, ein eigenständiges Erkenntnisinteresse und damit auch einen eigenständigen Interpretationsrahmen erwarten. Das ist aber offensichtlich nicht der Fall; vielmehr werden die Probleme und Ereignisse nach Massgabe der Regeln des Mediensystems verarbeitet und diese Kriterien sind primär marktwirtschaftlicher Natur. So weit meine Quellen diesen

Schluss überhaupt zulassen, dürfen die Medien in der hohen Zeit des Waldsterbens nicht oder nur in kleinen Ansätzen als stellvertretende Beobachterinnen für ein kritisch fragendes Publikum betrachtet werden.

5.6 Erosionsprozesse

Mai 1986: ein Leserbrief im Tages-Anzeiger[550] greift Forstwirtschaft und Forstwissenschaft scharf an. Lange seien die Probleme mit der Waldgesundheit ignoriert worden, und an vielen Orten seien Monokulturen oder zu dichte Bestände gepflanzt worden. Dies schwäche die Widerstandskraft der Bäume. Unter dem Einfluss von Luftverschmutzung und Witterungsextremen zeigten sich nun die Schäden.

„Was jedoch früher aus Angst vor den Vorwürfen ungenügender Pflegemassnahmen heruntergespielt wurde, wird nun plötzlich um ein Mehrfaches übertrieben. Verantwortlich für die Waldsterbehysterie sind die Forstwirtschaft (Motiv: Aussicht auf Subventionen sowie das Vertuschen waldbaulicher Mängel aus Renditegründen), Forstwissenschaft (Motiv: Verdrängen der Tatsache, dass in der Vergangenheit an der Praxis vorbeigeforscht wurde) sowie ein ganzes Spektrum von Interessenvertretern, welche das Waldsterben für finanzielle Vorteile oder Profilierungen ausnützen."

Diesem langen Leserbrief, der durch ein Foto von Postkartengrösse und durch einen grossen fetten Titel sehr prominent in Erscheinung tritt, folgt eine Stellungnahme des Informationsschefs des Bundesamtes für Forstwesen und Landschaftsschutz (heute BUWAL). Die Waldschäden in der Schweiz gingen auf verschiedene Ursachen zurück, aber man müsse zwischen Primär- und Sekundärursachen unterscheiden. Sekundärursachen, wie Witterung oder Schädlinge, hemmen oder fördern das Waldsterben, sie können es aber nicht allein verursachen. Der Wald brauche eine gewisse Pflege, weil von ihm verlangt wird, die verschiedenen Funktionen kontinuierlich zu erbringen. Diese Pflege ist heute nicht mehr kostendeckend möglich; deshalb sind Subventionen zu entrichten.

„Unredlichkeit in der Waldsterbensforschung", lautet der Vorwurf, den Reto Locher am 16.7.86 in der NZZ an Günther Reichelt, Otto Kandler und Walter Flückiger – als Beispiele für etliche andere – richtet.[551] So unterschiedlich ihre Hypothesen sind, so haben alle drei Ergebnisse, die auf empirisch schwachen Beinen stehen, als Erkenntnisse verbreitet. Reichelts Kartierungen im Umkreis von Kernanlagen beruhen auf einer zu geringen Anzahl von Stichproben, Kandlers Epidemiehypothese konnte im Labor nicht bestätigt werden und krankt an Widersprüchen, Flückigers Ozonschäden auf Blättern von Laubbäumen haben sich als Parasiten erwiesen.

Locher kritisiert, dass in der Waldschadenforschung unter grossem politischen Erwartungsdruck oft Resultate in Berichten, Gutachten und Pressekonferenzen veröffentlicht werden, bevor sie in wissenschaftlichen Zeitschriften publiziert werden konnten.

„Auf diese Weise entzieht sich ein Teil der Waldsterbeforschung der unmittelbaren Kontrolle durch Fachkollegen. Das dürfte einer der Gründe gewesen sein, weshalb das Ökosystem Wald nicht nur mit Schadstoffen, sondern auch mit Falschaussagen belastet wurde, die zudem noch die Eigenschaft haben, sich be-

---

[550] TA 20.5.1986: Waldsterben: Haben die Förster versagt?
[551] NZZ 16.7.1986: Unredlichkeit in der Waldsterbensforschung.

sonders hartnäckig in den Köpfen von Politikern, Journalisten und Bürgern festzusetzen." Da Wissenschafter zunächst die Möglichkeit haben, ihre Daten zu interpretieren und nach eigenen Relevanzvorstellungen zu ignorieren, hängen wissenschaftliche Urteile von ihrer Redlichkeit ab.

„Je grösser der Druck und die Verlockung der Öffentlichkeit sind, um so mehr scheint diese Fähigkeit zur Selbstkritik abzunehmen. Das zeigt sich leider auch in der Waldsterbeforschung."

Es ist erstaunlich, dass unter diesen Umständen kein prüfender Blick auf die empirische Basis und die Widerspruchsfreiheit der Waldsterbenshypothese als solche geworfen wird (wie dies z.B. Kandler tut, um seine Epidemiehypothese zu verteidigen).

Von Radio und Fernsehen werden verschiedene kantonale Forstinspektorate um Trendmeldungen zum diesjährigen Waldsterben angefragt: Es hat sich weiter verschlimmert.[552] Geht es darum, das Waldsterben wie ein Skirennen zu verfolgen oder nur darum, eines der Medien zu sein, die als erste eine neue Hiobsbotschaft verkünden dürfen? Von 1986 bis 1991 werden auch im Rahmen des Sanasilva-Programmes jeweils gegen Ende August Trendmeldungen zum Waldzustand bekanntgegeben.

Wegen des Waldsterbens werden in den nächsten 30 Jahren Kosten von insgesamt 44 Milliarden Franken für Schutzmassnahmen und Waldpflegearbeiten sowie ein Verlust von rund 35'000 Arbeitsplätzen in Tourismus und Industrie auf die Schweiz zukommen.[553] Zu diesem Ergebniss kommt eine Studie der SGU, die sich auf der bisherigen Waldschadenentwicklung in der Schweiz und auf Beobachtungen an toten Wäldern im Ausland stützt.

Gegen Ende September erscheint in der NZZ ein grosser und systematisch aufgebauter Artikel zum gegenwärtigen – uns schon bestens bekannten – Kenntnisstand über das Waldsterben.[554] Walter Schiesser kommentiert, die Zeit der polarisierten Diskussionen sollte nun endgültig vorbei sein. In diesem Zusammenhang zitiert er einen vom deutschen Bundeskabinett veröffentlichten Bericht über die Ursachen und Auswirkungen der Waldschäden:

„Es bestätigt sich, dass es den Waldschaden und die Schadenursache nicht gibt, sondern dass es sich um eine sehr verwickelte und schwer durchschaubare Erscheinung handelt, an der die Luftverunreinigungen massgeblichen Einfluss haben."[555]

Dass diese Aussage nicht mit der gängigen Vorstellung des Waldsterbens zu vereinbaren ist, wird dazumal noch nicht erkannt.

Ein grösserer Artikel im Tages-Anzeiger „informiert" über die Ergebnisse der vegetationssoziologischen Studie, die für die untersuchten Wälder einen Zuwachs von stickstoffliebenden Arten und einen Artenrückgang ausweist.[556] Der Artikel ist vergleichs-

---

[552] NZZ 15.8.1986: Noch keine Wende beim Waldsterben. Die Auskünfte beruhen oft auf zweifelhaften Grundlagen: So erklärt beispielsweise das Bündner Forstinspektorat, das Waldsterben habe auf das ganze Kantonsgebiet übergegriffen und die Weisstanne werde in Graubünden mit Bestimmtheit aussterben. Vgl. TA 2.9.1986: Neuerdings ganz Graubünden betroffen.

[553] NZZ 2.9.1986: Kostenstudie zum Waldsterben in der Schweiz; vgl. auch TA 2.9.1986: Waldsterben kostet langfristig 44 Milliarden; TA 3.9.1986: Können wir die Folgen des Waldsterbens bezahlen?

[554] NZZ 26.9.1986: Der Kenntnisstand über die „neuartigen Waldschäden".

[555] NZZ 26.9.1986: Jenseits der Polarisierung.

[556] TA 28.11.1986: Stickstoff – tödliche „Dusche" für den Wald.

weise reisserisch aufgemacht: Rund ein Viertel der Seite wird von einer Fotomontage, in der ein Skelett (der Tod) durch den Wald streift, beansprucht. Der Titel bezeichnet den Stickstoff als tödliche Dusche für den Wald. Im Lead ist zu lesen, dass das empfindliche Ökosystem Wald nachhaltig gestört wird, mit verheerenden Folgen, wie das Waldsterben zeige. Eine Abschnitts-Überschrift lautet schliesslich: Nadeln voller Schwermetalle. In diesem Abschnitt werden die lange nicht so spektakulären Ergebnisse der Nadelanalysen im Rahmen der Sanasilva-Erhebungen kurz dargestellt.

Dieses Beispiel ist eines der schönsten für die Fähigkeiten der Medien, Informationen aus eigener Kraft zu dramatisieren. In der Regel wird jedoch wesentlich zurückhaltender „informiert".

Ende November 1986: Die Sanasilva-Inventurdaten von 1986 werden präsentiert.[557] Laut Inventur ist der Anteil geschädigter Bäume binnen Jahresfrist von 36 auf 50 Prozent angestiegen. Im Lead des Tages-Anzeigers steht unter anderem:

„Als Primärursache für die Waldschäden nennt der Bericht ‚die zivilisationsbedingte Luftverschmutzung in all ihren Erscheinungsformen'."

An der Ursache ist damit offiziell nicht weiter zu zweifeln. In der NZZ werden die neusten Resultate ebenfalls mit Aufmerksamkeit und gesellschaftskritischem Kommentar verfolgt. Allerdings gilt der Wirkungszusammenhang von Luftschmutzung und Waldschäden bei dieser Zeitung noch als Hypothese.[558]

Der neueste Sanasilva-Bericht wird natürlich auch im Blick vorgestellt.[559] Titel:

„Wald Alarm! Jeder zweite Baum stirbt"

So soll es im Sanasilva-Bericht stehen, behauptet der Blick unverfroren. Korrekt meldet der Blick hingegen die Zunahme der geschädigten Bäume innert Jahresfrist von 36 auf 50 Prozent. Stichwortartig werden die Reaktionen von Bundesrat und den wichtigsten Parteien präsentiert. Spezielle Erwähnung finden die „radikalen Umweltschützer" WWF und Greenpeace, die den „Abschied vom Auto" fordern und für Tempo 100 auf Autobahnen sowie Benzinrationierung eintreten. Neuerdings seien nach dem Bundesamt für Forstwesen wieder die Stickstoffeinträge aus der Luft in den Boden die Ursache für das Waldsterben. „Also doch das Auto als Waldkiller?" fragt Zbinden. Er lässt den Autoimporteur Emil Frey und Christoph Bürgi von der „Aktion Auto vernünftig" ausführlich darauf antworten. Beide finden, das Katalysator-Auto werde das Problem der Stickoxide bald lösen. Bürgi kann sich des Eindrucks nicht erwehren, die Experten wüssten selbst nicht, was mit dem Wald los sei; die Erklärungen für die Waldschäden änderten laufend.

Die Struktur dieses Artikels ist beachtenswert: Zuerst wird den Experten des Bundesamtes eine unangemessene Katastrophenmeldung untergeschoben, dann wird ihre Glaubwürdigkeit durch Aussagen von Interessenvertretern zersetzt. An ein Nachvollziehen der Gründe für diesen oder jenen Standpunkt ist dabei nicht zu denken.

Im Tages-Anzeiger werden Leserbriefe zum Sanasilva-Bericht zusammengefasst und mit einer grossen Fotocollage ergänzt.[560] Zu sehen sind Baumstämme eines Waldes mit

---

[557] TA 28.11.1986: Zustand des Schweizer Waldes hat sich massiv verschlechtert; TA 28.11.1986: Fast alle sind bestürzt über die Waldschäden.

[558] NZZ 28.11.1986: Dramatische Verschlechterung des Waldzustandes; NZZ 28.11.1986: Wieviel ist uns der Wald wert?

[559] Blick 28.11.1986: Wald-Alarm! Jeder zweite Baum stirbt.

[560] TA 12.12.1986: Mit gebanntem Blick aufs Untergangsszenario.

einer hellen Scheibe, die durch ein schräges Kreuz "durchgestrichen" wird. Alle Leserbriefe bringen grosse Betroffenheit und Empörung zum Ausdruck. Die Ergebnisse der Waldschadeninventur von 1986 rütteln die Bevölkerung auf. Es kommt zu einem neuen umweltpolitischen Mobilisierungsschub:[561]

„In der Zürcher Innenstadt haben am Donnerstag Abend schätzungsweise rund 2000 Personen jeglichen Alters mit einem ‚Schweigemarsch für den Wald' ihre Besorgnis über den Zustand der Wälder und die Luftverschmutzung ausgedrückt."

Die Demonstration wurde von Umweltschutzverbänden organisiert; in einer Resolution wurden von den Stadtbehörden Massnahmen zur Luftreinhaltung gefordert. Die Gegenbewegung kann aber nicht ausbleiben:[562]

„Der Schweizerische Strassenverkehrsverband (FSR) hat am Freitag in Bern massive Kritik am Sanasilva-Waldschadeninventar geübt und dessen Wissenschaftlichkeit in Zweifel gezogen. Ausserdem wandten sich Vertreter dieser Organisation (...) entschieden gegen allfällige verkehrsbeschränkende Massnahmen aus Umweltschutzgründen und gegen weitere steuerliche Belastungen der Automobilisten."

An dieser Veranstaltung macht der Forstingenieur Gian Caprez die Überalterung und die mangelnde Waldpflege für das Waldsterben verantwortlich.

„Auf dieser Basis holte anschliessend Jakob Schälchli, Generalsekretär des FRS, zu einer massiven Kritik am Sanasilva-Waldschadeninventar aus; er warf der Studie vor, sie sei nicht repräsentativ und manipulatorisch in ihren Aussagen."

Auf der Seite zwei, „Hintergrund", des Tages-Anzeigers erhält Jakob Schälchli, Präsident des FRS Gelegenheit, seine Kritik an der Repräsentativität der Stichprobe der Waldschadeninventur ausführlich darzulegen.[563] Felix Mahrer von der EAFV und Verfasser des Sanasilva-Berichts erhält denselben Raum, um die Konstruktion der WSI zu verteidigen.

Egal wer schliesslich mit welcher Argumentation im Recht sein mag, der Unterschied bei der WSI liegt höchstens auf der Ebene weniger Prozent. Gelingt es dem Strassenverkehrsverband aber, auch nur kleine Zugeständnisse zu erzwingen, wäre das Unternehmen Waldbeobachtung und wissenschaftliche Politikberatung erfolgreich diskreditiert. Man sucht das schwächste Glied in der Argumentationskette, um sie als Ganzes zu sprengen. Die Kritik des FSR zeigt uns zugleich auch, dass selbst die mit allen PR-Wassern gewaschenen Kritiker des offiziellen Waldsterbens nicht an der Existenz von Waldschäden zweifeln und auch nicht in der Lage sind, die Konstruktion des Phänomens Waldsterben zu durchschauen.

Unter dem Titel „Verkehrsverbände auf der Flucht nach vorn" kommentiert Peter Baumgartner die Auseinandersetzung: Er wertet die Aktion des FRS als verständlichen und legitimen Versuch die ureigensten Interessen zu verteidigen und sich damit gegen weitere Sofortmassnahmen im Verkehrsbereich zu wehren. Die von den Kontrahenten vorgebrachten Argumente werden nicht näher beleuchtet. Am Ende des Schauspiels bleiben einige sich widersprechende Behauptungen stehen und damit bleibt auch etliches unklar bzw. unentschieden. Zur Beurteilung des Falles scheint es auszureichen, die Parteien politisch einzuordnen.

---

[561] NZZ 19.12.1986: Ein Schweigemarsch für den Wald.
[562] TA 10.1.1987: Autofahrer nicht weiter belasten; vgl. auch Blick 10.1.1987: Ist Altersschwäche die wahre Ursache für das Waldsterben?
[563] TA 10.1.1987: Sind die Zahlen zum Waldsterben stichhaltig?

Der Blick berichtet, dass hohe Konzentrationen sauren Nebels die Wurzeln von Bäumen angreifen.[564] Deshalb getrauen sich Förster bei starkem Wind nicht mehr in den Wald. Blick fragt:

„Kommt jetzt das Helmobligatorium für Waldgänger?"

Wir erfahren im Tages-Anzeiger von einem bemerkenswerten Experiment: Zwei Vergleichsserien von Buchen-Setzlingen werden unter gefilterter Luft und unter Umgebungsluft bei sonst gleichen Bedingungen beobachtet. Für die in Umgebungsluft gehaltenen Pflänzchen können Wachstumseinbussen und eine erhöhte Frostempfindlichkeit nachgewiesen werden. Angaben über die Wissenschafter oder einen entsprechenden Bericht sucht man vergeblich.[565]

Frank Horsch, Kernphysiker vom Kernforschungszentrum Karlsruhe, der seinen Forschungsschwerpunkt in die Waldschadenforschung verlegt hat, stellt aus seiner Warte den gegenwärtigen Kenntnisstand in Sachen Waldschäden dar.[566] Es zeichne sich kein einfach zu interpretierendes Bild ab. Als Ursachen der Waldschäden kämen langjähriger Trockenstress, ein extremer Temperatursturz von bis zu 25 Grad in der Silvesternacht von 1978/79 sowie Ozon und Stickstoffeinträge in Frage. Der Kausalnachweis stehe noch aus.

Ende des Winters 1987 werden an verschiedenen Orten der Schweizer Voralpen und des Fürstentums Lichtenstein seltsame Verrötungen von Koniferen beobachtet.[567] Die Interpretation des Phänomens bereitet Schwierigkeiten: Steht die mysteriöse Waldkrankheit mit dem Waldsterben in Verbindung? Nach einer längeren Abklärungs- und Auseinandersetzungszeit einigen sich die Forstwissenschafter schliesslich auf Frostschäden.[568]

Am 25. August tritt die Reuss in der Ebene vor dem Vierwaldstättersee über die Ufer. In höheren Lagen beschädigen Murgänge die Schienen und Strassen der Gotthardroute. Der Meteorologe Joachim Schug erklärt dem Blick, wie es zur Katastrophe im Kanton Uri kommen konnte:[569]

"Obwohl im Kanton Uri keine Rekord-Wassermengen herunterkamen, gab's dort die grössten Schäden. Das hängt mit dem Waldsterben zusammen. Bei vielen Bäumen sind die Feinwurzeln geschädigt. Dadurch kann der Waldboden nur noch wenig Wasser aufsaugen. Bereits ein mässiger Wolkenbruch reicht, um Erdrutsche oder Überschwemmungen auszulösen."

Wälder verlangsamen zwar den Abfluss von Niederschlägen und nehmen damit Hochwassern die Spitze. Im Falle der Unwetter und Überschwemmungen im Kanton Uri sind die vom Journalisten des Tages-Anzeigers befragten Fachleute jedoch einhellig der

---

564 Blick 4.3.1987: Waldspaziergänge nur mit Helm ungefährlich?
565 TA 11.6.1987: Unterstützung für den Bundesrat. Ich nehme an, dass es sich um Untersuchungen im Rahmen der Immissionsforschung an der EAFV handelt. Im Zentrum des Interesses standen dabei die Wirkungen der im Freien auftretenden Ozondosen.
566 NZZ 13.7.1987: Ein Kernphysiker auf der Suche nach den Gründen des Waldsterbens.
567 TA 9.4.1987: Neue Meldungen über mysteriöse Waldkrankheit; NZZ 9.4.1987: Neuartige Waldschäden im Voralpenraum; TA 11.4.1987: Baumschäden: Frost doch nicht Ursache; TA 11.4.1987: Kontroverse um „neues Waldsterben"; NZZ 11.4.1987: „Mysteriöse Waldkrankheit" oder normale Frostschäden?; TA 25.4.1987: Neues Waldsterben bleibt rätselvoll.
568 TA 21.7.1987: Baumsterben – leider kein Grund zur Beruhigung; TA 21.7.1987: Frost liess Tannen rot werden; Blick 21.7.1987: Frost und Temperatursprünge schuld am „neuen" Waldsterben.
569 Blick 26.8.1987: Die Jahrhundert-Flut.

Meinung, dass der schlechte Zustand der Wälder nicht für das Ausmass der Über-schwemmung verantwortlich gemacht werden könne.[570]

Ein Bericht der EAFV über eine Umfrage unter Kantons-, Kreis-, und Revierförstern ergibt, dass die jährlichen Kosten für forstliche Projekte gegen Naturgefahren künftig auf 225 bis 350 Millionen Franken ansteigen könnten, was dem fünf- bis sechsfachen der bisherigen Aufwendungen entspreche.[571] Der Bericht war im September in rund 850 Exemplaren an Behörden und forstliche Fachkreise versandt worden. Nationalrat Lukas Fierz, Vertreter der Grünen Partei, gelangt im Oktober 87 mit dem Bericht an die Medien und löst einen Wirbel aus. Der Bericht sollte laut EAFV erst nach den Wahlen veröffentlich werden, was nach Walter Schiesser (NZZ) den Verdacht erweckt,

„man habe damit eine zusätzliche Verunsicherung des Bürgers, die den grünen Parteien zugute kommen könnte, zu verhindern beabsichtigt. Dazu kann man vorläufig lediglich feststellen, dass man in Birmensdorf den Wirbel, den nun die voraussehbare Veröffentlichung auf Umwegen hervorgerufen hat, unterschätzte."

Rodolphe Schlaepfer, der in Birmensdorf inzwischen die Nachfolge des verstorbenen Walter Bosshard angetreten hat, muss in der Tagesschau zum Vorwurf, die Publikation des Berichtes sollte bis nach den Wahlen verzögert werden, Stellung nehmen.[572] Schlaepfer weist darauf hin, dass der EAFV-Bericht den Kantonen schon im Frühjahr und im September auch den Kreis-, und Revierförstern zugestellt worden war. Er wurde zwar nicht publiziert, war aber öffentlich zugänglich gewesen.

Einigen Parlamentariern und Medienvertretern war der Bericht jedoch am selben Tag von der EAFV verweigert worden. Eine Wissenschaftsjournalistin erhielt hingegen ein Exemplar mit dem Vermerk „Nicht zur Veröffentlichung bestimmt" und „Publikation Mitte Oktober" – also gerade nach den Wahlen. Hinsichtlich der Medien hat Schlaepfer sein Amt denkbar ungünstig begonnen und sich gleich den Verdacht eingehandelt, das Waldsterben herunterspielen zu wollen.

Einige Tage später berichtet der Tages-Anzeiger detailliert über Methodik und Er-gebnisse dieser EAFV-Studie "Walderhaltung und Schutzaufgaben im Berggebiet".[573] Die NZZ stellt klar, dass der Inhalt des Berichtes „Walderhaltung und Schutzaufgaben im Berggebiet" schon im Jahr zuvor – also noch bevor Schlaepfer im Amt war – in Zusammenarbeit mit den Verantwortlichen der EAFV in der NZZ publiziert worden war.[574] Wie in dieser Publikationsreihe üblich, sei der Bericht selbst aber nicht an die Presse verschickt worden. Insgesamt könne von einer Forschungsanstalt nicht mehr Freundlichkeit gegenüber der Öffentlichkeit erwartet werden.

Ist es nicht erstaunlich, dass unter diesen Umständen die EAFV nicht gleich den Schwarzen Peter an die Medien geschoben hat? Der Bericht war längsten der Öffent-lichkeit zugänglich: Warum haben die Medien dieses Thema denn nicht schon ein Jahr zuvor aufgegriffen? Die Motive und Rahmenbedingungen der Inszenierung von Medien und EAFV bleiben undurchsichtig.

---

[570] TA 26.8.1987: Kommt das Hochwasser, wenn der Bergwald stirbt?

[571] NZZ 9.10.1987: Zunehmende Waldschäden in den Bergebieten; vgl. auch TA 9.10.1987: Das Waldsterben wird Milliarden kosten; TA 9.10.1987: 4,5 Milliarden für die Sanierung der Berg-wälder?; Blick 9.10.1987: Dem Wald geht es immer schlechter.

[572] TA 10.10.1987: Problemwälder: Detailkarten liegen in Amtsschubladen.

[573] TA 13.10.1987: Mehr Geld, Arbeitskräfte und Maschinen.

[574] NZZ 13.10.1987: Bergwaldkalamität im Blick auf den Wahltag.

In der NZZ und im Tages-Anzeiger wird über die Präsentation des Buches „Wald und Luft" und über die dadurch provozierte Stellungnahme des BFL orientiert.[575] Caprez, Fischer, Stadler und Weiersmüller, die Autoren des Buches, kritisieren, dass in der Interpretation der Forschungsergebnisse die Luftverschmutzung als Ursache einseitig in den Vordergrund gestellt werde, während länger zurückliegende Fehler in der Waldbewirtschaftung überspielt würden. Die Kalamitäten in den Bergwäldern seien vor allem waldbaulicher Natur. Weiter üben sie Kritik an den Methoden der Erhebung und der statistischen Auswertung der Waldschadeninventur. Die seit 1983 aufgetretenen Witterungsextreme würden vernachlässigt. Auch die Jahrringuntersuchungen würden ungerechtfertigterweise als Beweis für das Waldsterben und als Grundlage der Luftreinhaltepolitik herangezogen.

Die Autoren räumen ein, dass ihre Publikation von Sponsoren unterstützt wird, wollen deren Namen jedoch nicht nennen. Sie hätten jedoch keinen Einfluss auf den Inhalt des Buches gehabt.

„Verschiedene an der Pressekonferenz anwesende Forstingenieure reagierten ziemlich scharf auf die Vorwürfe: ein Forstmeister aus dem Berner Mittelland meinte, hier sei ‚mit Wahrheiten, Halbwahrheiten und Lügen' die Situation geschildert worden. Statt zusammenzustehen und gemeinsam nach Lösungen zu suchen, werde hier bewusst auf eine Polarisierung hingearbeitet."[576]

In seiner Stellungnahme erklärt das BFL, die Aussagen der vier Autoren seien durch die Forschung bereits entkräftet. Ohne den Faktor Luftverschmutzung sei das Waldsterben nicht zu erklären. Eine unabhängige Studie in der Nordwestschweiz habe gezeigt, dass kein Zusammenhang zwischen dem Waldsterben und der Pflege des Waldes bestehe und der Nadel- und Blattverlust sei ein international anerkanntes Indiz für das Waldsterben.

Peter Baumgartner vom Tages-Anzeiger versucht in seinem Kommentar die Motive der Autoren zu analysieren.[577] Er kommt zum Schluss, dass sie primär verkehrspolitische Ziele verfolgen. Es gehe ihnen um den Nachweis, dass die vom Verkehr verursachte Luftverschmutzung keinen Anteil am Waldsterben habe, um damit das Verursacherprinzip zu unterlaufen, da sich mittlerweile hohe Kosten des Waldsterbens abzeichnen. In den Medien werden die Argumente der Autoren weder reflektiert noch gewürdigt. Um dem Buch gerecht zu werden, reicht es offensichtlich, die Reaktion des angegriffenen BFL zu verlautbaren und die Interessen der Autoren herauszuschälen.[578]

Unter dem Eindruck eines sich weiterhin verschlechternden Waldzustandes (Sanasilva 1987) und der sinkenden Wirtschaftlichkeit der Forstwirtschaft beantragt der Bundesrat dem Parlament den Bundesbeschluss von 1984 über ausserordentliche Massnahmen zur Walderhaltung zu verlängern und seinen Zweck auszuweiten.[579] Neu soll auch die kostenintensive Jungwaldpflege und in geringem Umfang eine Weiterbildung des Forst-

---

575 NZZ 3.11.1987: Kritik an der Waldschadenerhebung; vgl. auch Blick 3.11.1987: Forstexperten: Schlechte Waldpflege schuld am Baumsterben; TA 3.11.1987: Waldsterben: „Hauptsache ist nicht die Luftverschmutzung".

576 TA 3.11.1987: Waldsterben: „Hauptsache ist nicht die Luftverschmutzung".

577 TA 3.11.1987: Welche Interessen werden da vertreten?

578 Dass die vier Autoren mit ihrem Werk vielleicht sogar ganz unterschiedliche Interessen verfolgen, liegt ausserhalb des Horizonts der Berichterstattung.

579 NZZ 27.11.1987: Erneuter Subventionsbeschluss zur Walderhaltung; vgl. auch Blick 27.11.1987: Alarmierendes Wald-Sterben: Bundesrat hilft mit 240 Millionen; TA 27.11.1987: Der Bundesrat beantragt Zusatzhilfe für den weiter sterbenden Wald; TA 27.11.1987: Wald benötigt mehr als Geld.

personals finanziell unterstützt werden. Dieser Bundesbeschluss würde zeitlich und inhaltlich eine Lücke zwischen dem bestehenden Bundesbeschluss, der 1988 abläuft, und dem neuen Waldgesetz, das kaum vor 1990 in Kraft treten wird, schliessen. Insgesamt sollen die Zuwendungen auf rund 60 Millionen Franken pro Jahr verdoppelt werden.

Dezember 1987: Der freisinnige Nationalrat Christian Wanner fragt in einer dringlichen Interpellation den Bundesrat, ob er die gegenwärtige Strategie im Kampf gegen das Waldsterben für ausreichend hält oder ob sich weitergehende Massnahmen aufdrängen.[580] Weiter fragt er den Bundesrat,

„was dieser von der kürzlich erschienenen Publikation ‚Wald und Luft' hält, die in bezug auf die Ursachen des Waldsterbens teilweise andere Gründe geltend macht, als dies bis heute von offizieller Seite getan wurde. Insbesondere will er Auskunft darüber, ob die in dieser Schrift gemachten Aussagen haltbar sind und sich wissenschaftlich begründen lassen."

Es ist natürlich absurd vom Bundesrat ein Urteil über den wissenschaftlichen Gehalt von „Wald und Luft" zu verlangen. Dies kann nur die (idealerweise unbegrenzte) Kommunikationsgemeinschaft der Wissenschafter erbringen, und der Bundesrat repräsentiert sicher nicht den Stand der Kenntnisse. Aber darum geht es auch gar nicht. Das Buch wird nur für einen politischen Schachzug benutzt. Der Bundesrat soll auf diese Weise gezwungen werden, umweltpolitisch Farbe zu bekennen und aus einer Stellungnahme lässt sich unter Umständen weiteres politisches Kapital schlagen. Er ist jedoch in der komfortablen Lage, auf eine staatlich organisierte Wissenschaft zurückgreifen zu können: Seine Antwort wird gemeinsam von seinen Wissenschaftern und seinen Verwaltungsbeamten ausgearbeitet werden. Formulierungsspielräume, die in der einen oder anderen Form immer vorhanden sind, lassen sich also auch von ihm politisch nutzen.

Bundesrat Cotti nimmt in seiner Antwort auf die Interpellation von Wanner die Verfasser der Sanasilva-Studie in Schutz.[581]

„In nächster Zeit wird es leicht möglich sein, wissenschaftlich genau zu beweisen, weshalb der Wald stirbt. Die Luftverschmutzung stellt aber mit Sicherheit eine der Ursachen dar. Das Problem besteht, und wir hoffen, es lösen zu können, und zwar nicht nur mit Waldpflege. Der Bundesrat bemüht sich, die Ursachen zu bekämpfen. Der finanzielle Aufwand hierfür wird noch weiter ansteigen. Der Interpellant ist befriedigt. Mit 66 zu 43 Stimmen lehnt der Rat Diskussion ab."

Nach einer Studie, die die PTT bei der EAFV und bei einem Labor für Holzanalysen in Basel in Auftrag gegeben hat, sind aufgrund von Erhebungen im Umkreis des Radio- und Fernsehsenders Bantiger bei Bern keine Einflüsse von elektromagnetischen Wellen auf die Gesundheit von Bäumen festzustellen.[582] Es wurde jedoch eine Diskrepanz zwischen der Schadensklassifikation durch Infrarot-Luftbilder und derjenigen aufgrund von Jahrringanalysen festgestellt.

---

580 NZZ 11.12.1987: Die Kontroverse um das Waldsterben.
581 NZZ 17.12.1987: Waldsterben.
582 NZZ 6.1.1988: TV- und Radiosender bewirken keine Waldschäden.

Im Mai 1988 wird eine Studie von David Altweg der Öffentlichkeit vorgestellt. Er berechnet Szenarien der Kosten, die für Schutzbauten als Ersatz für abgestorbene Bergwälder anfallen könnten.[583]

> „Die Annahme einer vollständigen Entwaldung der Gebirgshänge lässt für die kommenden 50 Jahre zur Behebung der zusätzlich zu erwartenden Lawinenschäden Kosten von fast 100 Milliarden Franken befürchten."

Um die Lawinenschäden zu verhindern, müssten für rund 111 Milliarden Franken Schutzbauten erstellt werden. Die Studie von Altweg errechnet damit höhere Folgekosten einer vollständigen Entwaldung als die Studie der SGU von 1986.

Im Juni liegt die vom EDI der EAFV in Auftrag gegebene Studie über Waldschäden im Umkreis von Kernanlagen im unteren Aaretal vor.[584] Es wird kein statistischer Zusammenhang zwischen der Strahlenbelastung und den Waldschäden erkannt, aber ein Einfluss der geringen zusätzlichen Radioaktivität lässt sich auch nicht ausschliessen.

Ohne Gegenstimme bewilligt der Nationalrat im Juni als Zweitrat die Fortführung des Bundesbeschlusses über ausserordentliche Massnahmen zur Walderhaltung.[585] Die Debatte wird vom Tages-Anzeiger als "Vorgeplänkel" zur Totalrevision des Waldgesetzes gewertet.

Hans Heusser publiziert in der NZZ einen gut recherchierten und sehr systematisch aufgebauten Artikel über den Kenntnisstand in Sachen Waldsterben.[586] Er zeigt rückblickend auf, wie sich die Diskussion in der Schweiz entwickelte. Trotz des Wandels der Inventurmethoden lasse sich eine Verschlechterung des Gesundheitszustandes feststellen, und dies stehe im Einklang mit der Jahrringanalyse, die ein seit 1955 verlangsamtes Wachstum für Tanne und Fichte ausweise. Dann erläutert er, indem er sich auf ein Gespräch mit Rodolphe Schlaepfer stützt, die Methoden der Ursachenforschung und den Stand der diesbezüglichen Kenntnisse.

> „Schlaepfer formuliert den möglichen Einfluss von Luftschadstoffen mit der für den Wissenschafter gebührenden Vorsicht: ‚Wegen der Komplexität des Ökosystems Wald und wegen der grossen Anzahl möglicher Einflussfaktoren haben es auch die Experimente im Wald bis heute noch nicht erlaubt, die direkte Beziehung zwischen Schadstoffen und Waldsterben zu quantifizieren. Dieses vorläufige Resultat heisst aber nicht, dass eine solche Beziehung nicht existiert. In der Tat lässt sich auf Grund der Hypothesen, die wir aus den Forschungsresultaten formulieren können, das Waldsterben ohne Beteiligung der Luftverschmutzung nicht erklären.'"

Bis jetzt sei keine alternative Hypothese in der Lage, das Phänomen überzeugender zu erklären. Andere Hypothesen müssten jedoch geprüft werden.

> „Gerade wegen der Schwierigkeit, die Wirkung der Luftverschmutzung auf den Wald nachzuweisen, warnt Schlaepfer davor, bis zu deren Bekämpfung auf Beweise aus dem Wald zu warten."

---

583 NZZ 9.5.1988: Die Kosten des Waldsterbens; vgl. auch TA 9.5.1988: Toter Bergwald: Die Schäden wären enorm; Blick Waldsterben kann uns 100 Milliarden kosten; Blick 9.5.1988: Ein Leben ohne Wald: die Hölle.
584 TA 2.6.1988: Wahrscheinlich kein Zusammenhang zwischen Kernkraftwerken und Waldsterben; vgl. auch NZZ 2.6.1988: Kernanalagen und Waldschäden.
585 TA 15.6.1988: Mehr Geld für Forst- und Holzwirtschaft; vgl. auch NZZ 15.6.1988: Walderhaltung.
586 NZZ 25.8.1988: Das Waldsterben – eine Zwischenbilanz.

Eine Studie über 4500 historische Meldungen von Waldschäden, die das Bundesamt für Forstwesen herausgegeben hat, verstärkt den Verdacht, dass die Bäume durch die Luftschadstoffe empfindlicher geworden sind.[587]

Aufgrund der Trendmeldung der WSI von der EAFV erscheint im Blick die Schlagzeile, „Waldsterben gestoppt!".[588] Jetzt sei es also amtlich:

„Vorbei sind die Horrorvisionen einer kahlen Heimat für unsere Kinder. Zum erstenmal seit 1984 belegt die Sanasilva-Studie: Der Gesundheitszustand unseres Waldes hat sich in diesem Jahr verbessert."

Die Experten seien allerdings noch skeptisch; der günstige Trend bestätige ihnen vorerst nur, dass sich die Waldschäden unregelmässig entwickeln.

Fazit Erosionsphase

Für diese Phase sind zwei umweltpolitische Entscheide hervorzuheben. 1986 hat der Bundesrat sein Konzept zur Luftreinhaltung und einen entsprechenden Massnahmenkatalog vorgestellt. Die gesteckten Ziele werden nur erreicht werden können, wenn auch die Kantone eine Reihe von Massnahmen zur Luftreinhaltung einführen werden.[589] Im Jahr 1987 beauftragt das Parlament den Bundesrat, ein weiteres Paket von zusätzlichen Massnahmen zur Reduktion der Luftbelastung vorzubereiten. Insgesamt klaffen jedoch auch beim Parlament Zielvorgaben und bereitgestellte Mittel auseinander.[590]

Der „Bundesbeschluss über ausserordentliche Massnahmen zur Walderhaltung" wird fortgesetzt und inhaltlich ausgeweitet. Neben der Bekämpfung von Parasiten und dem Entfernen der geschädigten Bäume wird von 1989 bis 1992 auch die Pflege des Jungwaldes, die Verbesserung der Betriebsstrukturen und die Selbsthilfe der Wald- und Holzwirtschaft mit jährlichen 60 Mio. Franken unterstützt werden.[591]

Vielfalt prägt die Berichterstattung zum Waldsterben in dieser Phase. Auch in dieser Phase fallen meiner Auswahl viele kleine Meldungen über Untersuchungen und Beobachtungen, über Situationsdeutungen von Experten und Beamten sowie über politische Aktionen zum Opfer. Aus den Kantonen der Schweiz und aus anderen Ländern sind unterschiedliche Schadensmeldungen zu vernehmen.

Laufend wird über neue mögliche Ursachen und über Studien, die doch keinen Zusammenhang feststellen konnten, berichtet. Hobbyforscher mit wilden Ideen[592] und Wissenschafter, die sich vor einen politischen Karren spannen lassen, finden immer die Aufmerksamkeit der Medien.[593] Immerhin schält sich in mehreren Untersuchungen

---

587 TA 27.8.1988: Die Bäume sind empfindlicher geworden; vgl. auch NZZ 27.8.1988: Waldschäden historisch betrachtet. Die Studie von Pfister, Bütikofer, Schuler und Volz (keine genaueren Angaben im Artikel) berücksichtigt anscheinend nicht, dass bis anhin keine Möglichkeit gefunden wurde, die gegenwärtige Schadenklassierung und Vorstellung eines gesunden Baumes mit denjenigen früherer Zeiten zu vergleichen.

588 Blick 27.8.1988: Waldsterben gestoppt!

589 Vgl. Zimmermann 1986, S. 325ff.

590 Zimmermann 1988, S. 286.

591 Vgl. Zimmermann 1988, S. 286f.

592 Ich habe diese Eintagsfliegen nicht in meine Darstellung einbezogen.

593 Daran zeigen sich übrigens die unterschiedlichen Funktionsweisen von wissenschaftlicher und massenmedialer Öffentlichkeit. Während sich die erste einer relativ harten inhaltlichen und

heraus, dass ein Einfluss von Radioaktivität und elektromagnetischen Wellen auf die Vitalität der Bäume höchst unwahrscheinlich ist. Allerdings liess sich bis jetzt praktisch keine der hypothetisch aufgeworfenen Ursachen ausschliessen.

Um die Spitze der EAFV wird es zunächst ruhiger. In den Medien sind keine Waldsterbe-Szenarien mehr zu vernehmen – wahrscheinlich zur Hauptsache aufgrund des Todes von Walter Bosshard. Der neue Direktor kommt schnell in die Schlagzeilen und gerät in den Verdacht, das Waldsterben herunterspielen zu wollen. Dazu ist festzuhalten, dass dieser Verdacht nicht durch seine Äusserungen zum Waldsterben genährt wird – vorläufig wenigstens.

Die wissenschaftsbezogene Berichterstattung über das Waldsterben wandelt sich langsam. Einerseit gewinnen die Inventurmethoden an Aufmerksamkeit, andererseits werden im In- und Ausland diverse bisher selbstverständliche Aspekte des Waldsterbens (nicht nur von politischen Gegnern) kritisiert oder zumindest hinterfragt. In der Schweiz erhalten einige Stimmen, die die gängige Vorstellung des Waldsterbens bezweifeln oder zurückweisen, genügend Raum, ihre Thesen darzustellen.[594] Soweit sie von den Zeitungen kommentiert werden, werden die Kontrahenten hauptsächlich nach politischen Kriterien beurteilt und ohne ernsthaften Blick auf ihre Argumente politischen Interessen zugeordnet – dies überlässt man den herausgeforderten Experten. Tendentiell werden auf diese Weise Aussagen zu Sachverhalten auf blosse Meinungen und Glaubensangelegenheiten reduziert. Für die Laien bleibt am Ende einzig der Streit als verlässliches Faktum erkennbar. Insgesamt zeichnet sich jedoch ab, dass eine einfache Erklärung des Waldsterbens nicht zu haben ist, und dass neben der Luftverschmutzung noch weitere Einflussfaktoren berücksichtigt werden müssen.

In der Politik ist der Alltag eingekehrt. Nur noch wenige politische Aktionen finden ausserhalb der Parlamente statt; es lassen sich keine Massen mehr mobilisieren, weder für Demonstrationen noch für Initiativen. Die Studien über Folgekosten von drastischen Waldschäden kommen, politisch betrachtet, zu spät, weil die relevantesten Entscheide schon gefällt worden sind, die Waldschäden stagnieren und die politische Energie weitgehend verpufft ist. Die Parlamente haben die Schwemme von Vorstössen weitgehend bewältigt, und die Forstwirtschaft geht als grosse Gewinnerin aus der Auseinandersetzung um die Waldschäden hervor. Die Diskussionen um das Waldsterben und um die Finanzierung von Waldpflegemassnahmen gehen praktisch nahtlos in die Debatten um das neue Waldgesetz über und haben dessen Ausgestaltung mitgeprägt. In der Luftreinhaltepolitik wird mit primär technologischen Massnahmen versucht, einen Luftzustand wie vor 1960 zu erreichen.

Diverse Indizien – wie die Konsistenz politischen Handelns, Umfrageergebnisse oder Statements von prominenten Personen – sprechen dafür, dass weite Kreise der Bevölkerung und der Politiker nicht (mehr) an eine existenzielle Gefährdung des Waldes glauben. Diese Sichtweise scheint öffentlich weitgehend tabu zu sein. Sie lässt jedoch das politische Handeln verständlicher werden.

Im Laufe des Winters publizieren jeweils die Kantone, in denen systematische Beobachtungen (Inventuren oder Beobachtungsflächen) durchgeführt werden, ihre Waldschadenberichte. Wie der Staatsrat des Kantons Freiburg, der sich auf den in in- und

---

qualitativen Selektion unterwirft und nur einigermassen plausibel begründete Behauptungen akzeptiert, ist der zweiten jede verrückte Behauptung eine Schlagzeile wert, Hauptsache, sie ist verrückt genug: Das Ausgefallene, die Differenz, die Devianz ist ihr Kriterium.

594 Auch von ihnen konnte ich nur die wichtigsten präsentieren.

ausländischen Studien vertretenen Standpunkt stellt, dass die Luftverschmutzung die Ursache des Waldsterbens und ein Zusammenhang zwischen Waldsterben und Trockenperioden zu verneinen sei, weil entsprechende Meinungen nicht schlüssig hätten bewiesen werden können, so reproduzieren auch die meisten anderen Kantone nur die Meinungen der Experten, auf die sie sich beziehen.[595] In den kurzen Berichten, die dem Publikum schliesslich in der Zeitung angeboten werden, wird meistens nicht mehr wie im eben zitierten Beispiel zwischen Ergebnissen und Meinung, und auch nicht mehr zwischen Experten und Räten unterschieden, sondern es wird im Namen des Kantons verkündet, was der Fall ist.

5.7 Dekonstruktion

Ende August 1988 löst das Interview, das Rodolphe Schlaepfer der Schweizer Illustrierten[596] gewährt hatte, Echos in etlichen anderen Medien aus. Im Tages-Anzeiger erscheint ein kurzer Bericht,[597] dem die wichtigsten Aussagen von Schlaepfer zu entnehmen sind. Er relativiere frühere Aussagen seines Institutes, die Entwicklung verlaufe nicht so dramatisch wie früher angenommen werden musste, das Waldsterben sei keine existentielle Gefährdung der Schweiz, und zur Definition von Schäden sollte eine Grenze von 25% Nadel- oder Laubverlust angesetzt werden.

Der Verband Schweizerischer Förster distanziert sich von Schlaepfers Interview.[598] Der Ton der Ausführungen lasse vermuten, der Spuk des Waldsterbens sei vorbei. SGU und SBN warnen davor, Prognosen zu stellen und vom Ende der Gefahr zu sprechen. Auch der WWF distanziert sich. Greenpeace spricht von bewusster Irreführung, von Täuschung und von einer Brüskierung des Forstdienstes, der sich bemühe, Verständnis für die Probleme des Bergwaldes und für die möglichen Folgen zu gewinnen.

Walter Schiesser tritt in der NZZ dem Artikel in der Schweizer Illustrierten, nicht aber Schlaepfers Aussagen, entgegen.[599] Ein Stilwechsel zwischen Bosshard und Schlaepfer sei unübersehbar, aber daraus dürfe nicht abgeleitet werden, das Waldsterben sei nun gestorben. Schiesser veröffentlicht die Zusammenfassung von Schlaepfers Bericht "Das Waldsterben – eine Zwischenbilanz". Tags darauf geht auch der Tages-Anzeiger auf den Bericht von Schlaepfer ein.[600] Das einmalige Phänomen eines grossräumigen Vitalitätsverlustes sei nicht ohne die Luftverschmutzung zu erklären. Sollte sich das Waldsterben weiterentwickeln, könnten die Folgen für die Gesellschaft schlimm sein. Peter Baumgartner vom Tages-Anzeiger anerkennt Schlaepfers Standpunkt.[601] Er wirft ihm jedoch vor, mit seinen zu knappen und saloppen Äusserungen Verwirrung gestiftet zu haben, was sich ungünstig auf die Aussagekraft der wissenschaftlichen Arbeit auswirke und die Umsetzung der Luftreinhaltepolitik gefährde. Dass in den umstrittenen Texten der Schweizer Illustrierten nur der Redaktor Jörg Kachelmann dem Abschied vom Waldsterben das Wort redet, ist den Berichten und Kommentaren in NZZ und Tages-Anzeiger nicht zu entnehmen.

---

595 NZZ 29.1.1987: Verstärktes Waldsterben im Kanton Freiburg.
596 Schweizer Illustrierte 29.8.1988: Waldsterben: Fehldiagnose?
597 TA 30.8.1988: Waldsterben nicht so dramatisch?
598 TA 31.8.1988: Förster und Umweltschützer üben Kritik.
599 NZZ 1.9.1988: Das Waldsterben im Medienrummel.
600 TA 2.9.1988: Ökosystem Wald schwer angeschlagen.
601 TA 2.9.1988: Verwirrung um das Waldsterben.

In einem kleinen Artikel meldet die NZZ die Schadenszahlen verschiedener europäischer Länder. Sie wurden an einer Konferenz der Union europäischer Forstberufsverbände in Nancy bekanntgegeben.[602] Kein Wort darüber, dass sie nicht direkt vergleichbar sind, sondern nur Indikatoren für die Grössenordnung eines Problems darstellen können.[603]

B. Frenzel erläutert in der NZZ seine Virushypothese.[604] Die Kausalanalyse stehe vor grossen Schwierigkeiten, weil bis anhin für das Gebiet der Bundesrepublik nicht hinreichend detaillierte Karten der Schadstoffbelastungen verfügbar sind. Es gebe bereits eine Fülle pflanzenphysiologischer Experimente, deren Ergebnisse allerdings nur schwer mit den Freilandbedingungen in Einklang gebracht werden können.

„An der Abteilung ‚Wirkung von Luftverunreinigungen' bei der Landesanstalt für Immissionsschutz in Nordrhein-Westfalen wurde folgerichtig 1987 die Frage aufgeworfen, ‚warum nach fast zehnjährigem Wissen um die neuartigen Waldschäden die Ursachen noch immer nicht gefunden, beziehungsweise zumindest nicht unstreitig gefunden worden sind'. Als zu erwägende Erklärungsmöglichkeiten wurden diskutiert:
1. Wir wissen nicht, wovon wir reden;
2. Pflanzen sind weit stärker von der Umwelt abhängig als Tier und Mensch;
3. Luftverunreinigungen haben überhaupt keinen Einfluss, und wir jagen lediglich einem Phantom nach;
4. Die bisherigen Untersuchungen sind bis zum heutigen Tag hinsichtlich Fragestellung und Methodik unzulänglich gewesen, um die erforderlichen Beweise zu erbringen.'"

Frenzel präsentiert nun eine Reihe von Befunden, die seiner Meinung nach gegen die These, Waldschäden seien durch Luftschadstoffe hervorgerufen, sprechen. Sein Hauptargument ist im Prinzip immer wieder dasselbe: Aus Laboruntersuchungen ist bekannt, welche Symptome die einzelnen Luftschadstoffe hervorrufen. Im Freiland sind diese Symptome nun häufig nicht dort anzutreffen, wo auch die höchsten Belastungen mit diesen Schadstoffen vorliegen.

Für ihn ist ein Gebiet der Synergismen ausser Acht gelassen worden, nämlich die Beziehungen zwischen Immissionen, Herbiziden, Pestiziden und Insektiziden einerseits und Insekten- und Vogelfaunen andererseits. Störungen dieser Beziehungen wirken sich überall dort aus, wo Insekten als Überträger von Krankheitskeimen wirken. Eine gefährliche Quelle für Waldschäden sei damit nahezu unerforscht geblieben. Entgegen der Lehrbuchmeinung habe sich nämlich herausgestellt, dass verschiedene Viren und virusähnliche Partikel in Nadel- und Laubbäumen ausserordentlich weit verbreitet sind. Leider seien die Übertragungsweisen noch unbekannt. Die Verbreitung der Viren scheint

---

602 NZZ 7.9.1988: Waldschäden in Europa.
603 Der erste Grund liegt in den uneinheitlichen nationalen Inventuren. Ein zweiter Grund, dessen man sich damals aber in der Wissenschaft selbst noch nicht allzu bewusst war, liegt in den Unterschieden der auf nationaler Ebene trainierten Taxatoren. Ein dritter Grund liegt darin, dass der Sinn eines Vergleichs von Kronentransparenzen portugiesischer Eichen mit finnischen Fichten nicht geklärt ist. Dieses letzte Problem wurde übrigens bis heute nicht ausreichend reflektiert: Was bedeutet es, dass in der selben Inventur verschiedene Baumarten und Bäume der selben Art von unterschiedlichsten Standorten miteinander verglichen und zu einer Zahl zusammengepackt werden? Welche physiologischen Veränderungen liegen dann der Veränderung der Zahl am Ende wirklich zugrunde? Was wäre eine dem Problem angemessene Sprachregelung; vermitteln die bis heute gebräuchlichen Durchschnittswerte von Kraut und Rüben ein sinnvolles, angemessenes Bild des Waldzustandes oder befriedigen sie nur eingeübte Erwartungen?
604 NZZ 28.9.1988: Zum Stand der Waldschadenforschung in der Bundesrepublik Deutschland

sich mit derjenigen der Waldschadengebiete ungefähr zu decken, behauptet Frenzel. Die Forschung auf dem Gebiet der Viren sollte ernster genommen werden. Unabhängig davon sei der Kampf gegen überflüssige Immissionen entschieden weiterzuführen.

Reto Locher berichtet von einem IUFRO Kongress über Luftverschmutzung und Waldzerstörung.[605] Der Titel – „Das Thema Waldsterben ist noch nicht tot" – sagt uns einiges über die Stimmung im Herbst 88; ein derartiger Satz war erst nach dem Interview mit Schlaepfer in der SI ein möglicher Titel geworden.

Am IUFRO-Kongress wird deutlich, dass es kein einheitliches Bild der Waldschäden gibt. Der Wald sterbe in jedem Land anders, heisst es, und die Ursachen müssten kleinräumig untersucht werden. An verschiedenen Orten wirken verschiedene Ursachenbündel. An einigen Orten gehe die Vergilbung von Nadelbäumen auf Magnesiummangel zurück, der wiederum durch die Versauerung der Böden bedingt sei. An anderen Orten, v.a. im Bergwald, seien die Einwirkungen von Ozon und sauren Niederschlägen für die Erkrankung der Bäume verantwortlich. Es sind komplexe Mechanismen im Spiel und die Ursachen des Waldsterbens lassen sich somit nicht mehr in einem Satz erklären.

Landwirtschaftsminister Kiechle stellt den jüngsten Waldschadenbericht der BRD vor.[606] Der Zustand des Waldes sei nach wie vor überaus ernst.

"Die Opposition von Sozialdemokraten und Grünen sowie eine Reihe von Umweltverbänden reagierten auf den Waldschadenbericht, der ohne Schönfärberei doch sichtlich um eine politische Entdramatisierung des ganzen Themas bemüht ist, mit teilweise scharfer Kritik."

Sozialdemokraten und Grüne in der Bundesrepublik bezeichnen den Bericht als „ein Dokument des Versagens bei der Luftreinhaltepolitik" und fordern Tempolimiten auf Autobahnen und tiefere Limiten auf Landstrassen.

In der NZZ erscheint ein Paket von drei Artikeln von Heidi Blattmann und Hans Heusser, die die wissenschaftliche Problematik des Waldsterbens von ihren Fundamenten her aufrollen.[607] Im Rückblick erscheinen diese Artikel als die grösste Zäsur in der Geschichte der durch die Medien verbreiteten Vorstellungen über das Waldsterben. Blattmann und Heusser legen das Schwergewicht auf den Wandel des Erkenntnisstandes und auf offene Fragen:

- Es ist kein grossflächiges Absterben von Wäldern zu beobachten.
- Es sei überhaupt fraglich, ob mehr Bäume als früher sterben.
- Die Definition eines Schadens ist unklar. Wie sieht ein normaler Baum aus? Ist die Kronenverlichtung überhaupt ein guter Indikator für die Gesundheit eines Baumes?
- Ist die Schadensgrenze von 25% NBV möglicherweise immer noch zu tief angesetzt?
- Wie gross ist der Einfluss des subjektiven Urteils der Taxatoren auf die Inventuren von Jahr zu Jahr und über Jahre hinweg?
- Wie ist es zu beurteilen, dass sich Bäume wieder erholen und dass die Sterberate nicht ansteigt?
- Jahrringanalysen zeigen entgegensetzte Entwicklungen des Holzzuwachses.
- Dennoch sprechen (je nach Autor) einige Indizien für einen Zusammenhang von Verlichtung und Jahrringbreite bei mässigen Verlichtungsgraden von 15% bis 40%.

---

605 TA 13.10.1988: Das Thema Waldsterben ist noch nicht tot.
606 NZZ 3.11.1988: Bonner Regierungsbericht über die Waldschäden.
607 NZZ 17.11.1988: Stirbt der Wald – oder stirbt er nicht?; NZZ 17.11.1988: Die Situation im Ausland; NZZ 17.11.1988: Wald und Luftverschmutzung.

- Die Variabilitäten sind bei den Jahrringen und bei der Kronenverlichtung sehr gross, was den Schluss auf Trends erschwert.
- Photographien aus der Zeit vor dem Waldsterben zeigen, dass Bäume, die heute mit 30 - 40% Nadelverlust taxiert würden, damals von Forstleuten als schöne, gutgewachsene Bäume kommentiert wurden.

Blattmann und Heusser kommen zu einem höchst bemerkenswerten Fazit:

„Heute scheint deshalb nicht mehr so gesichert zu sein, dass im Wald eine neue und grossräumige Gesundheitsverschlechterung im Gange ist. (...) Nicht auszuschliessen ist nämlich, dass man in den vergangenen Jahren gewissermassen natürliche Schwankungen des Waldes beobachtet hat (...)."

Heidi Blattmann schliesst den Artikelreigen mit einem Kommentar:[608]

„Horrorvisionen von einem fortschreitenden Zerstörungsprozess in den Wäldern, der in Zentral- und Westeuropa innert Jahren zu ihrer inneren Auflösung führen würde, schreckten in der ersten Hälfte der achtziger Jahre die Öffentlichkeit auf. Diese dramatischen Szenarien sind glücklicherweise nicht Wirklichkeit geworden. Im Gegenteil, die vielen neuen Forschungsresultate haben manche der einst so alarmierenden Beobachtungen erheblich relativiert. Bereits seit einiger Zeit ist in forstwissenschaftlichen Kreisen daher ein Trend zu differenzierteren und zurückhaltenderen Aussagen spürbar. (...) Gespräche im Rahmen des Kongresses der International Union of Forestry Research Organisations (IUFRO) vergangenen Oktober in Interlaken (...) und vertiefende Recherchen zeigen nun, dass man insbesondere viel zu wenig über die normale Variabilität der Natur weiss, um nachweisen zu können, dass sich im Wald heute eine ungewöhnliche – durch Menschen ausgelöste – Entwicklung abspielt. Allerdings kann eine solche Entwicklung auch nicht ganz ausgeschlossen werden."

Im Sinne vorsorglicher Massnahmen plädierten forstliche Kreise jedoch weiterhin für eine Reduktion der Luftverschmutzung, fährt sie fort. Eine offene, seriöse und differenzierte Diskussion des neuesten Wissenstandes im Gebiet der Waldschadenforschung sei wichtig – gerade weil dem Waldsterben in der Politik der vergangenen Jahre eine grosse Bedeutung zugekommen sei. Die Diskussionen um das Waldsterben habe zwar einerseits eine willkommene Beschleunigung der Gangart in der Umweltpolitik gebracht, andererseits aber auch zu einer unerwünschten Polarisierung geführt. Es bestehe die Gefahr, dass gerade in politisch so relevanten Forschungsbereichen die freie wissenschaftliche Diskussion nicht mehr ungehindert stattfinden könne – eine Tendenz, die nicht nur für die Wissenschaft selber, sondern auch für den demokratischen Entscheidungsprozess gefährlich wäre.

Ende November 1988 erscheint im Tages-Anzeiger ein Bericht über die Ergebnisse der diesjährigen Sanasilva-Waldschadeninventur und über die Ergebnisse des ersten Landesforstinventars.[609] Auch den Lesern und Leserinnen dieses Blattes wird nun unterbreitet, dass der Referenzpunkt eines normalen Baumes unbekannt sei und dass der Nadel- und Blattverlust bei Bäumen auf die verschiedensten Einflussfaktoren zurückgehen. Dennoch bleibt das Fazit den alten Bahnen des Denkens verhaftet:

"Der kranke Wald" habe "offenbar in aller Stille beschlossen, etwas zu gesunden und damit alle seine politischen Freundinnen und Freunde zu desavouieren".

[608] NZZ 17.11.1988: Wie steht es um das Waldsterben?
[609] TA 25.11.1988: „Der Wald, Herr Doktor: ist er jetzt halb tot oder halb lebendig?"

Eine Entwarnung wäre jedoch voreilig, heisst es im Tages-Anzeiger. Der Blick dürfte da anderer Meinung gewesen sein, setzt er doch zum gleichen Ereignis den Titel „Es grünt so grün".[610]

Auch im Wald des Kantons Zürich wird dieses Jahr keine Zunahme der Schäden beobachtet.[611] Felix Thurner vom Tages-Anzeiger kommentiert die Situation:[612]

„Der Wald zeigt überraschend viel Vitalität, es geht ihm besser. Darüber könnte man sich herzlicher freuen, wenn das Krankheitsbulletin nicht auch politische Aussagekraft hätte.[613] (...) Schnellredner und Langsamdenker der Autopartei haben das Gejammer um das Waldsterben bereits als ‚Schwindel' zu enttarnen vermeint. Natürlich erhält die Behauptung neuen Auftrieb, die nachweisbare Luftverschmutzung scheide als Ursache des Waldsterbens aus.

Beim verwirrenden Hickhack zwischen übervorsichtigen Wissenschaftlern auf der Suche nach der beweisbaren Ursache und den weniger vorsichtigen, aber dafür volksnäher operierenden Verharmlosern sollten wir uns an die Forstleute halten. Sie fühlen in geduldiger Beobachtung dem Wald täglich den Puls, sie sind den respektvollen Umgang mit den Baumriesen gewohnt, deren Leben soviel länger als ein Menschenalter dauert. Solange die Waldpfleger nach wie vor besorgt dreinschauen, besteht kein Grund, sich zufrieden zurückzulehnen. Um so weniger als auch der kleinste Nenner der wissenschaftlichen Ursachenforscher nach wie vor und bei aller Vorsicht lautet: Wie die vom Menschen erzeugte Luftverunreinigung dem Wald schadet, lässt sich zurzeit nicht lückenlos beweisen. Die Luftverschmutzung gehört aber zum Waldsterben nur schon deswegen, weil ohne sie jede Erklärung für die neuen Gesundheitsprobleme des Waldes fehlt."

Es ist noch nicht sehr lange her, dass sich die Förster von den Wissenschaftern über den Zustand ihrer Wälder belehren liessen. Geht es nach Thurner, müssten sich nun die Wissenschafter von den Förstern die Augen öffnen lassen. Offensichtlich wird nicht über die recht unterschiedlichen Kompetenzen und Beobachtungsmittel der beiden Berufsgattungen, geschweige denn über ihre Interessen, die sie vielleicht auch auf dem politischen Parkett zu befriedigen suchen, nachgedacht. Darüber hinaus besticht Thurners Logik: Mangels einer besseren Erklärung muss die eine verbindlich durchgesetzt werden – notfalls gegen die übervorsichtigen (also uneinsichtigen) Wissenschafter.

Ende 1988 ist erstmals in der NZZ[614] zu lesen, dass 1986 in der Bundesrepublik Deutschland eine Unterteilung der neuartigen Waldschäden in unterschiedliche artspezifische und regional begrenzte Schadentypen eingeführt worden war. Fünf Schadenstypen werden erläutert. Die Ursachen dieser verschiedenen Schadenstypen seien nach Ansicht von englischen Autoren, die einen Artikel in „Nature" publiziert haben, bekannt. Sie sprechen von verschiedenen Nährstoffdefiziten und einem Zusammenhang mit der Holznutzung. Ob dabei noch das Ozon als Ursache beteiligt sei, sei ungewiss. Möglich sei auch, dass ein vermehrter Stickstoffeintrag von Bedeutung sei. Vom Begriff des „Waldsterbens" solle man sich verabschieden.

Einerseits wird das Waldsterben im alten Sinn offensichtlich begraben, aber nicht vollständig, sondern in eine Typologie von Schäden transformiert. Dass diese Transformation nicht alle Beobachtungen erfasst, die dereinst als neuartige Waldschäden ange-

---

[610] Blick 25.11.1988: Es grünt so grün.
[611] TA 10.12.1988: Dem Wald geht es etwas besser.
[612] TA 10.12.1988: Genesender Wald, vergessener Wald.
[613] Gehen die Bäume an die Urne oder lässt sich aus den Inventurergebnissen ein politisches Programm ablesen?
[614] NZZ 14.12.1988: Differenzierte Beurteilung des „Waldsterbens".

sprochen wurden, scheint nicht zu stören. Es setzt keine Reflexion über die Gründe der Erkenntnisschwierigkeiten und der anscheinend übersensiblen Wahrnehmung ein. In der Auflistung bekannter Einflussfaktoren, die sich aber den beobachteten Symptomen nicht eindeutig zuordnen lassen, kündigt sich schon die spätere Semantik der Risikofaktoren an.

Im April 1989 werden Ergebnisse von immissionsökologischen Untersuchungen aus einem Untersuchungsprogramm über die Ursachen des Waldsterbens an Dauerbeobachtungsflächen des Kantons Zürich bekanntgegeben:[615] Saure Niederschläge, Stickstoffeinträge und Ozon sind sehr wahrscheinlich massgeblich an den Waldschäden beteiligt, andere Faktoren können kaum als primäre Ursache in Frage kommen.

Ein Bericht der Uno weist für Europa anhaltende Waldschäden aus.[616] Diese treten vermehrt in höheren Lagen und älteren Wäldern auf. In Deutschland, Polen und der CSSR werden in den nächsten fünf bis zehn Jahren Tausende von Hektaren Bergwald sterben. Aus dem Bericht gehe auch hervor, schreibt dpa,

> „dass nur neun Länder – Österreich, Belgien, die Tschechoslowakei, die Bundesrepublik Deutschland, Italien, Liechtenstein, Polen, die Schweiz und Jugoslawien – die Luftverschmutzung als entscheidenden Faktor für die Waldprobleme ansehen."

Im Sanasilva-Waldschadenbericht von 1989 werden zwei „Fieberkurven" geführt; die eine bezeichnet einen Nadel- oder Blattverlust von mehr als 10 Prozent bereits als Schädigung, die andere setzt diese Grenze, wie in den Staaten der EG, bei 25 Prozent an.[617] So würden durch die Statistik aus kranken plötzlich gesunde Bäume, statt 43% geschädigter Bäume würden in der Schweiz nur noch 12% ausgewiesen, moniert Urs Buess im Tages-Anzeiger. Dass ebensogut zuvor aus gesunden Bäumen kranke geworden sein könnten, oder aber sogar eine Grenze von zehn Prozent noch zu wenig geschädigte Bäume ausweisen könnte, bedenkt er nicht.

Im Winter 1990 fegen die Stürme „Vivian" und „Wiebke" über die Schweiz hinweg und verursachen mehr als zwei Millionen Kubikmeter Fallholz, rund die Hälfte einer Jahresnutzung. Wie schon anlässlich der Überschwemmungen 1987, wird auch nach den Stürmen über eine Mitschuld des Waldsterbens an den Schäden spekuliert: Sind so viele Bäume gefallen, weil ihre Wurzeln geschwächt waren?

Heusser fasst einen Bericht aus dem neuesten Bulletin des BUWAL über die Waldschäden in Europa zusammen.[618] Er erläutert, dass zwar die Sanasilva-Kronenbilder den meisten nationalen Waldschadeninventuren zugrundeliegen, dass aber aufgrund unterschiedlicher Standortbedingungen Vergleiche zwischen den Ländern mit Vorsicht zu handhaben sind. Er erklärt auch kurz die Verlichtungsklassen und dass die (nicht-) Berücksichtigung der sogenannten Warnstufe (11 bis 25% Nadel- oder Blattverlust) in der Regel auf das Bild des Schadenverlaufs keinen wesentlichen Einfluss hat.

"Unser Wald lebt!" titelt der Blick im Juni 1990 und bezieht sich dabei auf einen Artikel von Rodolphe Schlaepfer und Frank Haemmerli zum Stand der Kenntnisse über das

---

[615] TA 12.4.1989: Wo ist die Luft noch sauber? Jedenfalls nicht im Kanton Zürich.

[616] NZZ 11.7.1989: Anhaltende Waldschäden in Europa.

[617] TA 12.12.1989: Wie ein kranker Baum (statistisch) ganz schnell gesunden kann.

[618] NZZ 14.6.1990: Kaum Veränderung der Waldschäden in Europa.

Waldsterben.[619] Der Blick präsentiert auch einige der zentralen Argumente, nämlich, dass Nadel- und Blattverluste bis 25 Prozent nicht unnatürlich seien, dass die viel zitierte grossflächige Wachstumsverlangsamung der Bäume nicht nachzuweisen sei, und dass das Ozon zwar im Labor als schädlich erkannt wurde, aber sich daraus nicht ableiten lasse, es sei die Ursache für die Waldschäden. In seinem Kommentar bezeichnet Franz Glinz die Ölkrise und das Waldsterben als die zwei historischen Irreführungen der Volksmassen der beiden letzten Jahrzehnte.[620]

"Die Waldsterben-Polemik der 80er Jahre kann tiefgreifende Folgen haben. Jene Schweizer Forst-Fachleute, Umweltschützer und Politiker, die den Tod des Waldes lautstark heraufbeschworen hatten, dürften beim Volk stark an Glaubwürdigkeit verloren haben. Der Wald lebt!"

Auch die NZZ (bzw. ap) referiert denselben Artikel aus „Argumente aus der Forschung".[621]

„Für plausible Hypothesen über die Ursachen der Waldschäden sei es zu früh, auch über Aussagen zur Rolle der Luftverschmutzung."

Einige Tage später darf in den Tageszeitungen der politische Nachhall der Aktion des Blicks zur Kenntnis genommen werden:[622]

„Die Schweizer Autopartei, ‚als einzige, die standhaft die Waldsterbetheorie angefochten und sich gegen die Irreführung des Volkes gewehrt hat‘, fühlt sich bestätigt. Die Feststellung der Forschungsanstalt für Wald, Schnee und Landschaft, wonach der Waldschadenverlauf weniger dramatisch verlaufen sei als befürchtet, ist für die Auto-Partei ein ‚Beweis, dass das Schweizervolk seit Jahren hinters Licht geführt wird‘. In einem Communiqué fordert die Auto-Partei deshalb die ‚Revision aller Verordnungen und Gesetze welche aufgrund der Waldsterbehysterie erlassen worden sind‘."

Kurz darauf wird an einer ausserordentlichen Versammlung der Autopartei der Schweiz einstimmig eine Resolution beschlossen, die vom Bundesrat die Revision aller auf Grund des sogennanten Waldsterbens erlassenen Verordnungen und Gesetze verlangt.[623] In bezug auf die Ausführungen von Schlaepfer und Haemmerli sieht sich die Partei

„in ihrer Aussage bestätigt, dass mit dem sogennanten Waldsterben eine Volkshysterie angeheizt worden sei, um politische Ziele durchzusetzen. Diese Irreführung der Öffentlichkeit sei von Bundesstellen ‚generalstabsmässig geplant und politisch vom Bundesrat gedeckt‘ worden."

Ausser den beiden Forschungsprogrammen Sanasilva und NFP 14+ dürfte in Sachen Waldsterben kaum etwas „generalstabsmässig" geplant worden sein. Der verschwörungstheoretische Lärm von Blick und Autopartei bringt denn auch keine umweltpolitischen Kursänderungen hervor.

---

[619] Blick 28.6.1990: Unser Wald lebt! Vgl. den Artikel Schlaepfer und Haemmerli 1990b, der eine Zusammenfassung von Schlaepfer und Haemmerli 1990a ist.

[620] Blick 28.6.1990: Können wir Experten und Politikern noch glauben?

[621] NZZ 28.6.1990: Waldsterben nicht so dramatisch wie vermutet?; vgl. auch TA 29.6.1990: Waldsterben „nicht so dramatisch wie vermutet". „Argumente aus der Forschung" ist eine populärwissenschaftliche Zeitschrift der WSL, die zwei- bis dreimal jährlich konstenlos den Medien und interessierten Kreisen zugestellt wird.

[622] TA 30.6.1990: Auto-Partei verlangt Umkehr; vgl. auch NZZ 30.6.1990: „Waldhysterie"-Gesetze.

[623] NZZ 2.7.1990: Das „sogenannte" Waldsterben.

Einige Wochen später erscheint im Tages-Anzeiger ein Artikel über die Schwierigkeiten von Waldschadenforschung und Forstverwaltung, sich mit der Position von
Schlaepfer anzufreunden.[624]

„Wenn sich Rodolphe Schlaepfer öffentlich äussert, fällt immer etwas ab für Leute, die für Umweltschutz und Luftreinhaltung wenig bis nichts übrig haben."

Durch seine, nach eigenen Worten ein wenig pedantische Art, laufe er Gefahr, an seine
Mitarbeiter Ansprüche zu stellen, die sie nicht erfüllen könnten. Im Artikel werden
unterschiedliche Auffassungen zwischen ihm und Waldschadenforschern, Förstern und
der Forstverwaltung herausgearbeitet. Es wird auf Widersprüche in den Auffassungen
von Schlaepfer (Argumente aus der Forschung) und von Schmid-Hass (SZF 1990) hingewiesen. Eine Reihe von anonym bleibenden Personen werden mit Vorwürfen an
Schlaepfer zitiert.

„Besonders unglücklich über Birmensdorf sind die Förster. ‚Man hat uns den Boden weggezogen', erklärt einer, der sich, wie viele andere, nicht öffentlich gegen
die Forschungsanstalt stellen will. Beobachtungen aus der Praxis, sagt er, würden
zuwenig zur Kenntnis genommen. ‚Wir stellen fest, dass Eichen und Buchen in
letzter Zeit jährlich blühen statt in einem Mehrjahresrhythmus.' Schlaepfer hat
von diesen Beobachtungen zwar Kenntnis, doch er sieht sich als Wissenschafter
ausserstande zu beurteilen, ob die jährliche Blüte ein neues Phänomen sei. Und
die Aussagen der Förster? ‚Ich kann mir doch nicht erlauben, als Wissenschafter
auf die Aussagen der Förster abzustellen', sagt Schlaepfer."

Eine arrogante Antwort? Ich meine nein, im Gegenteil, aber es kommt darauf an, wie
diese Antwort gelesen wird. Nur weil andere Personen, selbst wenn sie Förster sind,
etwas über das Waldsterben sagen, muss es ja nicht unbedingt zutreffen. Jede Behauptung muss gut begründet werden können, um wissenschaftliche Anerkennung zu erreichen. Und gute Gründe ergeben sich aus möglichst harten Tests, wie z.B. aus einer
Serie unterschiedlicher Untersuchungen. Insofern hat Schlaepfer recht. Es wäre jedoch
töricht, die Erfahrungen der Förster aus ihrer täglichen Arbeit einfach ignorieren oder
geringschätzen zu wollen. Sie können für die Wissenschaft sehr wertvoll sein, aber nur
unter der Bedingung, dass ihre Aussagekraft auch kritisch beurteilt wird. Zwischen den
Zeilen des Artikels ist also nicht nur eine massive Kritik an Schlaepfer zu lesen, sondern auch ein Verständnis von Wissenschaft, das die Idee begründeter Aussagen nicht
kennt, das über keinen prozeduralen Begriff von Wahrheit verfügt und das deshalb
Schwierigkeiten hat, zwischen (politischem) Wunsch und (wissenschaftlich feststellba-
ren) Gegebenheiten zu unterscheiden. Für Wissenschafter in der Lage von Schlaepfer ist
es fatal, dass derartiges Denken journalistisch durchaus erfolgreich sein kann.

Ein Kreisförster erscheint innert einer Woche mit zwei inhaltlich verwandten und z.T.
wörtlich identischen Leserbriefen. Ich zitiere aus der zweiten Zuschrift eine Passage,
die, so weit ich das anhand persönlicher Gespräche beurteilen kann, vielen um den
Wald besorgten Personen aus dem Herzen spricht:[625]

„Auch wenn das Ideal der ‚reinen Wissenschaft' zu Recht besteht, sind wir der
Meinung, dass die Stellungnahme aus Birmensdorf verfehlt ist und diese Bundes-
anstalt eine entscheidende Aufgabe nicht wahrnehmen will, nämlich unserer Regierung für wegweisendes Verhalten der Gesellschaft zur Seite zu stehen und

---

[624] TA 25.7.1990: Wenn der Forscher dem Förster misstraut; vgl. auch TA 25.7.1990: Kritk an Bir-
mensdorfer Waldforschern.

[625] NZZ 9.10.1990: „Waldsterben ade" – eine Antwort aus der Praxis; vgl. NZZ 2.10.1990: „Waldsterben ade".

Zeichen der Natur über das Beweisbare hinaus zu erklären versuchen. Wo Beweise fehlen, dringende Antwort aber nottut, ist die Verantwortung des Wissenschafters um so mehr gefordert. Auf ein klares Wort verzichten ist Mangel an Mut."

Welches wäre denn das klare Wort, das mutig auszusprechen wäre? Unser Kreisförster kennt die Antwort schon, die er von der Wissenschaft hören will. In seinen Forderungen vermengen sich Verfahren und Resultat; wozu noch Wissenschaft, wenn ihre Zweifel, ihr Nicht-Festlegen nicht mehr erträglich erscheinen?

Die Ergebnisse des NFP 14+ werden an einer Tagung vorgestellt und anschliessend auf einem Podium diskutiert.[626] Dass in den Wäldern ein Vitalitätsverlust zu beobachten sei, werde nicht in Frage gestellt, heisst es in der NZZ, doch sei es auch im Rahmen des Nationalen Forschungsprogrammes 14+ nicht gelungen, einen deutlichen Einfluss der Luftschadstoffe auf den Wald nachzuweisen. Die Vertreter von Wissenschaft und Bundesbehörden sprechen sich anlässlich des Podiumsgespräches für eine Weiterführung der Luftreinhaltepolitik und der Waldschadenforschung aus.

Bundesrat Flavio Cotti, Forstdirektor Heinz Wandeler und WSL-Direktor Rodolphe Schlaepfer stellen der Bundeshauspresse die neuesten Ergebnisse der Sanasilva-Waldschadeninventur vor.[627] Der Zustand des Waldes hat sich weiter verschlechtert; den schlechtesten Zustand weisen die Wälder des Alpenraumes auf.

„Schlaepfer plädierte ebenso wie Cotti für eine griffige Umweltpolitik. Viele vorsorgliche Massnahmen im Umweltschutz müssten aufgrund von Risikoanalysen und auf der Basis der Vernunft getroffen werden, auch wenn wissenschaftliche Beweise fehlten. Schlaepfer betonte, dass es nicht einfach ein Waldsterben gebe, sondern verschiedene Arten von Krankheiten, die je nach Standort und Region auch verschiedene Ursachen haben könnten. Diese Erkenntnisse gründeten auf Untersuchungen, die allerdings erst in den vergangenen Jahren erstellt worden seien."

Urs Buess vom Tages-Anzeiger reagiert mit einem scharfen Kommentar auf die Präsentation der Sanasilva-Daten:[628]

„Der Gesundheitszustand des Waldes verschlechtert sich zusehends. Neuer Alarm also? Mitnichten. Andere Themen beschäftigen zur Zeit die Öffentlichkeit – das ist das eine. Das andere: Den Waldschadenforschern von Birmensdorf gelingt es vor allem, die Öffentlichkeit zu verwirren. Ein Beispiel: Die Forscher stellen fest, dass eine generelle Wirkung der Luftverschmutzung auf die Baumkronen nicht zu erkennen sei. Sie stellten aber auch fest, dass nicht gesagt werden könne, die Luftverschmutzung habe keine Auswirkungen auf das Ökosystem Wald. Die Konsequenz: je nach umweltpolitischer Gesinnung kann jede und jeder solche Erklärungen zum Vorwand nehmen, schärfere oder largere Gangarten im Umweltschutz zu verlangen."

Was sonst sollten die Waldschadenforscher bekannt geben? Ist ihre Position tatsächlich so verwirrend? Ist sie falsch? Buess bringt für seine Rügen keine Gründe vor und die Gründe, die Schlaepfer (und seine Mitarbeiter) vielleicht für ihre Position vorbringen würden, entgehen ihm.

---

626 NZZ 8.10.1990: Bilanz der Schweizer Waldschadenforschung; vgl. TA 23.10.1990: Auswirkungen der Luftschadstoffe auf den Wald weiterhin unklar.
627 TA 27.11.1990: Der Schweizer Wald ist kränker denn je.
628 TA 27.11.1990: Wald - nur EIN Teil der Umwelt.

In der NZZ werden die Ergebnisse der Sanasilva-Waldschadeninventur in einer gewandelten Semantik präsentiert.[629] Es wird vom Waldzustand und von der Verlichtung der Baumkronen gesprochen und das Wort „geschädigt" wird ohne Erläuterung in Anführungszeichen gesetzt, wahrscheinlich, um die Unsicherheit bzw. die Willkürlichkeit der Schadensdefinition zum Ausdruck zu bringen. Ob dies auch so verstanden wird? Die Autorin des Artikels greift die persönliche Interpretation der Inventurergebnisse von Schlaepfer auf. Einmal mehr erfahren wir Leserinnen und Leser, dass bis jetzt kein Zusammenhang zwischen der Luftverschmutzung und der beobachteten Kronenverlichtung gefunden werden konnte. In- und ausländische Untersuchungen zeigten jedoch, dass die Luftverschmutzung ein potentielles, schlecht definierbares Risiko für die Wälder darstelle. Die mittelfristige Tendenz zur Verschlechterung des Waldzustandes mahne jedoch zur Vorsicht. Schlaepfer berichtet von Untersuchungen, die eine Korrelation des Kronenzustandes mit den Niederschlägen im Sommer und Frühherbst des Vorjahres ausweisen. Auch die Stürme des Winters 1990 könnten zur Verschlechterung des Kronenzustandes beigetragen haben, was sich jedoch kaum quantifizieren lasse.

„Weiter macht Schlaepfer darauf aufmerksam, dass eine Waldschadeninventur allein auf Grund der Kronenverlichtungsanalysen, wie sie den Sanasilva-Berichten zugrunde liegen, nur einen Aspekt der Waldgesundheitszustandes repräsentiere und nur in beschränktem Masse aussagekräftig sei. Angesichts der Risiken erachte er es jedoch als dringlich, alles zu unternehmen, um mögliche Auswirkungen von Umweltfaktoren besser voraussagen zu können. Dazu gehöre unter anderem auch der Ersatz der derzeitigen Waldschadeninventur durch ein umfassendes Beobachtungssystem, welches nicht nur auf Blatt-/Nadelverlust basiere, sondern eine Reihe anderer Merkmale von Bäumen, Boden, Witterung und Umweltdaten interpretiere. Ein solcherart erweitertes Forschungsprogramm wird auch im Sanasilva-Bericht gefordert. (...) Schliesslich betont Schlaepfer, dass er trotz den ‚Unsicherheiten im Kenntnisstand um die Waldschäden' ‚entschieden für eine griffige Umweltpolitik plädiere'. Viele vorsorgliche Massnahmen müssten auf der Basis von Risikoanalysen und der Vernunft getroffen werden, auch dann, wenn wissenschaftliche Beweise fehlten."

Der Kommentar von Buess bleibt nicht unwidersprochen.[630] Jürg Hertz, Leiter des Forschungsbereiches Ökologie, erhält auf der Leserseite des Tages-Anzeigers Platz für eine längere Stellungnahme.[631] Hertz weist darauf hin, dass es weltweit bis anhin nicht gelungen sei, den Zusammenhang zwischen Luftverschmutzung und Waldzustand nachzuweisen, ausser bei offensichtlichen, lokalen Emittenten. Viele Untersuchungen, insbesondere Experimente im Labor, zeigten jedoch,

„dass Schadstoffkonzentrationen, wie sie in der Umwelt vorkommen, zu Schädigungen an Bäumen führen können. Obwohl die Resultate dieser Studien nicht ohne weiteres auf den Wald übertragbar sind, dienen sie als Indizien für eine mögliche Beeinträchtigung der Waldökosysteme durch Luftschadstoffe.
Es stellt sich hier meines Erachtens die Frage, ob die Art, wie das Thema Waldsterben wissenschaftlich und politisch angegangen wird, tatsächlich dem kom-

---

[629] NZZ 27.11.1990: Erheblich verschlechterter Zustand des Waldes; vgl. auch Blick 27.11.1990: Alarmierender Sanasilva-Bericht: Dem Wald geht es wieder schlechter!

[630] TA 7.12.1990: Öffentlichkeit hat Anspruch auf sachgerechte Information.

[631] Die Redaktion plaziert sogar noch eine grosse Fotografie von stark verlichteten Koniferen, die einen Jungwald überragen, neben den Text. Allerdings wird nicht erklärt, was auf dem Bild zu sehen sein soll: Unterdrückte und verkümmerte Bäume aus einer ehemals dicht stehenden Monokultur oder etwa das Waldsterben?

plexen Sachverhalt gerecht wird. Ist es wirklich nötig, dass wir Wissenschaftler Schäden an unseren Wäldern sowie deren Ursachen beweisen müssen, um umweltpolitische Massnahmen in die Wege zu leiten? Ich meine, es wäre viel sinnvoller, mit dem Begriff des Risikos zu operieren. Das Wissen darum, dass die Umweltbelastung möglicherweise den Wald langfristig gefährden kann, sollte Grund genug sein, entsprechende Massnahmen vorzukehren."

Des weiteren weist er den Vorwurf, mit der Schadensgrenze die Situation in den Wäldern herunterzuspielen zurück: Es seien internationale Bestrebungen im Gange, die Schadenserhebungen zu Harmonisieren und die Schadensgrenze von 25 Prozent generell anzuwenden.

„Meiner Meinung nach hat die Öffentlichkeit einen Anspruch darauf, sachgerecht und klar informiert zu werden, und zwar auch über Unsicherheiten und Kenntnislücken."

Der Bundesrat beschliesst im Mai 1991, die Sanasilva-Untersuchungen zu einem umfassenden Erhebungsprogramm[632] auszubauen.[633] Die Zielsetzungen der vier miteinander verknüpften Erhebungsbereiche: Dauerbeobachtung an ausgewählten Standorten, Waldschadeninventur, Landesforstinventar und phytosanitärer Beobachtungs- und Meldedienst werden kurz vorgestellt. Mit Inkrafttreten des neuen Waldgesetzes wird auch das Verhältnis zwischen Bern und Birmensdorf, zwischen Politik und Wissenschaft neu geregelt: Die Eidgenössische Forstdirektion (F+D, Teil des BUWAL) trägt die politische Verantwortung; die Eidgenössische Forschungsanstalt für Wald, Schnee und Landschaft (WSL) ist mit der Durchführung der Erhebungen betraut.

In einem Artikel des Tages-Anzeigers ist folgendes zu lesen:[634]

"Die vierte Waldschadenerhebung für Europa verdeutlicht, wie dringend nötig Massnahmen zur Verminderung der Schadstoffbelastung sind, denn die Sterberate in Europas Wäldern ist unverändert hoch."

Im Text selbst wird keine Sterberate erwähnt und es werden keine Zahlen dazu genannt. Es ist jedoch von mehreren Tausend Hektaren Waldgebieten in der BRD die Rede, die von flächenhafter Auflösung betroffen seien.

Die Sanasilva-Inventur von 1991 zeigt nichts wesentlich Neues.[635] Gegenüber dem Bericht von 1990 wird jedoch eingeräumt, dass sich der Zusammenhang zwischen der Sommerwitterung und Kronenverlichtung nicht mehr so deutlich darstellt.

„Denkbar wäre auch, dass trotz der sorgfältigen Schulung der Taxatoren diese über die Jahre hinweg die Bäume unmerklich kritischer bewerten. Aber auch die These, dass es in der Natur seit je langfristige Schwankungen in der Kronendichte gegeben haben könnte und wir uns auf ein Wellental zu bewegen, steht im Raum. So könnte es sein, dass eine Zunahme der Verlichtung gar nicht bedeutet, dass der Wald weniger gesund ist (...)"

Bis jetzt stehe, so Schlaepfer, eine plausible Erklärung für die Entwicklung der Kronenverlichtung aus.

632 Das sogenannte Walderhebungsprogramm (WEP) von 1992 bis 1995.
633 NZZ 23.5.1991: Mehr Geld für umfassendere Waldbeobachtungen.
634 TA 28.5.1991: Still kränkeln, serbeln und sterben die Wälder Europas.
635 NZZ 22.11.1991: Weitere Zunahme der Kronenverlichtung im Schweizer Wald; vgl. auch TA 22.11.1991: Bäume serbeln auch bei Regenwetter; TA 22.11.1991: Der Wald ist kränker denn je.

Heidi Blattmann ergänzt ihren Bericht über die neuesten Ergebnisse der Sanasilva-Waldschadeninventur mit einem langen Kommentar.[636] Sie spricht sich dezidiert gegen verkürzende Deutungen der Datenlage, sei es im Sinne von Katastrophenszenarien oder im Sinne eines Freispruchs für die Autofahrer aus.

> „Wohl der eigentliche Pferdefuss solcher Entwicklungen ist die Tendenz, die offene Diskussion durch ideologische Vorgaben einzuschränken – der ‚guten Sache zuliebe‘ werden ‚unpassende‘ Erkenntnisse unterdrückt, Verfechter unliebsamer Thesen als ‚Verräter‘ gebrandmarkt und gemieden. Dadurch wird die Erarbeitung sachgerechter und differenzierter, den Realitäten angepasster Lösungen enorm erschwert."

Im Januar 1992 findet die bis anhin letzte grosse öffentliche Tagung zum Waldsterben in der Schweiz statt. Es ist das „Forum für Wissen", eine jährliche Veranstaltung der WSL, die zu diesem Thema ausnahmsweise als zweitätige Konferenz durchgeführt wird. Der Tages-Anzeiger berichtet:[637]

> „Nach zehn Jahren intensiver Waldschadenforschung bestehen in der Schweiz nach wie vor wichtige Kenntnislücken."

Wir erfahren dass der Normalzustand des Waldes nicht bekannt ist; dass die Kronenverlichtung im Wald tendenziell zunimmt, aber bis heute keine Zuwachseinbussen oder eine erhöhte Mortalität festzustellen sei; dass ein Einfluss der Witterung auf die Kronenverlichtung sehr wahrscheinlich sei, aber ein Einfluss der Luftverschmutzung bis jetzt nicht zu erkennen sei (woraus nicht abzuleiten ist, dass kein solcher existiert). Die Luftverschmutzung, insbesondere Stickstoff- und Säureeinträge sind als Risikofaktoren für den Wald erkannt worden und jede Massnahme, welche zur Verminderung der Schadstoffbelastung in der Umwelt führe, werde begrüsst.

In der NZZ trägt der Bericht über das Forum für Wissen den provokativen Titel „Ist unser Wald überhaupt krank?":[638]

> „Die Konturen des Phänomens ‚Waldsterben‘ verschwimmen immer mehr. ‚Als eine der wichtigsten Kenntnislücken in der Waldschadenforschung‘ – formuliert die WSL in ihrer Pressemitteilung kurz und bündig – ‚stellte sich am Forum in Birmensdorf heraus, dass die Wissenschaft kaum beurteilen kann, inwieweit der heutige Waldzustand ausserhalb des Normalen liegt.‘"

Etwa zwei Monate später wird als Endresultat des NFP 14 knapp vermerkt, dass es den knapp 100 beteiligten Forscher gelungen sei, nachzuweisen, dass die Luftverschmutzung die Lebensfunktionen von einfachen Organismen und von Nutzpflanzen beeinträchtigen könne.[639]

> „Hingegen lasse sich der Einfluss der Schadstoffbelastung auf höher entwickelte Pflanzen und Lebewesen nicht auf einen einfachen Ursache-Wirkungs-Zusammenhang reduzieren."

---

[636] NZZ 23.11.1991: Das „Waldsterben" als politischer Prüfstein.

[637] TA 29.1.1992: Umweltbelastung für den Wald weiterhin ein Risiko.

[638] NZZ 30.1.1992: Ist unser Wald überhaupt krank?; Ein ähnlicher Titel auch im Tages Anzeiger: TA 7.2.1992: Ist der Schweizer Wald gesund oder krank? Vgl. zu den aufgeworfenen Fragen insbesondere die später erschienenen Artikel von Peter Brassel (zu Mortalität) und Werner Landolt (zur Ursachenfrage): NZZ 11.8.1992: Die Aussagekraft der Waldschadeninventuren; NZZ 11.8.1992: Ursache der Kronenverlichtungen im Wald.

[639] TA 16.3.1992: Luftverschmutzung kann einfache Organismen schädigen.

Einmal mehr ist zu lesen, dass die ursächliche Beteiligung der Luftverschmutzung am Waldsterben nicht erwiesen sei und dass es schwierig sei, im komplexen und anpassungsfähigen System Wald, einen Normalzustand zu definieren.

Finnische Forscher weisen nach, dass die Geschwindigkeit des Holzzuwachses in den untersuchten Ländern Österreich, Finnland, Deutschland, Schweden und der Schweiz um rund 30 Prozent zugenommen habe.[640] Es sei denkbar, dies mit einem Düngeeffekt des Stickstoffeintrages aus der Luft zu erklären. Dass die Zielsetzung der Luftreinhalteverordnung, nämlich eine Luftqualität von 1960 oder früher zu erreichen, durch Untersuchungen begründet wurde, die seit damals einen verminderten Holzzuwachs festgestellt haben wollten, bleibt unerwähnt –, vermutlich, weil sich die Wissenschaftsredaktion der Zeitung kein entsprechendes „Gedächtnis" organisiert hat. Auch wird die politische Relevanz der Befunde nicht ausgeleuchtet.

Die 28 Staaten, die zu einem Bericht der UNO-Wirtschaftskommission über den Zustand der Wälder in Europa beigetragen hatten, bezeichnen die Luftverschmutzung nur als einen Faktor unter anderen, der das Ökosystem schwäche.[641] Diese Aussage könnte kaum banaler ausfallen, doch ist die damit transportierte politische Botschaft entscheidend.

Die Sanasilva-Inventur 1992 weist wieder einmal einen leicht besseren Waldzustand aus.[642] Kommentar von Baumgartner im Tages-Anzeiger:[643] Was soll der Streit um die Ursachen? Die werden sich im komplizierten Gefüge Wald kaum glasklar nachweisen lassen. Es sei gescheiter, sich später einmal übertriebene Vorsicht als mangelnde Voraussicht vorwerfen zu lassen.

Fazit Dekonstruktionsphase

Gegen Ende der Achtzigerjahre treten in den Medien die Meldungen aus der Politik gegenüber denen über den Waldzustand in den Hintergrund. Die Schadensmeldungen aus den Kantonen und aus anderen Ländern erscheinen zumindest bis Ende meiner Beobachtungsperiode in etwa gleichem Umfang wie in den Jahren zuvor. In der Politik hat die Kontinuität fussgefasst. Sowohl die problembezogenen Subventionen der Forstwirtschaft, als auch die Waldbeobachtung werden vorerst grosszügig weitergeführt. Doch das ausgelaufene Nationale Forschungsprogramm 14+ „Waldschäden und Luftverschmutzung" findet keinen Nachfolger. Es bleibt den Hochschulen und Forschungsanstalten überlassen, sich aus eigener Initiative mit der Immissionsforschung zu befassen.

In den Medien läutet das Interview mit Schlaepfer in der Schweizer Illustrierten eine Wende in der Darstellung des Waldsterbens ein. Doch die beiden Artikel von Heidi Blattmann und Hans Heusser in der NZZ stellen die eigentliche markante Zäsur dar. Es sind die ersten Berichte, in denen die Selbstverständlichkeit mit der bis anhin quer durch das politische Farbspektrum von Waldschäden ausgegangen wurde, in Frage ge-

---

[640] TA 29.4.1992: Wachstumsschub in den vergangenen Jahren. Es wird auf Science, Vol 256, S. 73 verwiesen.

[641] NZZ 25.11.1992: Verschlechterter Zustand der europäischen Wälder.

[642] TA 12.12.1992: Der Wald ist krank aber nicht mehr so stark.

[643] TA 12.12.1992: Wer spricht den heute noch vom Wald?

stellt wird! Der Einschnitt geht so tief, dass er sogar vielen Kritikern[644] den Boden unter den Füssen wegzieht, weil auch sie von der Existenz verbreiteter Waldschäden ausgegangen sind.

Gesprächspartner von der WSL wiesen daraufhin, dass Blattmann und Heusser intensiv recherchiert und hartnäckig nachgefragt haben. Mit den von ihnen erarbeiteten Artikeln wird ein Kenntnisstand vermittelt, der demjenigen wissenschaftsintern verfasster Syntheseberichte durchaus ebenbürtig ist. Sie haben nicht nur dem Publikum differenzierte und geprüfte Informationen vermittelt, sondern auch für die Medien den Wandel der Vorstellungen vom Waldsterben, der sich wissenschaftsintern seit 1985 abzeichnete, nachvollzogen und damit den Anschluss an die wissenschaftliche Debatte wieder hergestellt. Darüberhinaus fragen sie nicht nur nach der Bedeutung von Ergebnissen der Umweltforschung für die Umweltpolitik, sondern stellen sich auch Fragen, die das Verhältnis von Umweltforschung und Umweltpolitik betreffen.

Für die zwischenzeitlichen Differenzen zwischen Wissenschaft und Medien sind nicht die Medien allein verantwortlich zu machen, weil sich die Veränderungen auch wissenschaftsintern sehr heterogen und personengebunden vollzogen haben. Es scheint mir nicht besonders sinnvoll zu sein, dieses Problem in den üblichen Kategorien von „Bringschuld der Wissenschaft" oder „Holschuld der Medien" abzuhandeln. Beide sind es nach dem von mir dargelegten normativen Begriff von Öffentlichkeit dem Publikum schuldig, die Wandlungen der verfügbaren Argumentationen zu verfolgen, verständlich zu machen und hinsichtlich ihrer Konsequenzen zu durchleuchten. Wie auch immer die Arbeitsteilung zwischen Wissenschaft und Medien bei Umweltproblemen geregelt sein mag, beide Bereiche sind auch für die informativen und argumentativen Lücken, die der andere hinterlässt, mitverantwortlich.

Um den Kenntnisstand zu würdigen, sind auch die wissenschaftlichen Produktionszeiten in Rechnung zu stellen. Die Waldschadenforschung wurde ja trotz aller Katastrophenrhetorik immer noch im institutionell üblichen Rahmen abgehandelt. Das heisst, die Forschungsprojekte wurden so geplant, dass es einige Jahre dauert, bis Publikationen zu den Resultaten vorliegen. Es ist daher nicht erstaunlich, dass sich Erkenntnisfortschritte vor allem in der zweiten Hälfte der Achtzigerjahre einstellen. Der Wandel der Vorstellungen über das Waldsterben, der sich in der Wissenschaft in vielen kleinen Schritten ab etwa 1985 vollzieht, dringt zwar auch sporadisch in die Medien, wird von den Journalisten jedoch nicht als solches bemerkt. Die Synthesearbeit von Schlaepfer ebnet der kritischen Auseinandersetzung mit den Kenntnissen den Weg. Für die Medien kommt diese Wende völlig überraschend.

Im Laufe der Dekonstruktionsphase wird die Bedeutung des Merkmals Kronentransparenz für die Vitalität oder Gesundheit von Bäumen immer härter hinterfragt. Zudem steigen Zweifel an der Vergleichbarkeit der Beobachtungen mit jenen früherer Jahre auf. Wissenschaftstheoretisch gesprochen heisst das, dass das beobachtete Merkmal seine Funktion als Indikator zunehmend einbüsst. Man weiss nicht mehr, was man mit der Kronentransparenz eigentlich beobachtet.

Damit müsste sich die Sinn-Frage von Inventuren radikal stellen: Unter den damaligen Umständen im Wald und hinsichtlich der damaligen Erkenntnisinteressen taugen sie weder zur Politikberatung noch zu kausalanalytischen Studien in der Ökologie. In der Wissenschaft setzt dieser Reflexionsprozess nur zaghaft ein. Den Medien entgeht

---

[644] Z.B. Kandler, der Autogewerbeverband der Schweiz und die Autoren von „Wald und Luft".

diese Dimension der Ergebnisse weitgehend; es wirkt sehr überzeugend, dass die Waldbeobachtung von den Bäumen auf das Ökosystem ausgedehnt werden soll. Was das für die Politik bedeutet, wird nicht hinterfragt.

Politisch gedreht und gewendet werden jedoch die Äusserungen von Wissenschaftern, insbesondere diejenigen von Rodolphe Schlaepfer, der dadurch praktisch zum „Mister Waldsterben" stilisiert wird. In dieser Haltung wurden die Medien freilich von den institutionellen Rahmenbedingungen unterstützt: Als Direktor der WSL war Schlaepfer der Repräsentant eines grossen Teils der schweizerischen Waldbeobachtung und Waldschadenforschung. Er hat sich auch selbst nicht von dieser Rolle distanziert, indem er etwa für fachliche Fragen häufiger auf seine Mitarbeiter verwiesen hätte. In vielen Schweizer Medien wurden die Äusserungen von Schlaepfer, ähnlich, wie ich es für den Tages-Anzeiger illustrieren kann, nicht daraufhin beurteilt, ob sie zutrafen oder nicht und welche Konsequenzen aus den beschriebenen Zuständen zu ziehen wären, sondern nur darauf, ob die Aussagen politisch „zu verantworten" waren oder nicht, und welche Konsequenzen aus ihnen zu ziehen sind. Das Thema war schon so hochgradig an Interessen- und Machtpolitik gebunden, dass sich sehr vielen Leuten – auch vielen Journalisten – der Blick auf das bessere Argument verstellt hatte.[645] Dieses bessere Argument kann auch in meiner Studie nicht gefunden werden, aber sie zeigt auf, wer sich welcher Rhetorik bzw. Argumentationsweise bediente.

Bei den von mir untersuchten Medien treten in dieser Phase recht eigenständige Linien zutage: Der Blick setzt sein Publikum zunächst einem Wechselbad aus. Das Waldsterben wird totgesagt, um es gleich wieder neu aufbauen und wieder abreissen zu können. Zudem werden Seitenhiebe an die Adresse der Umweltschützer ausgeteilt. Mit der Zeit verschiedet sich dieses Blatt jedoch vom Thema Waldsterben. Die Neue Zürcher Zeitung löst sich Schritt für Schritt von der ursprünglichen Vorstellung des Waldsterbens. Sie bemüht sich durch Recherchen und durch Originalbeiträge von Wissenschaftern den Wandel in der wissenschaftlichen Argumentation zu repräsentieren. Sie spricht sich (wohl gegen Teile ihres Stammpublikums) für eine präventive Luftreinhaltepolitik auch ohne letzten wissenschaftlichen Nachweis aus. Der Tages-Anzeiger folgt der wissenschaftlichen Argumentation eher widerwillig und bemüht sich, den in der Umweltpolitik erreichten Stand nicht zu gefährden. Aussagen der Wissenschaft, insbesondere von Schlaepfer, werden fast ausschliesslich nach Massgabe einer politischen Rationalität und nicht nach einer wissenschaftlichen beurteilt. Damit bleibt der Tages-Anzeiger letztlich einer Perspektive verhaftet, die der hohen Zeit des Waldsterbens entspricht.[646]

Dass die Medien beim Thema Waldsterben eine eigenständige politische Linie – oder zumindest ein profiliertes Interesse – vertreten, ist solange nicht aufgefallen, als sich die Linien der verschiedensten Medien mit der Hauptlinie der Wissenschaft umstandslos vereinbaren liessen: Das war der Fall, solange am alten, ursprünglichen Bild des Waldsterbens festgehalten werden konnte, das von einer liberalen Vernunft akzeptiert werden konnte, der Umweltpolitik starke Impulse verlieh und den Journalisten ein tägliches Brot verhiess. Als das Bild, das die Wissenschaft vom Waldsterben zeichnete, unspektakulärer, skeptischer und vor allem viel differenzierter wurde, büsste es auch einige seiner politischen und ökonomischen Funktionen ein.

---

645 Kommt hinzu, dass jedes Urteil über Verantwortungsfragen selbst erst nach einer kritischen Kärung der zugrundeliegenden Sachverhalte zu verantworten ist.

646 „Wir bleiben dran!" So wirbt der Tages Anzeiger 1996 für sich.

Im Prinzip drückt sich in den Unterschieden zwischen Tages-Anzeiger und Neuer Zürcher Zeitung eine Politisierung aus, die auch zwischen Umweltschutzorganisationen und Teilen der Forstwirtschaft auf der einen und grossen Teilen der Wissenschaft auf der anderen Seite zu beobachten ist. Auch an der Persönlichkeit Rodolphe Schlaepfers kristallisiert sich diese Politisierung heraus. Letztlich handelt es sich dabei jedoch keineswegs um ein primär schweizerisches Problem, denn aus den Verlautbarungen und Berichten, die aus anderen Nationen, oder von internationalen Organisationen zu uns dringen, ist ebenfalls ein impliziter Streit zwischen relativ dogmatischen Anhängern des Waldsterbens im klassischen Sinn und kritischeren, reflexiveren Positionen zu erkennen.

Erstaunlicherweise kommt es nur zu geringfügigen Versuchen, aus der Dekonstruktion des Waldsterbens anti-umweltpolitisches Kapital zu schlagen. Warum? Vermutlich sprechen in dieser Zeit zu viele andere und gute Gründe für die Beibehaltung des gegenwärtigen Standards; ferner absorbieren neue umweltpolitische Themen wie die Klimadebatte die politische Energie; schliesslich dürfte es für die Mehrheit der Parlamentarier nicht sonderlich interessant sein, die von ihnen unterstützten Massnahmen nun wieder rückgängig zu machen und sich so neue Feinde zu schaffen.

Fast alle Berichte, die sich auf Verlautbarungen von Forstbehörden beziehen, enden mit einem Aufruf derselben, vorsorglich etwas gegen die Luftverschmutzung zu unternehmen und nicht auf letzte Beweise zu warten. Dieselben Töne sind auch aus der Wissenschaft zu vernehmen. Kein einziger Waldschadenforscher spricht sich offiziell gegen eine Umkehr in der Luftreinhaltepolitik aus. Zu dicht ist die Beweislage des schädigenden Einflusses der Umgebungsluft auf einzelne Pflanzen unter Laborbedingungen. Doch die den Forstbehörden von Bund und Kantonen vorgesetzten Exekutiven pflegen den Vollzugsnotstand in der Luftreinhaltepolitik. Es war schon 1992 absehbar, dass die Ziele der Luftreinhaltevorordnung für 1994 nur dort erreicht werden würden, wo keine nennenswerten Hindernisse zu bewältigen sind. Zumindest im Zusammenhang mit dem Waldsterben wird bis zum Ende meiner Beobachtungsperiode paradoxerweise nur die Wissenschaft nach politischen Kriterien beurteilt, was die Politik aus den wissenschaftlichen Vorgaben macht, findet in den von mir beigezogenen Artikeln hingegen keine Beachtung.[647]

5.8 Entwicklungen, Tendenzen, Unterschiede

Dieselben Artikel, die in meine chronologische und exemplarische Auswertung einbezogen wurden, habe ich auch einer systematischen Inhaltsanalyse unterzogen. Ich will die Beiträge der Medien zur rationalen Meinungsbildung beurteilen; mein Masstab ist die kritische und kommunikative Vernunft. Im Rahmen einer systematischen Inhaltsanalyse können jedoch kaum Argumentationsformen erfasst werden; nicht weil dies prinzipiell nicht möglich wäre, sondern nur, weil ihre Zahl kaum im voraus zu bestimmen und in Erhebungkategorien zu fassen ist. Daher arbeite ich eher mit relativ formalen Merkmalen, die als mehr oder weniger direkte Indikatoren für die Orientierung an Argumentation im weiteren Sinn, bzw. für die informativen Qualitäten von Artikeln stehen können. In zweiter Linie möchte ich mit dieser Analyse auch eine geschichtliche

---

[647] Von der Berichterstattung über die Aktivitäten von Bundesparlament und Kantonsparlament einmal abgesehen.

Dimension eröffnen und aufzeigen, wie sich die Artikel zum Thema Waldsterben formal und inhaltlich während einer Dekade verändert haben. Auf diese Weise ergibt sich eine Verdichtung, Ergänzung und Korrektur des Bildes, das ich zuvor auf exemplarische und argumentationsbezogene Weise gezeichnet habe.

Wenn ich von den Archivierungslücken der drei Medien absehe, stellt meine Artikelsammlung eine Vollerhebung dar. Damit erübrigt sich die statistische Beurteilung (Signifikanztests) des Schlusses von der Stichprobe auf die Grundgesamtheit. Wir betrachten jedoch die drei untersuchten Zeitungen als Beispiele für die unterschiedliche Arbeitsweise der Medien im Allgemeinen.

5.8.1 Umfang der Berichterstattung

Abb.10 zeigt die Anzahl der Artikel, die jeweils in einem Monat in Blick, Neuer Zürcher Zeitung und Tages-Anzeiger zum Thema Waldsterben erschienen sind und archiviert wurden. Das Balkendiagramm lässt die Geschichte des Waldsterbens noch einmal Revue passieren.

Erst im Sommer 1983 setzt eine kontinuierliche publizistische Aktivität zu diesem Thema ein, doch schon im Oktober desselben Jahres wird ein erster Höhepunkt erreicht. Bis zu diesem Zeitpunkt wird in der Politik um die Anerkennung des Problems gerungen. Im Herbst 1983 wird das Waldsterben vom Bundesrat als Problem anerkannt, und für die Forschung werden die Weichen gestellt. Von da an hält das Waldsterben die Journalisten für lange Zeit auf Trab. Die Spitze der publizistischen Aktivität wird im Februar 1985 erreicht: In den elf Ausgabetagen während der Waldsterben-Sondersession des Nationalrates erscheinen rund zweieinhalb Artikel pro Zeitung und Tag.[648] Die nächste Spitze der Medienaktivität im August 85 geht nur auf das zeitliche Zusammentreffen einiger mässig relevanter Neuigkeiten zurück, aber die darauffolgende Spitze, von November und Dezember 1985 wird durch die Ergebnisse der zweiten Sanasilva-Waldschadeninventur ausgelöst; die Verschlechterung des Waldzustandes verlangt nach Erklärungen und Stellungnahmen von allen Seiten. Im September 86 löst die Studie der SGU, wonach die Kosten für Lawinenverbauungen in die Dutzende von Milliarden Franken gehen könnten, heftige Reaktionen aus, und Ende November werden noch schlechtere Sanasilva-Ergebnisse als im Vorjahr veröffentlicht. Im Januar 87 folgen etliche Schadensmeldungen aus den Kantonen und aus dem Ausland und im August desselben Jahres werden die Unwetter mit dem Waldsterben in Verbindung gebracht. Wegen der zunehmend geringeren Zahl von Artikeln fallen von nun an einzelne Ereignisse entsprechend stärker ins Gewicht. Praktisch jedes Jahr löst der Sanasilva-Waldschadenbericht im November oder Dezember einige Diskussionen aus.

Eine letzte Spitze erreicht im August 1988 die Auseinandersetzung um das Interview mit Schlaepfer in der Schweizer Illustrierten. Für den Wandel des in den Medien verbreiteten Verständnisses des Waldsterbens war dies wahrscheinlich das entscheidendste Einzelereignis. Es trennt zwei Phasen der Berichterstattung in qualitativer und in quantitativer Hinsicht. Nach einem Herbst mit Medienaktivitäten im bis anhin üblichen Rahmen, folgen keine weiteren nennenswerten Ereignisse. Die sechs bis acht Artikel, die jeweils Ende November oder Anfang Dezember zur Präsentation der Waldschadenin-

---

[648] Am zweiten Februar erscheinen im Tages Anzeiger sechs, in der NZZ vier und im Blick zwei Beiträge zum Waldsterben.

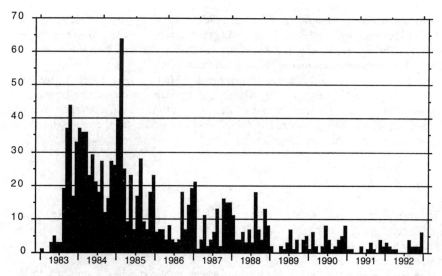

Abb. 10: Anzahl der Artikel, die pro Monat zum Thema Waldsterben in Blick, Neuer Zürcher Zeitung und Tages-Anzeiger erschienen sind.

ventur erscheinen, werden von dem einen oder anderen Kommentar begleitet. Nach 1988 hat das Waldsterben nur noch – oder immerhin noch – den Status eines durchschnittlichen Tagesereignisses im Inlandteil der Zeitung.

Das Waldsterben war für die Medien wahrscheinlich ein aussergewöhnliches Ereignis. Höchstens Konfliktherde wie der Balkankrieg können über Jahre hinweg eine derart hohe journalistische Intensität erreichen. Die quantitative Seite der Berichterstattung spiegelt die existenzielle Dimension dieses Problems.[649] Solange bei Problemen ein Handlungsbedarf besteht und Organisationen entsprechende Forderungen verlauten lassen, bietet sich den Medien stets neuer Stoff. Wird ihnen nichts mehr zugehalten, sind die Reserven für eigene Recherchen, in denen der Realität noch ein Neuigkeitswert abgerungen werden könnte, sehr schnell erschöpft. Wenn die Gesellschaft – das Publikum – keine Ereignisse mehr produziert, sind die Medien mit dem Thema praktisch am Ende.[650]

Werden nur die einzelnen Medien betrachtet, so sticht zunächst die unterschiedliche Zahl veröffentlichter Artikel der drei Zeitungen ins Auge: 591 sind es bei der NNZ, 452 beim Tages-Anzeiger und 109 beim Blick. Der Blick berichtet wesentlich selektiver über dieses Ereignis. Im Vergleich mit Tages-Anzeiger und Neuer Zürcher Zeitung, die

---

[649] Dieser Tiefgang, der heute kaum verständlich erscheint, hat sich auch in Interviews eines vorangegangenen Forschungsprojektes gezeigt. Für etliche Personen war das Waldsterben ein krisenartiger Anlass, ihre Lebensweise grundlegend zu reflektieren und umzustellen. Das Waldsterben wurde zur Marke in der Biographie, zum Zeitpunkt, Farbe zu bekennen. (vgl. Reichert und Zierhofer 1993, S. 211ff.)

[650] Leider dürfen wir nicht darauf hoffen: Jeden Morgen ist der Briefkasten aufs Neue mit schlechten Nachrichten (und ebenso schlechter Reklame auf der Rückseite derselben) verstopft. Was nur treibt uns dazu, den Tag mit einer ästhetischen Tortur zu beginnen?

das Waldsterben während den zehn Jahren etwa in ähnlichem Umfang bearbeiten, fällt beim Blick der relative Anteil des Jahres 1985 erheblich höher aus; das Blatt konzentriert sich stärker auf die grossen (politischen) Ereignisse. Bei der NZZ dominieren die kleineren Artikel, bis zu einer Achtel Seite. Tages-Anzeiger und Blick bringen am häufigsten Artikel von einer Viertel- oder halben Seite. Dies dürfte einerseits auf den bei diesen beiden Medien vergleichsweise höheren Anteil von Illustrationen zurückzuführen sein. Andererseits arbeitet die NZZ weniger selektiv und berichtet eher über zweitrangige Ereignisse. Zugleich sind in dieser Zeitung aber auch etwas mehr ganzseitige und gut dreimal soviele mehrseitige Artikel als im Tages-Anzeiger zu finden.

5.8.2 Aufmachung und Themen

Grosse stilistische Unterschiede zeigen sich zwischen den Medien v.a. in der Ausstattung der Artikel mit visuellen Elementen. Im Tages-Anzeiger war fast jeder dritte Artikel, im Blick fast jeder vierte, aber in der NZZ nur jeder sechzehnte Artikel mit einer Fotografie versehen. Die NZZ greift etwas häufiger zu Grafiken; ihr Anteil steigt nach 1988 stark an – ein Zeichen der Versachlichung des Themas. Der Tages-Anzeiger arbeitet dafür vermehrt mit Karten und insbesondere auch mit Karikaturen, allerdings nur bis zur Sondersession – ein deutliches Zeichen für das schnelle Ende der politischen Themenkarriere des Waldsterbens. Beim Blick sind die abstrakteren, visuellen Elemente (Karten, Grafiken) kaum vorhanden.

Bei allen drei Medien ist ein leichtes Übergewicht zugunsten der Berichte über Ereignisse, meist politischer Natur, gegenüber Berichten mit wissenschaftlichem Bezug zu erkennen. Tages-Anzeiger und NZZ gleichen sich einmal mehr recht stark. Bei ersterem wird etwas häufiger kommentiert, auch wenn Kommentare und Leitartikel zusammen betrachtet werden. Bei der NZZ sind dafür offizielle Stellungnahmen und Fachartikel von Experten etwas häufiger; mit dieser Zeitung ist man oft direkt bei der Informationsquelle. Der Blick unterscheidet sich im wesentlichen von den beiden anderen Zeitungen durch seinen hohen Anteil von Kolumnen[651] (vgl. Abb. 11). Der Blick wird damit vergleichsweise viel häufiger selbst „politisch" aktiv und äussert die Meinung der Redaktion oder eines Journalisten. Von 1983 bis 1992, aber vor allem seit 1986 sinkt der Anteil der Berichte über Ereignisse von 53% auf nahezu 0% ab; der Anteil der Wissenschaftsberichterstattung klettert hingegen von 27% auf 83% und 73% in den Jahren 91 und 92.

Ein Thema darf nicht umstandslos als eine Einheit begriffen werden. Das Waldsterben lag politisch gesehen 1990 in seinen letzten Atemzügen (bevor es 1993 durch Greenpeace ein wenig wiederbelebt wurde). Wissenschaftlich gesehen steht es bis 1992 immer noch auf der Agenda. Wir stehen also vor zwei miteinander verwobenen „Themenkarrieren". Diese Doppelnatur dürfte für die meisten umweltpolitischen Themen Modellcharakter haben, zumindest dann, wenn es sich um Probleme handelt, die nicht von heute auf morgen durch die Wissenschaft befriedigend geklärt werden können. Zu dieser Sorte zählen sicher: der Treibhauseffekt, das Ozonloch, die Wirkung von Immissionen auf Boden und Vegetation, die Sicherheit möglicher Lagerstätten für radioaktive Abfälle, die Wirkung von Luftschadstoffen auf Pflanzen und Tiere. Dass diese Fragen

---

[651] Sie wurden zusammen mit Leitartikeln in einer Kategorie erfasst. Beim Blick sind praktisch nur Kolumnen, bei NZZ und Tages Anzeiger nur Leitartikel anzutreffen.

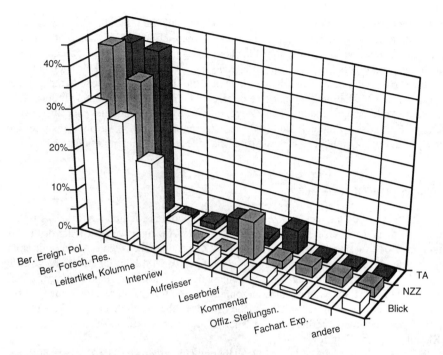

Abb. 11: Verteilung der Textgattungen der Beiträge zum Waldsterben.

grosse wissenschaftliche Interpretationsspielräume offenlassen und für das Leben auf dieser Welt höchst relevant sind, bedeutet aber noch nicht, dass sie wie das Waldsterben eine hohe Aktivität der Politik oder des Journalismus auslösen.

Weil es in dieser Studie um eine Beleuchtung des Verhältnisses von Wissenschaft, Medien und diversen anderen Akteuren der „Öffentlichkeit" geht, habe ich auch die (erkennbaren) Informationsquellen erhoben: Bei Tages-Anzeiger und NZZ stehen die Behörden von In- und Ausland an der Spitze, bald gefolgt von Interessenvertretungen oder Politikern, drittens von Wissenschaftern (in- und ausländische zusammengenommen), wobei die inländische Wissenschaft stark überwiegt (vgl. Abb. 12). Beim Blick ist diese Reihenfolge gerade umgekehrt. Diese Zahlen unterstreichen einmal mehr, dass das Waldsterben in den Medien in erster Linie als eine Aufführung auf der politischen Bühne vermittelt wird. Mit der Zeit verändern sich entsprechend der doppelten Themenkarriere des Waldsterbens die Bedeutungen der Interessenorganisationen und der Wissenschaft als Informationsquellen. Der Anteil der Informationsvermittlung durch die Behörden im In- und Ausland bleibt hingegen bei ungefähr einem Drittel. Im Prinzip zeigt sich bei den drei Medien ein ähnliches Bild, nur nimmt beim Tages-Anzeiger der Anteil der organisierten Interessen als Informationsquelle nicht so ausgeprägt ab, wie bei der NZZ. Der Tages-Anzeiger gönnt der politischen Meinung in Sachen Waldsterben etwas mehr Zeitungsfläche.

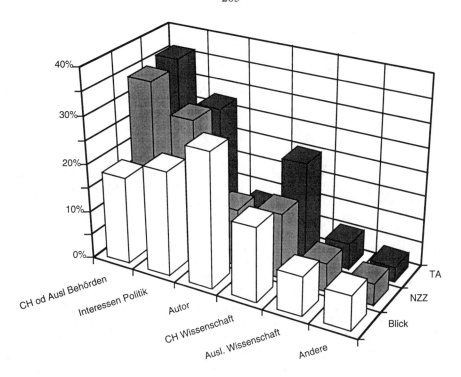

Abb. 12. Verteilung der Informationsquellen bei den Beiträgen zum Waldsterben.

5.8.3 Semantik

Die Wortwahl, mit der ein Ereignis beschrieben oder eine Botschaft verfasst wird, ist für das Bild, das vermittelt werden soll, ein entscheidender Faktor. Ich habe zur Beurteilung der Semantik zwischen dem Text und dem Titelbereich (Titel, Untertitel und Spitzmarke) unterschieden. Die Semantik habe ich danach klassiert, ob sinngemäss vom Sterben des Waldes, nur von Waldschäden oder nur von Veränderungen des Waldzustandes bzw. von Risikofaktoren die Rede ist.

Tab. 5. Semantik im Text.

	NZZ	TA	BLICK
„Sterben"	25.2%	20.0%	28.2%
„Schäden"	72.5%	78.0%	71.8%
„Zustand / Risiko"	2.3%	2.0%	0%

Tab. 6. Semantik in Titel, Untertitel und Spitzmarke.

	NZZ	TA	BLICK
„Sterben"	55.5%	55.4%	77.9%
„Schäden"	40.9%	41.2%	22.1%
„Zustand / Risiko"	3.6%	3.4%	0%

Tab. 7. Veränderung der Semantik im Text

	1983	1984	1985	1986	1987	1988	1989	1990	1991	1992
„Sterben"	35%	30%	29%	22%	13%	8%	4%	2%	7%	9%
„Schäden"	63%	70%	70%	77%	87%	89%	96%	83%	79%	48%
„Zustand / Risiko"	1%	0%	1%	0%	0%	0%	0%	12%	14%	43%

Ziehen wir nur die Semantik der Texte in Betracht, so zeigen sich zwischen den drei Medien nur geringfügige Unterschiede (vgl. Tab. 5). Nur in rund einem Viertel der Texte ist tatsächlich von einem Sterben der Bäume oder Wälder die Rede. Ein ganz anderes Bild wird durch die Wortwahl in den Titelbereichen gezeichnet (vgl. Tab. 6). Bei allen Medien nimmt der Anteil des Sterbens markant zu, weitaus am ausgeprägtesten beim Blick, etwa im selben Ausmass bei Tages-Anzeiger und NZZ. Die Texte halten also kaum, was die Titel versprechen. Anders gesagt: Alle Medien bedienen sich in ausgesprochen drastischer Weise der Möglichkeiten zur Dramatisierung, die der Titelbereich bietet. Freilich ist das Wort „Waldsterben" mit der Zeit hohl geworden: Es meint nicht mehr die ursprüngliche Vorstellung und dient nur noch als Eigenname für einen Problembereich. Einerseits relativiert dies die Dramatisierung der Medien, andererseits hätten sich die Medien durchaus von diesem (wissenschaftlich unangemessenen) Begriff verabschieden, oder ihn zumindest sparsamer verwenden können.

Im Verlauf des Erhebungszeitraumes hat sich allerdings die Semantik deutlich gewandelt (vgl. Tab. 7). Die Rede vom Waldsterben geht sowohl in den Texten wie in den Titelbereichen schon ab 1986 stark zurück, zuerst zugunsten der „Waldschäden", aber ab 1990 auch zugunsten der Semantik von „Zustand" und „Risikofaktoren".

Bei allen drei Tageszeitungen ist im Prinzip der gleiche Wandel der Semantik zu beobachten, allerdings mit gewissen Unterschieden. Beim Blick dominiert 1983 noch die Rede vom Waldsterben, doch schon ab 84 setzt sich die Sprachregelung „Waldschäden" zunehmend durch, für spätere Jahre erlaubt die geringe Anzahl der Artikel keine Interpretation mehr. In der NZZ geht der Anteil von Waldsterben von 35% im Jahr 1983 auf 0% im Jahr 1989 zugunsten von „Waldschäden" zurück; ab 1989 setzt sich die Rede von Zustand, Kronenverlichtung etc. zunehmend durch. Ähnlich verläuft die Entwicklung der Semantik auch beim Tages-Anzeiger, mit dem wesentlichen Unterschied allerdings, dass bei dieser Zeitung ein Teil der Journalisten am Begriff des Waldsterbens festhält.

Warum schwenkt die NZZ nicht vollends auf die „offizielle" Rede vom „Waldzustand" und der „Kronenverlichtung" ein? Wenn bei ihr in den späteren Jahren von „Waldschäden" die Rede ist, dann handelt es sich meistens um Informationen von Korrespondenten und Agenturen aus dem Ausland, die sich natürlich nicht der in der schweizerischen Wissenschaft üblichen Semantik fügen. Für das Publikum sind die Gründe, die zu unterschiedlichen Semantiken führen, nur schwer durchschaubar.

5.8.4 Kenntnisstand: Themen

Diejenigen Artikel, die sich mit dem wissenschaftlichen Kenntnisstand zum Waldsterben befassen, habe ich speziell hinsichtlich ihrer Inhalte analysiert. Ihr Anteil an der

Tab. 8: Häufigkeit bestimmter Themen bei den Artikeln, die (meist wissenschaftliche) Kenntnisse über das Waldsterben vermitteln. Es können mehrere Themen pro Artikel angesprochen werden.

Thema	TA 100% = 190	NZZ 100% = 227	Blick 100% = 31
Symptome des Waldsterbens	15.26%	11.01%	12.90%
Ausmass der Waldschäden	58.42%	64.76%	61.29%
Ursachen der Waldschäden	50.53%	49.34%	58.06%
Folgen der Waldschäden	15.26%	12.33%	9.68%
Zustand der Luftqualität	7.89%	10.57%	3.23%
Massnahmen zur Luftreinhaltung	16.84%	16.74%	29.03%
Massnahmen im Bereich Waldpflege / - Nutzung	16.84%	11.01%	3.23%
Methodik, Vorgehen der Forschung	22.63%	26.87%	6.45%
Unsicherheit oder Dissens in der Forschung	16.32%	14.10%	19.35%
Verhältnis zwischen Wissenschaft und Politik	5.26%	4.85%	0%
Verbindung zur Borkenkäferproblematik	5.26%	6.61%	6.45%
Verbindung zu Sturmschäden	0%	0.44%	0%
Waldsterben als gesellschaftliches Ereignis	4.74%	5.73%	0%

Gesamtheit steigt von rund einem Viertel auf rund drei Viertel innerhalb der betrachteten Zeitspanne. Sie sind im Durchschnitt etwas umfangreicher als die anderen Artikel. Bevor ich die Zahlen interpretiere, möchte ich auf die kleine Anzahl von Artikeln des Blicks hinweisen. Einstellige Prozentzahlen beziehen sich nur noch auf einzelne Ereignisse und sagen deshalb kaum mehr etwas über die Arbeitsweise dieser Zeitung aus. Nun aber zum Vergleich: Zunächst sticht die Ähnlichkeit der Gewichtung verschiedener Themen bei den drei Zeitungen ins Auge (vgl. Tab. 8). Bei allen drei Medien werden das Ausmass der Waldschäden bzw. der Kronenverlichtung und ihre Ursachen am häufigsten thematisiert. Bei der NZZ tritt wieder der Umstand hervor, dass viele kleinere Berichte, v.a. aus anderen Ländern, nur die Ergebnisse von Waldzustandsinventuren melden.

Beim Blick fällt der Anteil von Artikel, die über die Ursachen der Waldschäden berichten, vergleichsweise höher aus. Noch ausgeprägter gilt dies für die Artikel, die sich mit der Unsicherheit oder einem Dissens in der Forschung und insbesonder mit Fragen der Luftreinhaltung befassen. Daran wird deutlich, dass der Blick vor allem die politisch relevanten Themen aufgreift und bei anderen Themen selektiver ist.

NZZ und Tages-Anzeiger unterscheiden sich meist nur geringfügig. Der Tages-Anzeiger ist jedoch näher beim konkreten Geschehen im Wald bzw. bei der Forstpraxis: die Symptome des Waldsterbens und insbesondere Massnahmen der Waldpflege werden bei ihm häufiger aufgegriffen. Er weist auch einen höheren Anteil von Artikel zu den Folgen von Waldschäden aus. Dies dürfte vor allem auf die erhöhte Aufmerksamkeit für einige wenige Studien, die sich mit den Kosten von Schutzmassnahmen im Falle eines absterbenden Bergwaldes befassen, zurückzuführen sein.

Zieht man in Betracht, dass das Waldsterben zumindest in den ersten Jahren weitgehend von der Wissenschaft definiert wurde,[652] und, dass die Geltung wissenschaftlicher Aussagen immer von ihrem methodischen und empirischen Rahmen begrenzt wird, dann ist ein Anteil von rund einem Viertel der Artikel, die das Vorgehen der Forschung überhaupt erwähnen, nicht besonders hoch. Es bedeutet beispielsweise, dass nicht einmal in der Hälfte der Artikel, die über das Ausmass oder die Ursachen des Waldsterbens berichten, auch auf die Erhebungsmethodik, oder auf die Grenzen der Gültigkeit von Aussagen eingegangen wird. Eine relativ grosse Ferne der Berichterstattung zur Forschung tritt auch darin zutage, dass die Pluralität wissenschaftlicher Auffassungen (Unsicherheit / Dissens) sowie die Bedeutung wissenschaftlichen Arbeitens für die Politik oder die Gesellschaft selten angesprochen wird. Diese Umstände dürfen jedoch nicht nur den Medienschaffenden angerechnet werden; es liegt auch an der Wissenschaft selbst, Informationen über die eigenen Tätigkeiten und über die Interpretationsschwierigkeiten anzubieten.

Für jedes dieser aufgeführten Themen lässt sich eine eigene Themenkarriere feststellen, so wird beispielsweise nach 1986 kaum mehr über die Luftqualität berichtet, wogegen während des ganzen Zeitraumes Fragen des Waldzustandes und der Ursachen der Kronenverlichtung einen hohen Stellenwert einnehmen. Die Themenkarriere des Waldsterbens muss letztlich als eine Reihe verflochtener Themenkarrieren, als ein steter Wandel der Kontexte begriffen werden. Wir sollten uns deshalb eine Themenkarriere nicht einfach als ein publizistisches Auf und Ab, sondern vielmehr als einen Wandel des Problemverständnisses, der publizistisch unterschiedlich attraktiv ist, vorstellen. So betrachtet erstaunt es überhaupt nicht, dass komplexere Themen, wie das Waldsterben, nicht einfach einer Kurve folgen, sondern über Jahre hinweg immer wieder neue Aktivitäten in den unterschiedlichsten gesellschaftlichen Bereichen auszulösen vermögen – was eventuell von den Medien beobachtet wird.

5.8.5 Kenntnisstand: Ursachen

Ein weiterer Aspekt meiner Analyse war die Darstellung der Ursachen des Waldsterbens in den Medien. Wenn eine Ursache genannt wurde, habe ich ferner danach unterschieden, ob sie als mögliche, als vermutete oder als sichere Ursache angeführt wurde. Für alle drei Zeitungen – wie sollte es auch anders sein – ist die Luftverschmutzung die zentrale Ursache des Waldsterbens. Als weiterer einzelner Faktor werden noch die Witterungsextreme angeführt. Allen anderen Faktoren kommt nur eine marginale Bedeutung zu. Bei der Darstellung und der Differenzierung der Ursache „Luftverschmutzung" treten jedoch einige Unterschiede zwischen den Medien hervor (vgl. Abb. 13).

---

[652] Die Forstpraxis meldete sich erst nach 1988 häufig zu Wort, als das Bild des Waldsterbens schrittweise revidiert wurde.

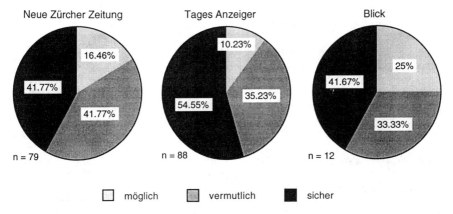

Abb. 13. Bestimmtheit, mit der die Luftverschmutzung in verschiedenen Medien als Ursache von Waldschäden dargestellt wird.

In allen drei Medien wird die Aussage, die Luftverschmutzung (mit oder ohne weitere Differenzierung) sei die Ursache der Waldschäden, am häufigsten als gesicherte Erkenntnis dargestellt. Weitaus am sichersten ist man sich in dieser Hinsicht beim Tages-Anzeiger und am wenigsten beim Blick. Mit nur 12 Artikel sind die Angaben zum Blick relativ zufällig. Da in den ersten Jahren des Waldsterbens viel mehr publiziert wurde, prägen vor allem die Vorstellungen zu dieser Zeit das Bild. Werden zusätzlich noch die einzelnen Komponenten der Luftverschmutzung – „saure Niederschläge", Schwefeldioxid, Stickoxide, Ozon, Kohlenwasserstoffe – in Betracht gezogen, verfestigt sich der Eindruck, dass die NZZ und der Blick die Rolle der Luftverschmutzung als Ursache der Waldschäden vorsichtiger beurteilen. Beim Tages-Anzeiger tritt die Neubewertung der Luftverschmutzung als kaum mehr sichere, sondern nur mögliche oder vermutete Ursache vor allem ab 1990 auf; bei der NZZ setzt der Prozess schon ab 1988 und etwas ausgeprägter ein. Durch die Wahl der Worte, vielleicht auch durch die Wahl der Informationsquellen, schlägt die umweltpolitische Orientierung der Zeitung deutlich auf die Darstellung von (umweltwissenschaftlichen) Kenntnissen und Sachverhalten durch.

5.8.6 Kenntnisstand: Differenzierung und Rahmenbedingungen

Bei allen drei Zeitungen wird in fast der Hälfte aller Artikel, die Kenntnisse zum Phänomen Waldsterben vermitteln wollen, ein Sachverhalt mit Zahlen erläutert (vgl. Tab. 9). In etwas mehr als der Hälfte der Artikel mit Zahlen wird zumindest bei Tages-Anzeiger und NZZ der Waldzustand räumlich oder nach Baumarten unterteilt dargestellt. Beim Blick wird vor allem der Differenzierung der Baumarten weniger Bedeutung beigemessen. Obwohl es sich bei fast allen Zahlen um Schätzwerte des Waldzustandes handelt, macht kein einziger Artikel Angaben zur Genauigkeit.

Zwischen 1986 und 1988 wächst der Anteil von Artikeln mit quantitativen Angaben von weniger als 40% auf mehr als 60% an. Der Anteil von Beiträgen mit einer räumlichen Differenzierung steigt von ca. 16% im Jahr 1983 nahezu stetig auf 44% im Jahr 1992. Die Differenzierung der Baumarten bleibt hingegen etwa gleich häufig. Insgesamt

Tab. 9: Differenzierungen bei Artikeln, die (meist wissenschaftliche) Kenntnisse über das Waldsterben vermitteln.

Differenzierung	TA 100% = 190	NZZ 100% = 227	Blick 100% = 31
Waldzustand räumlich differenziert	24.74%	24.67%	22.58%
Waldzustand differenziert nach Baumarten	25.79%	29.96%	9.68%
Zahlen (zu irgendwelchen Sachverhalten) genannt	44.74%	47.58%	45.16%
Genauigkeit quantitativer Aussagen genannt	0%	0%	0%

Tab. 10: Darstellung der Gültigkeitsbedingungen bei Artikeln, die (meist wissenschaftliche) Kenntnisse über das Waldsterben vermitteln.

Rahmen und Geltungsbedingungen	TA 100% = 142	NZZ 100% = 171	Blick 100% = 24
Methodischer Rahmen dargestellt	33.10%	31.58%	8.33%
Meth. Rahmen dargestellt, Geltungsbereich reflektiert	2.11%	2.34%	0%
	TA 100% = 139	NZZ 100% = 167	Blick 100% = 22
Empirischer Rahmen dargestellt	30.22%	24.55%	9.09%
Emp. Rahmen dargestellt, Geltungsbereich reflektiert	2.16%	2.40%	0%

ist damit eine zunehmende empirische Verankerung und Präzisierung des Themas zu beobachten. Sie setzt bei der NZZ etwas früher ein und tritt auch etwas ausgeprägter als beim Tages-Anzeiger auf; für den Blick lassen sich wegen der geringen Anzahl Artikel keine Entwicklungen mehr interpretieren.

Rund drei Viertel der Artikel, die Kenntnisse über das Waldsterben vermitteln wollen, nehmen Bezug auf eine Untersuchung oder Erhebung. Ich habe diese Texte daraufhin betrachtet, ob sie den methodischen und den empirischen Rahmen darstellen und den Gültigkeitsbereich von Aussagen reflektieren (vgl. Tab. 10). Beim Tages-Anzeiger werden die Rahmenbedingungen von Erkenntnissen etwas häufiger als bei der NZZ dargestellt. Möglicherweise spielen hier die vielen kleinen Agenturmeldungen bei der NZZ eine relativierende Rolle, weil die NZZ andererseits in ihren längeren Artikeln etwas häufiger auf die Gültigkeitsbedingungen von Ergebnissen eintritt. Bei beiden Zeitungen wird jedoch nur etwa einmal unter 40 bis 50 Artikeln ein Gedanke an die Grenzen der Gültigkeit von Aussagen – z.B. an die Möglichkeiten der Verallgemeinerbarkeit oder implizite Prämissen – verschwendet. Akzeptiert man, dass eine wissenschaftliche Aussage über Sachverhalte immer nur so gut sein kann wie die Untersuchungsanordnung, dann ist dies ein betrübliches Resultat. Den Luxus, die Entstehungsbedingungen von Kenntnissen zu nennen, leistet sich der Blick nicht einmal in jedem zehnten Artikel, der von einer Untersuchung berichtet, und die Reflexion der Gültigkeit von Aussagen fällt seiner Selektion vollständig zum Opfer.

Der Anteil der Artikel, die auf eine Untersuchung Bezug nehmen, steigt während des betrachteten Zeitraums von rund 63% auf über 80%. Unter diesen Artikeln ist insgesamt kein Trend zu einer häufigeren Darstellung des methodischen oder empirischen Rahmens zu erkennen. Die wissenschaftsbezogene Qualität der Berichterstattung verändert sich also kaum.

Das Wesen wissenschaftlichen Erkenntnisgewinnes und damit auch das Wesen – sozusagen die Verletzlichkeit – von Forschungsergebnissen bleibt beim Vermittlungsprozess auf der Strecke. Selbst wenn die Wissenschafter keine Angaben zu Reichweite und Unsicherheit ihrer Ergebnisse machen, könnten die Journalisten nachfragen und sollten die entsprechenden Informationen erhalten.

5.8.7 Fazit zu Entwicklungen, Tendenzen, Unterschieden

Aus der Inhaltsanalyse geht als markantestes Ergebnis die doppelte Themenkarriere des Waldsterbens hervor. Als politisches Thema taucht es aus dem Nichts auf, besetzt schnell die Agenda, zieht eine Zeit lang grosse Energie auf sich und klingt dann bald aus. Hat das Problem den Weg durch die Instanzen beschritten, ist es für die Politik vom Tisch, obwohl es nicht gelöst worden ist. Die Politik kann sich nicht weiter mit ihm befassen, solange sich nicht deutlich neue Handlungsanreize einstellen und neue Handlungsspielräume auftun. Gerade umgekehrt stellt sich die Situation für die Wissenschaft dar. Solange das Problem nicht gelöst ist, bietet es Gelegenheit, es neu zu betrachten, es umzudefinieren, sich als Wissenschafter dabei zu profilieren und Forschungsgelder an sich zu ziehen. Während die Politik zum nächsten Thema eilt, kann sich die Wissenschaft weiterhin damit befassen.

Unter einem Schlagwort ergeben sich für die Medien daher zwei verwobene Themenkarrieren: politisch ist das Waldsterben – wie dies seit Jahren zu hören ist – tatsächlich gestorben. In wissenschaftlicher Hinsicht wird es auf mässiger Flamme weiter gekocht. Die Bedeutung der steigenden Kronenverlichtung ist ebenso ungeklärt wie der Einfluss von Stickoxiden, Ozon und Klimaerwärmung auf Boden und Vegetation. Für viele Umweltprobleme, aber auch für andere Probleme, mit denen sich die Wissenschaft in Fremdreferenz abgibt, dürfte eine ähnliche doppelte (oder mehrfache) Themenkarriere festzustellen sein. In quantitativer Hinsicht hat die Berichterstattung zu politischen Aspekten des Waldsterben weit überwogen.

Als zweites markantes Ergebnis zeigt sich, dass unterschiedliche Stile der Berichterstattung und die unterschiedliche politische Orientierung der Medien deutlich auf die Darstellung von Kenntnissen und Sachverhalten durchschlägt. Am deutlichsten zeigt sich dies in der Weise, wie der Wandel der Vorstellungen vom Waldsterben in der Wissenschaft von den Medien nachvollzogen wird. Für den Blick fallen die Veränderungen wissenschaftlicher Positionen in die Zeit, wo das Waldsterben seinen politischen Elan weitgehend verbraucht hat und zu einem zweitrangigen Thema geworden ist. Deshalb schrumpft die Berichterstattung im Blick gegen Null. Die Neue Zürcher Zeitung verfolgt den Wandel der Argumentation in relativ engem Kontakt mit der Wissenschaft (und betreibt dafür einen hohen Aufwand an Recherchen). Von den drei untersuchten Medien ist die NZZ am ehesten bestrebt, ein rationales und konsistentes Bild zu vermitteln. Beim Tages-Anzeiger schliesslich ist die Spannung zwischen dem Anspruch auf getreue Informationsvermittlung und dem Verfolgen einer umweltfreundlichen politischen Linie deutlich zu spüren: Zwar werden die Argumentationen der Wissenschafter dargestellt, doch zugleich werden sie wie unliebsame Meinungsäusserungen von politischen Interessenverbänden behandelt. Etliche Autoren des Tages-Anzeigers bleiben im wesentlichen der klassischen Vorstellung des Waldsterbens verhaftet, d.h. sie sind nicht darauf eingestellt, die Konsequenzen aus den von Wissenschaftern vorgetragenen Argumenten zu ziehen oder diese Argumente zurückzuweisen. Wie wir im nächsten Kapitel noch näher sehen werden, folgen etliche Journalisten und Tageszeitungen in der Schweiz diesem Muster. Neue Zürcher Zeitung und Tages-Anzeiger sind relativ repräsentativ für die neue Polarität, die sich in Sachen Waldsterben seit Ende der 80er Jahre zwischen der Wissenschaft auf der einen Seite und den Forst- und Umweltschutzkreisen auf der anderen Seite entwickelt hat.

Erstaunlich deutlich wirkt sich diese im weiteren Sinne politische Linie auch auf die Darstellung zentraler Sachverhalte aus: Die Rolle der Luftverschmutzung als Ursache von Waldschäden wird beim Tages-Anzeiger im Vergleich zur NZZ deutlich häufiger als Gewissheit dargestellt. Ebenso vollzieht der Tages-Anzeiger den Wandel der politisch bedeutsamen Semantik vom „Waldsterben" über „Waldschäden" zu „Waldzustand" deutlich später als die NZZ.

Drittens zeigt die Inhaltsanalyse, dass auch die Medien an der Dramatisierung des Waldsterbens mitgewirkt haben. In allen drei Medien ist eine markante Diskrepanz der Wortwahl zwischen dem Titelbereich und dem eigentlichen Text festzustellen: Im Vergleich mit dem eigentlichen Text wird in Titel, Untertitel und Spitzmarke viel häufiger von Waldsterben und seltener von Waldschäden oder Waldzustand gesprochen. Hierbei profiliert sich erwartungsgemäss die Boulevardzeitung.

Viertens ist schliesslich festzustellen, dass in allen drei Medien, aber insbesondere im Blick, die Rahmenbedingungen des Erkenntnisgewinns, und damit die Gültigkeitsgrenzen, recht selten dargestellt und kaum je hinterfragt werden. Insgesamt werden wissenschaftliche Ergebnisse eher als nackte Realität (oder schlimmer noch: persönliche Meinung) denn als methodisch-empirische Konstruktion dargestellt. In dieser Hinsicht haben die Medien während der 10 Jahre „Waldsterben" nichts hinzugelernt. Der Grund dafür ist jedoch nicht nur bei den Medien zu suchen, sondern ebenso bei der Wissenschaft. Es liegt nämlich auch an ihr, den Journalisten und Journalistinnen entsprechende Ausgangsmaterialien zu unterbreiten.

Insgesamt ergibt sich folgendes Bild: Die Medien bearbeiten das Waldsterben grösstenteils in einer Form, die ich „Verlautbarungsjournalismus" nennen möchte. Das heisst, sie berichten über das, was andere Leute tun und sagen, und dies in erster Linie dann, wenn sie dazu eingeladen werden. Ihre Anstrengungen, Aspekte des Themas selbst zu recherchieren, oder über die bereitgestellten Unterlagen hinaus aufzuarbeiten, halten sich in eher bescheidenem Rahmen. Ein Thema besteht in erster Linie aus Ereignissen und weniger aus Zusammenhängen, die zu ergründen und zu erklären wären: Das argumentative Erschliessen der Gegenwart, sowohl in faktischer wie in normativer Hinsicht, wird in der Regel anderen überlassen. Gelegentliche Kommentare decken zwar die kritische Reflexion der Politik einigermassen ab, doch fehlt ihr Pendant, nämlich das kritische Hinterfragen von „Tatsachen", fast vollkommen. Der kritischen Haltung in den Kommentaren fehlt damit die empirische Erdung.

In der Literatur über Wissenschaftsjournalismus wird den Medien häufig die Aufgabe zugewiesen, wissenschaftliche Erkenntnisse in einen weiteren Horizont zu stellen. In den Artikeln, die Kenntnisse zum Waldsterben vermittelten und damit in der Regel einen Bezug zu Untersuchungen aufweisen, wird das Waldsterben aber nur selten als ein gesellschaftliches (und nicht nur naturwissenschaftliches) Problem thematisiert. Meiner Einschätzung nach war dies häufiger in Berichten zu politischen Ereignissen oder in Kommentaren der Fall, doch habe ich dazu keine Zahlen erhoben. Für die These, dass das Waldsterben vorwiegend ereignisbezogen und weniger themenbezogen abgehandelt wurde, spricht ferner, dass bei der grossen Mehrzahl der Artikel deutlich ein äusserer Anlass für das Verfassen des Artikels zu erkennen ist. Die Medien leisten ihre Orientierungsfunktion also in erster Linie, indem sie über Orientierungsangebote von Dritten berichten, und weniger durch eigene Reflexion und systematische Recherche. Ihre eigenen Orientierungsleistungen treten am ehesten durch die Wahl ihrer Formulierungen und durch die Selektionen bei der Berichterstattung hervor.

Wenn wir die Medien als Beobachter der Gesellschaft betrachten wollen, dann drängt sich aus der Analyse dieser drei Printmedien der Schluss auf, dass zumindest die Tagespresse die Gesellschaft auf relativ passive und standardisierte Weise beobachtet, etwa in der Weise, wie eine Videokamera ein Regal in einem Supermarkt überwacht. Zumindest bezüglich des Waldsterbens, das immerhin über Jahre das publizistische Top-Thema war, können die Medien kaum für sich in Anspruch nehmen, stellvertretend für das Interesse ihres Publikums beobachtet zu haben. Dazu hätten sie sich von den Interpretationsstrukturen der Akteure im Problemfeld kritisch emanzipieren und nach eigenen Ordnungen arbeiten müssen.

6. Sanasilva 1993 - Eine Fallstudie

Meine systematische Inhaltsanalyse der Berichterstattung über das Waldsterben in den Massenmedien reicht bis Ende 1992. Als ich mein Projekt konzipierte, konnte ich noch nicht ahnen, dass das Waldsterben im Frühjahr 1994 in eine neue Phase treten würde. Um darauf zu reagieren, wählte ich die Form einer Fallstudie. Der Fall, den ich in diesem Kapitel präsentieren möchte, repräsentiert die wichtigsten Qualitäten der Debatte um das Waldsterben für die mittleren 90er Jahre. Es handelt sich um die Berichterstattung in Fernsehen, Radio und Printmedien über die Ergebnisse der Waldzustandsinventur des Jahres 1993 und die Reaktion von Greenpeace.

Die Fallstudie eröffnet einen Blick auf die Medienlandschaft der Schweiz zu einen kritischen Zeitpunkt. Zu der Zeit war ich selbst Teilzeit-Mitarbeiter der Stelle Medien & Information an der WSL. Ich war zwar selbst nicht in die Veröffentlichung des Sanasilva-Berichtes involviert, konnte jedoch das Geschehen aus nächster Nähe mitverfolgen und hatte leichten Zugang zu den Beiträgen in Presse, Radio und Fernsehen.[653] Es bot sich die einmalige Gelegenheit mitzuverfolgen, wie eine Presseorientierung für fachlich überdurchschnittlich interessierte Journalisten – ein unscheinbares Ereignis – zum Ansatzpunkt einer Medienkampagne umfunktioniert wird. Ich werde im folgenden zuerst die Ereignisse Revue passieren lassen und anschliessend versuchen, die Leistungen der involvierten Organisationen im Lichte der kommunikativen Vernunft zu beurteilen.

6.1 Vorgeschichte

Im Rahmen des neuen Walderhebungsprogrammes (WEP 1992 - 1995) wurden die jährlichen Beobachtungen des Zustandes des Schweizer Waldes 1992 vorerst in vergleichbarer Weise weitergeführt. 1993 ist jedoch die WSI in eine Waldzustandsinventur (WZI) umbenannt worden. Der Umfang der Stichprobe wurde stark eingeschränkt, aber die Liste der Erhebungsmerkmale erweitert. Diese quantitative und qualitative Umformung war ein Schritt vom Monitoring des Baumzustandes in Richtung Monitoring des Ökosystems Wald. Mit der neuen WZI wurden auch Wissenschaft und Verwaltung entkoppelt. 1993 konnte die WSL die Inventurergebnisse erstmals in eigener Verantwortung und ohne redaktionale Beteiligung von Forstdirektion bzw. BUWAL veröffentlichen. Konsequenterweise wurden die Ergebnisse der WZI auch in der Reihe der Berichte der WSL herausgegeben und der Bericht wurde nicht mehr allen Medien automatisch zugestellt.

An einer „Pressefahrt" im Herbst 1993 wurde über das neue WEP orientiert. Da bis anhin zu dieser Jahreszeit jeweils der Sanasilva-Bericht vorlag, wurden auch die ersten zentralen Ergebnisse der WZI bekanntgegeben, obwohl der Bericht dazu erst 1994 publiziert werden sollte.

Noch bevor der genaue Termin der Veröffentlichung des Waldzustandsberichtes feststehen konnte, startete Ulrike Bleistein von der Stelle Medien & Information der

---

653 Bei einer Agentur für Medienbeobachtung hat die WSL ein Abonnement für die Stichworte „WSL" und „Wald" laufen. Es erfasst alle Tageszeitungen und Publikumszeitschriften der Schweiz.

WSL eine Umfrage bei Redaktionen einiger wichtiger deutschschweizer Medien und bei den Presseagenturen AP und SDA, ob sie ein Interesse an einer detaillierten fachlichen Orientierung über die neue WZI mit anschliessender Diskussionsrunde hätten. Dieses Vorgehen wurde gewählt, um den Kreis der Teilnehmenden auf Personen zu reduzieren, die bereit sind, sich inhaltlich mit Fragen einer Waldzustandsinventur auseinanderzusetzen. Die Nachfrage beschränkte sich erwartungsgemäss auf eine Handvoll Journalisten.

Für Dienstag, den 9. August 1994, morgens um 10 Uhr wird ein Pressegespräch festgesetzt und die interessierten Personen erhalten eine Einladung. Damit an der Veranstaltung der neueste Bericht mit Ausführungen zur Methodik und mit den Ergebnissen der WZI 1993 diskutiert werden kann, wird er diesen Personen im Voraus zugestellt. Die Berichterstattung wird mit einer Sperrfrist bis 9.8.1994 um 11 Uhr belegt, um den anwesenden Journalisten Gelegenheit und Anreiz zu bieten, für die nächste Ausgabe ihrer Zeitung einen Artikel zu verfassen.

Dieser Dienstag, der so bescheiden geplant worden war, wird für die WSL zum Medienereignis des Jahres, denn statt der angemeldeten elf Personen kommen mehr als 20, unter ihnen auch Fernseh- und Radioequippen. Am Nachmittag folgen etliche Anrufe von Redakteuren, die den Anlass „verpasst" haben und besorgt Unterlagen anfordern oder um ein Interview mit einer verantwortlichen Person bitten.

Zwei Ereignisse, die sich dem Einfluss der WSL entziehen, sind für das grosse Interesse der Medien entscheidend. Greenpeace verschickt am 8. August seinen „Insanasilva-Waldschadenbericht 1994" mit derselben Sperrfrist an die Schweizer Medien, das Forstwesen und die WSL. Der Bericht wirft der WSL vor, sie drücke sich um ihre Verantwortung für den Wald und die Umwelt. Aufgrund der Luftverschmutzung und der Klimaerwärmung gehe es dem Wald schlechter denn je. Am Vortag des Pressegesprächs sendet das Fernsehen DRS in seinem Abend-Nachrichtenmagazin „10 vor 10" unter dem Motto „Der Schein trügt, der Wald stirbt weiter" einen Beitrag „mit verlässlichen Zahlen" über den Waldzustand und insbesondere über den schlechten Zustand des Gebirgswaldes. Nach dem Beitrag verkündet die Ansagerin, dass am folgenden Tag der Bund[654] die neuesten Zahlen zum Gesundheits- bzw. Krankheitszustand des Waldes veröffentlichen werde. Über Greenpeace kein Wort.

Um die anderen Medien zu aktivieren, musste der Insanasilva-Bericht im Fernsehen auch gar nicht erwähnt werden, weil er ja schon allen Redaktionen vorlag. Die wichtigsten Thesen aus diesem Bericht, dass der Wald weiter sterbe und dass die Waldschadenforschung die Brisanz des Themas hinter Zahlen kaschiere, liessen sich vom Fernsehen problemlos übernehmen, ohne die Sperrfrist des Insanasilva-Berichtes zu verletzen. Das Thema war elegant auf die Agenda gesetzt worden. Radio und Printmedien standen fortan unter Zugzwang und mussten sich unverzüglich „Stoff" besorgen. Besser hätte die Kampagne für Greenpeace nicht anlaufen können.

6.2 Der Sanasilva-Bericht 1993

Im wesentlichen besteht der Bericht aus zwei Teilen. In der ersten Hälfte wird die neue Methodik der WZI ausführlich vorgestellt. Besonderes Gewicht erhält dabei die kritische Diskussion der Genauigkeit der erhobenen Daten. Aus wissenschaftlicher Perspek-

---

654 Gemeint war die WSL und nicht die Zeitung „Der Bund".

tive ist dies der weitaus spannendere und brisantere Teil dieses Berichtes. Der zweite Teil befasst sich mit den unspektakulären Ergebnissen der WZI 1993, mit der Forstschutz-Situation (v.a. Insekten- und Pilzbefall), mit der Witterung und mit der Ozonbelastung. Den Schluss bilden eine kurze Übersicht über die Entwicklung der Ergebnisse anderer WZIs in Europa von 1983 bis 1993 und ein Blick in die Zukunft der schweizerischen WZI.

Im Vorwort des Berichtes fasst Rodolphe Schlaepfer die wichtigsten Änderungen zwischen der WSI im Rahmen des Sanasilva-Programmes und derjenigen im WEP zusammen und begründet sie:

„Gemäss der erweiterten Zielsetzung, aber auch aufgrund der gemachten Erfahrungen, der neuen Erkenntnisse und der gestiegenen Bedürfnisse, aber auch in Anbetracht der Finanzknappheit, wurden 1993 im Projekt ‚Waldschadeninventur‘ verschiedene Änderungen eingeführt: Die Zahl der Probeflächen musste auf ein statistisch noch zulässiges Minimum reduziert werden. Auf den verbleibenden Probeflächen wurden die Beobachtungen jedoch intensiviert. Es wurden mehr Baum- und Bestandesmerkmale beurteilt, Bodenproben entnommen, die Vegetation erfasst und der Standort umfassend charakterisiert. Auch das Klima und die Luftverschmutzung sollen mit Hilfe von Modellen miteinbezogen werden. Die Daten sollen gemäss Zielsetzung umfassend ausgewertet und miteinander in Beziehung gebracht werden."[655]

Aus einer Waldschadeninventur wird damit ein Instrument des Ökosystem-Monitorings, das zugleich der Analyse verschiedenster Kausalbeziehungen dienen soll. Zugleich wird die Anzahl der Probeflächen auf einen Viertel früherer Inventuren beschränkt. Dadurch sinkt der Grad der Differenzierung; es lassen sich kaum mehr regionale Aussagen und nur noch solche für die wichtigsten Baumarten vertreten.

Noch immer wird der Kronenverlichtung als Merkmal des Baumzustandes hohe Priorität beigemessen. Doch dieses Kriterium wird durch andere Kriterien des Baumzustandes, wie dürre Äste, Vergilbungen etc. ergänzt. In der Analyse werden sowohl die Schäden bekannter, wie diejenigen unbekannter Ursache berücksichtigt. Damit wird auch eine Abkehr von den früher mit dem Waldsterben gleichgesetzen „Waldschäden unbekannter Ursache" vollzogen. Mit dieser Anlage wird nun also der Waldzustand über den Problemhorizont des Waldsterbens hinaus erfasst.

Im dritten Kapitel des Berichtes wird die Genauigkeit der Beurteilung des Kronenzustandes diskutiert. Rund ein Viertel der WZI 1993 wurde von einer Kontrollgruppe ein zweites Mal aufgenommen. Trotz grosser Anstrengungen zur Standardisierung der Kronenansprache stimmten Aufnahmegruppe und Kontrollgruppe nur bei 24% der Bäume überein. Wird noch eine Abweichung um eine Klasse (also ±5% Kronentransparenz) akzeptiert, beträgt die Übereinstimmung immer noch nur 66% und bei einer Toleranz von ±15% erreicht sie 93%. Unglücklicherweise ist die Übereinstimmung gerade für stärker verlichtete Bäume noch geringer.[656]

Ähnlich problematisch stellt sich auch die Beurteilung von Verfärbungen dar. Hierfür befindet sich die Standardisierung selbst erst in Entwicklung. Die meisten der anderen erhobenen Merkmale erzielen jedoch wesentlich höhere Übereinstimmungen.[657] In einigen Ländern führten analoge Untersuchungen zu ähnlichen Einsichten. John Innes, der für die Inventur verantwortlich ist, schlägt vor, Akzeptanzgrenzwerte für die Über-

---

[655] Innes et. al. 1994, S. 5f.
[656] Innes et. al. 1994, S. 23f.
[657] Innes et. al. 1994, S. 26ff.

einstimmung von Aufnahme- und Kontrollgruppen festzulegen. Zudem soll die Ausbildung der Taxatoren verbessert und intensiviert werden.[658] Schliesslich setzt er der Qualität eine hohe Latte:

> „Wenn ein Indikator den erforderlichen Standard innert dreier Jahre nicht erreicht, wird er von weiteren Inventuren ausgeschlossen."[659]

Angesichts der bisher schon aufwendigen Instruktionen, dürfte dem Versuch, die gesetzten Qualitätsziele allein durch bessere Ausbildung zu erreichen, nur geringe Aussicht auf Erfolg beschieden sein. Mit dieser kaum erfüllbaren Anforderung provoziert Innes implizit die Frage, ob eine Waldzustandsinventur überhaupt ein zweckmässiges Instrument ist oder aber abzuschaffen bzw. durch ein anderes Instrument zu ersetzen sei. So radikal war die Waldzustandsinventur noch nie zuvor in Frage gestellt worden!

Geradezu kalter Kaffee sind im Vergleich zu diesen Ausführungen die Ergebnisse der WZI 1993. Neu wird im Bericht 1993 zwischen der Gesamtverlichtung und der Kronenverlichtung unbekannter Ursache unterschieden. Die Angaben zur Gesamtverlichtung sind nämlich erst ab 1990 registriert worden.

> „Während diesen vier Jahren, in denen die Gesamtverlichtung beurteilt wurde, zeichnete sich kein klarer Trend in den Ergebnissen ab."[660]

Werden die Ergebnisse für bare Münze genommen, geht es dem Wald im Durchschnitt also ungefähr gleich gut. In Anbetracht der Unsicherheiten aber, könnte es dem Wald ebensogut einige Prozent „schlechter" oder „besser" gehen. Innes mahnt denn auch, dass die Ergebnisse zur „unerklärten" Kronenverlichtung mit Ungenauigkeiten behaftet sind und vorsichtig interpretiert werden sollten.

> „Generell gesehen gab es eine Verminderung des Anteils der Bäume mit 0 bis 10% NBV und ein Anwachsen des Anteils mit 20 bis 35% NBV. Es ist jedoch wichtig anzumerken, dass der Anteil der Bäume mit über 45% NBV über den gesamten Zeitraum konstant geblieben ist. Das lässt vermuten, dass bis heute kein graduelles Vorrücken von Bäumen in höhere Kronenverlichtungsklassen stattgefunden hat."[661]

In einem weiteren, allerdings relativ kurzen Kapitel, berichtet Erwin Jansen (PBMD) von grossen Zwangsnutzungen aufgrund des Befalls mit Borkenkäfern. Vor allem aus den Gebieten, die 1990 grosse Sturmschäden zu beklagen hatten, fielen Rekord-Mengen an Zwangsnutzungen an. Im Tessin waren auch 1993 wieder Schwammspinner-Schäden zu verzeichnen.[662]

Das letzte Kapitel des Berichtes befasst sich gesondert mit der Ozonbelastung als Risikofaktor für den Wald. Eine Arbeitsgruppe von Forstexperten der UN/ECE habe kürzlich eine kritische Ozon-Belastungsgrenze zum Schutze der Wälder festgelegt.[663] Danach werden Mittelwerte der Ozonkonzentration von mehr als $80\mu g/m3$ (40ppb) während der Vegetationsperiode als schädlich betrachtet. Dieser Wert werde in der Schweiz an verschiedenen Orten überschritten, doch sei bis jetzt kein epidemiologischer Nachweis von Ozonschäden gelungen.[664]

---

658   Innes et. al. 1994, vgl. S. 29ff.
659   Innes et. al. 1994, S. 31.
660   Innes et. al. 1994, S. 32.
661   Innes et. al. 1994, S. 32.
662   Innes et. al. 1994, vgl. S. 42f.
663   Vgl. Fuhrer, J., Achermann, B. (eds.), 1994: Critical levels for ozone. A UN-ECE workshop report. Schriftenreihe der FAC Liebefeld, Bern.
664   Innes et. al. 1994, vgl. S. 48f.

6.3 Der Insanasilva-Bericht von Greenpeace

Wird er zur Tradition? Jedenfalls ist der Insanasilva Bericht von 1994 das zweite Exemplar seiner Gattung. Im Herbst 1992 verfolgte der erste Bericht noch den Zweck

„über den Gesundheitszustand des Schweizer Waldes und dessen Entwicklung im Zusammenhang mit den Umweltgiften zu informieren. Er fordert die verantwortlichen politischen Behörden auf, geeignete Massnahmen zur Gesundung des Waldes durchzusetzen. Eine breite Öffentlichkeit soll Kenntnisse über den Zustand unserer Wälder erhalten."[665]

An die Wissenschaft werden keine besonderen Forderungen adressiert. Vielmehr werden die Angaben des Sanasilva-Berichtes von 1992 als Grundlagen der Argumentation beigezogen. Eineinhalb Jahre später liest sich die Bestimmung des Berichtes von Greenpeace schon ganz anders:

„Der vorliegende Bericht hat den Zweck, über den Gesundheitszustand des Schweizer Waldes und dessen Entwicklung im Zusammenhang mit den Umweltgiften zu informieren. Der Herausgeber ist weder an politische Parteien noch an Wirtschaftskreise gebunden. Er fordert die Wissenschaftler und die verantwortlichen politischen Behörden auf, geeignete Massnahmen zur Gesundung des Waldes durchzusetzen. Eine breite Öffentlichkeit soll Kenntnis über den Zustand unserer Wälder und über die ersten Anzeichen der Klimaveränderung in der Schweiz erhalten."[666]

Und in der Überschrift der Pressemitteilung, die den Insansilva-Bericht auf alle Redaktionen der Schweizer Medien begleitete, steht:

„Die Klimaveränderung und die Luftvergiftung bedrohen den Wald; die Forschungsanstalt WSL drückt sich um ihre Verantwortung."

Weiter unten ist zudem zu lesen, dass die Forschungsanstalt in der Waldschadendiskussion ihre Verantwortung in der Ursachenfrage ungenügend wahrnimmt, und Greenpeace deshalb seinen „Insanasilva-Waldschadenbericht 1994" veröffentlicht. In der Pressemitteilung werden auch die zentralen Forderungen von Greenpeace zusammengetragen:

„Die Ursachen für die immer deutlicheren Waldschäden dürfen nicht isoliert betrachtet werden. Die Waldforscher müssen von der herkömmlichen Zahlenwissenschaft Abschied nehmen und aufgrund der Indizien handeln. Sie können nicht erst dann Handlungsempfehlungen abgeben, wenn alles sicher bewiesen ist. Dann ist es zu spät. Jedoch sind Politiker auf die Grundlagen und Forderungen der Wissenschaftler angewiesen. Statt da ihre Verantwortung wahrzunehmen aber schrauben die Forscher einfach die Schwelle, ab wann ein Baum als geschädigt gilt, in die Höhe. (...) Es genügt nicht, Krankheitssymptome statistisch zu erfassen, ohne die Ursachen des Waldsterbens beim Namen zu nennen. Von der Forschungsanstalt fordern wir eine Analyse des Risikos, dem unsere Gebirgswälder ausgesetzt sind, sowie einen Massnahmenkatalog, der auf dem Prinzip der Vorsorge zur Vermeidung weiterer Schäden basiert."

Der Insanasilva-Bericht wurde mit einem Begleitschreiben ähnlicher Stossrichtung auch den Kantons- und Stadtoberförstern, Revierförstern, Gebirgswaldpflegegruppen, Forschungsstellen und Umweltorganisationen zugestellt. Diesem Schreiben entnimmt man, dass sich seit einem Jahr die Stimmen von Gebirgsförstern, die sich um den Zustand des Schutzwaldes sorgen, mehren.

---

[665] Greenpeace 1992, S. 4.
[666] Greenpeace 1994, S. 4.

„Keine Schützenhilfe erhält man in dieser Frage von der Forschungsanstalt WSL."

Im weiteren werden dieselben Forderungen an die Waldschadenforschung wiederholt. Allerdings wird in diesem Brief zusätzlich auf die Notwendigkeit der Reduktion des Verbrauchs fossiler Energiequellen und auf die Möglichkeit einer CO_2- und Energieabgabe, sowie auf Holz als alternativen Rohstoff hingewiesen. Schliesslich haben auch der Direktor der WSL und die Stelle Medien & Information den Bericht mit einem speziellen Schreiben erhalten, weil sich die WSL Greenpeace gegenüber „offen verhalten" habe.

„Wir werden wohl am Dienstag noch unsere Klingen kreuzen. Mit freundlichen Grüssen, Christoph Wiedmer"

Christoph Wiedmer, seit 1993 der Wald-Campaigner von Greenpeace, war wie schon zu früheren Gelegenheiten auch zur Presseorientierung vom 10. August eingeladen worden.

Während sich Greenpeace im Bericht von 1992 noch mit Forderungen an die Politiker und an die Bevölkerung wendet, stellt der Bericht von 1994 die Wissenschafter der WSL (und nicht die Waldschadenforschung im allgemeinen) an den Pranger. Greenpeace versucht somit, in der Öffentlichkeit gegenüber Umweltforschung, Politik und Forstwirtschaft von der Position des Klägers zu derjenigen des Richters zu wechseln.

Im eigentlichen Bericht „Wald, Luftvergiftung und Klimaveränderung"[667] wird die gegenwärtige Situation folgendermassen beschrieben:

„Rund 10 Jahre Forschung nach den Ursachen des Waldsterbens hat nach Aussagen der Forscher keine Beweise zutage gefördert. Doch der Wald bricht an verschiedenen Orten buchstäblich zusammen; die Blatt- und Nadelverluste haben sich in demselben Zeitraum verdoppelt; zwei Drittel aller Bäume sind geschädigt, ein Fünftel sogar schwer. Trotz der Tatsache, dass die Ozonkonzentrationen schädlich und die Stickstoffeinträge in den Waldboden viel zu hoch sind sowie das Kohlendioxid in der Luft zunimmt, schrecken viele Wissenschaftler davor zurück, jetzt Konsequenzen zu fordern. (...) Dabei sind die negativen Einflüsse der Luftverschmutzung und der Klimaerwärmung offensichtlich, obwohl es nicht möglich ist, sie in einer lückenlosen Ursachen- Wirkungskette dazustellen."[668]

Den Wissenschaftern wird nicht vorgeworfen, sie betrieben die Forschung falsch, sondern nur, dass sie ihre Ergebnisse falsch deuteten. Deshalb ruft Greenpeace die Wissenschafter auf,

„ihre Verantwortung wahrzunehmen und aufgrund der Risikoanalyse und nach dem Vorsorgeprinzip die Politiker zum Handeln zu ermutigen. Die beunruhigenden Vorgänge im Wald sind deutbar, das Risiko ist abschätzbar. Es gilt klare Forderungen zu stellen, um weiteren Schäden vorzubeugen (Vorsorgeprinzip). Nur so können den Politikern die notwendigen Grundlagen für ihre Entscheidungen zur Verfügung gestellt werden."[669]

Den Forschern wird zudem vorgehalten, bei unbekannten Schädigungen die Messlatte hinaufgesetzt und damit die Schäden „reduziert" zu haben.[670]

---

[667] Man beachte die darin implizierte Perspektive. In ihr wiederholt sich die Argumentationsstruktur der Debatte um die Luftreinhaltung in den frühen 80er Jahren: Es ist nicht die Vielfalt guter Gründe, die für eine Reduktion des Verbrauchs fossiler Energieträger spricht, sondern primär der gefährdete Wald. Was geschieht, wenn diese einseitige Argumentationsbasis in Zweifel gezogen wird?

[668] Greenpeace 1994, S. 5.

[669] Greenpeace 1994, S. 5.

[670] Greenpeace 1994, S. 6.

Wie es der Titel des Insanasilva-Berichtes schon andeutet, sieht Greenpeace den Wald vor allem auf zwei Ebenen gefährdet. Durch die Verbrennung fossiler Energieträger werden zugleich Luftschadstoffe und das „Treibhausgas" Kohlendioxid freigesetzt. Für Greenpeace gilt es als

> „bekannt, dass viel zu viele Stickstoffverbindungen in die Erde dringen, was die Vegetation beeinträchtigt; ebenso wirken sich die sommerlichen Ozonwerte schädigend auf Pflanzen aus."[671]

Für eine Klimaerwärmung führt der Bericht eine Reihe von Indizien ins Feld: häufigere und heftigere Stürme; das häufigere Auftreten des Borkenkäfers und anderer Parasiten; der Rückgang der Gletscher; der Schneerückgang; die Überschwemmungen; das Auftauen von Permafrostböden; mehr Platzregen und Rutschungen.[672] An einigen Beispielen von Waldschäden zeigt Greenpeace auf, dass viele Wälder der Schweiz durch Luftschadstoffe und Klimaveränderungen schwer geschädigt sind.[673] Greenpeaces umweltpolitisches Ziel ist letztlich die Reduktion des Verbrauchs fossiler Brennstoffe.

6.4 Pressegespräch und Publikation des Sanasilva-Berichtes

Die Verantwortlichen der WZI und Ulrike Bleistein, zuständig für die Öffentlichkeitsarbeit, erwarteten aufgrund der eigenen Kritik an der Inventurmethodik, dass der Sanasilva-Bericht weitere Kritik am Verfahren der Waldbeobachtung auslösen werde. Weil ein offener Umgang mit Problemen in der Regel zu einer sachgerechteren und freundlicheren Presse führt, soll eine Presseverantaltung über die Neuerungen und die Problematik der Waldzustandsinventur orientieren. Um die Journalisten zur Teilnahme an der fachlich ausgerichteten Diskussionsrunde zu motivieren, wird ihnen die Chance gegeben, die dabei gewonnenen Informationen auch zu verwerten: Das Pressegespräch und die Veröffentlichung des Sanasilva-Berichtes – die Ergebnisse der WZI sind ja schon im Herbst 93 bekanntgegeben worden – werden auf den selben Termin gesetzt. Zu dieser Veranstaltung werden Personen eingeladen, die ein besonderes Interesse am Wald und einige Vorkenntnisse zu diesem Thema haben. Den meisten Schweizer Medien war diese Veranstaltung somit nicht angekündigt worden und sie hatten weder den Sanasilva-Bericht noch die aussergewöhnlich lange Pressemitteilung erhalten. Der „10 vor 10"-Fernsehsendung des Montagabends und der Presseinformation von Greenpeace war zu entnehmen, dass am Dienstag eine Pressorientierung an der WSL stattfinden sollte. Deren Zweck und Inhalt war für die nicht eingeladenen Medienschaffenden allerdings nicht zu erkennen. Was lag näher, als ein „Ausbooten" eines Teils der Medien und eine „verdeckte" Veröffentlichung des Sanasilva-Berichtes zu vermuten?

Mit der Sendung „10 vor 10" wird das Waldsterben auf die Agenda gesetzt. Darüberhinaus wird in der Sendung erwähnt, dass am nächsten Morgen in Birmensdorf die „neuesten Zahlen" zum Waldzustand bekanntgegeben werden. Dass die neuesten Zahlen schon vom letzten November datieren, kann das Publikum – die anderen Medien – nicht ahnen. In früheren Jahren war auch Anfangs August eine Trendmeldung bekanntgegeben worden. Deshalb erwarten einige Leute die Zahlen für 1994.

---

[671] Greenpeace 1994, S.6.
[672] Vgl. Greenpeace 1994, S. 8ff.
[673] Vgl. Greenpeace 1994, S. 13.

Am Pressegespräch steht ein Referat von John Innes im Zentrum. Er erläutert die Entstehungsgeschichte und die Wandlungen der Waldzustandsinventur.[674] In der anschliessenden Diskussion kommen Fragen zur Interpretation des Trends der Kronenverlichtung, die Hypothese von Waldschäden durch Stickstoffeinträge, die Borkenkäfersituation und lokale Waldzusammenbrüche zur Sprache. Nach Abschluss der Veranstaltung zeigen sich einige der (ungeladenen) Anwesenden enttäuscht: Das fachliche Niveau sei zu hoch gewesen und es sei für sie kaum Neues zu erfahren gewesen. Am Nachmittag verlangen mehrere Redaktoren von Zeitungen und Lokalradios Unterlagen. Dabei drücken auch etliche ihre Unzufriedenheit darüber aus, dass sie nicht eingeladen worden sind.

6.5 Zur Berichterstattung in den Medien

Meine Ausführen zur Berichterstattung beginne ich mit einer Übersicht über Fernseh- und Radiosendungen. Diese erreichen das Publikum zuerst und haben deshalb die Chance, Themen, Fragen und Perspektiven auf die Agenda zu setzen. Die Printmedien können frühestens am 10. August mit Berichten aufwarten und haben die Berichterstattung der elektronischen Medien als Gegebenheit miteinzubeziehen – sie stehen unter Zugzwang.

6.5.1 Fernsehen

In der Tagesschau des Fernsehen DRS vom Montag wird ein Bericht über den weiterhin sterbenden Wald in der Sendung „10 vor 10" angekündigt. Schon in der Ansage zu „10 vor 10" wird klargestellt, was der Fall ist:

> „Sicher kennen Sie die Geschichte vom kleinen Peter, der neun mal gerufen hat 'der Wolf kommt, der Wolf kommt' und als der Wolf beim zehnten Mal tatsächlich kam, hat es niemand mehr geglaubt. Dass unsere Wälder sterben, das scheint auch niemand mehr zu glauben."

Das Thema sei aus der Mode gekommen und die Massnahmen zum Schutze des Waldes würden mangels politischen Willens nur schleppend verwirklicht.

> „Und überhaupt, es ist ja alles gar nicht so schlimm – der Schein trügt. Der Wald stirbt weiter. Andrea Müller hat verlässliche Zahlen."

Seine verlässlichen Zahlen stammen ausnahmslos von der WSL, die eben daran ist, an der Verlässichkeit dieser Zahlen ein weiteres Stück abzutragen. Es lohnt sich, dem Bericht von Andrea Müller ein Stück weit wörtlich zu folgen:

> „Vor zehn Jahren, als sich die ganze Schweiz grosse Sorgen um den Wald machte, haben die Waldexperten des Bundes von der Forschungsanstalt für Wald, Schnee und Landschaft 36% der Bäume als krank bezeichnet. Letztes Jahr haben dieselben Amtsstellen als offizielle Zahl 18% angegeben. Das heisst aber nicht, dass es dem Schweizer Wald heute besser geht. Und die Behörden haben das auch nie behauptet. Inzwischen hat man aber das Kriterium für die Diagnose ‚krank' verschärft. 1985 galten noch alle Bäume, die bis zu 25% ihrer Blätter oder Nadeln in der Krone verloren hatten, als geschädigt. Heute kommen nur noch Bäume mit

---

[674] Ich hatte (nichts ahnend) die Gelegenheit versäumt, dieser Veranstaltung beizuwohnen. Meine Ausführungen beruhen auf Beschreibungen von Personen, die für die WSL daran teilgenommen hatten.

über 30% Schädigung in die Statistik. Doch auch diese, auf den ersten Blick besseren Zahlen, sind alarmierend. 1985 waren nämlich erst 8% der Bäume schwer geschädigt; heute sind es also mehr als doppelt so viele. Ebenfalls verdoppelt, auf heute 69%, hat sich die offiziell nicht mehr ausgewiesene Zahl der leicht geschädigten Bäume. 1985, als alle vom Waldsterben redeten, waren noch zwei Drittel unseres Waldes gesund. Heute kann nur noch ein Drittel als nicht geschädigt bezeichnet werden. Aber das Wort Waldsterben wagt heute in der Schweiz kaum noch jemand in den Mund zu nehmen. Trotz intensiven Forschungen ist es der Wissenschaft inzwischen nämlich nicht gelungen, den vermuteten direkten Zusammenhang zwischen dem Waldsterben und der Luftverschmutzung wissenschaftlich eindeutig nachzuweisen. Statt vom ‚Waldsterben‘ spricht man heute beim Bund deshalb von ‚Neuartigen Waldschäden‘."

Dieser Kommentar wird vor verschiedenen Einstellungen gesprochen: Bilder von Waldwegen und verlichteten Baumkronen wechseln sich mit einer Karte der Schweiz und „Kuchendiagrammen" ab, die jeweils die erwähnten Prozent-Anteile illustrieren.

Im Sanasilva-Bericht 1993 wird jedoch keine Definition eines kranken Baumes anhand des Merkmals der Kronenverlichtung vorgenommen. Konsequenterweise wird auch auf die Präsentation der Ergebnisse in *Schaden*klassen verzichtet. Einzig im Vorwort und für die Darstellung des Verlaufes der Kronenverlichtung der Teil-Stichproben Nadelbäume, Laubbäume, Berggebiet und Nicht-Berggebiet werden in diesem Bericht die Bäume mit 25% oder mehr NBV in eine *Klasse* zusammengefasst. Ferner wurden in der Waldschadenforschung die Begriffe „Waldsterben" und „neuartige Waldschäden" von Anfang an synonym verwendet, doch die WSL benutzt im Zusammenhang der WZI keinen der beiden Begriffe, sondern redet wegen der Schwierigkeiten gesund und krank zu bestimmen, nur noch vom Waldzustand bzw. vom Ausmass der Kronenverlichtung.

Müllers Bericht fährt mit einem kurzen Ausschnitt aus einem Interview mit Schlaepfer weiter. Der Direktor der WSL bekundet die Absicht einer objektiven Information über den Stand der Forschung; die wissenschaftlichen Kenntnisse zu den neuartigen Waldschäden ergäben jedoch alles andere als ein klares Bild. Nicht einmal eine kurze Einblendung macht die Zuschauer darauf aufmerksam, dass dieses Interview schon zwei Jahre zuvor von einer anderen Journalistin und in einem anderen Zusammenhang aufgenommen wurde. Mit „Dosenfutter" wird Aktualität und Kontextbezug vorgetäuscht. Und der Kontext ist wichtig, weil der Kommentar in der Folge auf die „verheerende Situation" der Gebirgswälder einschwenkt, wo Förster täglich erleben müssen, wie ihr Wald weiter stirbt. Es folgt ein Interview mit Anton Zberg, Förster in Silenen (UR): Das Waldsterben werde totgeschwiegen, obwohl es viel schlimmer sei als anno 85. Erstens werde gespart und zweitens haben Politiker heute andere Probleme. Andrea Müller doppelt nach:

„Seit der Jahrhundert-Sturm Vivian 1990 riesige Löcher in die Schutzwälder ganzer Gebirgsregionen gerissen hat, sind viele Berggemeinden dringend auf politische und finanzielle Unterstützung angewiesen. Schutzwälder bieten keine wirkliche Sicherheit mehr. Mit teuren Verbauungen werden die Dörfer, Bahn und Strasse notdürftig geschützt. Bei jedem grösseren Gewitter drohen Steinschläge und nach sieben milden Jahren fürchten sich die Förster vor einem harten, schneereichen Winter mit Lawinen bis ins Tal."

Die von Müller präsentierten Beispiele für den desolaten Zustand der Bergwälder werden auch im Insanasilva-Bericht aufgeführt.[675] Müllers Bergwald-Report nimmt die zentralen Teile des noch unter Sperrfrist stehenden Insanasilva-Waldschadenberichtes

---

[675] Vgl. Greenpeace 1994, S. 13.

vorweg und bereitet damit das Feld für die Plazierung von Forderungen und Kritik vor. Der Bericht von Greenpeace wird mit keinem Wort erwähnt.

Auch in der Tagesschau vom 9.8. „serbeln" die Bäume weiter. Trotzdem sei das Waldsterben aus den Schlagzeilen verschwunden,

> „und das, weil die zuständigen Behörden die Sache verharmlosen – werfen Umweltorganisationen und Praktiker dem zuständigen Bundesamt vor."

Ein Bericht des Fernsehjournalisten Marcel Cuttat (der am Morgen am Pressegespräch der WSL teilgenommen hat) wird unter dem Titel „Ein Expertenstreit um Wissenschaft und Wahrnehmung" angekündigt. Marcel Cuttat berichtet ähnlich wie Müller in „10 vor 10" vom Montag von den Schäden in Gebirgswäldern durch Borkenkäfer und Stürme. Sie seien jedoch statistisch für die gesamte Schweiz nicht relevant,

> „so weist der Bericht der WSL gesamtschweizerisch für 1993 nur eine Zunahme von rund 2% des Nadel- und Blattverlustes auf. Diese Verharmlosung veranlasste Greenpeace zu einem Gegenbericht, in welchem die Umweltschutzorganisation an Kritik nicht spart."

Daraufhin folgt ein Interview mit Christoph Wiedmer, in dem er sich darüber beklagt, dass sich die Waldschadenforscher hinter Statistiken verstecken:

> „Manchmal habe ich das Gefühl, sie möchten aufzeigen, das Waldsterben darf es nicht geben, weil es nicht beweisbar ist."

Cuttat kommentiert, dass die WSL diesen Vorwurf zurückweise und trotz fehlender Beweise alle Massnahmen für einen gesünderen Wald unterstütze. Dann folgt ein (aktuelles!) Interview mit Rodolphe Schlaepfer, in dem er alle Massnahmen begrüsst, die den Wald entlasten. Cuttat schliesst mit dem Hinweis, dass sich die WSL aber auch in Zukunft auf ihre ureigenste Aufgabe, nämlich die Suche nach rein wissenschaftlichen Gründen für das Waldsterben, beschränken will.

Am Abend des 9. August folgt noch einmal ein ausführlicher Bericht in „10 vor 10". Er stammt wieder von Andrea Müller und es wiederholen sich zum Teil die Bilder des Vortages und der Tagesschau. Diesmal wird detaillierter auf die beängstigende Situation der Schutzwälder in Schwanden, Silenen/Bristen und Sedrun eingegangen. Es wird gezeigt und erläutert, wie versucht wird, mit teuren Verbauungen der Gefahr von Steinschlag, Murgängen und Lawinen zu begegnen. Als Ursachen für die Waldschäden werden im Kommentar die Stürme und der Borkenkäfer angeführt. Eine „endgültige Erklärung, warum der Gebirgswald stirbt", warum Sturm und Borkenkäfer so leichtes Spiel haben, kann die Wissenschaft trotz intensiver Forschung bis heute nicht geben. Für die meisten Förster sei es jedoch klar: In kurzen Interviewsequenzen geben die Förster Tschudi (Schwanden) und Zberg (Silenen) der Luftverschmutzung die Schuld. Diese Auffassung teilen auch renommierte Schweizer Wissenschafter, fährt der Kommentar fort. Sie befürchten, dass es für den Schweizer Wald zu spät sein könnte, wenn dereinst doch Beweise geliefert würden. Nun wird Ernst Ott, Dozent an der ETH, im Feld vorgeführt:

> „Von mir aus gesehen müsste man jetzt handeln, wenn aufgrund von diesen Indizien, die wir haben, die Wahrscheinlichkeit einer Gefährdung ..[er zögert einige Sekunden].. ja.. gegeben ist, auch wenn sie wissenschaftlich im Freien nicht nachgewiesen werden kann."

Inhaltlich liegt dieser Bericht auf derselben Linie wie die beiden oben vorgestellten Beiträge, aber er ist zugleich wesentlich enger gefasst. Sanasilva und Insanasilva werden mit keinem Wort erwähnt. Es werden weder Zahlen zum Waldzustand noch

Forderungen und Kritiken von Greenpeace erwähnt. Zuschauer, die schon die Tagesschau verfolgt haben, werden sich erinnern und zwischen beiden Berichten Brücken schlagen.

Aus demselben Material, das Andrea Müller von Schwanden, von Silenen/Bristen und von Sedrun brachte und von den Interviews, die Marcel Cuttat mit Rodolphe Schlaepfer und Christoph Wiedmer führte, wurde auch vom Fernsehen der französischen Schweiz eine Reportage für das „TJ-soir" vom 9.8. erstellt. Schliesslich wurde dieser französische Bericht noch auf italienisch übersetzt und am selben Tag im „Telegiornale" gesendet.

6.5.2 Radio

Im Abendjournal vom 9.8. auf Radio DRS steht ebenfalls der immer schlechter werdende Zustand des Schweizer Waldes im Zentrum der Berichterstattung. Aber anders als im Fernsehen, werden im Bericht von Karl Järmann auch die Veränderungen der Inventur erwähnt. Die Ergebnisse der Inventur werden jedoch mit dem „Gesamturteil: Der Schweizer Wald kränkelt weiter" zusammengefasst. Der Bericht schliesst mit der Präsentation der Vorwürfe von Greenpeace an die WSL.

Im Echo der Zeit vom 9.8. ist zu hören, dass es dem Schweizer Wald schlechter denn je gehe; dies zeige die jüngste Sanasilva-Studie. Vor zehn Jahren sei das Schlagwort „Waldsterben" als Schreckgespenst herumgeistert, heute sei das Interesse am Zustand des Waldes erlahmt.

„Das Waldsterben: Ein Thema für die Wissenschaft oder für die Politik? Das ist die Frage, ein Beitrag von Christian Schmid."

Und wieder hören wir, dass es dem Schweizer Wald schlechter als vor zehn Jahren geht, als das Schlagwort „Waldsterben" in aller Munde war.

„Der Wald stirbt und keiner scheint hinzuschauen. Warum?"

Pierre Mühlemann von der Forstdirektion (BUWAL) hat eine Erklärung:

„Ja, man kann vielleicht sagen, dass das Problem langsam in den Zahlen, die veröffentlicht worden sind, erstickt. Leider, die Wissenschaft treibt vielleicht die ganze Sache meines Erachtens – das ist eher eine politische Bemerkung – zu weit. Sie zeigt zuviel Zahlen und gibt zuwenig Empfehlungen an die Forstpraxis und an die Forstpolitik."

Greenpeace werde noch deutlicher und werfe der WSL vor, sich vor der Verantwortung zu drücken und politisch nicht Stellung zu nehmen, fährt der Bericht weiter. C. Wiedmer weist in einem Interviewausschnitt darauf hin, dass die Verbrennung fossiler Energieträger die Ursache der beiden grossen Probleme Luftverschmutzung und Klimaerwärmung ist. Der Wissenschafter als Politiker? Davon wolle R. Schlaepfer, Direktor der WSL, nichts wissen, er habe jedoch Verständnis für die Anliegen von Greenpeace. Schlaepfer sagt im Interview, dass er als Bürger mit Herrn Wiedmer einverstanden sei, dass aber die WSL keine Forschung im Bereich der Energie betreibe und dass er sich deshalb nicht zu Fragen der Energiepolitik äussern könne. Der Kommentar fährt fort:

„Dafür wird auf dem Gebiet der Waldschäden um so mehr geforscht. Bislang aber mit mässigem Erfolg.[676] Sorgen bereiten vor allem die sogenannten neuen Waldschäden: Kronenverlichtungen, Blätter und Nadelverlust oder Farbveränderungen. Zwar ist allgemein bekannt, dass der Wald unter der Luftverschmutzung und auch unter Klimaveränderungen leidet, wissenschaftlich bewiesen ist dies aber nicht. Und wo keine klaren Grundlagen sind, sieht sich auch die Politik nicht genötigt, zu handeln. Ein umweltpolitisches Schwarzer-Peter-Spiel."

Auch auf Radio Suisse Romande im Journal du soir vom 9.8. dient die Waldgesundheit als Aufhänger der Berichterstattung. In Kürze werden die wichtigsten Zahlen des Sanasilva-Berichtes vorgestellt und es wird auf die Schäden in den Gebirgswäldern durch Sturm und Borkenkäfer hingewiesen. Dann folgt ein Interview mit dem Koordinator von Greenpeace für die französischsprachige Schweiz. Er wirft der WSL vor, die Ergebnisse der WZI unzureichend zu interpretieren, insbesondere verschweige sie die fast sichere Ursache der Schwächung des Waldes, nämlich die Luftverschmutzung. Rodolphe Schlaepfer entgegnet, dass die WSL durchaus Interpretationen anstellen und Handlungsempfehlungen abgeben wolle, doch die Interpretation sei keine Frage des Willens, sondern eine der verfügbaren Informationen.

Im Gegensatz zur französischen Berichterstattung wird im Tessin, der Schwerpunkt auf die Methodik gelegt. In Informazione vom 10.8. wird vor allem die Frage der Aussagekraft der Erhebungsmerkmale und der Schwierigkeit, die Gesundheit eines Baumes zu beurteilen, erläutert. Der Bericht stellt aber auch die inhaltliche Erweiterung der Inventur vor, weist auf die geschädigten Bergwälder und die Erfassung von Ozonschäden im Tessin hin und schliesst mit der Kritik von Greenpeace.

In der „Dateline" auf Swiss Radio International wird gerade noch in der Ansage des Beitrages die Zunahme der Verlichtung und der neueste Sanasilva-Bericht erwähnt. Sonst besteht der Beitrag nur aus Telefon-Interviews mit John Innes und Christoph Wiedmer. Innes erklärt die Schwierigkeiten, die Kronenverlichtung als Indikator für die Baumgesundheit zu verwenden. Auf den Zustand des Schweizer Waldes angesprochen, sagt er, dass es in der Schweiz Gebiete mit sehr grossen Problemen gebe, insbesondere seien Schutzwälder in Bergkantonen durch Stürme und Borkenkäfer geschädigt. Die Interviewerin konfrontiert ihn mit der Behauptung von Greenpeace, die Luftverschmutzung sei die Ursache für diese Schäden. Innes entgegnet, dass nach den Beobachtungen in der Schweiz, der direkte Einfluss von Luftschadstoffen wahrscheinlich sehr begrenzt sei. Greenpeace interpretiere die Daten weiter als die WSL es tun könne: Greenpeace verwende die Daten als Gründe für eine Kontrolle der Verbrennung fossiler Energieträger; die Aufgabe der Wissenschafter sei es jedoch, die Daten bereitzustellen, die andere Leute benutzen können, um Politiken zu entwickeln oder um auf die Politiker mit Gründen Druck auszuüben. Die WSL arbeite nicht gegen Greenpeace. An diesem Punkt schwenkt der Beitrag zur Position von Greenpeace. Christoph Wiedmer denkt auch nicht, dass Greenpeace gegen die Wissenschafter kämpft. Die Forscher haben jedoch eine politische Verantwortung. Sie können sich nicht darauf beschränken, über Zahlen zu reden; sie müssen auch sagen, was wir zu tun haben, um weitere Schäden zu verhindern! Wiedmer räumt ein, dass keine Grenze der Kronenverlichtung bezeichnet werden könne, ab der ein Baum als krank gelte. Deshalb sei die Entwicklungstendenz

---

[676] Der Erfolg wird offensichtlich daran gemessen, das Waldsterben beweisen zu können. Wissenschaftlich betrachtet, darf der Erfolg der Forschung nicht am erwünschten Resultat bemessen werden. Vielmehr müssen die Ergebnisse zuverlässig sein und wenn möglich neue Einsichten erlauben, egal, ob dies nun auf ein Waldsterben oder auf kein Waldsterben hinausläuft.

der Schäden in Betracht zu ziehen, und die sei für Greenpeace ein sehr alarmierendes Zeichen. Aus diesem Grund seien Handlungsalternativen zu wählen, die zur Reduktion des Energieverbrauchs beitragen.

6.5.3 Printmedien

Die Berichterstattung der Printmedien möchte ich in anderer Form abhandeln. Einerseits wiederholen sich die Themen und die Bearbeitungsweisen, andererseits ist die Textmenge zu umfangreich, um jeden Artikel gesondert darstellen zu können. Im folgenden werde ich die Berichte in drei Klassen unterteilen, wovon die ersten beiden einen bestimmten Typ von Artikel entsprechen, die dritte jedoch die atypischen Fälle umfasst.

Die Zeitungsartikel, die ich der ersten Klasse bzw. dem ersten Typ zuordne, gleichen der Berichterstattung im Fernsehen. Sie handeln primär von der Tatsache des „serbelnden", „kränkelnden" oder „sterbenden" Waldes. Als Illustration oder sogar als Beweis dafür, dass es *dem* Wald (und nicht nur einzelne Waldpartien) schlecht geht, werden Berichte und Bilder von geschädigten Bergwäldern herangezogen. Vielfach kommen lokale Förster oder Gemeindevertreter zu Wort, die den sich verschlimmernden Zustand des Schutzwaldes, die umfangreichen Zwangsnutzungen, die vergrösserten Gefahren und die immensen finanziellen Belastungen wegen der notwendigen Verbauungen beklagen. Als Ursachen der Schäden im Gebirgswald werden Stürme (insbesondere Vivian 1990) und Borkenkäferbefall genannt. Die Zahlen zur Kronenverlichtung im neuesten Sanasilva-Bericht werden als Indiz oder Beweis für eine stete Verschlechterung des Waldzustandes gedeutet. Trotzdem fehlt selten der Hinweis auf die Schwierigkeit, aus der Kronenverlichtung auf die Gesundheit eines Baumes zu schliessen. Die Aussagekraft der WZI-Ergebnisse wird nicht weiter thematisiert; an der Methodik der WZI besteht also kein aufrichtiges Interesse oder es wird nicht erkannt, dass Forschungsergebnisse immer nur eine begrenzte Gültigkeit aufweisen können. Dass der Beweis für den Zusammenhang zwischen Luftverschmutzung und Waldschäden (noch) aussteht, wird als Schwäche oder zumindest als Erfolglosigkeit der Waldschadenforschung dargestellt. Die Forscher der WSL erscheinen als zurückhaltende, politisch lavierende Leute, insbesondere Rodolphe Schlaepfer. Einige Punkte der Kritik von Greenpeace an der WSL werden dargestellt, sei es, dass die Wissenschafter ihrer politischen Verantwortung nicht nachkommen, weil sie keine Handlungsempfehlungen abgeben, sei es, weil sie das Problem nicht im Rahmen von Risikoanalysen betrachten, oder weil sie nicht aufgrund von Indizien die Luftverschmutzung als die Ursache der Waldschäden bezeichnen. Meistens lässt sich zwischen den Zeilen, gelegentlich aber auch explizit, eine Kritik an der Haltung der WSL lesen. Diese Kritik gründet meistens auf der Vorstellung, die Interpretation von Forschungsergebnissen sei eine Frage des Willens oder der Einstellung der Forscher.

Der zweite Typus kann als Derivat oder Abänderung des ersten beschrieben werden. Sein wichtigstes Merkmal ist, dass sich der Bericht sowohl für Sachaussagen als auch für die Wahl der Begriffe eng an die Quellen hält und eher die Vertreter der WSL und von Greenpeace direkt zitiert. Das äussert sich insbesondere darin, dass die Kronenverlichtung eines Baumes nicht umstandslos mit Schaden oder Krankheit gleichgesetzt wird.[677] Dennoch sind auch diese Berichte durchwegs in einem pessimistischen oder besorgten Ton gehalten. Im Vergleich zum ersten Typus ist das Interesse an der Methodik grösser, die Grenze ihrer Aussagekraft findet mehr Beachtung und es werden Erklärungen und Begründungen für Probleme und für Neuerungen der Inventur angeboten. Die Aussagen der Wissenschafter erscheinen weniger beliebig und die offene Ursachenfrage wird nicht als Misserfolg der Forschung dargestellt. Texte des zweiten Typus sind zurückhaltender mit eigenen Interpretationen und Beurteilungen, insbesondere mit „Kommentaren zwischen den Zeilen".

Typus eins hält also weitgehend an der klassischen Vorstellung des Waldsterbens fest. Der Wald ist allgemein durch die Luftverschmutzung angeschlagen und die Wissenschafter sind die letzten, denen es gelingt, diese offensichtliche Tatsache zu erkennen. Zwischen den Zeilen wird ihnen unterstellt, sie befänden sich im umweltpolitischen Bummelstreik. Texte des Typus zwei können dagegen als skeptischer und hinterfragender charakterisiert werden: Dass der Wald aufgrund der Luftverschmutzung immer kränker wird, ist eher eine Vermutung, denn eine Gewissheit. Argumente haben bei ihnen ein vergleichsweise höheres Gewicht und der Wissenschaft wird eher die Aufgabe zugewiesen, sich mit Sachverhalten zu befassen, denn mit Politik.

In der Ansicht über den Zustand des Waldes und die Bedeutung des Wortes „Waldsterben" scheiden sich die Texte in zwei Lager. Die unterschiedlichen Haltungen äussern sich auch in der Wortwahl, im Stil, in Argumentationsfiguren und in den Urteilen über die schweizerische Waldschadenforschung. Beide Texttypen gleichen sich jedoch darin, dass in ihnen kaum ein Gedanke entwickelt wird, der über die Argumentationen von WSL oder Greenpeace hinausweisen würde. Eigene informative Leistungen oder Recherchen, die wesentlich neue Inhalte erbringen, sind nicht auszumachen. Einzig in den Kommentaren bemühen sich einige Autoren um Distanz, Überblick und Reflexion in weiteren Zusammenhängen – diese Beiträge sind jedoch zum Typ drei zu zählen.

Bevor ich auf den dritten Typ eingehe, möchte ich die beiden ersten Typen noch mit kontrastierenden Beispielen illustrieren. So lauten etwa Titel so unterschiedlich wie „Waldsterben: Kein Thema, aber Tatsache" (Tages-Anzeiger) und „Ungewissheiten über den Zustand des Waldes" (NZZ). Die Titel werden durch Bilder untermauert: im Tages-Anzeiger zieht der Tod ein Auto mit einem langen und schwarze Abgase verbreitenden Auspuff wie einen Staubsauger durch die entwaldete Landschaft. In der NZZ erscheint ein aus dem Jahr 1990 bekanntes Bild praktisch entnadelter Bäume mit der Legende:

„Längst nicht immer lässt sich der Gesundheitszustand eines Baumes so eindeutig identifizieren wie in diesem Fall."

---

[677] Man könnte meinen, Greenpeace vertrete diese Position ebenfalls, wenn sie nur die Tendenz in Betracht ziehen, nicht jedoch die absolute Verlichtung des einzelnen Baumes. Wenn jedoch schon die Zunahmen in Klassen relativ geringer Kronenverlichtung eindeutig als Schäden interpretiert werden, wird die absolute Bewertung, die zuvor in Abrede gestellt wurde, durch die Hintertüre wieder eingeführt. Ein analoges Problem stellt sich freilich auch den WaldschadenforscherInnen: Sobald sie nämlich im selben Zusammenhang von Kronenverlichtung und Schädigung sprechen, unterstellen sie eine Transformationsregel! Entweder man steht zur Willkür von Grenzsetzungen, oder man streicht das Wort „Schaden" so lange, bis eine begründete Grenzziehung möglich wird. Nur die zweite Variante ist wissenschaftlich sauber und täuscht die politisch Handelnden nicht über Unsicherheiten hinweg.

Im Bündner Tagblatt stirbt der Wald weiter und Forstinspektor Florin warnt, dass wir bald nur noch im Schutz von Lawinenverbauungen leben können, wenn wir nichts unternehmen. Die Forschung

„dürfe nicht länger warten und sich auf gewisse ungeklärte Zusammenhänge kaprizieren, sondern müsse endlich Empfehlungen abgeben, wie dem Wald geholfen werden könne. ‚Denn, wenn es die Forschung auch nicht wahrhaben will, für uns als Praktiker ist der Zusammenhang zwischen Klimaveränderung, Luftverschmutzung und dem sterbenden Wald offensichtlich.‘.“

Ganz anders einer der beiden unterschiedlichen Artikel des selben Redaktors im Bund: Hier haben die Forscher Mühe (Abschnittstitel) und

„folgende Erkenntnisse lassen die Sanasilva-Forscher daran zweifeln, dass es zu einem grossflächigen Waldsterben kommt.“

Daraufhin wird erläutert, dass bislang kein eindeutiger Zusammenhang zwischen Luftverschmutzung und Nadel- und Blattverlusten hergestellt werden konnte, und dass die Zunahmen der Kronenverlichtung im Fehlerbereich der Beobachtungsmethode liege. Entsprechend wird die Kritik von Greenpeace dargestellt:

„Mit dem Verweis auf diese methodischen Probleme macht es sich die Forschung nach Meinung von Greenpeace Schweiz zu leicht.“

Nachdem die politischen Anliegen der Umweltorganisation kurz aufgeführt werden, kommen auch andere Meinungen zu Wort, unter anderem Innes, für den es die Pflicht der Wissenschaft ist, Daten in Frage zu stellen, wenn sie nicht erhärtet werden können. In den AZ-Ring Mantel-Seiten (z.B. Winterthurer AZ) ist über „viel Selbstkritik bei den Autoren“ der Sanasilva-Berichte zu lesen: sei meinten, dass der Anstieg der Kronenverlichtung um 2 Prozent nicht signifikant sei.

„Tatsache ist allerdings, dass im Durchschnitt rund ein Fünftel aller Bäume krank sind,..“

und „unklar äussern sich“ weiter unten im Text

„die offiziellen Forscher zur Frage, ob und wieviele Waldschäden tatsächlich mit den Luftschadstoffen zu tun haben“

Im Lead steht dagegen klar, dem Wald gehe es nicht besser.

„Die offizielle Wissenschaft drückt sich aber um einen Zusammenhang zwischen Waldschäden und Luftverschmutzung.“

Deutlich spricht auch der „Greenpeace-Waldspezialist“ Christoph Wiedmer die Tatsachen an. Im Kommentar zum Artikel wird von „übertriebener Wissenschaftlichkeit“, die „einiges zur Versunsicherung beiträgt“ geschrieben. Es brauche keine

„Wissenschaft, die sich aus Vorsicht zu Tode forscht. Gefragt wäre schlicht und einfach der Mut zum sofortigen Handeln.“

Denkbar neutral, kommentarlos und zugleich so nah wie möglich an der Quelle ist die „Berichterstattung“ im Brückenbauer, denn nach einer kurzen Einführung besteht der gröste Teil des Artikels „Harte Kritik aus dem grünen Lager“ aus einem kontradiktorischen Interview mit John Innes und Christoph Wiedmer. Damit ist allerdings auch die Kontroverse zwischen Greenpeace und WSL und nicht die Neugestaltung der WZI als das eigentliche Ereignis des Tages anerkannt worden. Insgesamt wird jedoch, vor allem aufgrund der Agenturmeldungen, die Präsentation des Sanasilva-Berichtes 1993 mit seinen alt-neuen Zahlen zur Kronenverlichtung am häufigsten als Hauptereignis präsentiert.

Drei Beiträge sollen als Beispiele für gewisse Gemeinsamkeiten der sonst heterogenen Klasse der atypischen Artikel angeführt werden. Es sind die Kommentare in den Luzerner Neuesten Nachrichten und im Oltner Tagblatt sowie das Editorial von L'Hebdo. Diese Texte versuchen Abstand zu den Tagesereignissen zu gewinnen und die Bedeutung der Waldschadenforschung für die Umweltpolitik zu reflektieren. Hanspeter Guggenbühl macht beispielsweise darauf aufmerksam, dass die Gesellschaft und insbesondere die Politik ihre Entscheide zunehmend von wissenschaftlichen Erkenntnissen abhängig machen will, z.t., um sich vor notwendigen Beschlüssen bequem zu drücken. Doch die Wissenschaft kann keine klaren Rezepte verschreiben.

„Durch das Delegieren von existentiellen Fragen an die Wissenschaft, verliert der Mensch den Instinkt und das eigene Wissen, um mögliche Gefahren zu erkennen, die er durch seine Eingriffe in die natürlichen Kreisläufe hervorruft."

Die Wissenschaft könne bestenfalls Entscheidungshilfen beisteuern, doch sie könne uns nicht die persönliche Verantwortung für unser Tun und Lassen abnehmen.

Der Kommentar von Schibler im Oltner Tagblatt fragt, ob das aufwendige Sanasilva-Programm seine Kosten überhaupt wert sei. Da weder zu Ausmass und Zunahme der Schäden, noch über deren Ursachen schlüssige Antworten vorliegen, bleibe die Diskussion über dieses Thema weiterhin von Mutmassungen und Ideologiekämpfen geprägt. Schibler spricht sich dafür aus, mit Massnahmen nicht solange zuzuwarten, bis irgendwelche Beweise vorlägen. Von einer Reduktion der Schadstoffe profitiere die gesamte Umwelt. Ganz ähnlich findet auch Pillard im L'Hebdo, dass wohl niemand so verrückt sein werde, die unter dem Eindruck der Betroffenheit ergriffenen Luftreinhaltemassnahmen wieder absetzen zu wollen.[678] Ob es dem Wald nun wegen der Luft schlechter oder besser gehe, wisse man nicht, aber die Massnahmen zur Luftreinhaltung bewirkten in jedem Fall etwas Gutes.

Relativ häufig beginnen Berichte dieser dritten Klasse mit einem historischen Rückblick auf die Bedeutung des Waldsterbens für die Umweltpolitik. Sie kritisieren in der Regel die Positionen der frühen 80er Jahre als übertrieben und von Panik bestimmt; zugleich würdigen sie die Errungenschaft der Luftreinhaltepolitik. Heute sei die Situation unklar, die Ergebnisse seien unsicher und die Wissenschafter äusserten sich nur sehr zurückhaltend. Kein einziger Autor will jedoch die Luftreinhaltepolitik selbst antasten, vielmehr wird meistens in irgendeiner Form das Vorsorgeprinzip empfohlen. Reflexionen dieser Art werden oft erst einige Tage später publiziert. Ein qualitativ hochstehendes Beispiel: In der Basler Zeitung vom 16. August präsentiert Peter Amstutz einen ausführlichen Rückblick über die Berichterstattung zu den jährlichen WSI-Ergebnissen. Der Bericht ist ungewöhnlich, weil er (mit ironisch-kritischem Unterton) auch die Gründe für die schrittweise Veränderung der Aussagen und Positionen der Waldschadenforscher an der WSL erkennen lässt. Sein interessantes Fazit:

„Bezüglich Luftreinhaltepolitik und Forst- sowie Walderhaltungspolitik haben die Behörden mithin jenen Kompass verloren, nach dem sie sich bisher mehrheitlich orientierten."

Einen Bericht der besonders feinen Art druckt die Weltwoche ab. Schon Titel und Untertitel zeigen an, dass eine ganz andere Ebene betreten wird:

„Der Mann, der Förster im sauren Regen stehenlässt. Dem Wald geht es miserabel, der staatliche Forschungschef gibt Entwarnung – ein Bericht zur Schieflage"

---

[678]   Die Freiheitlichen (ehemals Autopartei) müssen seiner Aufmerksamkeit entgangen sein.

Ein Thema wird personalisiert. In der Mitte der Seite steht Schlaepfer in prophetischer Pose. Von unten herauf photographiert, erweckt er im Kontext des Titels den Eindruck von Selbstherrlichkeit. Er steht isoliert von jedem Hintergrund mit künstlichem, kräftigen Schlagschatten (der Licht von unten suggeriert, obwohl Hände und Kinn deutlich zeigen, dass das Licht von oben kommt) mitten im Hochsommer in Hemd, Pullover und dicker Winterjacke da. Das Bild wurde im November 93 anlässlich der Pressefahrt geschossen. Im Text wird Schlaepfer nach allen Regeln journalistischer Kunst von einem Redaktor dieser Zeitung durch die Mühle getrieben. Als erstes wird ihm das Desinteresse der breiten Öffentlichkeit am Zustand des Waldes angelastet:

„Grund für das Desinteresse ist namentlich die seltsame Informationspolitik der zuständigen Forschungsanstalt unter Leitung von Direktor Rodolphe Schlaepfer."

Nach einigen Zitaten seines verstorbenen Vorgängers, Walter Bosshard, in denen unter anderem vor dem Zusammenbruch der Wälder innert zweier Jahrzehnte gewarnt wird, folgt ein Zitat von einem Vortrag von Schlaepfer in Wien. Er sagt, dass nach den gegenwärtigen Informationen in vielen Gebieten Faktoren wie Klima, Krankheitserreger und Bewirtschaftungsmethoden allfällige Auswirkungen der Luftverschmutzung übertreffen.

„Wenn Schlaepfer an die Öffentlichkeit tritt (wie vergangene Woche mit dem Bericht über den Zustand des Waldes), so ist Ungewissheit unvermeidlich."[679]

Die Weltwoche sagt ihm weiter nach, er habe eine notorische Schwäche für Durchschnitt, die Differenzierung scheine ihm zu gefahrvoll und ein Extrem wäre es für den auf Harmonie nach aussen bedachten Amtsdirektor bereits, sich auf Hypothesen einzulassen. Da Hypothesen aber am Anfang jeder Forschungsarbeit stünden, könne es nicht verwundern, dass Schlaepfers 270köpfige Truppe nach

„über zehn Jahren dauernder angestrengter Arbeit angeblich keine Ergebnisse [hat] vorlegen können, die sich auf das Ökosystem Wald hochrechnen lassen."[680]

Vierzig Mitarbeiter Schlaepfers hätten ihre Stühle geräumt, nicht alle wegen des Direktors, aber weil ihr Ruf auf dem Spiel stehe. Schlaepfer sei von Cotti in den Chefsessel gehievt worden und er habe den Aufsichtsrat der WSL ausgebootet und abgeschafft. Die WSL sei völlig von der Leine gelassen, wie ein WSL-Wissenschaftler die fragwürdige Freiheit der Anstalt beschreibe. Schlaepfer wird weiter vorgeworfen, er habe die Wald-Forschung nicht vorangebracht.

„Das lässt sich nicht nur an den öffentlich vorgelegten mageren Resultaten ablesen. Es sind dringende Fragen zur Methode angezeigt. So ist es bisher unterlassen worden, eine eigentliche epidemiologische Untersuchung anzulegen."

Insbesondere sei der Wurzelbereich nicht analysiert worden. Das Bundesministerium für Forschung und Technologie zieht nach zehn Jahren Forschung das Fazit, dass den Luftschadstoffen für viele Beobachtungen in den Wäldern entscheidende Bedeutung zukomme. Der Schadstoffeintrag aus der Luft überschreite in Deutschland die Critical Loads, die Lebensgemeinschaften nach dem gegenwärtigen Stand der Kenntnisse langfristig verkraften können. Es gehöre zu Schlaepfers Gepflogenheiten, entgegen akade-

---

679 Schlaepfer ist nicht der Autor dieses Berichtes und hat ihn auch nicht wissenschaftlich zu verantworten.
680 Nur einige Dutzend der WSL-Angestellten lassen sich der Waldschadenforschung im weiteren Sinne zurechnen und wie ich in früheren Kapiteln schon ausführlich dargelegt habe, liegen viele Ergebnisse und Syntheseberichte vor, die sich auf den Zustand des Waldes oder auf die Einwirkungen von Luftschadstoffen auf Bäume beziehen.

mischen Brauch auf die Erwähnung ausländischer Forschungsergebnisse in seinen Publikationen zu verzichten. Im letzten Abschnitt des Artikels kommen Förster zu Wort, die sich von Schlaepfer im Regen stehen gelassen fühlen oder ihm Verniedlichung eines Umweltproblems ersten Ranges und Desinformation vorwerfen. Schliesslich vernimmt man:

„Schlaepfer musste am Donnerstag letzter Woche wegen seiner Informationspolitik bei seinem Vorgesetzten, BUWAL-Direktor Philippe Roch, vortraben. Roch war aber nur schlecht vorbereitet zur Sitzung erschienen. Zur Schelte kam es nicht - die unbefriedigende Lage in Forst und Forschung hält an."

Es hat keinen grossen Sinn hier in die Fülle der Details einzusteigen. Sogar Schlaepfer und M.E. Hauck, Pressesprecher des ETH Bereiches, dem die WSL angehört, lassen es in ihren Leserbriefen in der Weltwoche bei den gröbsten Richtigstellungen bewenden. Jeder der von mir hier aufgeführten Punkte ist etwa so zutreffend und so falsch wie der letzte: Roch und Schlaepfer hatten zwar eine gemeinsame Sitzung, nur ist Roch nicht Schlaepfers Vorgesetzter und hat ihn nicht zu schelten.

Was der Artikel taugt, wird offensichtlich, wenn die Glaubwürdigkeit der Behauptungen hinterfragt wird: Was weiss das Ausland mehr über Waldschäden, das in der Schweiz nicht zur Kenntnis genommen wird? Woher wissen die Förster so genau, wie es um den Schweizer Wald steht, und dass die Luftverschmutzung den Wald schädigt? Welche Fortschritte macht die Waldschadenforschung international und mit welchem Aufwand? Wofür ist Schlaepfer persönlich verantwortlich und wo hat er Unterlassungsfehler begangen? Aus welchen Gründen haben wieviele Personen die WSL in welchem Zeitraum verlassen? Ist es falsch Harmonie anzustreben? Hat Schlaepfer wirklich Angst sich auf Hypothesen einzulassen? Betreibt er wirklich so unsaubere Forschung? Sobald solche Fragen nach der Glaubwürdigkeit an diesen Artikel gestellt werden, bleibt er die Antworten schuldig. So offensichtlich die Absicht der Demontage ist, so unerkennbar bleiben die miserable Recherche und die Hiebe unter die Gürtellinie für das normale Publikum. Eigentlich haben nur Personen, die mit den Aktivitäten der Direktion der WSL, den institutionellen Zusammenhängen und der wissenschaftlichen Geschichte der Waldschadenforschung vertraut sind, eine Chance, auf Unstimmigkeiten aufmerksam zu werden und mit dem Hinterfragen zu beginnen. Doch selbst sie werden (wie ich auch) an vielen Stellen nur festellen können, wie ungedeckt und willkürlich sich die Behauptungen aneinanderreihen; ob sie denn trotzdem zutreffen, lässt sich nicht beurteilen.

Was immer die Absichten und das Wissen des Redaktors gewesen sein mögen, mit diesem perfid abgefassten Text liefert er uns ein besonders illustratives Beispiel,
- erstens für die Mittel, deren sich die Vierte Gewalt im Staat bedienen kann,
- zweitens für die bescheidenen Möglichkeiten, die Machenschaften der Vierten Gewalt einer Kontrolle und Sanktionierung einer der drei anderen Gewalten oder (wie durch meine Arbeit) der Vierten Gewalt selbst zu unterstellen,
- drittens für die Chance, nach einem Medienrummel, sozusagen parasitär, mit einer weiteren kleinen Kampagne nachzudoppeln,
- und viertens für die Rahmenbedingungen erfolgreichen Journalismus.

6.5.4 Die Berichterstattung im Überblick

Greenpeace ist es gelungen, das von der WSL geplante Ereignis umzudefinieren: Aus einer Orientierung für fachlich interessierte wurde ein umweltpolitischer Paukenschlag.

Tab. 11: Typen der Berichterstattung über den Sanasilva- und den Insansilva-Bericht im August 1994.

Merkmal	Typ 1 ("Waldsterben")		Typ 2 ("Waldzustand")		Typ 3 (Diverse)		Total	
Anzahl Artikel	20	100%	77	100%	13	100%	110	100%
– von Journalist/in	12	60%	14	18%	12	92%	38	34%
– von ap	5	25%	14	18%	0	0%	19	17%
– von sda/ats	0	0%	39	51%	0	0%	39	35%
– von anderer Agentur	0	0%	2	3%	0	0%	2	2%
– von unbekannt	3	15%	8	10%	1	7%	12	11%
Anzahl Zeitungsausgaben							88	
Zeitungsausgaben pro Typ	17	100%	69	100%	12	100%	98	100%
– nach dem 10.8. erschienen	1	6%	14	20%	5	42%	20	20%
Auflage pro Typ	1066230	21%	2263746	45%	1754509	35%	5064485	100%
Auflage aller Ausgaben							4658829	

Bemerkung: In einigen Ausgaben ist mehr als ein Artikel vertreten (z.B. Artikel und Kommentar); der zweite Artikel kann zudem einem anderen Typ zugerechnet werden. Artikel, die in mehreren Zeitungen erscheinen, werden zum Zwecke der Vergleichbarkeit mehrmals gezählt. Deshalb ergeben sich Unterschiede zur Gesamtauflage und zur Gesamtzahl der Ausgaben.

Die Veröffentlichung des Sanasilva-Berichtes nutzte Greenpeace als Aufhänger für die eigene Medienkampagne. Die Presseorientierung der WSL war für Greenpeace inhaltlich völlig belanglos, sie setzte nur den Termin für den Ablauf einer Aktion. Für Greenpeace zählte nicht die neue Inventur, sondern ausschliesslich der Name „Sanasilva": „Sanasilva®" sozusagen. Greenpeace, aber auch Andrea Müller vom Fernsehen DRS, haben viel dazu beigetragen, dass der neueste Sanasilva-Bericht nicht als neuer, sondern als typischer Sanasilva-Bericht gelesen und kommentiert wurde.

War das Sterben des Waldes mit einem Bericht in „10 vor 10" einmal auf die Agenda der Medien gesetzt worden, konnten es sich die Printmedien daraufhin kaum erlauben, das Waldsterben und die Botschaften von Greenpeace zu ignorieren. Während sich die elektronischen Medien, sehr stark an der von Greenpeace vorgebrachten Kritik gegenüber der WSL orientierten, rückte die Mehrheit der Printmedien den Sanasilva-Bericht in den Vordergrund. Es wurde vergleichsweise ausführlicher über den Waldzustand, aber nur in bescheidenem Umfang über die methodischen Schwierigkeiten berichtet. Die Neuerungen der WZI und ihr Kontext wurden sehr selten aufgegriffen. Von den Vorlagen der beiden Presseagenturen ap und sda ging ein deutlicher Einfluss auf die Inhalte der Berichterstattung aus.

Insgesamt bildeten somit der Sanasilva-Bericht und die Diskussionen um die WZI nur eine notwendige Zutat des Gerichts. Die Würze der Suppe, nämlich erschreckende Bilder und Szenarien sowie ein interessanter Konflikt, steuerten Greenpeace und einige Förster bei. In dieser Hinsicht kann die Lancierung des Insanasilva-Berichtes als Musterbeispiel einer „parasitären" Medienkampagne gelten. Doch in umweltpolitischer

Hinsicht wird Greenpeace die Aktion von den wenigen Förstern, die zu Wort kommen, aus der Hand genommen. Das Klima- und das Energie-Argument wird von den Medien marginalisiert. Kein einziger Beitrag kreist primär um diese Thematik, auf die es Greenpeace am Ende ankommt und zu der die Kritik an der WSL eigentlich hätte hinführen sollen. Am Ende profitieren von den Selektions-, Interpretations- und Kompositionsleistungen der Medien in erster Linie die Gebirgsförster: Sie kommen ohne eigene Initiative zu grosser und positiver Presse.

Tabelle 11 vermittelt einen quantitativen Überblick über die Berichterstattung. Eine Auflage von über viereinhalb Millionen ist für dieses Ereignis, das aus der Perspektive der WSL so geringen Informationsgehalt hat, schlicht sensationell. Zum Vergleich: Die Pressefahrt im Herbst 1993, wo dieselben WZI-Zahlen noch ofenfrisch waren, führte zu einer für die WSL erfreulichen, aber etwas geringeren Gesamtauflage von 4.16 Millionen![681] Drei Gründe dürften für das Medienecho ausschlaggebend gewesen sein: das vordergründige Thema wurde durch einen Konflikt im Hintergrund aufgewertet; das Thema stand nur in geringer Konkurrenz mit anderen Ereignissen; das Fernsehen hatte das Thema als Inland-Thema Nr. 1 lanciert. 80% der Berichte erschienen am Mittwoch den 10. August. Nur ein Artikel vom Bündner Tagblatt blies am 9.8. schon ins selbe Horn wie tags zuvor Andrea Müller vom Fernsehen.

Zur Interpretation der Unterschiede zwischen den Typen ist es sehr hilfreich zu wissen, dass 61% der Auflage der Artikel vom Typ 1 durch den „Blick" und den „Tages-Anzeiger" erreicht werden. Noch krasser ist die Situation beim Typ 3; hier gehen 65% der Auflage auf das Interview mit Innes und Wiedmer im „Brückenbauer" zurück. Insgesamt zeichnet bei 54% der Artikel eine Presseagentur als Autor. Die hohe Uniformität kommt in diesem Fall eher der Perspektive der WSL entgegen. Bei den Beiträgen, die persönlich gezeichnet sind, sticht der Name Hanspeter Guggenbühl ins Auge. Er verfolgt die Waldschadenforschung schon seit Jahren und kann seine Kompetenz offensichtlich nicht nur in eigenständige Beiträge (vom Typ 3) umsetzen, sondern auch in die beachtliche Auflage von 431288 bei 6 Ausgaben ummünzen. Es fällt auf, dass der Anteil der Artikel, die nach Dienstag dem 10.8. erschienen sind, beim Typ 3 besonders hoch ist. Artikel, die von Personen gezeichnet sind, sind eher bei Zeitungen mit Auflagen von einigen Zehntausend und mehr anzutreffen. Die kleineren Zeitungen kaufen solche Themen erwartungsgemäss eher bei Agenturen ein. Da grössere Zeitungen eher Zentren und umliegende Regionen bearbeiten, dürfte insgesamt ein Zentrum-Peripherie-Gefälle hinsichtlich der Vielfalt, Tiefe und Originalität der Artikel zu diesem Thema bestehen.[682] Für die Qualitäten der Berichterstattung insgesamt waren in diesem Fall nur sehr wenige Personen entscheidend: die Redaktoren von ap und sda, eine Hand voll Redaktoren der elektronischen Medien und grösserer Zeitungen sowie wenige freischaffende Journalisten – nicht viel mehr als der Personenkreis, der zum Pressegespräch an der WSL eingeladen worden war.

---

681 Gemäss der internen Auswertung der Stelle Medien & Information der WSL.

682 Dieser Befund ergänzt ein Ergebnis von Rey & Messerli (1994). Sie konnten für Zentren und Peripherie in der Schweiz unterschiedliche Gewichtungen in der Berichterstattung für verschiedenste Umweltthemen nachweisen.

6.6 Hohe Wellen im Ausland?

Zu Beginn der 80er Jahre wurde das Waldsterben in der BRD produziert und eroberte sehr schnell Exportmärkte. Inzwischen sind in den ehemaligen Abnehmerstaaten Konkurrenzproduktionen angelaufen. Neuartige Produkte, zumal sie unerwartet auf den Markt geworfen werden, können bei den Konkurrenten schon einmal Irritationen auslösen. Schliesslich kündigen sich auf diese Weise häufig „Strukturbereinigungen" an. Am 31.8. trifft bei der WSL ein Fax-Schreiben vom Ministerium für ländlichen Raum, Ernährung, Landwirtschaft und Forsten von Baden-Württemberg ein. Besorgt durch eine Reportage in den Stuttgarter Nachrichten vom 16.8., der zufolge die WSL einen direkten Zusammenhang zwischen Stoffeintrag und Ausmass der Waldschäden verneine, wird die WSL gebeten, die im Artikel erwähnten Verlautbarungen zur Verfügung zu stellen. Der Artikel habe nämlich hierzulande

„zu erheblichen Unruhen geführt, da er einen klaren Paradigmenwechsel der Waldschadensforschung in der Schweiz unterstellt."

Man möchte gerne erfahren, ob tatsächlich ein solcher Paradigmenwechsel vorgenommen wurde, oder ob der Zeitungsartikel auf einer Fehlinterpretation der Position der WSL beruhe. Die im Artikel vertretene Auffassung weiche erheblich von der in Baden-Württemberg und ganz Deutschland vertretenen Ansicht ab.

„Hier wird nachwievor von einem Ursachenkomplex der neuartigen Waldschäden ausgegangen, in dem luftgetragene Schadstoffe oft eine wesentliche Rolle spielen. Während die Beteiligung von Stoffeinträgen bei der Labilisierung von Waldökosystemen weitestgehend unbestritten ist, bestehen allerdings erhebliche Kenntnislücken über die tatsächlichen Wirkungspfade."

Im Artikel von Peter Amstutz in den Stuttgarter Nachrichten stehen weder die WZI noch ihre Ergebnisse, sondern der Wandel des Kenntnisstandes über das Phänomen „Waldsterben" im Vordergrund. Der Artikel nimmt etwa eine halbe Seite ein. Spitzmarke:

„Nach zehn Jahren Schadenerhebung: Fachleute der Alpenrepublik stehen dem Phänomen ratlos gegenüber"

Titel:

„Das Wort ,Waldsterben' ist für die Experten gestorben"

Untertitel:

„Frühere Befürchtungen über den Tod der Bäume werden heute als unhaltbar bezeichnet – ,Einfluss der Luftverschmutzung ungewiss'."

Amstutz arbeitet zwei Aussagen heraus: Das 1984 vorausgesagte Sterben der Wälder sei nicht eingetreten; die Fachbehörden pflegten heute eine zurückhaltendere Sprache und „Waldsterben" sei als Arbeitsbegriff gestorben. Zweitens sei die ursprüngliche Auffassung, dass die Luftschadstoffe die Primärursache für die Waldschäden seien, über die Jahre Schritt für Schritt auf die Annahme, die Luftverschmutzung sei ein Risikofaktor, zurückgenommen worden, und heute werde sogar in Zweifel gezogen, ob Bäume mit einem NBV von 25 Prozent tatsächlich geschädigt seien. Fazit:

„Man ist 1994 genau so ,klug' wie 1984, abgesehen von der Erkenntnis, dass man immer noch viel zuwenig über Bäume und ihren Lebenszyklus weiss."

Es wird also weder in den Stuttgarter Nachrichten noch im Sanasilva-Bericht behauptet, die Luftverschmutzung sei als mögliche Ursache der Waldschäden ausgeschlossen worden. In etlichen jüngeren Publikationen der WSL war die Luftverschmutzung als Risikofaktor für den Wald betrachtet worden. Diese Sprachregelung und ihre Gründe hätten in Baden-Württemberg eigentlich ebenso bekannt sein müssen wie die Dokumente, auf die sich Amstutz bezieht. So gesehen ist die Befürchtung des badischen Ministeriums unbegründet und es wurde durch den Artikel zu einer Fehlinterpretation inspiriert.

Da sich die Ausführungen im Sanasilva-Bericht jedoch auch als grundsätzlicher Zweifel an der Existenz der sogenannten neuartigen Waldschäden (zumindest in der Schweiz) lesen lassen, sind die Befürchtungen des Ministeriums am Ende doch nicht so abwegig. Denn falls es keine neuartigen Waldschäden gäbe, hätte sich auch die Suche nach deren Ursachen erübrigt; es bliebe dann bei der Erforschung der Wirkung von Immissionen.

Am Zustand und den Bedrohungen des schweizerischen Waldes kann das Ausland nur insofern interessiert sein, als Parallelitäten zu seinen Wäldern unterstellt werden. Was interessiert die schwäbische Öffentlichkeit ein Sammelsurium schweizerischer Waldschäden, wenn sie nicht als Anzeichen desselben Waldsterbens, das auch die heimischen Wälder dahinrafft, auszulegen sind? Es sind dieselben in den Köpfen fest verankerten Annahmen, die ererbten Voraus-Setzungen, die im In- und Ausland den Resonanzboden für Äusserungen verschiedenster Art über den Zustand der Wälder abgeben!

Am 31.8., dem Tag als der besorgte Fax bei der WSL ausgedruckt wurde, veröffentlichten die Badischen Neuesten Nachrichten ein Interview mit Prof. Wolfgang Klose, Mitarbeiter des Kernforschungszentrum Karlsruhe und von 1984 bis 1989 Vorsitzender des Forschungsbeirates Waldschäden / Luftverunreinigungen. Für ihn ist das Waldsterben in der Öffentlichkeit der BRD in Vergessenheit geraten, obwohl es nicht aufgehört habe. Das Waldsterben sei ein komplexes Phänomen, das an verschiedensten Standorten ganz unterschiedliche Ursachen habe und ein Problem, das man nicht in kurzer Zeit lösen könne. Im Gegensatz zum Land Baden-Württemberg, sei auf Bundesebene das Interesse dafür erlahmt. Die Waldschäden würden vor allem durch Luftschadstoffe verursacht. Während der Eintrag von Schwefel so weit reduziert werden konnte, dass die Bauern wieder Schwefel düngen würden, stellen die Stickstoff-Immissionen des Autoverkehrs und der Landwirtschaft immer noch eine bedeutende Schadenquelle dar. Die gesetzlichen Massnahmen genügten im Prinzip, nur sind die Zeiträume in denen sie greifen zu lange. Neben den Waldschäden durch Luftverschmutzung spiele in Baden-Württemberg auch die Ansiedlung standortfremder Baumarten, v.a. Nadelbäume, eine grosse Rolle. Komplett entwaldete Gebiete seien nur an einigen Steilhängen zu befürchten, nicht jedoch in der Rheinebene, wo man jederzeit wieder aufforsten könne.

Bislang seien rund 30 Millionen Mark am Kernforschungszentrum in die Waldschadenforschung investiert worden. Der Forschungsbedarf auf diesem Gebiet ist weiterhin hoch:

„Die Mittel, die das Land zur Verfügung stellt, sind ständig überbucht. Den Wissenschaftlern fällt also noch viel mehr ein, als Geld zur Verfügung steht."

6.7 Kritik der Leistung der Medien

Eine für die Argumentation der Förster und Greenpeace sehr erfreuliche Tatsache ist, dass die Beziehungen zwischen lokal auftretenden Schäden und der Gesamtsituation des Waldes nicht geklärt wird. Lokales und Nationales wird „vermengt": Weil es dem Wald in Schwanden, Bristen und anderen Orten schlecht geht, ist um den Wald in der Schweiz zu bangen. Die Liste der Orte mit krassen Waldschäden könnte jedoch lange sein, ohne je etwas über den Zustand des Schweizer Waldes aussagen zu können; sie verfügt nur über suggestive Kraft. Erst ein Verteilungsmass, wie zum Beispiel der Flächen- oder Populationsanteil geschädigten Waldes könnte dies leisten, doch dies setzt praktisch eine landesweit vergleichbare Inventur voraus. Gerade in diesem Zusammenhang ist den Medien anzukreiden, dass sie unreflektiert (oder bereitwillig) ziemlich naive Auffassungen transportieren, so beispielsweise das Bieler Tagblatt vom 13. August, das den Revierförster der Bürgergemeinde Biel sagen lässt:[683]

„Anders als die Wissenschafter brauchen wir aber nicht zuerst Beweise. Uns reicht das, was wir jeden Tag sehen."

Vernehmlassungsjournalismus. Wie wir an einigen Beispielen sehen konnten, braucht es nicht viel, um dabei auch handfeste wirtschaftliche oder politische Interessen ins Spiel zu bringen. Dann steigert sich diese Art von Berichterstattung unter der Hand zu einer Art „Plattform-Journalismus", wie ich es nennen möchte. Mit dem Anspruch, eine kritische Vernunft zugunsten freier Information und Meinungsbildung zu vertreten, ist solches Handeln schwer zu vereinbaren.

Etliche Medienschaffende haben immer noch nicht begriffen, dass Kronenverlichtung nicht direkt mit Schaden gleichgesetzt werden darf und dass es bislang keine allgemein gültige Definition eines gesunden oder kranken Baumes gibt. Bis zu einem gewissen Grad treffen sie sich darin jedoch wieder mit den Waldschadenforschern, die sich bis jetzt auch keine Rechenschaft über die angemessene Verwendung des Begriffes krank/gesund gegeben haben. In keinem mir bekannten Text werden die formalen Kriterien für die Anwendung des Krankheitsbegriffes auf Bäume überdacht.[683] Des weiteren ist den Journalisten in der Regel entgangen, dass im wesentlichen die Zahl der Bäume mit geringer oder mässiger Kronenverlichtung zugenommen hat, nicht aber die Zahl derjenigen mit schwerer Kronenverlichtung. Gerade bei den Bäumen, deren Schädigung kaum zu bezweifeln ist, zeigt sich bis anhin keine Zunahme.[684] Was immer dieser Umstand am Ende bedeuten mag, er ist für die Vorstellung des Waldsterbens zentral und wird von den Medien praktisch nicht zur Kenntnis genommen. Schliesslich geht kein einziger Bericht in den Massenmedien so weit, Zweifel an der Existenz neuartiger Waldschäden (im Sinne einer weit verbreiteten Veränderung des Erscheinungsbildes durch die Luftverschmutzung) in Erwägung zu ziehen.

Neben diesen sachlichen Mängeln weist die Berichterstattung häufig auch mangelnde Sensibilität für die Kontexte der Berichte auf. So fehlt meistens der Brückenschlag zwischen der neuen WZI und dem umfassenderen WEP. Selten wird erkannt, dass das WEP schon ein Schritt in Richtung ganzheitliches Monitoring und ökosystemare Forschung ist. Es wird im allgemeinen nicht erkannt, dass die Frage des Waldzustandes nicht länger nur auf mögliche Schäden durch Luftverunreinigungen eingeengt wird,

---

683 WSL-Intern fand 1994 ein Kolloquium zum Begriff der Vitalität statt, an dem sich die Probleme mit diesem Begriff deutlich zeigten. Man einigte sich darauf, dass kein allgemein gültiger Begriff der Vitalität definiert werden könne. Trotz eines allgemeinen und intuitiven Grundverständnisses von Vitalität, gibt es keine andere Wahl, als sie letztlich nach den Interessen der Forstpraxis oder nach wissenschaftlichen Erkenntnisinteressen zu bestimmen.
Ähnliche Probleme könnten sich beim Begriffspaar gesund/krank ergeben. Sehr fragwürdig ist darüberhinaus die in den Sanasilva-Berichten häufig anzutreffende Gleichsetzung von vital und gesund, bedeutet doch beim Menschen Vitalität auch die Kraft, Krankheiten zu bewältigen! In der Waldschadendebatte wird meines Erachtens ebenso unbewusst wie unzulässig mit Anthropomorphismen gespielt.

684 Vgl. Innes et. al. 1994, S. 32.

sondern im Sinne einer Risikoperspektive viele mögliche schädliche Faktoren miteinbezieht. Kurz: Der Sinn, den die Wissenschafter in dieser Form von Umweltbeobachtung sehen, entgeht den Medienschaffenden weitgehend. Nach einer Kritik daran, oder gar einer politischen Beurteilung dieser Perspektiven, sucht man unter diesen Umständen freilich vergeblich. Allerdings ist festzuhalten, dass es auch der Sanasilva-Bericht versäumt, diesen Sinn für Laien zu erläutern. Mit der Präsentation des WEP hat dies die WSL jedoch schon im November 93 angestrebt. Den Medien wäre es zudem immer möglich gewesen, in diesem Bereich nachzufragen. So ist die Bedeutung der WZI in mancher Hinsicht unklar geblieben, weil sie den einen zu nahe und den anderen zu fern gelegen hat.

Ein weiterer Kritikpunkt ist, dass die Kritik der Wissenschafter an ihrer bisherigen Arbeitsweise weder ernst genommen noch nach deren politischen Implikationen hinterfragt wird. Die Perspektive der Schreibenden wird dermassen von der politischen Bedeutung des Waldsterbens dominiert, dass sich die Frage, wie ein Umweltbeobachtungssystem aufzubauen ist, welchen Kriterien (z.B. Zweckmässigkeit, Kosten, Zuverlässigkeit usw.) es genügen sollte, und wie es diese bis anhin erfüllt oder eben nicht erfüllt hat, schlicht nicht stellt. Der vielleicht wichtigste Zweck des jüngsten Sanasilva-Berichtes wird gar nicht begriffen. Neben den Vorgaben von Greenpeace und Fernsehen DRS dürfte aber auch der Titel „Sanasilva-Bericht" die Rezeption dieses Berichtes stark beeinflusst haben. Mit diesem Titel wird eine Kontinuität zu den Sanasilva-Bundeshaus-Pressekonferenzen der 80er Jahre hergestellt und damit zum Politikum „Waldsterben". Die WSL hat sich mit diesem Label die Chance vergeben, die konsequentere Ausrichtung an Umweltbeobachtung und Umweltforschung zu markieren: Sie hat ihr neues Produkt in der alten Verpackung verkaufen wollen.

Die Kompetenz der Medien scheint zu gering zu sein, um sich Rechenschaft über die Bedingungen der Gültigkeit von Aussagen und Schlussfolgerungen zu geben. Ein Beispiel dafür ist die Ansicht, die von Schibler und Pillard in ihren Kommentaren vertreten wird: Wenn die Luftverschmutzung verringert würde und es dem Wald daraufhin besser ginge, wäre das Problem der neuartigen Waldschäden vom Tisch. Dieses Argument wird als Begründung für die Forderung nach einer strengeren Luftreinhaltepolitik nicht nur von ihnen angeführt. Es ist jedoch nicht besonders stichhaltig, denn Korrelationen sagen nichts über Zusammenhänge aus. Die Schäden könnten nämlich durchaus von anderen Faktoren herrühren und demzufolge auch die Verbesserung des Waldzustandes. Die Luftreinhaltemassnahmen könnten sogar unzureichend sein, die Luft den Wald weiterhin stark belasten, und nur ein dritter Faktor für eine vorübergehende Verbesserung gesorgt haben. Dann aber hätte die Politik eine insgesamt vielleicht sehr nützliche, aber nicht dem beabsichtigten Zweck dienende Massnahme beschlossen.

In dem oben angeführten Argument steckt ein Fehlschluss; es wird nicht hinreichend zwischen dem Erkenntnisproblem und einem praktisch zu lösenden Problem unterschieden. Die wissenschaftliche Aufgabe besteht zunächst darin, die prinzipiellen Zusammenhänge zwischen Luftverunreinigungen und Symptomen des Waldzustandes zu erkennen. Diese Zusammenhänge bestehen ganz unabhängig vom tatsächlichen Waldzustand. Sie sind allenfalls an geschädigten Wäldern leichter festzustellen und zu untersuchen. Dass es dem Wald gut oder schlecht geht, sagt für sich einfach noch nichts über die Ursachen und die Zusammenhänge aus. Diese zu erkennen, ist eine Voraussetzung, das praktische Problem zu lösen. Das praktische Problem kann jedoch nie eine Voraussetzung für die Existenz von Kausalzusammenhängen sein, denn diese existieren auch als solche, wenn sie nicht materiell realisiert werden. Sie existieren als Mengen von Möglichkeiten.

Ein weiterer häufig anzutreffender Trugschluss ist die Ansicht, dass sich der Zustand der Wälder in der Schweiz auf einem Waldspaziergang erkennen lasse. Es gibt nun einmal Phänomene, die sich nicht an einzelnen Gegenständen erkennen lassen, sondern nur an der Verteilung, d.h. am zeitlichen und räumlichen Vorkommen von Merkmalen. Um sich über den Zustand des Schweizer Waldes ins Bild zu setzen oder um das „Waldsterben" oder die „neuartigen Waldschäden" zu erfassen, müssen die Wälder erstens sehr grossflächig und zweitens nach vorher festgesetzten Merkmalen, also systematisch beobachtet werden. Beides verlangt eine Beobachtungsinfrastruktur, die Einzelpersonen und insbesondere Laien kaum aufbringen können. So wenig wie sich das Ausmass einer Epidemie an den Kranken eines einzelnen Krankenhauses beobachten lässt, so wenig lässt sich das Waldsterben an einzelnen Waldpartien erkennen – selbst wenn einige Förster noch so sehr darauf pochen. Am Individuum und nur am Individuum ist hingegen der Zusammenhang von Ursache und Wirkung, also die Schädigung oder die Art der Krankheit erforschbar. Solange keine eindeutigen Symptome dieser Krankheit bekannt sind, kann ihre Existenz nur durch eine abnormale Häufigkeit möglicher (uneindeutiger) Symptome dieser Krankheit bestimmt werden. Dazu muss jedoch ein Mass für deren normale Verteilung bekannt sein. Ist dieses bekannt, entscheiden statistische Testverfahren darüber, ob es gerechtfertigt ist, die Existenz neuartiger Waldschäden anzunehmen.

Schliesslich zeigt sich die fehlende Aufmerksamkeit für die Gültigkeit von Aussagen auch daran, dass die Rezeption der Berichte von Greenpeace und WSL beide auf dieselbe Ebene stellt. Für alle, die keinen Zugang zu den Berichten selbst haben, erscheinen beide Berichte in der Folge als wissenschaftliche Arbeiten oder zumindest als eine Art von Experten-Gutachten. Dem Umstand, dass sich der Sanasilva-Bericht als wissenschaftliche Abhandlung an ein breites Fachpublikum wendet, dass aber der Insanasilva-Bericht keine Forschungsergebnisse, sondern eine umweltpolitische Argumentation präsentiert, wird völlig negiert! So steht Aussage gegen Aussage, Feststellung gegen Forderung ohne über deren Begründung und Berechtigung etwas zu erfahren.

Vielleicht kommt darin schon ein besonderes Wissenschaftsverständnis eines grossen Teils der Medienschaffenden zum Ausdruck. Dieses zeigt sich insbesondere an der Vorstellung von den Freiheiten der Wissenschafter und vom Verhältnis zur Politik. Ihre Aussagen werden häufig als Akte der Willkür dargestellt und nicht als Konsequenzen, die aus Gründen der Methodik oder anderen mehr oder weniger guten oder gar zwingenden wissenschaftlichen Gründen gezogen werden. Dieses Wissenschaftsverständnis negiert die Orientierung an Sachverhalten, die für Naturwissenschafter leitend sein sollte und der sie sich, selbst wenn sie wollten, kaum entziehen können. Gelegentlich weist nicht nur die fehlende Angabe von Gründen für bestimmte Äusserungen auf eine Vorstellung von Wissenschaft als reine Willkür hin, sondern auch Wendungen wie Wissenschafter „verstecken" sich, hätten „Skrupel" etc.[685] Den Vogel schiesst Ruedi Lämmler in der Bündner Zeitung vom 15. August ab, wenn er über den Wandel der Semantik von „Waldsterben" bis „Waldzustand" sagt:

---

[685] Selbst der BUWAL-Direktor Roch (L'Hebdo, 10.8.1994, S 12) geht implizit von der Vorstellung des willkürlichen Wissenschafters aus, wenn er von „Skrupeln" der Wissenschafter redet, die er versteht. Damit definiert er die Haltung der Wissenschafter der WSL erstens schon negativ und zweitens als einen Reflex und nicht als bewusst vollzogene (gut oder schlecht begründete) Schritte, auf die nun Greenpeace, Förster und Medien reagieren.

„Hinter dem Jonglieren mit Begriffen steckt pure Ideologie. Zuerst war es die Ideologie, die uns angesichts des Waldsterbens fast in rasende Panik geraten liess. Heute ist es Ideologie, wenn der Waldzustand keinen Grund zu überhöhter Besorgnis Anlass gibt. (...) Mit der richtigen Ideologie zur richtigen Zeit lassen sich Katastrophen abwenden, seien sie vermeintlich oder tatsächlich." Wenn wir alle nur so sicher wissen könnten, wovon wir eigentlich reden! Insgesamt scheint in all diesen Phänomenen eine Geringschätzung von Argumentation auf, eine geringe Bereitschaft oder Fähigkeit hinzuhören und Aussagen kritisch zu prüfen. Die meisten Schweizer wurden jedoch über dieses inszenierte Ereignis informiert, und deshalb ist an der Quantität der Berichterstattung kaum etwas auszusetzen.

6.8 Über Indizienbeweise und Risikoanalysen

Greenpeace stellt aus umweltpolitischen Gründen zwei methodologische Forderungen an die Waldschadenforschung: Sie solle ihre Argumentation auf Indizien stützen und nicht auf Beweise warten, und sie soll sich zudem, im Sinne einer Vorsorgepolitik, an Risiken orientieren. Für Greenpeace ist es jetzt schon offensichtlich, dass Luftverschmutzung und Klimaerwärmung zu Waldschäden geführt haben, und dass es deshalb sinnlos ist, auf Beweise für Kausalzusammenhänge zu warten. Auf diese beiden Forderungen möchte ich detaillierter eingehen, weil sie in den Medien deutliche Resonanz gefunden haben und weil sie auf Vorstellungen gründen, die in der Schweizer Bevölkerung weit verbreitet sein dürften.

Die Idee, aus Indizien eine überzeugende Argumentation aufzubauen, ist naheliegend. Dabei ist jedoch zu beachten, dass Indizienketten genauso wie Beweise einer strengen Prüfung standhalten müssen. Ihre Plausibilität muss durch die besten Argumente begründet werden. Sich auf Indizien zu berufen, darf nicht dazu führen, die eigene Vorstellung von Kritik abzuschirmen und dadurch das eigene Weltbild zu immunisieren.

Mir scheint der Vorwurf an die WSL gerechtfertigt, dass den Indizien zu wenig Aufmerksamkeit geschenkt wurde. Zwar werden wahrscheinlich die von Greenpeace angeführten Indizien, Anzeichen und Beispiele von den meisten Waldschadenforschern als Indizien akzeptiert. Doch am entscheidenden Punkt, nämlich bei der kritischen Beurteilung der Aussagekraft oder Reichweite der Indizien, sind weder bei der WSL noch bei Greenpeace weiterführende Überlegungen zu finden. Zweifellos sind aus Indizien Plausibilität und Orientierungswissen zu gewinnen. Die Frage aber, auf welche Weise dies korrekterweise geschehen kann, bzw. die Frage, welches die „Methodologie der Indizien-Argumentation" ist, wird nicht einmal aufgeworfen. Die Ausführungen von Greenpeace mögen richtig sein, aber warum sollten sie mich überzeugen? Vielleicht, weil ich schon daran glaube?

Wenn Greenpeace Behauptungen über Sachverhalte aufstellt, müssen sie, um als gültig anerkannt zu werden, denselben Ansprüchen genügen wie die Behauptungen der Waldschadenforscher. Mit weitreichenden Behauptungen ohne tiefergehende Begründungen begibt sich Greenpeace selbst aufs Glatteis. Das mag den politischen Erfolg kurzfristig nicht schmälern, aber vielleicht langfristig die Glaubwürdigkeit und die Achtung. Wenn Greenpeace jedoch nur Forderungen an die WSL richtet, hängt deren Berechtigung von den Vorstellungen ab, die sich die übergeordneten Instanzen (Bundesrat, ETH-Rat) und die Allgemeinheit über die Aufgaben der WSL machen, und von den Aufgaben, die im rechtlichen Rahmen der WSL festgelegt sind. Auf diesem Parkett kann sich Greenpeace ohne allzu grossen Aufwand sicher bewegen. Zudem drückt Uneinigkeit über Forderungen vorerst einmal nur unterschiedliche Präferenzen aus, was in einer pluralistischen Gesellschaft jedem zugestanden wird.

Den Vorwurf, die WSL orientiere sich nicht an Risiken, halte ich für teilweise berechtigt. Einzelne, schädliche oder möglicherweise schädliche Einflüsse auf den Wald zu bestimmen, macht noch keine Risikoanalyse aus. In den bisher publizierten Schriften zum Thema der Waldschäden fehlt die Auseinandersetzung mit den Begriffen Gefahr, Risiko, Wissen, Entscheidung usw. Üblicherweise ist dort von Risiko die Rede, wo sich Handelnde einer Gefahr aussetzen. Zum Risiko gehören somit immer Handlungsalternativen, gefährliche Ereignisse und ihre Eintretenwahrscheinlichkeiten sowie eine Einschätzung des Unwissens über die Handlungsalternativen. Kurz: Risikoanalysen helfen die Sachlage einer Entscheidungssituation zu klären. Indizienüberlegungen könnten und müssten vielleicht sogar ein Teil von Risikoanalysen sein. Auf diesem Feld wäre mehr möglich. Allerdings würde dies wahrscheinlich die Zusammenarbeit von Naturwissenschaften mit Ökonomie, Mathematik und anderen Disziplinen bedingen. Davon ist die Waldschadenforschung in der Schweiz relativ weit entfernt. Es bleibt jedoch die Frage, ob dies der formelle Auftrag oder auch nur die moralische Aufgabe der WSL ist – abwegig wäre es sicher nicht.

Greenpeace hat richtig erkannt, dass Risikoanalysen eine gute Basis für Vorsorgestrategien abgeben. Dabei treten jedoch zwei Probleme zutage: ein technisches und ein ethisches. Umweltrisiken zeichnen sich nämlich weniger dadurch aus, dass die unerwünschten Ereignisse selten eintreten (wie z.B. technische Versagen in Kernreaktoren), sondern dadurch, dass das Wissen über den Zusammenhang, der ihr Eintreten ermöglicht oder erzwingt, sehr gering ist. Vielleicht ist sogar der Risikobegriff in diesem Zusammenhang abwegig, weil er eine Abschätzbarkeit suggeriert, die nicht gegeben ist. Die Unsicherheiten der Entscheidungssituation sind nicht einfach durch naturwissenschaftlich-technisches Wissen beseitigbar. Für die Entscheidung müssen weitere Dimensionen, wie Präferenzen der Bevölkerung, Szenarien von Kosten und politischen Möglichkeiten, ethische Reflexion usw., miteinbezogen werden. Den Entscheidungen zwischen umweltpolitischen Handlungsalternativen liegen aber auch Wertungen zugrunde, die in offenen Gesellschaften den Individuen freigestellt sind. Die Verbindlichkeit von Wertungen, die sich z.B. in politischen Programmen oder technischen Normen niederschlägt, darf nicht einfach durch Experten gesetzt werden. In Demokratien muss sie sich entweder aus einer Befragung des Volkes oder durch Entscheide seiner Repräsentanten ergeben. Nach dem Ideal der Diskursethik sollten alle Betroffenen ihre Argumente im Entscheidungsprozess zur Geltung bringen können. Schliesslich kann auch die Diskussion von Werten nicht allein die Aufgabe der Wissenschaft sein, sondern muss die Form eines ästhethisch-moralischen Diskurses annehmen, der durchaus als Teil einer politischen Auseinandersetzung geführt werden kann. Bei aller Sympathie für die Anliegen von Greenpeace: Indem sie der Wissenschaft die Rolle einer politischen Entscheidungsinstanz zuweisen, treten sie implizit für die teilweise Entmündigung der Bevölkerung ein! Braucht Greenpeace die Autorität von Wissenschaftern, um seine umweltpolitischen Forderungen zu verbreiten?

6.9 Zur Verantwortung der Wissenschafter

Greenpeace, ein Teil der Förster und viele Laien fordern von den Waldschadenforschern und insbesondere vom Direktor der WSL, sie sollen ihre Verantwortung für den

Wald wahrnehmen, die Alarmglocke schlagen und umweltpolitische Forderungen aufstellen. Wie berechtigt sind diese Forderungen aus der Perspektive der Diskursethik?

In Kapitel 4 wurde herausgearbeitet, dass aus der Perspektive der Diskurs- und Verantwortungsethik die Aufgabe von Experten unter den Bedingungen einer offenen Gesellschaft darin besteht, mit Argumenten zu praktischen Diskursen beizutragen. Sie sollen ihr Wissen für die Betroffenen transparent und zugänglich halten, es aber nicht dazu verwenden, die Anliegen von Betroffenen oder die Argumente von Laien an den Rand zu spielen, insbesondere dürfen sie sich nicht als Inkarnationen der Vernunft gebärden. So weit die Folgen ihrer Forschungen für sie selbst erkennbar sind, sind die Wissenschafter auch dafür verantwortlich, sich im Rahmen ihrer Möglichkeiten für eine Kontrolle dieser Folgen einzusetzen; dies tun sie am ehesten durch die öffentliche Thematisierung der Probleme, die sich aus der Anwendung ihrer Erkenntnisse ergeben könnten. In der Regel dürfte das von ihnen ein gewisses Mass an „über den Rand der eigenen Arbeit hinausdenken" abverlangen, doch darf dies nicht allein ihre Aufgabe sein. Sie sollen sich ferner für Offenheit und argumentative Problem- und Konfliktlösungen in allen Bereichen der Gesellschaft einsetzen und klar machen, inwiefern ihre eigene Arbeit auf einer Kultur der Argumentation beruht. Abgesehen von der pfleglichen Behandlung im Forschungsprozess, tragen sie keine besondere Verantwortung für ihren Forschungsgegenstand. Präziser: Ihre Verantwortung dem Forschungsgegenstand gegenüber geht nicht über ihre Verantwortung für die Veröffentlichung ihrer Erkenntnisse und über die Verantwortung, die sie als Mitlebewesen, Mitmenschen und Bürger sowieso schon wahrzunehmen haben, hinaus.

Der Druck, der auf den Waldschadenforschern seitens der Bevölkerung, der Medien und verschiedener Interessengruppen lastet, ist zwar äusserst unangenehm, aber immer noch im Rahmen dessen angesiedelt, was man eine offene Gesellschaft nennen kann. Sie mögen mit Vorwürfen und politischen Ränkespiel zu rechnen haben, aber nicht mit Repression. Es gibt für die Wissenschafter keine Rechtfertigung und schon gar keine Pflicht für strategische Kommunikation. Im Gegenteil: Aus der Perspektive der Diskursethik haben sie die Pflicht, sich dafür einzusetzen, dass ihre Argumente nicht nur ernst genommen werden, sondern dass sie auch kritisch geprüft werden.

Nach meiner Interpretation der Diskursethik besteht demnach die Verantwortung der Waldschadenforschung der Gesellschaft und dem Wald gegenüber darin,

- ihre Forschungsergebnisse öffentlich zugänglich zu machen,
- die Geltungsansprüche der eigenen Ergebnisse und die der Kollegen zu begründen und zugleich zu hinterfragen;
- die Bedeutung der Erkenntnisse in ökologischer, umweltpolitischer und wissenschaftspolitischer Hinsicht zu erläutern;
- sich öffentlich dafür einzusetzen, dass die Ergebnisse, die Grenzen ihrer Gültigkeit und ihre Bedeutung für andere Handlungsbereiche zur Kenntnis genommen, verstanden und kritisch beurteilt werden;
- sich dafür einzusetzen, dass Wissenschafter nicht über die Köpfe von Betroffenen hinweg entscheiden oder Entscheide vorwegnehmen; sich dagegen zu wehren, dass solches von Wissenschaftern verlangt wird und sich, mit Hinweisen auf die Relevanz für die Betroffenen, dafür einzusetzen, dass die politisch relevanten Aspekte von Entscheidungen auch von den politischen Instanzen gefällt werden;

- zuhanden der Öffentlichkeit die Möglichkeiten von Massnahmen und deren Folgen zu erläutern, soweit dies ihrer fachlichen Kompetenz entspricht;
- sich als Privatpersonen[686] für die eigenen Vorstellungen einer lebenswerten Welt (und einen Schutz des Waldes oder der Wirtschaft) einzusetzen.

Solange keine gut begründeten Zweifel an den wesentlichen Zügen des Bildes vom Waldsterben, das die schweizerische Waldschadenforschung zeichnet, bestehen, kann Greenpeace den Wissenschaftern nicht vorwerfen, ihrer Verantwortung nicht nachzukommen. Gerade mit dem radikalen Zweifel an bisherigen Vorstellungen, mit dem Aufzeigen aller Unsicherheiten und Kenntnislücken kommt die Wissenschaft ihrer Verantwortung nach. Sie gibt uns allen die Möglichkeit, uns ein Bild der Unkenntnis zu verschaffen und nimmt uns nicht durch scheinbares Wissen die Wahl zwischen ökologischen und ökonomischen Risiken ab – falls dies überhaupt der zentrale Gegensatz sein sollte. Den Personen, die in der Waldsterbensdebatte eine kritisch prüfende Haltung einnehmen, darf nicht vorgeworfen werden, den Bremsern in der Umweltpolitik Munition zu liefern und damit das Allgemeingut Umwelt zu gefährden. Die repressiven Bedingungen, die es verantwortungsethisch rechtfertigen würden, vom besseren Argument abzuweichen, sind einfach nicht gegeben. Würde die geforderte Haltung verallgemeinert, bestünde die Gefahr, in einen „Teufelskreis" strategischen Handelns zu geraten, wie dies etwa vom „Aufrüstungswahnsinn" schon bekannt ist. Es sollte eigentlich auch einsichtig sein, dass eine Moral nach dem Motto „Der-Zweck-heiligt-die-Mittel" niemals verallgemeinerbar sein kann und daher auch nicht zu rechtfertigen ist.

Wenn ich hier die Ansprüche von Greenpeace im wesentlichen zurückweise, dann heisst das jedoch nicht, dass die Wissenschafter ihre politischen Spielräume im politischen Geschehen schon genutzt haben. Es ist durchaus denkbar, beispielsweise als Direktor einer WSL die Interessen einer Allgemeinheit vor dem Hintergrund wissenschaftlicher Erkenntnisse zu diskutieren. Doch ist die erste Adresse dafür eher die Forstverwaltung des Bundes.

Greenpeace akzeptiert zwar vordergründig alle Forschungsresultate, zieht aber nicht die Konsequenzen daraus, sondern nur aus dem in ihrer Perspektive problematischen Umstand, dass die Wissenschaft nicht in gewünschter Art und Weise den politischen Handlanger spielt. Die Luftreinhaltepolitik der mittleren 80er Jahre wurde durch Erkenntnisse über das Waldsterben begründet. Diese „Erkenntnisse" sind inzwischen fraglich bis hinfällig geworden und die Luftreinhaltepolitik muss, wenn sie verschärft oder qualitativ verbessert werden soll, auf eine andere argumentative Basis gestellt werden. Zum Leidwesen der Umweltschützer, die sich auf das im Zusammehang mit dem Waldsterben gängige Argumentationsmuster eingeschossen haben, liefert die Wissenschaft derzeit keine Munition mit hoher Durchschlagskraft, sondern nur Grundlagen, die erst nach einem anspruchsvollen Interpretationsprozess in umweltpolitische Argumente umgewandelt werden könnten. „Könnten" sage ich, weil sich bis jetzt niemand der Aufgabe angenommen hat, die Kenntnisse systematisch und umfassend als Grundlage einer Vorsichts- oder Risikovermeidungsstrategie aufzuarbeiten. Dies wäre eine Möglichkeit, den Forderungen und Bedürfnissen von Umweltorganisationen, Förstern

---

686 Die Verlockung ist natürlich gross und es ist leider auch üblich, sich als „Professor Dr. hc" für irgendeine Initiative ins Zeug zu legen und seine Kompetenz in politische Autorität umzumünzen. Es sollte klar sein, dass ein Titel kein besonders guter Grund für oder gegen eine Ansicht ist.

und besorgten Bevölkerungskreisen entgegenzukommen, ohne die Orientierung am besseren Argument aufgeben zu müssen.

Schlaepfer und die WSL stehen bei vielen, die mit den Fortschritten der Umweltpolitik unzufrieden sind, im Verdacht, eine politisch konservative Linie zu vertreten und die Umweltpolitik durch vornehme Zurückhaltung oder gar Verharmlosung zu torpedieren. Diese Verdachtsmomente mögen zutreffen oder nicht zutreffen, wichtig ist daran, dass den Argumenten aus der Wissenschaft kaum mehr Gehör geschenkt wird: Aussagen werden abgelehnt oder akzeptiert, aber kaum hinterfragt. Wir stehen damit vor einem doppelten Paradox: Ein Wissenschafter bemüht sich um möglichst viel interessenneutrale Wissenschaftlichkeit und untergräbt gerade dadurch das Vertrauen in seine Wissenschaftlichkeit. Sein Publikum richtet politische Erwartungen an ihn und bringt sich dadurch selbst um die Chance, den wissenschaftlichen Gehalt seiner Aussagen wahrzunehmen.

Aus dieser Situation dürfte nur ein Versuch, das verlorene Vertrauen und die Schwierigkeiten der Kommunikation direkt anzusprechen, herausführen. Nicht nur die WSL, sondern die an Fragen des Waldzustandes interessierte Allgemeinheit müsste eigentlich ein Interesse daran haben. Dies wäre die anzustrebende win-win-Strategie.

6.10 Politische Unmündigkeit

Für die Luftreinhaltepolitik zu Beginn des Waldsterbens waren die Verlautbarungen der meisten Waldschadenforscher in der Schweiz (und in der BRD) ein Segen. Ihre klaren Stellungsnahmen und ihre brisanten Ergebnisse über Waldschäden konnten direkt in politischen Druck, und wie im Falle einer Jahrring-Studie sogar in quantitative Ziele bzw. Grenzwerte umgesetzt werden. Endlich nahm jemand den Umweltschutzorganisationen die steinige und undankbare Arbeit ab; sie konnten sich auf wissenschaftliche Autoritäten berufen! Kritische Reflexion und skeptische Argumente feierten zu dieser Zeit nur geringe Erfolge.

Inzwischen wurde die wissenschaftsinterne Kritik restauriert. Zumindest ist der kritisch prüfende und systematisch zweifelnde Verstand in der Waldschadenforschung wieder salonfähig geworden. Und der argumentative Sukkurs für einfache Botschaften muss notgedrungen ausbleiben. Das ist ein schmerzlicher Verlust für die Umweltschutzorganisationen, denn die selbstkritischere Haltung führt zur Dekonstruktion der alten Argumente in Sachen Waldsterben und zu einem anderen Verständnis des Verhältnisses zwischen Wissenschaft und Politik. Die Umweltschutzorganisationen müssten sich in Sachen Waldschäden eine viel differenziertere und schwieriger zu vermittelnde argumentative Basis schaffen. Zudem müssen sie fortan in diesem Bereich wahrscheinlich ohne politischen Lastesel auskommen, und ihre Botschaft alleine vertreten.

Beide, die frühe Mainstream-Waldschadenforschung und Greenpeace im Jahre 1994 legen eine gewisse politische Unmündigkeit zu Tage. Das heisst nicht, dass sie das politische Spiel nicht beherrschten – im Gegenteil! Indem sie die Autorität von (eidgenössischen) Experten ausspielen und über das bessere Argument stellen, schieben sie der Wissenschaft politische Probleme zur Lösung zu. Greenpeace verlangt von der Wissenschaft, die Legitimationsbasis für seine Forderungen zu zimmern. Der Sachverstand soll sich nicht mehr dem Willen aller Bürger und Bürgerinnen dienlich machen, sondern Entscheidungen vorzeichnen oder gar vorwegnehmen. Das läuft auf eine Entmündigung weiter Teile der Bevölkerung hinaus. Weshalb sollen gerade die Wissenschafter die politischen Konsequenzen aus ihren Resultaten ziehen? Sind sie etwa als Vertreter politischer Interessen gewählt worden? Sprechen sie denn wirklich meine Anliegen aus, welche sie auch immer sein mögen? Ist es nicht unser aller Aufgabe, den Stand des wissenschaftlichen Unwissens zur Kenntnis zu nehmen und ihn hinsichtlich unserer eigenen politischen Ziele zu interpretieren?

So weit das diskursethische Argument. Aber auch die politische Klugheit müsste Umweltschutzkreise eigentlich zur Einsicht führen, sich nicht darauf einzulassen, ihre grünen Anliegen durch einen Haufen von Wissenschaftern, deren politische Couleur sehr unzureichend bekannt ist (aber kaum durchgehend grün sein dürfte!), vertreten zu lassen. Vielleicht täusche ich mich, denn es fällt auf, dass seitens der Wissenschaft mit keinem Wort auch nur irgendeine Massnahme zur Luftreinhaltung oder zur Waldpflege in Frage gestellt wird – im Gegenteil, die Wissenschafter werden nicht müde, sich für eine wirksame Umweltpolitik auszusprechen.

7. Waldsterben - ein Umweltproblem der Moderne

In diesem letzten Kapitel werde ich die Leistungen der Waldschadenforschung und der Massenmedien in der Schweiz zusammenfassend beurteilen, einige – bewusst relativ allgemein gehaltene – Verbesserungsvorschläge unterbreiten und das Waldsterben als einen Präzedenzfall für die Bearbeitung von Umweltproblemen in spät-modernen Gesellschaften diskutieren.

Zunächst möchte ich die Grundlagen meiner Aufmerksamkeit und meiner Bewertungen in Erinnerung rufen. In normativer Hinsicht greife ich auf ethische Konzepte zurück, die als eine Klärung und Radikalisierung der moralischen Basis der Moderne verstanden werden können. Die Moderne zeichnet sich nämlich gegenüber anderen Gesellschaften unter anderem dadurch aus, dass in ihr (zumindest im Prinzip) alle gesellschaftlichen Verhältnisse in Frage gestellt werden können. Das soziale Leben wird als gestaltbar betrachtet und ist deshalb von Grund auf begründungspflichtig geworden. Darin scheinen zwei Ansprüche auf: Erstens der Anspruch auf Offenheit bzw. darauf, Informationen zugänglich zu halten; zweitens der Anspruch, das bessere Argument zu verfolgen, indem ein Wettbewerb der Gründe veranstaltet wird. Mit diesen Ansprüchen wird ein emanzipatorischer Gedanke verfolgt: Die von Entscheidungen Betroffenen sollen an den Entscheidungen beteiligt werden. Die Idee der Selbstbestimmung bestimmt weitgehend die Organisation (bzw. Verfassung) des demokratischen Staatswesens.

In diesem normativen Rahmen erwächst der Wissenschaft und den Medien die Pflicht, Kenntnisse über Natur und Gesellschaft, die von allgemeiner Relevanz sind, den Laien bzw. dem Publikum zugänglich zu machen. Die Bevölkerung soll die Grundlagen erhalten, um sich ihrer eigenen Situation in möglichst zutreffender Weise bewusst werden und die Konsequenzen von Handlungsalternativen beurteilen zu können. Es geht dabei sowohl um die politische Partizipation der Betroffenen als auch um die Kontrolle der Macht, sei sie nun die des Staates oder die von Unternehmen, Organisationen oder Einzelpersonen. Moralisch kontroverse Entscheidungen sollen im Rahmen von Diskursen erarbeitet werden; dabei soll den Betroffenen die Gelegenheit eingeräumt werden, ihre Anliegen zur Geltung zu bringen und die Positionen aller Involvierten zu prüfen. Die Macht soll sich der Vernunft fügen – so lautet das Ideal seit der Aufklärung.

In der Gesellschaft der Moderne treten zunehmend Probleme auf, die erstens viele Menschen in den unterschiedlichsten Lebensumständen betreffen und die zweitens nicht hinreichend auf der Basis des Erfahrungswissen von Laien oder von Einzelpersonen zu erfassen sind. Solche Probleme werden in Kommunikationsprozessen aufbereitet, und die Medien und die Wissenschaft sind massgeblich an der Definition und Bearbeitung des Problems beteiligt. Sie werden damit in politische Auseinandersetzungen involviert, und dies wirft die Frage ihrer Rolle in solchen Prozessen auf. Im Rahmen des von mir vertretenen normativen Begriffes von Öffentlichkeit sollen sich die Wissenschaft und die Medien aktiv an politischen Auseinandersetzungen beteiligen. Dies soll jedoch zugleich in einer Weise erfolgen, die der Orientierung am besseren Argument förderlich ist. Weder das Expertenwissen noch die Macht über die Informationsverarbeitung und -Verbreitung dürfen dazu benutzt werden, die Anliegen oder Positionen von Betroffenen zu überspielen.

Experten sind dem Publikum das bessere Argument als Einzelpersonen schuldig; sie werden primär als Sachverstand und nicht als Interessenvertretung betrachtet. Etwas anders verhält es sich mit den einzelnen Journalisten und einzelnen Medien. Zu ihren traditionellen Aufgaben zählt es nämlich auch, Interessen zu vertreten. Das System der Massenmedien in modernen Gesellschaften sollte jedoch einen Bereich aufrecht erhalten, der sich der Vielfalt von Interessen, Ansichten und Meinungen annimmt. Sie sollten den Raum für gesellschaftliche Selbstbeobachtung eröffnen, indem sie selbst Beobachtungen anstellen (z.b. in Form von Nachrichten und Berichten) oder, indem sie den unterschiedlichen Sichtweisen Platz zur Selbstdarstellung einräumen. Dieser Bereich der gesellschaftlichen Verständigung, der sich nicht abgrenzen lässt, kann Öffentlichkeit genannt werden. Kurz: Experten und Medien sollten die kritische Meinungsbildung ihres Publikums unterstützen und nicht stellvertretend politische Entscheide treffen oder solche vorspuren.

7.1 Zur Konstruktion und Dekonstruktion des Waldsterbens durch Wissenschaft und Massenmedien

Aus dem von mir berücksichtigten Material geht hervor, dass das Waldsterben von einigen wenigen Wissenschaftern definiert worden ist. Die Forstpraxis, die Politik, die Bevölkerung konnten das Waldsterben zuerst nicht erkennen; sie mussten es sehen lernen. Die Wissenschaft definierte das Waldsterben als das bevorstehende grossflächige Absterben von Bäumen aller Baumarten aufgrund der Luftverschmutzung. Dieses Waldsterben war eine Befürchtung, ein Phantom. Es konnte bis jetzt in dieser Form nicht beobachtet werden. Zu beobachten waren in der BRD, in der Schweiz und in anderen Ländern einige lokal begrenzte Waldzusammenbrüche, lokal bis regional auftretende Verfärbungen und überregionale Veränderungen der Kronendichte. Veränderungen der Kronendichte, Verfärbungen und das flächenhafte Absterben von Bäumen waren von früheren Ereignissen im Wald bekannt. Sie traten sowohl bei Schädlingsbefall wie auch bei starken Immissionsbelastungen auf. Verschiedene Umstände mögen dazu beigetragen haben, diese Symptome im Sinne des Waldsterbens zu deuten: Seit langem waren lokale Immissionsschäden bekannt; die Politik der hohen Schornsteine führte dazu, die Belastungen zugleich abzuschwächen und auf ausgedehnte Gebiete zu verteilen. Verschiedene Einflüsse des sauren Regens auf Gewässer und Boden waren einige Jahre zuvor erkannt worden. In den westlichen Industrienationen bahnte sich das Umweltbewusstsein seinen Weg in die Politik und ins Gewissen der Bevölkerung. Die Forstwissenschaft stand vor dem Problem, Schwächezeichen der Weisstanne nicht erklären zu können. Weder die Beobachtungen noch die erwähnten Begleitumstände nötigten jedoch die Forstwissenschaft dazu, ein Waldsterben zu postulieren. Es war aber überhaupt nicht unplausibel, die Möglichkeit eines solchen Waldsterbens in Betracht zu ziehen. Einige Wissenschafter erachteten diese Möglichkeit als die plausibelste und deuteten die verfügbaren Beobachtungen als Indizien oder Bestätigungen dieser Befürchtung. Sich mit der Möglichkeit eines Waldsterbens auseinanderzusetzen und zugleich die Politik und Bevölkerung für dieses Problem zu sensibilisieren war unter diesem Umständen richtig. Es war jedoch ein Irrtum, aus der Befürchtung eine Tatsache werden zu lassen. Das Waldsterben entbehrte einfach der empirischen Grundlage.

Unter den Wissenschaftern wurden unterschiedliche Positionen vertreten. Einige wenige Wissenschafter haben das Waldsterben als Tatsache vertreten; es waren Lehrstuhlinhaber (v.a. in der BRD) oder Personen des Wissenschaftsmanagments (v.a. in der

Schweiz). Viele Wissenschafter sind dieser Darstellung gefolgt, obwohl etliche unter ihnen davon nicht restlos überzeugt waren. Nur wenige Wissenschafter haben jedoch die Darstellung dieses Waldsterbens hinterfragt, sie als Annahme bezeichnet, sie bezweifelt oder sie gar abgelehnt. In meinen Quellen tritt kein einziger Wissenschafter hervor, der in den Jahren 1982 oder 1983, als das Waldsterben als Problem naturwissenschaftlich geformt wurde, klar und deutlich darauf hingewiesen hätte, dass die verfügbaren Beobachtungen auch als „Normalzustand" des Waldes interpretiert werden könnten. Erst Jahre später, unter dem Einfluss einer Flut detaillierter Forschungsergebnisse, wurde deutlich, dass diese Möglichkeit auch ernsthaft hätte berücksichtigt werden müssen. Offenbar war es auch den kritischsten Geistern in der Wissenschaft zunächst nicht möglich, dies zu erkennen. Mann hätte vielleicht wirklich „bösgläubig" (Bundesrat Egli) sein müssen, um die Schwächen des Konstruktes zu durchschauen. Erstaunlich bleiben aber die Unterschiede in der Darstellung des Waldsterbens, die sich zwischen der wissenschaftsinternen Auseinandersetzung und der in der allgemeinen Öffentlichkeit geführten Debatte zeigen: Nur in den Massenmedien wird von den selben Wissenschaftern ein Absterben des Waldes in fünf bis fünfzehn Jahren regelrecht prophezeit. In der wissenschaftlichen Literatur wird es hingegen nur befürchtet; man ist sich darüber im Klaren, dass die erwünschte Gewissheit noch nicht erreicht wurde. Die Öffentlichkeit der Massenmedien unterliegt nicht dem selben Argumentationsdruck wie die wissenschaftsinterne Öffentlichkeit.[687] Dieser relativ geschützte Raum wurde von einigen Wissenschaftern genutzt, um mit markanten Aussagen (und viel guter Absicht!) den Boden für eine wirkungsvolle Politik der Luftreinhaltung und der Waldpflege vorzubereiten.

Fatal an diesen Ereignissen war nun, dass grosse Teile der Bevölkerung und der Politiker von diesem Waldsterben überzeugt waren. Sogar die politischen Gegner der Umweltpolitik gingen von einer Tatsache Waldsterben aus. Sowohl in der Wissenschaft, wie in der allgemeinen Öffentlichkeit war nicht die rapide Zunahme der Waldschäden, sondern nur die ursächliche Beteiligung der Luftverschmutzung strittig. Die Luftreinhaltepolitik wurde deshalb auf der Grundlage von Vorstellungen beschlossen, die in den folgenden Jahren nicht etwa nur verfeinert oder in Details korrigiert wurden, wie dies in Fällen wissenschaftlicher Unsicherheiten zu erwarten ist, sondern sich grundlegend wandelten. Im Prinzip wurde der Luftreinhaltepolitik der argumentative Boden, auf den sie gestellt worden war, weitgehend entzogen. Was bleibt, ist das Plädoyer einer Vorsichtsstrategie; aber beispielsweise sind die damals zentralen Begründungen für die Grenzwertsetzungen hinfällig, und die Vorstellung von Zwangsnutzungen aufgrund der Luftverschmutzung – nicht nur wegen des Borkenkäfers – sind mittlerweile auch fragwürdig.

Viele Personen, mit denen ich mich darüber unterhalten habe, kontern die Zweifel am Waldsterben mit der Erklärung, die Luftreinhaltepolitik habe viel Gutes gebracht. Zweifellos; fatal ist dieser Prozess dennoch, weil sie vielleicht auch Schlechtes hätte bringen können. Es ist einfach ein anderes Argument! Wenn wir heute von der bestehenden Luftreinhaltepolitik überzeugt sind, wenn wir sie sogar verschärfen möchten, dann nicht, weil wir ein Waldsterben haben, sondern weil wir über eine Reihe von Indizien verfügen, die auf eine Belastung von Flechten, Rotklee, Birkensetzlingen und

---

687 Auch bei dieser ist er jedoch in unterschiedlichem Grad ausgeprägt. So schirmen nationale Forstzeitschriften mit wissenschaftlicher Ausrichtung (wie die SZF) relativ gut von der internationalen Kritik der Fachkollegen ab.

Atembeschwerden von Asthmatikern, Kindern und älteren Personen hindeuten. Dies sind nur wenige Beispiele für viele gute Argumente, die heute für ein Festhalten an der Luftreinhaltepolitik sprechen. Vielleicht gibt es auch Gegenargumente, schliesslich muss jede politische Massnahme gegenüber den Betroffenen verantwortet werden; es liegt nicht an mir, darüber zu entscheiden. Aber ich glaube aufzeigen zu können, dass ein Teil der Argumente, die vor mehr als einem Jahrzehnt die Politik in Bewegung versetzten, heute keine Kraft mehr entfalten können. Die Luftreinhaltepolitik muss (und kann!) auf andere Weise als mit einem Waldsterben (im klassischen Sinn) begründet werden.

Fatal waren diese Ereignisse noch in einem weiteren Sinn. Wir haben gesehen, dass die Wissenschafter einem grossen politischen Erwartungsdruck ausgesetzt waren. Von ihnen wurde nicht verlangt, ihre Untersuchungen zu manipulieren, aber die Interpretation ihrer Resultate musste vor dem Hintergrund des Waldsterbens erfolgen: Es war praktisch ihre Pflicht geworden, das Waldsterben zu beweisen. Wer dies nicht konnte, hatte sich zurückzuhalten. Das nationale Forschungsprogramm NFP 14+ konnte das Waldsterben nicht nachweisen. Es war aus dieser Warte betrachtet ein vollkommener Misserfolg und weder der Wissenschaft noch den Medien Schlagzeilen wert. Auf diese Weise wurden Forscher, die während Jahren engagierte und gute wissenschaftliche Arbeit geleistet haben, um ihre gesellschaftliche Anerkennung gebracht. Es kann nicht angehen, das politisch Wünschbare zum Massstab wissenschaftlichen Erfolges zu machen. Schlagzeilen machte hingegen ein Interview mit Rodolphe Schlaepfer, der den Stand der Kenntnisse, so wie er ihn zu vertreten glaubte und wie er von seinen Mitarbeitern dokumentiert wurde, erläuterte. Statt von Seiten des interessierten Publikums dies als Anlass zur Suche nach dem besseren Argument, nach der zutreffenderen Sicht der Dinge zu nehmen, wurden die Äusserungen in erster Linie als umweltpolitisches Statement gelesen. Der Wissenschaft wurde wieder die Rolle des umweltpolitischen Zugpferdes aufgebürdet. Zugleich wurde damit aber auch der Bevölkerung die umweltpolitische Eigenverantwortung abgesprochen: Die Experten sollen nicht zur Auseinandersetzung beitragen, die Begründungen ihrer Sichtweise werden nicht harten Prüfungen unterzogen, sondern sie sollen sagen, wo's lang geht. Wir haben es beim Waldsterben mit einer von innen angemassten und von aussen zugemuteten Politisierung der Wissenschaft zu tun.

Die Folge davon ist erstens eine partielle Entmündigung der Bevölkerung,[688] insbesondere der Kreise, die sich für Umweltschutz engagieren, zweitens eine Beeinträchtigung der wissenschaftlichen Kritikfähigkeit und drittens eine Geringschätzung der Leistungen der Forscher. Mag sein, dass durch die Politisierung der Wissenschaft etwas für die Umwelt erreicht wurde, aber zu welchem Preis?

Wir erhalten einen Eindruck vom Preis, wenn wir mit Personen diskutieren, die sich in der Zeit vor 1988 erlaubten, Kritik am Bild des Waldsterbens oder an der Begründung der Luftreinhaltepolitik zu äussern. Erinnern wir uns an das Beispiel des Ökonomen von Ungern-Sternberg, der 1985 die Strategie der Luftreinhaltung, die im EDI-Bericht „Luftverschmutzung und Waldsterben" vorgestellt wurde, kritisierte. Er hat vorgeschlagen, ob es in einer Situation, in der zwei Stoffe (HC und NOx) zusammen-

---

688   Zur Illustration: Obwohl ich einige Jahre an der WSL gearbeitet habe, und mit vielen Personen ein freundschaftliches Arbeitsverhältnis pflegen durfte, möchte ich keinesfalls von ihnen umweltpolitisch vertreten werden. Sie wurden nicht in ein Amt gewählt und es wurde ihnen auch sonst kein politisches Mandat übertragen; ich will sie nicht als meine politische Vertretung betrachten und ich darf ihnen das auch nicht zumuten.

wirken und einen dritten, schädlichen Stoff (Ozon) hervorbringen, nicht zweckmässiger wäre, nur einen der beiden Ausgangsstoffe zu reduzieren. Dieses Argument wurde mit einigen Kritiken an der Methodik des Berichtes angereichert. Aus den mir verfügbaren Unterlagen geht hervor, dass auch eine fortgesetzte schriftliche Auseinandersetzung nicht dazu führte, dass sein zentrales Argument von Seiten des EDI zur Kenntnis genommen wurde. Ihm wurde vorgeworfen, er habe den Bericht nicht verstanden und es ist deutlich zu spüren, dass er als ein Verhinderer der angestrebten Luftreinhaltepolitik betrachtet wurde. Diese Position wurde schliesslich auch von einzelnen Medien vertreten. Das mag ja den Kern seiner Motive treffen, doch standen sie weder zur Debatte, noch können sie eine andere Position legitimieren. Zur Debatte stand hingegen ein klassisch ökonomischer Vorschlag, politische Strategien zu rationalisieren: Wie lassen sich die knappen Mittel der Politik in möglichst zweckmässige Massnahmen investieren? Für die Bevölkerung, die sowohl durch die Massnahme wie durch ihre Wirksamkeit betroffen ist, war dieses Argument nicht mehr erkennbar und sein Vorschlag konnte nicht in einer breiten Öffentlichkeit diskutiert werden. Als eine weitere, der vielen möglichen Konsequenzen einer Politisierung der Wissenschaft, sehen wir, dass die Bevölkerung um eine rationale Politik gebracht werden kann.

Kritik ist ein Strukturmerkmal des Wissenschaftssystems. Früher oder später musste innerhalb der Wissenschaft erkannt werden, welche Aussagen empirisch gut gestützt sind und welche als Annahmen, Vermutungen oder Befürchtungen zu betrachten sind. Für die Zeit seit Mitte der 80er Jahre lässt sich aus meinen Quellen eine zunehmend reflektivere und hinterfragendere Auseinandersetzung mit dem wissenschaftlichen Bild des Waldsterbens erkennen. Der Wechsel an der Spitze der WSL hat in der Schweiz den ersten Teil dieses Wandels auf einen sehr kurzen Zeitraum zusammenschrumpfen lassen, doch zeigen meine Materialien auch deutlich, dass sich das Verständnis des Waldsterbens auch noch seit 1988 weiterentwickelt hat. Die von Bosshard und Schlaepfer vertretenen Positionen sind stark durch die Diskussionen mit ihren Mitarbeitern und durch die ihnen verfügbare Literatur geprägt, auch wenn sie in ihren Repräsentationsaufgaben Selektions- und Interpretationspielräume genutzt haben. In der Waldschadenforschung hat also die interne Öffentlichkeit ihr kritisches Potential erst im Laufe der Jahre entfalten können. Die externe Öffentlichkeit hat diesen Prozess aber eher gehemmt als unterstützt.

Vor allem die publizistischen Reaktionen auf die Veröffentlichung des Sanasilva-Berichtes 1993 zeigen, dass etliche Massenmedien eher ein Interesse daran haben, das Waldsterben fortzuschreiben, als sich mit seinem Wandel auseinanderzusetzen. Dieses Eigeninteresse, diese themenprägende Kraft der Medien wird erst dadurch erkennbar, dass sich die Medien von den Präsentationen der Wissenschaft explizit oder implizit distanzieren. Zur Blütezeit des Waldsterbens herrschte eine Interessenkonvergenz zwischen der Wissenschaft und den Medien – und weiteren Akteuren. Das den Medien vorgesetzte Bild des Waldsterbens wurde nicht in Zweifel gezogen, hinterfragt oder geprüft. Es war etwas vom geschäftsfördernsten, das man sich wünschen konnte und es wurde von sehr vertrauenswürdigen Kreisen vertreten. Für die Medienschaffenden lagen keine Anreize vor, am Lack zu kratzen und die Einwände der Kritiker konnten ohne weiteres als das übliche politische Ränkespiel beiseite geschoben werden: So entfaltete auch die allgemeine Öffentlichkeit kein kritisches Potential; von einer Kontrolle oder Überwachung der Wissenschaft kann schon gar keine Rede sein. Hinter dem Festhalten an überkommenen Vorstellungen des Waldsterbens steht in späteren Jahren auch die Befürchtung, das umweltpolitisch Erreichte oder die zukünftige Umweltpolitik zu gefährden. Diese Sorge fällt je nach politischer Orientierung des Mediums unterschiedlich aus.

Die sogenannte Warnfunktion der Medien bestand also darin, die Befürchtungen der Forstwissenschaft und die Zweifel ihrer Kritiker an prominenter Stelle verlautbaren zu lassen. Wenn die Medien selbst aktiv wurden, haben sie vor dem Waldsterben und der Autolobby gewarnt und nicht vor der Wissenschaft und schon gar nicht vor den Förstern, der Forstverwaltung, den Umweltschutzorganisationen und anderen politischen Akteuren.

Für die einen Journalisten und Medien hat sich inzwischen etwas geändert. Sie öffnen sich anderen Vorstellungen oder hinterfragen sogar die Konstruktionsprozesse, die zu den offiziell präsentierten Situationsdeutungen führen. Sie verfolgen die Wissenschaft in kritischer Distanz. Für die anderen Journalisten und Medien ist aber im wesentlichen alles beim Alten geblieben, ausser dass die Wissenschaft zur Seite der Verharmloser übergelaufen ist. Deshalb warnen sie heute nicht nur vor dem Waldsterben, sondern auch vor der Wissenschaft (aber immer noch nicht vor den Förstern, der Forstverwaltung und den Umweltschützern). Während die Medien in den ersten Jahren des Waldsterbens die Politisierung der Wissenschaft mitgetragen haben, bieten sie heute ein heterogenes Bild. Einige Journalisten verhelfen den Medien dazu, die Rolle des Wächters und Warners zu spielen. Sie verwirklichen damit einen Teil des kritischen Potentials der allgemeinen Öffentlichkeit. Andere Journalisten halten in ihrer Berichterstattung und in ihren Kommentaren die politischen Massstäbe zur Beurteilung der Leistungen der Wissenschaft und zur Prüfung des von der Wissenschaft präsentierten Bildes des Waldsterbens aufrecht – und dies manchmal auf feinere und manchmal auf unfeinere Art und Weise. Damit schreiben sie auch die Konsequenzen der Politisierung der Wissenschaft gegen die Entwicklungstendenzen innerhalb der Wissenschaft fort und dies im Einklang mit Teilen der Förster, der Forstverwaltung, der Umweltorganisationen und – das mag sie selbst erstaunen – mit jenen Kreisen der Autofahrer, die sich seit 1983 weniger an wissenschaftlichen Argumenten und mehr an ihren eigenen politischen Interessen und vorgefassten Meinungen orientieren.

Einige weitere Aspekte der Leistungen der Wissenschaft runden das Bild einer nur schwach ausgeprägten Kritikkultur innerhalb der Wissenschaft ab. Das hervorstechendste Merkmal ist, dass der Begriff des Waldsterbens einige Jahre lang im wörtlichen Sinn und exzessiv verwendet werden konnte, ohne kritisch überprüft zu werden. Es ist mir kein Dokument bekannt, in dem dieser Begriff operationalisiert worden wäre. Er wurde umschrieben, aber es konnten nie Kriterien aufgestellt werden, woran das Waldsterben zu erkennen sei, was genau zu seiner Feststellung beobachtet werden musste und wie es von anderen Waldschäden abzugrenzen sei. Verschiedenste Interpretationsmuster und rhetorische Figuren hatten den Begriff gegen kritische Durchleuchtung abgeschirmt.

Eigentlich ist es kaum fassbar, mit welcher Leichtigkeit Wissenschafter und Journalisten von einem Sterben des Waldes geredet und geschrieben haben. Unvorstellbar, was es heissen würde, nähme man diese Vorstellung ernst. Aber das Waldsterben wurde von nicht wenigen Leuten wörtlich verstanden und ernst genommen! Die Forstleute hatten es immer schon mit diesem oder jenem Baum- oder Waldsterben in lokalem Ausmass zu tun. Sie konnten sich unter diesem Begriff ein Kontinuum unterschiedlichster Waldschäden vorstellen. Viele Laien stellten sich hingegen dem Gedanken, in wenigen Jahren gar keine Bäume mehr vorzufinden![689] Im Rahmen von Psychothera-pien deuteten Kinder das Waldsterben als ein Zeichen dafür, in dieser Gesellschaft keine Zukunft zu finden; es unterstützte ihre Versagensängste.[690] Dass das Waldsterben Fragen der (moralischen) Beziehung zur Umwelt und zu künftigen Generationen provo-zierte und dadurch vielleicht viel zur Ökologisierung des Bewusstseins beigetragen haben mag, kann nicht seine ungerechtfertigte Verwendung legitimieren. Man denke nur an die Folgen, die sich für das Verständnis des Ausdrucks Artensterben ergeben könnten. In diesem Fall handelt es sich um ein wörtlich zu verstehendes Aussterben von Lebensformen. Man muss sich auch fragen, was es für die Sprache bedeutet, wenn apokalyptische Begriffe wie Wegwerfprodukte konsumiert werden. Bleiben dann nicht nur Worte ohne Verbindlichkeit? Verkümmert nicht die Sprache zum Lärm?

In der Wissenschaft wurden noch eine Reihe weiterer Begriffe verwendet, die einer klaren Grundlage entbehren: Lange wurde nicht beachtet, in welchem Sinn bei Bäumen und bei Wäldern, insbesondere bei genutzten Wäldern von normal, gesund, krank und vital geredet werden kann. Nicht viel anders ist es zeitweise, aber zum Teil auch bis heute, den Begriffen epidemiologisch, komplex, Indizien(beweis) und Risiko(analyse) ergangen. Auch in methodischer Hinsicht bleibt also einiges zu klären. Die Beding-ungen der Möglichkeit bestimmte Aussagen zu machen wurden (und werden?) in der Waldschadenforschung nicht hinreichend analysiert. Wie ich zu zeigen versucht habe, kann dies am Ende durchaus politische Konsequenzen haben.

Auch zu den Leistungen der Medien gilt es einiges zu ergänzen. Ihr Verlautbarungs-journalismus hat zwei Seiten, einerseits eine Ferne zur Kritik, andererseits eine grosse Offenheit: Die Medien haben hervorragend als Plattform der politischen Auseinan-dersetzung funktioniert. Praktisch jede Stimme, die sich einigermassen vernünftig äus-serte, hatte gute Chancen publiziert zu werden. Damit haben die Medien im Vergleich zur Wissenschaft eine deutlich allgemeinere Öffentlichkeit geschaffen. In dieser Arena treten nicht nur viele (alle?) organisierten Interessenvertretungen auf, sondern auch ein-zelne Wissenschafter mit besonderen Hypothesen, Erfinder, Hobbyforscher usw., und in wissenschaftlicher Hinsicht wurde das Waldsterben in seiner ganzen Vielfalt und Kom-plexität repräsentiert. Ihren Informationsauftrag haben die Medien im Zusammenhang mit dem Waldsterben bestens erfüllt.

Was in der Anfangsphase den Wissenschaftern zugute kam, fiel den Kritikern zur Last: Die Medien gingen kaum klärend auf Argumentationen ein, liessen die Positionen „ungefedert"[691] aufeinanderprallen, strichen allenfalls die politischen Motive der Kriti-ker hervor und beriefen sich selbst auf die offizielle Lehrmeinung. Indem sie den unter-schiedlichsten Perspektiven eine Plattform boten, haben die Medien auch die Relevanz des Waldsterbens in all seinen Facetten ausgebreitet. Mit Ausnahme gelegentlicher Kommentare, die sich hauptsächlich mit umweltpolitischen Entscheiden befassten, wur-de diese Leistung primär durch das Umfeld der Medien, durch die Gesellschaft und nicht durch ihre Instanz der Selbstbeobachtung vollbracht. Im Zusammenhang mit dem Waldsterben scheint es mir angebracht, die Medien nicht als eine Instanz der gesell-schaftlichen Selbstbeobachtung zu betrachten, sondern nur als Instrument der gesell-

---

[689] Dies geht z.B. aus Interviews eines früheren Forschungsprojektes hervor. Vgl. Reichert und Zierhofer 1993, S. 210ff.

[690] Vgl. Schärli-Conradini 1992.

[691] Diesen Ausdruck verwendet einer meiner interviewten Journalisten, allerdings um Schlaepfers Ver-lautbarungen von 1988 zu kritisieren.

schaftlichen Selbstdarstellung, als eine Bühne für Inszenierungen aller Art. Erst nach 1988 treten auch die inhaltlich eigenständigen Leistungen der Medien deutlicher hervor. Insgesamt wurde das Thema Waldsterben primär nach Massgabe der Ereignisse und weniger nach seinen inhärenten Relevanzstrukturen verfolgt. Die Medien sind lange Zeit weitgehend den von der Politik und der Wissenschaft vorgegebenen Informationskanälen und inhaltlichen Strukturen gefolgt und haben sich nur in geringem Mass um eigenständige Analysen und Gewichtungen bemüht. Beispielsweise wurde kein weltweites Bild des Waldsterbens entworfen, kein vertiefter Blick in andere Länder geworfen, und das NFP 14+ wurde auch selten aus seinem Dornröschenschlaf geweckt. Diese passive Haltung wurde noch dadurch ergänzt, dass in den Massenmedien die Angaben zu den interpretativen, empirischen und methodischen Rahmenbedingungen von Studien selten ersichtlich und noch seltener hinterfragt wurden. Das Publikum hat unter solchen Umständen keine Chance, die vorgebrachten Geltungsansprüche zu beurteilen. Die eine These ist so gut wie jede andere, und die Meinungsbildung verkommt praktisch zwangsläufig zur Vertrauensseligkeit oder zum Misstrauen gegenüber den wenigen immer wieder medial in Erscheinung tretenden Wissenschaftern.

Vor allem nach 1988 wird die Arbeit der Wissenschafter von den Journalisten häufig als eine relativ willkürliche Angelegenheit dargestellt. Inwiefern die Wissenschafter aufgrund ihrer Datenlage praktisch zu bestimmten Aussagen gezwungen werden, wird in den Medien jedoch nicht ersichtlich. Wenn wissenschaftliche Positionen auf eine Ansichtssache reduziert werden, wird zugleich dem politischen Urteil Vorschub geleistet. In der Konzentration der Berichterstattung auf die Verlautbarungen der WSL und insbesondere ihres Direktors, erscheint die Wissenschaft auch nicht als pluralistisches und dynamisches System. Entwicklungen werden personalisiert, die ihnen zugrundliegenden Argumentationen gelangen nicht zum Publikum und die Interpretationsspielräume werden ihm nicht sichtbar. Doch genau dies ist eine Voraussetzung, um den politisch motivierten Anteil von wissenschaftlichen Verlautbarungen erkennen zu können.

7.2 Vorschläge an Wissenschaft und Medien

Nachdem nun eine ausführliche Kritik an den Leistungen der Wissenschaft und der Medien vorgestellt wurde, stellt sich die Frage, was getan werden könnte, damit sich nicht ähnliche Prozesse an anderen Orten wiederholen. So wie meine Untersuchung angelegt ist, lassen sich sicher keine direkt umsetzbaren Rezepte daraus ableiten. Aber ich kann versuchen, Vorschläge zu unterbreiten, die wenigstens eine Richtung von „Massnahmen" aufzeigen. Ich werde mich dabei auf einige zentrale Punkte beschränken.

Meine Kritik an den Leistungen der Umweltforschung im Fall des Waldsterbens betrifft im wesentlichen zwei Bereiche, nämlich zähflüssige Selbstkritik und wissenschaftstheoretische Mängel. Wir haben gesehen, dass sich die kritische Auseinandersetzung mit der Zeit in der Wissenschaft durchsetzte und dass sie zu einer Reflexion der Methoden und der Begrifflichkeit hinführte. Dies deute ich als ein Zeichen dafür, dass die strukturellen Voraussetzungen für eine wissenschaftsinterne kritische Öffentlichkeit gegeben sind. Falls sie sich dennoch nicht wirksam etabliert, dürfte es am Bewusstsein oder der Haltung der Wissenschafter liegen. Wir müssen dabei allerdings in Betracht ziehen, dass das Waldsterben für die beteiligten Forscher eine wissenschaftliche Extremsituation darstellt.

Massnahmen könnten nun darauf hinwirken, das Nachdenken über die Rolle oder die Aufgabe der Wissenschaft und über die dazu zweckmässigen Handlungsweisen und institutionellen Strukturen zum Gegenstand der akademischen Ausbildung zu machen – nicht nur für die Forschung, sondern auch für Techniker, Ingenieure, Architekten usw. Die Menschen, die ihren Beruf in wissenschaftlichen Institutionen erlernen, die ihren Beruf in der Wissenschaft ausüben werden, oder in ihrem Beruf mit der Wissenschaft in engem Kontakt stehen werden, sollten Gelegenheiten und Anreize erhalten, sich mit dieser Institution auseinanderzusetzen. In der späten Moderne, die je länger je mehr durch Expertenwissen gestaltet und aufrecht erhalten wird, sollte auch ein Bewusstsein für diese Situation gefördert werden. Die Ausbildung ist wahrscheinlich ein für diese Auseinandersetzung prädestinierter Ort, aber sie sollte auch mit den Berufsfeldern und vielleicht auch mit Vertretern der Laien, die ja die Einwohner der Experten-Wissen-Welt sind, geführt werden. Das könnte heissen, die Wissenschaft stärker als Teil unserer Gesellschaft und unserer Kultur zu verstehen und in ihrer Öffentlichkeitsarbeit entsprechend darzustellen. In dieser Hinsicht wäre eine problembezogene Zusammenarbeit mit den Medien zweckmässig.

In ähnlicher Weise könnte auch das Bewusstsein für die rhetorische Kraft der Sprache gefördert werden. Die Sprache als erstes und wichtigstes Arbeitsinstrument der Akademiker, als Medium in dem sich die Wissenschafter bewegen, verdient es nicht als Selbstverständlichkeit ignoriert zu werden. Alle noch so ausgeklügelten Untersuchungsmethoden laufen in die Irre, wenn das, was mit ihnen beobachtet oder erfasst werden soll, nicht treffend beschrieben wird. Es ist symptomatisch, dass es fast an eine Utopie grenzt, wenn ich vorschlage, die Sprache zum akademischen und wissenschaftlichen Kunsthandwerk zu erklären. Es bewirkt wenig, sprachlich korrekte Diplomarbeiten und Dissertationen in den Verordnungen vorzuschreiben; vielmehr sollte der bewusste und kritische Umgang mit der Sprache durch Lehrangebote gefördert werden.

Sofern die institutionellen Voraussetzungen für eine lebhaft debattierende Kommunikationsgemeinschaft gegeben sind, kann die Argumentationskultur eigentlich nur durch ein bewusstes Erbe der von der Menschheit bis anhin erreichten Argumentationskultur aufrechterhalten und weiterentwickelt werden. Institutionelle Regelungen helfen da nicht weiter; die Orientierung am Argument kann nicht dekretiert werden, sie muss von der Gemeinschaft gelebt werden. Institutionalisieren lassen sich jedoch beispielsweise Ausbildungsgänge und berufsspezifische ethische Kodexe, die von Verbänden für ihre Mitglieder als bindend erachtet werden. Solche und ähnliche Regelwerke sollten daraufhin überprüft werden, ob sie dem Handeln von Einzelpersonen auch die Verantwortung für die kritische Öffentlichkeit auftragen.

Ähnlich wie bei der Wissenschaft sind bei den Medien im Prinzip die, für die Ausübung einer argumentativen Kultur notwendigen, strukturellen Voraussetzungen gegeben. Während die Wissenschafter vollumfänglich für ihre wissenschaftliche Öffentlichkeit und ihre Qualitäten verantwortlich und zuständig sind, dürfen die Medien nicht mit der allgemeinen Öffentlichkeit gleichgesetzt werden, obwohl sie eines ihrer wichtigsten Elemente sind. Im Unterschied zu den Wissenschaftern müssen die Journalisten nicht unbedingt selbst die Argumente liefern; ihre Aufgabe besteht zu einem grossen Teil darin, die in der Gesellschaft anzutreffenden Argumente erkennbar zu machen. Diese Aufgabe haben sie so weit ich das aus meinem Material ableiten kann, sehr gut erfüllt. Wird von den Medien jedoch mehr erwartet, als nur Aussagen anderer auszustrahlen und abzudrucken, wird von ihnen erwartet, dass sie nachfragen, recherchieren, beobachten, vordenken, warnen, vorschlagen, dass sie sich also aktiv an Auseinandersetzungen beteiligen, dann dürfen sie (zumindest insgesamt) auch am Anspruch der Orientierung am besseren Argument beurteilt werden. In dieser Hinsicht konnte ich einige Mängel aufzeigen. Auch bei den Medien könnte das Bewusstsein für Kritik, Selbstkritik, Rhetorik usw. schon in der Ausbildung stärker vermittelt werden und im Berufskodex verankert werden.

Journalisten scheinen ein gründliches Verständnis des politischen Systems mitbringen zu müssen, um den Ereignissen des Tages einigermassen gerecht werden zu können. Dasselbe müsste eigentlich auch für die Wissenschaft (oder für Expertensysteme) gelten. Bei den Nachrichtenmedien ist zwar gelegentlich ein Ressort Wissenschaft anzutreffen. Ein Ressort Politik existiert jedoch nicht, weil das Politische der Normalfall ist, der (zusammen mit Flugzeugabstürzen, Erdbeben und anderen grossen Vorfällen) nach Inland, Ausland, und Regionen sortiert wird und von dem sich die anderen Ressorts abheben. Die Ressorts sind in der Regel auch massgebend für die Arbeitsteilung innerhalb der Medien. In der weitgehend verwissenschaftlichten Gesellschaft der Moderne wird diese Ordnung allerdings teilweise anachronistisch. Zu vielen Themen steuern Wissenschafter Problemanalysen, Forschungsergebnisse und weiterführende Interpretationen bei. So sind in der Tagespresse und in den Abendnachrichten viele Berichte anzutreffen, die sich auf Wissenschafter oder Expertenwissen beziehen. Das ist bei weitem die häufigste Form, in der die Wissenschaft in den Massenmedien in Erscheinung tritt. Umweltprobleme, die ja meistens zugleich wissenschaftliche und politische Komponenten aufweisen, erscheinen (zu Recht) nur sekundär im Wissenschaftsressort. Die Journalisten, die sich auf wissenschaftliche Beiträge im politischen Kontext beziehen, sind für diese Aufgabe sehr unterschiedlich vorbereitet. Ein Grundverständnis für wissenschaftliche Argumentationsformen, z.B. für die Aussagekraft von Statistiken oder die Bedingungen für Schlussfolgerungen, ist jedoch eine notwendige Voraussetzung, um wissenschaftlich begründete Aussagen angemessen verstehen und kritisch nachfragen zu können. Dies zu erarbeiten, könnte ein Teil der Aus- und Weiterbildung im Journalismus sein.

Im Laufe meiner Untersuchung hat sich auch gezeigt, dass die Zusammenarbeit zwischen Wissenschaftern und Journalisten durch eine asymmetrische Macht- und Verantwortungsbeziehung stark belastet wird. Die Wissenschafter haben in der Regel die Konsequenzen von inhaltlichen Fehlleistungen der Journalisten zu tragen. Andererseits unterliegen die Journalisten der Gefahr, durch die Wissenschafter instrumentalisiert zu werden. Gegen das zweite Problem kommt wohl nur ein waches Bewusstsein der Journalisten auf. Das erste Problem könnte unter umständen strukturell gelöst werden, indem die Journalisten eine ähnliche Verantwortung für die Repräsentation der Wissenschaft tragen wie die Wissenschafter selbst. Zumindest müsste bei den Journalisten ein Bewusstsein dafür zu schaffen sein, dass die Darstellung wissenschaftlicher Ergebnisse das berufliche Kapital der Wissenschafter tangiert. Vielleicht liesse sich auch eine Instanz schaffen, die sich Fällen krass verzerrender oder diffamierender Berichterstattung annimmt. Die Möglichkeit, den Rechtsweg zu ergreifen ist für die Betroffenen so belastend und risikoreich, dass sie nur in Notfällen ergriffen wird. Zudem entfaltet sie kaum eine präventive Wirkung gegen miserable Berichterstattung. Wirksam wäre ein Sanktionsmechanismus, der die Journalisten gegenüber den Wissenschaftern in der selben Währung in die Pflicht nimmt: Sie müssten mit ihrem (Be)Ruf haften.

Diese Lösung ist wegen ihres zwanghaften Charakters jedoch nicht dazu angetan, das Klima und die Qualität der Zusammenarbeit von Grund auf zu fördern. Massnahmen, die eine Kooperation zwischen Journalisten und Wissenschaftern unterstützen, können sie ergänzen oder sind ihr vorzuziehen. Überwachungs- und Sanktionsinstanzen können die Kooperation absichern, sie schaffen jedoch noch kein besseres Verständnis für die Welt des Partners. Dafür sind letztlich Freiräume und Anreize für intensivere Kontakte zu schaffen. Neben der Vermittlung von Kenntnissen und Fähigkeiten zur Zusammenarbeit in der Ausbildung von Wissenschaftern und Journalisten könnten von den Medien und der Wissenschaft zweckgebundene Ressourcen bereitgestellt werden. Guter Wissenschaftsjournalismus wird gelegentlich aufwendige Recherchen und Literaturstudium voraussetzen. Wie dies in der Forschungsförderung üblich ist, könnten auch für Popularisierungen projektbezogene Mittel bereitgestellt und auf Antrag vergeben oder auch ausgeschrieben werden. Für Wissenschafter könnte zudem die wissenschaftliche Öffentlichkeitsarbeit neben Forschung, Lehre, Gutachter- und Beratungstätigkeit als eine Dimension des Leistungsausweises berücksichtigt werden. Auch für sie sollten Ressourcen eingeplant werden. Öffentlichkeitsarbeit, Umsetzungsarbeiten, Popularisierungen, Kulturschaffen könnte auch als eigene Kategorie in Finanzplänen von Forschungsprojekten aufgeführt werden.

Denkbar wäre ferner eine Beteiligung der PR-Stellen von Hochschulen und Forschungsanstalten im Lehrbetrieb, Praktikumsstellen für Studenten bei den Massenmedien und umgekehrt für angehende Journalisten in der Öffentlichkeitsarbeit der Wissenschaft, Teilzeit- oder Projektstellen im Bereich der Popularisierungen für Wissenschafter, diverse Weiterbildungsangebote für Wissenschafter und Journalisten, Preise für gute Umsetzungsarbeiten und für ausgezeichneten Wissenschaftsjournalismus usw.

Schliesslich scheint es mir im Sinne der Förderung eines Verständnisses für Diskurse sinnvoll, die von den Hochschulen herausgegebenen Medien nicht nur zur Selbstdarstellung durch monologische Problembearbeitung zu nutzen, sondern sie auch teilweise dem Laienpublikum zu öffnen, um darin einem Dialog und vor allem Rückmeldungen und Fragen Raum zu bieten. Ich frage mich, welche Aufgaben dabei die Wissenschaft, welche die Medien und welche die öffentliche Hand übernehmen soll. Ist es so klar, dass nur die Wissenschaft für ihre Öffentlichkeitsarbeit verantwortlich ist? Die Medien und die Bevölkerung haben sicher auch ein Interesse daran.

7.3 Das Waldsterben als Modellfall für die gesellschaftliche Verarbeitung von Umweltproblemen

In der Schweiz und wahrscheinlich im ganzen deutschsprachigen Raum war das Waldsterben in mehrfacher Hinsicht ein ausserordentlicher Fall für die Umweltforschung. Gesellschaftliche Prozesse wie die Auseinandersetzungen um das Waldsterben sind zwar immer einzigartig, doch bieten sie sich zur Analyse und als Studienobjekt an, weil sich in ihnen auch Eigenschaften anderer Fälle (des Normalfalles?) zuspitzen und verdeutlichen. An Extremfällen lässt sich die Aufmerksamkeit differenzieren und schärfen. Worin unterscheidet sich das Waldsterben aber von anderen Umweltproblemen, wie Klimawandel, Ozonloch, Artensterben, Landschaftszerstörungen, Abholzung der Tropenwälder usw.?

Folgendes fällt beim Waldsterben extrem aus:
- Die Schnelligkeit, mit der das Problem bekannt und verbreitet wurde.
- Die Heftigkeit der politischen Reaktionen und die polarisierende Wirkung des Themas.
- Seine Bedeutung als Symbol für die ökologische Krise der Moderne.
- Das Ausmass möglicher Folgen, die apokalyptischen Befürchtungen.

- Der politische Erwartungsdruck auf die Forschung und das politische Engagement der Wissenschafter.
- Persönliche Betroffenheit und persönliches Engagement der Wissenschafter.
- Ausmass und Tempo des Geldsegens für Forschung und Praxis.
- Neuheit und Relevanz der Fragestellung im Vergleich zu den bisherigen forstwissenschaftlichen Aufgaben.
- Die Tiefe und Schnelligkeit des Wandels der wissenschaftlichen Vorstellungen des Waldsterbens.

Das, was das Waldsterben aber mit vielen anderen Themen verbindet und es somit zu einem interessanten Lehrstück für die Umweltforschung macht, ist die Frage des gesellschaftlichen Einflusses auf Ökosysteme. Diese Frage weist zugleich wissenschaftliche und politische Dimensionen auf. Die Gesellschaft beobachtet Veränderungen in ihrer Umwelt. Es stellt sich die Frage: Sind diese Veränderungen Anlass zur Beunruhigung, sind sie als unbeabsichtigte Handlungsfolgen zu betrachten, oder sind sie nur ein Ausdruck der normalen Dynamik der Natur? Und falls ein Anlass zur Beunruhigung bestehen sollte: Welche anthropogenen Faktoren verursachen das Phänomen und was soll mit welchen Massnahmen erreicht werden?

Nicht alle Umweltprobleme fallen unter den eben beschriebenen Fall. Ein Konflikt um die langfristig nachhaltige Verteilung von Nutzungsrechten an Ressourcen wirft diese Fragen beispielsweise nicht auf. Die Fragen sind vielmehr typisch für jene Umweltprobleme, in die auch die naturwissenschaftliche Umweltforschung (in Fremdreferenz) involviert ist, wie z.B. das Problem des wahrscheinlich anthropogenen Klimawandels. Bei den meisten der durch die Umweltforschung mitdefinierten Umweltproblemen stellen sich ähnliche Schwierigkeiten ein:

- Es ist keine Norm für den idealen Zustand eines Ökosystems bekannt. Es fällt schwer in der Dynamik des Phänomens, zwischen normal und abnormal, zwischen natürlich und anthropogen, zwischen gesund und krank, zwischen unerwünscht und erwünscht zu unterscheiden.
- Es ist klar, dass ein anthropogener Einfluss stattfindet. Doch welche Folgen in welchem Ausmass ihm zuzurechnen sind, lässt sich nicht angeben.
- Die beobachteten Phänomene lassen sich nur sehr unzureichend auf der Basis des Kenntnisstandes erklären. Es sind begriffliche und methodische Entwicklungen nötig, um den Phänomenbereich überhaupt erst systematisch beobachten und beschreiben zu können.
- Zur dringend benötigten Situationsdeutung sind nur in geringem Umfang empirische Daten verfügbar; die Situation muss mit Hilfe von Annahmen und Spekulationen beschrieben werden. Es fällt schwer, die Aussagekraft der vergleichsweise wenigen Forschungsresultate einzuschätzen.
- Der wissenschaftliche Fortschritt stellt sich zunächst als ein Prozess des Ausmerzens unhaltbarer Annahmen oder Hypothesen und der Differenzierung und Verdichtung von Beobachtungen dar.
- Den enormen Unsicherheiten – die Wissenschaft weiss vieles, aber nicht die Antwort auf die entscheidende Frage – stehen enorme Befürchtungen gegenüber. Eine Veränderung des Ökosystems schlägt auf das gesamte Gefüge der darin vorkommenden Lebewesen und auf die Ökonomie des Menschen durch. Zudem müssen irreversible Folgen in Rechnung gestellt werden.
- Die Vermeidung der Effekte auf das Ökosystem könnte eine weitreichende Umstellung des gesellschaftlichen Stoffwechsel erforderlich machen. Das Problem tangiert

in massiver Weise die Interessen von Einzelnen, von Gruppen, Unternehmen und Organisationen bis hin zu Staatswesen.

- Jede Antwort der Umweltforschung macht sie zur Richterin über diese Interessen. Sie ist damit notwendigerweise im politischen Diskurs vertreten und sie wird immer von mehreren Seiten zugleich unter Druck gesetzt werden, ihre Ergebnisse in der einen oder anderen Form zu deuten.

- Sobald sich die Medien aus eigener Kraft dem Problem annehmen, werden auch sie durch ihre Fragen, Darstellungen und Selektionen zu Interpreten und Richter, die Erwartungen erfüllen sollen.

- Das Problem wird durch Schlagworte umschrieben, die unterschiedlichste Bedeutungen mit sich tragen können. Weil sich viele Interessen und Befürchtungen damit verbinden, wird es symbolisch und emotional aufgeladen. Die Verständigung kann dadurch erschwert werden.

- Verschiedene organisierte Interessen versuchen, das Problem zu instrumentalisieren und politisches Kapital für andere Auseinandersetzungen und Verhandlungen daraus zu schlagen.

- Für die Politik stellt sich die Aufgabe, zu entscheiden, bevor ihr aus der Wissenschaft für den Entscheid hinreichende und verlässliche Situationsdeutungen vorliegen. Jedes Zuwarten ist schon ein Entscheid. So hat die Politik immer schon längst etwas entschieden, bevor die Wissenschaft in der Lage ist, etwas nachzuweisen. Es kann zu mehr oder weniger ausgeprägten mehrfachen Themenkarrieren kommen, wobei die wissenschaftliche Lebensdauer eines Themas in der Regel die politische bei weitem übertrifft.

Das Waldsterben war in seiner Intensität bis anhin einmalig. Wenn meine Überlegungen zutreffen, dann sind jedoch die Anforderungen, die an die Wissenschafter und an die Journalisten gestellt wurden, in ihrer Art mit denen vieler anderer Umweltprobleme vergleichbar und das Verhältnis von Umweltforschung zu Öffentlichkeit steht vor ähnlichen Ausgangsbedingungen.

Es muss nicht sein, dass sich auch in anderen Fällen ein ähnliches gesellschaftliches „Klima" einstellt, in dem Reflexion und kritisches Hinterfragen eher bestraft und vorgefasste, verfestigte Ansichten eher honoriert werden. Ulrich Beck[692] spricht von einer reflexiven Moderne und meint damit, dass die Nebenfolgen des Handelns zurückwirken und sogar die „Regierung" übernommen haben. Fassen wir das Waldsterben als Illustration dazu auf, dann können wir – wieder in den Worten Becks – das Entstehen eines Stücks „Gegenmoderne" darin erkennen, denn die Gegenmoderne ist die Tendenz der (reflexiven) Moderne, neue Bereiche des Unhinterfragten und Fraglosen hervorzubringen. Beck dachte bei diesem Begriff eher an soziale Verhärtungen und Feindbilder. Das Waldsterben zeigt uns, dass auch der Umgang mit Risiken einige antimodernistische Risiken birgt. Während nämlich die biophysischen Lebensäußerungen der modernen Gesellschaft in Frage gestellt werden, werden die der modernen Gesellschaft eigenen Beobachtungs- und Urteilsinstanzen, nämlich die Umweltforschung und die Umweltorganisationen, von dieser Befragung weitgehend ausgeklammert.

Aus einer Fallstudie Waldsterben lässt sich keine Theorie der Umweltprobleme ableiten. Aber es lassen sich einige Probleme der Moderne im Umgang mit ihren Umweltproblemen aufzeigen. Indem ich in dieser Arbeit einen für die Moderne charakteristi-

---

692 Vgl. Beck 1993, S. 97f.

schen normativen Standpunkt als Leitschnur gewählt habe, hoffe ich zum Nachdenken in der Moderne über sich selbst, und damit auch ein klein wenig zur Bewältigung der Umweltproblematik und ihrer inhärenten Gegenmoderne beigetragen zu haben. Mit Jürgen Habermas[693] können wir die Moderne als ein unvollendetes Projekt verstehen und Umweltprobleme als Anreize begreifen, dieses Projekt aufzugeben – oder es voranzubringen.

---

[693] Vgl. Habermas 1990b.

Literaturverzeichnis

ALTWEGG, D. (1988): Volkswirtschaftliche Auswirkungen einer Zerstörung alpiner Schutzwälder durch Luftverunreinigungen. In: Publikation des Schweizerischen Nationalfonds aus dem nationalen Forschungsprogramm 47. Paul Haupt, Bern, Stuttgart.

APEL, K.-O. (1990): Diskurs und Verantwortung. Suhrkamp, Frankfurt a.M.

ARBEITSGEMEINSCHAFT FÜR DEN WALD (1984): Bericht über die Tätigkeiten im Jahre 1983/84. In: Schweizerische Zeitschrift für Forstwesen 12, 135. Jg., S. 1089.

ARBEITSGEMEINSCHAFT FÜR DEN WALD (1985): Bericht über die Tätigkeiten im Jahre 1984/85. In: Schweizerische Zeitschrift für Forstwesen Nr. 8, 136. Jg., S. 689.

AUTO VERNÜNFTIG (Hrsg.) (1984): Heisst unsere Alternative Wald oder Auto? Referate, gehalten anlässlich des Auto Press In 1984, 20. Juni 1984 Zürich/Kloten. Auto Vernünftig, Bern.

AUTOGEWERBEVERBAND DER SCHWEIZ (1985a): Waldsterben. Entscheide aus dem hohlen Bauch. In: Autogewerbe, Nr. 4, S. 4f.

AUTOGEWERBEVERBAND DER SCHWEIZ (1985b): Waldsterben: Deutsche Biologen warnen. In: Autogewerbe, Nr. 22, S. 42f.

BACHMANN, P. (1991) bespricht: Neumann, M.; Stemberger, A.: Über Ausmass und Verteilung der Mortalität: Gegenüberstellung von Ergebnissen der Waldzustandsinventur mit früheren Untersuchungen. In: Centralblatt des gesamten Forstwesen 2, Vol. 107, 1990, S. 63-99. In: Schweizerische Zeitschrift für Forstwesen 1, 142. Jg., S. 79f.

BAUER, D. (1978): Umwelttoxologische Überlegungen zur Beurteilung von Industrie-Immissionen. In: Schweizerische Zeitschrift für Forstwesen Nr. 5, 129. Jg., S. 341 - 352.

BAUMGARTNER, P. (1990): Die Entwicklung der Waldschadenproblematik in den Medien während der letzten fünf Jahre. In: Programmleitung Sanasilva (Hrsg.): Waldbau in gefährdeten Gebirgswäldern – Waldschadenkartierung – Die Entwicklung der Waldschadenproblematik in den Medien. Eidg. Forschungsanstalt für Wald, Schnee und Landschaft, Birmensdorf. S. 34 - 50.

BECK, U. (1986): Risikogesellschaft. Suhrkamp, Frankfurt a. M.

BECK, U. (1988): Gegengifte. Suhrkamp, Frankfurt a.M.

BECK, U. (1991): Politik in der Risikogesellschaft. Mit Beiträgen von Oskar Lafontaine, Joschka Fischer, Erhard Eppler u.a. Suhrkamp, Frankfurt a.M.

BECK, U. (1993): Die Erfindung des Politischen. Suhrkamp, Frankfurt a.M.

BECK-FOEHN, M. (1992): Verantwortung der Wissenschaft in der Politik. In: GAIA, Nr. 4 , 1. Jg., S. 236 - 240.

BENHABIB, S. (1992): Models of Public Space: Hannah Arendt, the Liberal Tradition, and Jürgen Habermas. In: Calhoun, Craig (Hrsg.): Habermas and the Public Sphere. S. 73 - 98. MIT Press, Cambridge Ma. and London.

BLEISTEIN, U. (1993): Zum Thema Waldsterben. In: ETH Zürich, Nr. 246, S. 28.

BOEHMER-CHRISTIANSEN, S. (1988): The Politics of Dying Forests. In: Interdisciplinary Science Reviews, Nr. 1, 13. Jg. S. 5 - 8.

BÖHLEN, B. (1984): Die Luftverschmutzung als Hauptquelle des Waldsterbens. In: Schweizerische Zeitschrift für Forstwesen 11, 135. Jg., S. 959-967.

BOSCH, C. (1983): Die sterbenden Wälder. Fakten, Ursachen, Gegenmassnahmen. C. H. Beck, München.

BUCHER, H.P. (1994) bespricht: Ministerium für Ländlichen Raum, Ernährung, Landwirtschaft und Forsten, Baden-Württemberg (Hrsg.): Dokumentation neuartiger Waldschäden in Baden-Württemberg. Schriftenreihe der Landesforstverwaltung Baden-Württemberg, Band 73. Selbstverlag der Landesforstverwaltung Baden-Württemberg, Stuttgart, 1993. In: Schweizerische Zeitschrift für Forstwesen 5, 145. Jg., S. 400.

BUCHER, J B. (1982): Physiologische Veränderungen und ökotoxikologische Wirkmechanismen. Probleme der Differentialdiagnose. In: Gottlieb Duttweiler-Institut (Hrsg.): Waldschäden durch Immissionen. S. 91 - 110. Rüschlikon / Zürich.

BUCHER, J. B., KAUFMANN, E., LANDOLT, W. (1984): Waldschäden in der Schweiz 1983 (1. Teil). Interpretation der Sanasilva-Umfrage und der Fichtennadelanalysen aus der Sicht des forstlichen Immissionsschutzes. In: Schweizerische Zeitschrift für Forstwesen, Nr. 4, 135. Jg., S. 271 - 287.

BUNDESAMT FÜR FORSTWESEN UND LANDSCHAFTSSCHUTZ (1988): Ursachenforschung zu den Waldschäden. Bern.

BUNDESAMT FÜR FORSTWESEN UND LANDSCHAFTSSCHUTZ, EIDGENÖSSISCHE ANSTALT FÜR DAS FORSTLICHE VERSUCHSWESEN (Hrsg.) (1984): Ergebnisse der SANASILVA-Waldschadeninventur 1984. Bern und Birmensdorf.

BUNDESAMT FÜR FORSTWESEN UND LANDSCHAFTSSCHUTZ, EIDGENÖSSISCHE ANSTALT FÜR DAS FORSTLICHE VERSUCHSWESEN (Hrsg.) (1985a): Das Programm Sanasilva. 11 Teilprogramme für einen gesunden Wald. Bern und Birmensdorf.

BUNDESAMT FÜR FORSTWESEN UND LANDSCHAFTSSCHUTZ, EIDGENÖSSISCHE ANSTALT FÜR DAS FORSTLICHE VERSUCHSWESEN (1985b): Ergebnisse der Sanasilva-Waldschadeninventur 1985. Bern und Birmensdorf.

BUNDESAMT FÜR FORSTWESEN UND LANDSCHAFTSSCHUTZ, EIDGENÖSSISCHE ANSTALT FÜR DAS FORSTLICHE VERSUCHSWESEN (1986): Sanasilva-Waldschadenbericht 1986. Bern und Birmensdorf.

BUNDESAMT FÜR FORSTWESEN UND LANDSCHAFTSSCHUTZ, EIDGENÖSSISCHE ANSTALT FÜR DAS FORSTLICHE VERSUCHSWESEN (1987): Sanasilva-Waldschadenbericht 1987. Bern und Birmensdorf.

BUNDESAMT FÜR FORSTWESEN UND LANDSCHAFTSSCHUTZ, EIDGENÖSSISCHE ANSTALT FÜR DAS FORSTLICHE VERSUCHSWESEN (1988): Sanasilva-Waldschadenbericht 1988. Bern und Birmensdorf.

BUNDESAMT FÜR UMWELT, WALD UND LANDSCHAFT, EIDGENÖSSISCHE FORSCHUNGSANSTALT FÜR WALD, SCHNEE UND LANDSCHAFT (1989): Sanasilva-Waldschadenbericht 1989. Bern und Birmensdorf.

BUNDESAMT FÜR UMWELT, WALD UND LANDSCHAFT, EIDGENÖSSISCHE FORSCHUNGSANSTALT FÜR WALD, SCHNEE UND LANDSCHAFT (1990): Sanasilva-Waldschadenbericht 1990. Bern und Birmensdorf.

BUNDESAMT FÜR UMWELT, WALD UND LANDSCHAFT, EIDGENÖSSISCHE FORSCHUNGSANSTALT FÜR WALD, SCHNEE UND LANDSCHAFT (1991): Sanasilva-Waldschadenbericht 1991. Bern und Birmensdorf.

BUNDESAMT FÜR UMWELT, WALD UND LANDSCHAFT, EIDGENÖSSISCHE FORSCHUNGSANSTALT FÜR WALD, SCHNEE UND LANDSCHAFT (1992): Sanasilva-Waldschadenbericht 1992. Bern und Birmensdorf.

BUNDESRAT DER SCHWEIZERISCHEN EIDGENOSSENSCHAFT (1983): Stellungnahme des Bundesrates zu den dringlichen Interpellationen, einfachen Anfragen und Motionen zum Thema Waldsterben vom 8. 11. 1983. In: Schweizerische Zeitschrift für Forstwesen 12, 134. Jg., S. 999 - 1004.

BUNDESRAT DER SCHWEIZERISCHEN EIDGENOSSENSCHAFT (1991): Mündliche Beantwortung der Interpellation [von Ständerätin; WZ] Bührer vom 14. Dezember 1990, Kommentare vom Waldschadenbericht. Unveröffentlichtes Manuskript.

BUNDESVERSAMMLUNG DER SCHWEIZERISCHEN EIDGENOSSENSCHAFT (1991): Bundesgesetz über den Wald vom 4. Oktover 1991. (Waldgesetz, WaG). Bern.

BURKHARD, H. P. (1984): Das Waldsterben als Herausforderung an den Politiker. In: Schweizerische Zeitschrift für Forstwesen, Nr. 4, 135. Jg., S. 321 - 328.

BURKHART, W. (1984): Besteht ein Zusammenhang zwischen künstlicher Radioaktivität und Waldsterben? In: Schweizerische Zeitschrift für Forstwesen Nr. 4, 135 Jg. , S. 329 - 338.

BÜTLER, H. (1993): Freiheit und Information. Ihr Zusammenhang mit Wahrheit, Objektivität und Toleranz. In: Neue Zürcher Zeitung, Nr. 181 / 7.8., S. 7.

CAPREZ, G., FISCHER, F.,STADLER, F., WEIERSMÜLLER, R. (1987): Wald und Luft. Haupt, Bern und Stuttgart.

DAHRENDORF, R. (1967): Aktive und passive Öffentlichkeit. In: Merkur, Nr. 12, 21. Jg., S. 1109 - 1112.

DORNAN, C. (1990): Some Problems in Conceptualizing the Issue of „Science and the Media". In: Critical Studies in Mass Communication, 7. Jg., S. 48 - 71.

EIDGENÖSSISCHE ANSTALT FÜR DAS FORSTLICHE VERSUCHSWESEN (1987): Forstliche Nachrichten: Waldschäden. In: Schweizerische Zeitschrift für Forstwesen Nr. 9, 138. Jg., S. 828f.

EIDGENÖSSISCHE ANSTALT FÜR DAS FORSTLICHE VERSUCHSWESEN (Hrsg.) (1988): Pressemitteilung vom 31. August 1988 zu SCHLAEPFER, R. 1988. Birmensdorf.

EIDGENÖSSISCHE FORSCHUNGSANSTALT FÜR WALD, SCHNEE UND LAND-SCHAFT (1994): Pressemitteilung zum Sanasilva-Bericht 1993 (Innes J. et. al. 1994), Birmensdorf 9.8.

EIDGENÖSSISCHE FORSCHUNGSANSTALT FÜR WALD, SCHNEE UND LAND-SCHAFT (Hrsg.) (1991): Stellungnahmen von Wissenschafter(inne)n zur Vorbereitung der Pressekonferenz „Waldschadenbericht 1991". (Nicht zur Veröffentlichung bestimmter interner Bericht.) Birmensdorf.

EIDGENÖSSISCHE FORSCHUNGSANSTALT FÜR WALD, SCHNEE UND LAND-SCHAFT (Hrsg.) (1992a): Waldschadenforschung in der Schweiz: Stand der Kenntnisse. Eidgenössische Forschungsanstalt für Wald, Schnee und Landschaft, Birmensdorf.

EIDGENÖSSISCHE FORSCHUNGSANSTALT FÜR WALD, SCHNEE UND LAND-SCHAFT (Hrsg.) (1992b): Sanasilva Abschlussbericht. Berichte, Nr. 334. Birmensdorf.

EIDGENÖSSISCHE FORSCHUNGSANSTALT FÜR WALD, SCHNEE UND LAND-SCHAFT, BUNDESAMT FÜR UMWELT, WALD UND LANDSCHAFT (HRSG.) (1993): Walderhebungsprogramm 1992 - 1995. Birmensdorf und Bern.

EIDGENÖSSISCHE FORSTDIREKTION, EIDGENÖSSISCHE FORSCHUNGSANSTALT FÜR WALD, SCHNEE UND LANDSCHAFT (Hrsg.) (1989): Das Programm Sanasilva 1988-1991. Bern und Birmensdorf.

EIDGENÖSSISCHES DEPARTEMENT DES INNERN (HRSG.) (1984): Waldsterben und Luftverschmutzung. Bern.

EIDGENÖSSISCHES DEPARTEMENT DES INNERN (1985): Stellungnahme des Eidg. Departements des Innern zur Veröffentlichung „Waldsterben und Luftverschmutzung, eine kritische Würdigung" von Thomas von Ungern-Sternberg. Manuskript, Bern.

FALTER, A. (1990): Prinzip Verantwortung und Problem Vermittlung. Die „Vereinigung Deutscher Wissenschaftler" und der Wissenschaftsjournalismus. In: Medium, Nr. 1, 20. Jg., S. 61 - 63.

FINK, S. (1989): Erkenntnisgewinn zu den Waldschäden in der BRD seit 1983. In: Programmleitung Sanasilva (Hrsg.): Kritische Analyse des Kenntnisstandes in Sachen Ursachen-Forschung Sanasilva - Tagungsbericht. Eidg. Forschungsanstalt für Wald, Schnee und Landschaft, Birmensdorf.

FISCHER, F. (1984): Anmerkungen zum inneren Zustand der Wälder in einigen ausgewählten Regionen. In: Auto vernünftig (Hrsg.): Heisst unsere Alternative Wald oder Auto? Referate, gehalten anlässlich des „Auto Press In", 20. Juni. S. 1-12. Zürich / Kloten.

FLÖHL, R. (1990): Künstliche Horizonte? Zum konfliktreichen Verhältnis zwischen Wissenschaft und Medien. In: Medium, Nr. 1, 20. Jg., S. 22 - 28.

FLÖHL, R., FRICKE, J. (Hrsg.) (1987): Moral und Verantwortung in der Wissenschaftsvermittlung. Die Aufgabe von Wissenschaftler und Journalist. Hase und Koehler, Mainz.

FLÜCKIGER, W., BRAUN, S., FLÜCKIGER-KELLER, H., LEONARDI, S., ASCHE, N., BÜHLER, U., LIER, M. (1986): Untersuchungen über Waldschäden in festen Buchenbeobachtungsflächen der Kantone Basel-Landschaft, Basel-Stadt, Aargau, Solothurn, Bern, Zürich und Zug. In: Schweizerische Zeitschrift für Forstwesen Nr. 11, 13 Jg., S. 917 - 1010.

FLÜCKIGER, W., FLÜCKIGER-KELLER, H., BRAUN, S. (1984): Untersuchungen über Waldschäden in der Nordwestschweiz. In: Schweizerische Zeitschrift für Forstwesen Nr. 5, 135 Jg., S. 389 - 444.

260

FUHRER, J. (1982): Atmosphärische Einflussfaktoren der Waldschädigung: Europäische und schweizerische Immissionssituation. In: Gottlieb Duttweiler-Institut (Hrsg.): Waldschäden durch Immissionen. S. 27 - 46. Rüschlikon / Zürich.

FUHRER, J. , ACHERMANN, B. (Hrsg.) (1994): Critical levels for ozone. A UN-ECE workshop report. Schriftenreihe der FAC Liebefeld, Bern.

GISS, W. (1984): Bericht über die Tagung des Deutschen Forstvereins vom 24.-29. September 1984 in Ulm. In: Schweizerische Zeitschrift für Forstwesen Nr. 12, 135 Jg., S. 1045 - 1054.

GISS, W. (1987): Jahresbericht 1986/7 des Präsidenten des Schweizerischen Forstvereins. In: Schweizerische Zeitschrift für Forstwesen Nr. 8, 138 Jg., S. 742 - 745.

GOODFIELD, J. (1983): Wissenschaft und Medien. Birkhäuser, Basel.

GOTTLIEB DUTTWEILER-INSTITUT (Hrsg.) (1982): Waldschäden durch Immissionen? Ausmass bereits sichtbarer Schäden, erste Forschungsergebnisse, mögliche Massnahmen. Vorträge der Informationstagung. Gottlieb Duttweiler-Institut, Rüschlikon/Zürich.

GREENPEACE (Hrsg.) (1992): Insanasilva-Waldschadenbericht 1992. Eine Stellungnahme. Zürich.

GREENPEACE (Hrsg.) (1994): Wald, Luftvergiftung und Klimaveränderung. Insanasilva-Waldschadenbericht 1994. Zürich 1994. Sowie Pressemitteilung zum Insanasilva-Waldschadenbericht, Zürich 8.8.1994.

GREMINGER, P. (1989) bespricht: O. Kandler: Epidemiologische Bewertung der Waldschadenerhebungen 1983 bis 1987 in der Bundesrepublik Deutschland. In: Allg. Forst.- und Jagdzeitung, Nr. 9/10, 1988, 159. Jg., S. 179-194. In: Schweizerische Zeitschrift für Forstwesen Nr. 7, 140. Jg., S. 654.

GREMINGER, P. mit Beiträgen von LIENERT, P., BRASCHLER, U., LINDER, W., LÄTT, N. (Hrsg.) (1989): Synthesebericht der Programmkoordination. Schlussbe-richte Programm Sanasilva 1984-1987. Berichte der Eidgenössischen Anstalt für das forstliche Versuchswesen, Nr. 315, Birmensdorf.

GRENDELMEIER, V. (1991): Das "Waldsterben" aus der Sicht einer engagierten Politikerin. In: Programmleitung Sanasilva (Hrsg.): "Neuartige Waldschäden". Erfahrungen und Konsequenzen für den Waldbau. Sanasilva-Tagungsbericht. Eidgenössische Forschungsanstalt für Wald, Schnee und Landschaft. S. 6 - 8. Birmensdorf.

HABERMAS, J. (1962): Strukturwandel der Öffentlichkeit. (Siehe Habermas 1990a)

HABERMAS, J. (1981): Theorie des kommunikativen Handelns. 2 Bände. Suhrkamp, Frankfurt a.M.

HABERMAS, J. (1983): Moralbewusstsein und kommunikatives Handeln. Suhrkamp, Frankfurt a.M.

HABERMAS, J. (1984): Vorstudien und Ergänzungen zur Theorie des kommunikativen Handelns. Suhrkamp, Frankfurt a.M.

HABERMAS, J. (1989a): Volkssouveränität als Verfahren. Ein normativer Begriff von Öffentlichkeit. In: Merkur, Nr. 6, 43. Jg. S. 465 - 477.

HABERMAS, J. (1989b): The Public Sphere: An Encyclopedia Article. In: Bronner, Stephen Eric / Kellner, Mackay (Hrsg.): Critical Theory and Society. S. 136 - 142. Routledge, London.

HABERMAS, J. (1990a): Strukturwandel der Öffentlichkeit. Suhrkamp, Frankfurt a.M..

HABERMAS, J. (1990b): Die Moderne - ein unvollendetes Projekt. Reclam, Leipzig.

HABERMAS, J. (1991): Erläuterungen zur Diskursethik. Suhrkamp, Frankfurt a.M..

HABERMAS, J. (1992): Nachmetaphysisches Denken. Suhrkamp, Frankfurt a.M.

HÄGELI, M., CARTIER, F., HAUENSTEIN, P., JESCHKI, W., LUEPPI, E., SCHERRER, H. U., SCHWARZENBACH, F. H., STOLL, E. (1987): Waldschäden im unteren Aaretal. Schadenauswertung in der Umgebung von Kernanlagen. In: Be-richte der Eidgenössischen Anstalt für das forstliche Versuchswesen, Nr. 296. Birmensdorf.

HALLER, M. (1987): Wie wissenschaftlich ist Wissenschaftsjournalismus?. Zum Problem wissenschaftsbezogener Arbeitmethoden im tagesaktuellen Jorunalismus. In: Publizistik, Nr. 3, 32. Jg., S. 305 - 319.

HARTMANN, Ph. (1989) bespricht: Spelsberg, G.: Zur Frage der Wachstumsdifferenzierung bei vorherrschenden Fichten unter besonderer Berücksichtigung der Waldschäden. In: Forst und Holz, Nr. 21, 1988, 43. Jg., S. 538 - 542. In: Schweizerische Zeitschrift für Forstwesen Nr. 5, 140. Jg., S. 455.

HATZFELDT, H. Graf (Hrsg.) (1982): Stirbt der Wald? Energiepolitische Voraussetzungen und Konsequenzen. Reihe Alternative Konzepte 41. C.F. Müller, Karlsruhe.

HATZFELDT, H. Graf (1984): Der Wald stirbt! Forstliche Konsequenzen. C.F.Müller, Karlsruhe.

HEINIGER, U. (1989) bespricht: Courtois, H.: Zur Wirkung schädigender Wurzelmykosen und anthropogener Immissionen im südlichen Schwarzwald. In: Forst u. Holz, Nr. 6, 1989, 44. Jg., S. 146 - 149. In: Schweizerische Zeitschrift für Forstwesen Nr. 10, 140. Jg., S. 920.

HOFFMANN, Ch (1994): Unsicherheit und Risiko, Risikoanalyse und Risikomanagement. In: Allgemeine Forst und Jagdzeitung, Nr. 12, 165. Jg., S. 213 - 221.

HÖFFE, O. (1992): Lexikon der Ethik. C.H. Beck, München.

HÖMBERG, W. (1989): Das verspätete Ressort. Die Situation des Wissenschaftsjournalismus. Universitätsverlag Konstanz, Konstanz.

HOYNINGEN-HUENE, P. (1990): Zum Problem der Verantwortung des Wissenschaftlers, unter besonderer Berücksichtigung der Äusserungen Hermann Lübbes hierzu. In: Kohler, Georg / Kleger, Heinz (Hrsg.): Diskurs und Dezision. S. 185 - 200. Edition Passagen, Wien.

HUGENTOBLER, U. (1989) bespricht: Schweingruber F.H.: Lässt sich fehlendes Datenmaterial zur Waldschadensituation anhand von Postkarten ergänzen? In: Allg. Forstzeitschrift Nr. 11, 1989, 44. Jg., S. 266 - 268. In: Schweizerische Zeitschrift für Forstwesen Nr. 9, 140. Jg., S. 839.

HUNZIKER, P. (1988): Medien, Kommunikation und Gesellschaft Wissenschaftliche Buchgesellschaft, Darmstadt.

HÜRZELER, H. (1983): Untersuchung über den Gesundheitszustand der Weisstanne im Kanton Thurgau. In: Schweizerische Zeitschrift für Forstwesen Nr. 12, 134. Jg., S. 1005-1007.

IMHOF, K. (1993): Öffentlichkeit und Gesellschaft. In: Schanne, M., Schulz, P. (Hrsg.): Journalismus in der Schweiz. Sauerländer, Aarau.

INNES, J. L. (1993): Air pollution and forests – an overview. In: Schalepfer, R. (Hrsg.): Longterm Implications of climate Change and Air Pollution on Forest Ecosystems. International Union of Forestry research Organizations World Series Vol.4. S. 77 - 100. IUFRO Secretariat, Vienna.

INNES, J. L., BÖHM, J. P.; BUCHER, J. B., DOBBERTIN, M., JANSEN, E., KULL, P., RIGLING, A., WALTHERT, L., ZIMMERMANN, S. (1994): Sanasilva-Bericht 1993. Berichte der Eidgenössischen Forschungsasntalt für Wald, Schnee und Landschaft, Nr. 339. Birmensdorf.

KANDLER, O. (1983): Waldsterben: Emissions- oder Epidemie-Hypothese?. In: Naturwissenschaftliche Rundschau, Nr. 11, 36. Jg., S. 488 - 490.

KANDLER, O. (1984): Woran der Wald krank ist. Art und Vegetationsschädlichkeit der Autoabgase. In: Die politische Meinung, Nr. Nov.+Dez., 29. Jg., S. 4 - 9.

KANDLER, O. (1985): „Waldsterben": Immissions- versus Epidemie-Hypothesen. Erweiterte Fassung eines Vortrages anlässlich eines Kolloquiums "Waldschäden 85" an der Universität Hohenheim vom 24./25. 1. 1985. S. 1 - 22. Vorabdruck aus: Kortzfleisch (Hrsg.): Waldschäden : Theorie und Praxis auf der Suche nach Antworten. Oldenburg, München. S. 19 - 51.

KAUFMANN, E., BUCHER, J. B., LANDOLT, W., JUD, B., HOFFMANN, Ch. (1984): Waldschäden in der Schweiz - 1983 (III. Teil). In: Schweizerische Zeitschrift für Forstwesen, Nr. 10, 135. Jg., S. 817 - 831.

KELLER, Th. (1976): Auswirkungen niedriger SO_2-Konzentrationen auf junge Fichten. In: Schweizerische Zeitschrift für Forstwesen Nr. 4, 127. Jg., S. 237 - 251.

KELLER, Th. (1978): Der Einfluss einer SO_2-Belastung zu verschiedenen Jahreszeiten auf CO_2-Aufnahme und Jahrringbau der Fichte. In: Schweizerische Zeitschrift für Forstwesen Nr. 5, 129. Jg., S. 381 - 393.

KELLER, Th. (1979): Der Einfluss langdauernder SO_2-Begasungen auf das Wurzelwachstum der Fichte. In: Schweizerische Zeitschrift für Forstwesen Nr. 6, 130. Jg., S. 429 - 435.

KELLER, Th. (1980a): Der Wald als Bioindikator für Luftverunreinigungen. In: Schweizerische Zeitschrift für Forstwesen Nr. 3, 131. Jg., S. 235 - 238.

KELLER, Th. (1980b): Bestimmungsmethoden für die Einwirkungen von Luftverunreinigungen. In: Schweizerische Zeitschrift für Forstwesen Nr. 3, 131. Jg., S. 239 - 253.

KELLER, Th. (1980c) bespricht: Ulrich, B., Mayer, R., Khanna, P.K.: Deposition von Luftverunreinigungen und ihre Auswirkungen in Waldökosystemen im Solling. In: Schweizerische Zeitschrift für Forstwesen Nr. 8, 131. Jg., S. 762f.

KELLER, Th. (1985) bespricht: DVWK-Fachausschuss „Wald und Wasser" (1984): Ermittlung der Stoffdeposition in Waldökosystemen. DVWK-Regeln zur Wasserwirtschaft, Heft 122. Paul Parey, Hamburg und Berlin. In: Schweizerische Zeitschrift für Forstwesen Nr. 2, 136. Jg., S. 153.

KELLER, Th. (1986) bespricht: Verein Deutscher Ingenieure (Hrsg.) (1985): Waldsterben. VDI Bericht Nr. 560. VDI-Verlag, Düsseldorf 1985. In: Schweizerische Zeitschrift für Forstwesen Nr. 8, 137. Jg., S. 710.

KELLER, Th (1994) bespricht: Zustand und Gefährdung der Laubwälder. Rundgespräche der Kommission für Ökologie Bd. 5, Bayerische Akademie der Wissenschaften. Verlag Pfeil, München, 1993. In: Schweizerische Zeitschrift für Forstwesen Nr. 5, 145. Jg., S. 370.

KNIPSCHILD, K. (1983): St. Petrus lässt grüssen… Die meteorologischen Einflüsse auf das Waldsterben. eine Streitschrift wider die Hysterie vom Waldsterben. In: Feld & Wald, Nr. 44, S. 24 - 27.

KNOEPFEL, P. (1992): Zur unzumutbaren politischen Rolle der Naturwissenschaften in der umweltpolitischen Debatte. In: GAIA, Vol. 1, Nr. 3 , S. 175 - 180.

KROTT, M. (1994): Management vernetzter Umweltforschung. Wissenschaftspolitisches Lehrstück Waldsterben. Böhlau, Wien.

KUHN, N. (1993): Ursachen floristischer und ökologischer Vorgänge in Waldbeständen. In: Schweizerische Zeitschrift für Forstwesen, Nr. 5, 144. Jg., S. 347 - 367.

LANDOLT, W. (1981): Luftverunreinigung (Bericht zur XI. internationalen Arbeitstagung forstlicher Rauchschadenssachverständiger in Graz (A) vom 1. bis 6. September 1980). In: Schweizerische Zeitschrift für Forstwesen Nr. 5, 132. Jg., S. 367 - 370.

LANDOLT, W. (1992): Methoden und Probleme der experimentellen Ursachen-forschung. In: Eidgenössische Forschungsanstalt für Wald, Schnee und Landschaft (Hrsg.) (1992a): Waldschadenforschung in der Schweiz: Stand der Kenntnisse. Eidgenössische Forschungsanstalt für Wald, Schnee und Landschaft, Birmensdorf. S. 73 - 80.

LANDOLT, W., BUCHER, J. B., KAUFMANN, E. (1984): Waldschäden in der Schweiz - 1983 (II. Teil). Interpretation der Sanasilva-Umfrage und der Fichtennadelanalysen aus der Sicht der forstlichen Ernährungslehre. In: Schweizerische Zeitschrift für Forstwesen, Nr. 8, 135. Jg., S. 637 - 653.

LEIBUNDGUT, H. (1981): Zum Problem des Tannensterbens. In: Schweizerische Zeitschrift für Forstwesen Nr. 10, 132. Jg., S. 847 - 856.

LINDER, W. (1987): Politische Entscheidung und Gesetzesvollzug in der Schweiz. Entscheidungsvorgänge in der schweizerischen Demokratie. Schlussbericht des Nationalen Forschungsprogramms Nr. 6. Paul Haupt, Bern.

LORETAN, M. (1994): Grundrisse der Medienethik. Eine „Ethik des Öffentlichen" als Theorie kommunikativen Handelns. In: Zoom K&M, Nr. 4, S. 56 - 62.

LUHMANN, N. (1996): Die Realität der Massenmedien (2., erweiterte Auflage). Westdeutscher Verlag, Opladen.

MAHRER, F., BRASSEL, P., STIERLIN, H. R. (1984): Erste Ergebnisse zum Waldsterben aus dem Schweizerischen Landesforstinventar (LFI). In: Schweizerische Zeitschrift für Forstwesen Nr. 4, 135. Jg., S. 289 - 306.

MAUSER, W. (1992): Eine Grammatik des politischen Skandals. In: Neue Zürcher Zeitung 7.8.

MITTELSTRASS, J. (1992): Informationsriesen und Wissenszwerge zugleich. Über Medien und Verantwortung. In: Neue Zürcher Zeitung 24.1.

MOSER, E. (1980): Beispiel einer konstruktiven Zusammenarbeit bei der Beurteilung der Immissionsschäden im Wald. In: Schweizerische Zeitschrift für Forstwesen Nr.3, 131. Jg., S. 214 - 222.

NEUKOMM, R. (1985): Immissionsökologische Untersuchungen an Dauerbeobach-tungsfläche im Wald des Kantons Zürich. In: Schweizerische Zeitschrift für Forstwesen Nr. 12, 136. Jg., S. 1003 - 1012.

OESTER, B. (1995): Das Walderhebungsprogramm geht in leicht veränderter Form weiter. In: INFO-Blatt der Eidgenössischen Forschungsanstalt für Wald, Schnee und Landschaft, Juli. Birmensdorf.

PETERS, J. D., CMIEL, K. (1991): Media Ethics and the Public Sphere. In: Communications, [Nr. ?], Vol. 12, S. 197 - 215.

PETSCH, G. (1978): Beobachtungen über das Verhalten von Baumbeständen und Baumgruppen in immissionsgeschädigten Waldteilen des Ruhrgebietes, die als Erholungswald genutzt werden. In: Schweizerische Zeitschrift für Forstwesen Nr. 5, 129. Jg., S. 353 - 361.

PETSCH, G. (1980): Auswirkungen der Immissionen auf die Waldfunktionen. In: Schweizerische Zeitschrift für Forstwesen Nr. 3, 131. Jg., S. 198 - 206.

PROGRAMMLEITUNG SANASILVA (Hrsg.) (1989): Kritische Analyse des Kenntnisstandes in Sachen Ursachen-Forschung Waldschäden aus verschiedener Sicht (Schwergewicht Pflanzenphysiologie). In: Sanasilva - Tagungsbericht. Eidgenös-sische Forschungsanstalt für Wald, Schnee und Landschaft, Birmensdorf.

REHFUESS, K. E. (1992): Waldschadenforschung in der Schweiz: Thesen für eine Diskussion über zukünftige Schwerpunkte. In: Eidgenössische Forschungsanstalt für Wald, Schnee und Landschaft (Hrsg.) (1992a): Waldschadenforschung in der Schweiz: Stand der Kenntnisse. Eidgenössische Forschungsanstalt für Wald, Schnee und Landschaft, Birmensdorf. S. 157 - 158.

REICHELT, G., KOLLERT, R. (1985): Waldschäden durch Radioaktivität? Synergismen beim Waldsterben. C.F.Müller, Karlsruhe.

REICHERT, D., ZIERHOFER, W., unter Mitarbeit von BÄTTIG, C., ERNSTE, H., STEINER, D., VETTERLI, M. (1993): Umwelt zur Sprache bringen. Über umweltverantwortliches Handeln, die Wahrnehmung der Waldsterbensidkussion und den Umgang mit Unsicherheit. Westdeutscher Verlag, Opladen.

RINGGER, H. (1992): Wissenschaft, Medien, Öffentlichkeit. Was ist richtig und was falsch mit der Wissenschaftskommunikation?. In: ETH Zürich, Nr. 244, S. 17 - 19.

ROQUEPLO, Ph. (1987): Der saure Regen: ein „Unfall in Zeitlupe". Ein Betrag zu einer Soziologie des Risikos. In: Soziale Welt, Nr. 4, 37. Jg., S. 402 - 426.

ROTACH, P. (1984) bespricht: Verein deutscher Ingenieure (1984): Saure Niederschläge – Ursachen und Wirkungen. VDI-Bericht 500. In: Schweizerische Zeitschrift für Forstwesen Nr. 6, 135. Jg., S. 535.

ROTH, U. (Hrsg.) (1992): Luft. Zur Situation von Lufthaushalt, Luftverschmutzung und Waldschäden in der Schweiz. Verlag der Fachvereine, Zürich.

RUCHTI, St. (1988): Der Zwischenbericht des „National Acid Precipitation Program". In: Schweizerische Zeitschrift für Forstwesen Nr. 1, 139. Jg., S. 973 - 980.

SCHANNE, M. (1993): Anhang: Medien-„Landschaft" Schweiz: Zahlen und Fakten. In: Schanne, M., Schulz, P. (1993): Journalismus in der Schweiz. Fakten. Überlegungen. Möglichkeiten. Sauerländer, Aarau. S. 237 - 255.

SCHANNE, M., SCHULZ, P. (1993): Journalismus in der Schweiz. Fakten. Überlegungen. Möglichkeiten. Sauerländer, Aarau.

SCHÄRLI-CORRADINI, BEATRICE M. (1992): Bedrohter Morgen. Kind, Umwelt und Kultur. Pro Juventute, Zürich.

SCHLAEPFER, R. (1988): Waldsterben: eine Analyse der Kenntnisse aus der Forschung. Bericht 306. Eidgenössische Anstalt für das forstliche Versuchswesen, Birmensdorf.

SCHLAEPFER, R. (1990): Wissenschaftlicher Kommentar zu den Ergebnissen der schweizerischen Waldschadeninventur 1990. Manuskript, Presseunterlage. Eidgenössische Forschungsanstalt für Wald, Schnee und Landschaft, Birmensdorf.

SCHLAEPFER, R. (1992a): Waldschadenforschung in der Schweiz: Eine Synthese. In: Eidgenössische Forschungsanstalt für Wald, Schnee und Landschaft (Hrsg.) (1992a): Waldschadenforschung in der Schweiz: Stand der Kenntnisse. Eidgenössische Forschungsanstalt für Wald, Schnee und Landschaft, Birmensdorf. S. III - VIII.

SCHLAEPFER, R. (1992b): Forest Vegetation and Acidification: A Critical Review. In: Schneider, T. (Hrsg.): Acidification Research: Evaluation and Policy Applications. Elsevier, Amsterdam. S. 27 - 44.

SCHLAEPFER, R. (1994): „Waldsterben" in der Schweiz: Eine Bilanz aus der Sicht der Forschung. In: Argumente aus der Forschung, Nr. 8, S. 26-35. Eidg. Forschungsanstalt für Wald, Schnee und Landschaft, Birmensdorf.

SCHLAEPFER, R., HAEMMERLI, F. (1990a): Das „Waldsterben" in der Schweiz aus heutiger Sicht. In: Schweizerische Zeitschrift für Forstwesen, Nr. 3, 141. Jg., S. 163 - 188.

SCHLAEPFER, R., HAEMMERLI, F. (1990b): Das Waldsterben in der Schweiz aus heutiger Sicht: Wir wissen manches - doch längst nicht alles. In: Argumente aus der Forschung, Nr. 1, 1. Jg., S. 5 - 13. Eidg. Forschungsanstalt für Wald, Schnee und Landschaft, Birmensdorf.

SCHMID-HAAS, P. (1985): Der Gesundheitszustand des Schweizer Waldes 1984. In: Schweizerische Zeitschrift für Forstwesen Nr. 4, 136. Jg., S. 251 - 273.

SCHMID-HAAS, P. (1994): Kronenverlichtung der Fichte als Indiz für mangelhafte Gesundheit und Stabilität. Fäule in den Stützwurzeln als eine der Ursachen. In: Schweizerische Zeitschrift für Forstwesen, Nr. 5, 145. Jg., S. 371 - 387.

SCHMIDT, L. (1989): Symbiotischer Wissenschaftsjournalismus. Universität und öffentlich-rechtlicher Rundfunk in Kooperation. Studienverlag Dr. N. Brockmeyer, Bochum.

SCHMUTZ, P., SIEGENTHALER, J., BUCHER, J. B., TARJAN, D., STÄGER, Ch. (1994): Einfluss von Mikrowellen auf Fichten und Buchen. In: Schweizerische Zeitschrift für Forstwesen, Nr. 3, 145. Jg., S. 213 - 227.

SCHNEIDER, P. (1990) bespricht: Bonneau, M. (1989): Que sait-on maintenant du „dépérissement" des forêts? In: Revue forestière française, Nr. 5, 41. Jg., S. 367-385. In: Schweizerische Zeitschrift für Forstwesen Nr. 8, 141. Jg., S. 684.

SCHÜTT, P. (1981): Erste Ansätze zur experimentellen Klärung des Tannensterbens. In: Schweizerische Zeitschrift für Forstwesen Nr. 132 Jg., S. 443 - 452.

SCHÜTT, P. (1982a): Waldsterben als Komplexkrankheit. In: Hatzfeldt, H. Graf (Hrsg.): Stirbt der Wald? Müller, Karlsruhe. S. 67 - 78.

SCHÜTT, P. (1982b): Waldschäden durch Emissionen - Künftige Forschungsprogramme in der Bundesrepublik Deutschland. In: Gottlieb Duttweiler-Institut (Hrsg.): Waldschäden durch Immissionen. Rüschlikon / Zürich. S. 185 - 190.

SCHÜTT, P., KOCH, W., BLASCHKE, H., LANG, K.J., SCHLUCK, H.J., SUMMERER, H. (1983): So stirbt der Wald. BLV Verlagsgesellschaft, München, Wien, Zürich.

SCHÜTZ, J.-Ph. (1982): Waldbauliche Bedeutung von immissionsbedingtem Waldsterben. In: Gottlieb Duttweiler-Institut (Hrsg.): Waldschäden durch Immissionen. Rüschlikon / Zürich. S. 111 - 120.

SCHÜTZ, J.-PH. (1984a) bespricht: Der Rat der Sachverständigen für Umweltfragen (1983): Sondergutachten Waldschäden und Luftverunreinigung. Kohlhammer, Stuttgart. In: Schweizerische Zeitschrift für Forstwesen Nr. 3, 135. Jg., S. 259.

SCHÜTZ, J.-Ph. (1984b): Unmittelbare und langfristige waldbauliche Konsequenzen einer neuartigen, allgemein verbreiteten Walderkrankung. In: Schweizerische Zeit-schrift für Forstwesen Nr. 11, 135. Jg., S. 915 - 926.

SCHWARZENBACH, F. H. (1984): Standortbestimmung zur Waldschadenfrage. In: Schweizerische Zeitschrift für Forstwesen Nr. 9, 135. Jg., S. 727 - 736.

SCHWARZENBACH, F. H. (1991): Vorgeschichte und Planung des Nationalen Forschungsprogrammes NFP 14+: „Waldschäden und Luftverschmutzung in der Schweiz". In: Programmleitung NFP 14, Stark, M. (Hrsg.): Luftschadstoffe und Wald. Ergebnisse aus dem Nationalen Forschungsprogramm 14 „Lufthaushalt, Luftverschmutzung und Waldschäden in der Schweiz", Band 5. Verlag der Fachvereine, Zürich. S. 3 - 11.

SCHWEINGRUBER, F. H. (1987) bespricht: Eichkorn, Th. (1986): Wachstumsanalysen an Fichten in Südwestdeutschland. In: Allg. Forst- u. J.-Ztg., Nr. 7, 157. Jg., S. 125-139. In: Schweizerische Zeitschrift für Forstwesen Nr. 4, 138. Jg., S. 363f.

SCHWEINGRUBER, F.H.; KONTIC, R.; WINKLER-SEIFERT, A. (1983): Eine Jahrringanalytische Studie zum Nadelbaumsterben in der Schweiz. Bericht Nr. 253. Eidgenössische Anstalt für das forstliche Versuchswesen, Birmensdorf.

SPINNER, H. F. (1985): Das „wissenschaftliche Ethos" als Sonderethik des Wissens. Über das Zusammenwirken von Wissenschaft und Journalismus im gesellschaftlichen Problemlösungsprozess. J.C.B. Mohr (Paul Siebeck), Tübingen.

SPINNER, H. F. (1992): Über die Geschäftsbedingungen der Massenmedien. Kritik als Beruf, Information als Aufgabe, Unterhaltung als Geschäft, Moral als Legitimation und Lebenslüge. In: Haller, M., Holzhey, H. (Hrsg.): Medien - Ethik. Westdeutscher Verlag, Opladen. S. 148 - 160.

THOMAS, Ch. (1994): Rationalität: ein dubioser Begriff in der Umweltdebatte. In: Zierhofer, W., Steiner, D. (Hrsg.): Vernunft angesichts der Umweltzerstörung. S. 17-31. Westdeutscher Verlag, Opladen.

TRANCHET, Ch., FÜRST, E., STADLER, B., VOLZ, R. (1993): Klimaänderung: Herausforderung zur Walderhaltung. Ein forstpolitischer Diskussionsbeitrag. In: Schweizerische Zeitschrift für Forstwesen, Nr. 1, 144. Jg., S. 5 - 22.

ULRICH, B. (1982a): Gefährdung von Waldökosystemen durch Akkumulation von Luftverunreinigungen. In: Hatzfeldt, H. Graf (Hrsg.): Stirbt der Wald? Müller, Karlsruhe. S. 31 - 43.

ULRICH, B. (1982b): Auswirkungen der Immissionen auf die Bodenökologie des Waldes. In: Gottlieb Duttweiler-Institut (Hrsg.): Waldschäden durch Immissionen. S. 47 - 90. Rüschlikon / Zürich.

ULRICH, P. (1987): Transformation der ökonomischen Vernunft. Fortschrittsperspek-tiven der modernen Industriegesellschaft. Haupt, Bern.

UNGERN-STERNBERG, Th. von (1985a): Waldsterben und Luftverschmutzung. Eine kritische Würdigung. Diskussionsbeiträge des Volkswirtschaftlichen Instituts der Universität Bern, Nr. 34.

UNGERN-STERNBERG, Th. von (1985b): Die Luftverschmutzungsprobleme der Schweiz: Replik zur Stellungnahme des EDI in Sachen „Waldsterben und Luftverschmutzung". Diskussionsbeiträge des Volkswirtschaftlichen Instituts der Universität Bern, Nr. 36.

UNGERN-STERNBERG, Th. von (1987): Environmental Protection With several Pollutants: On the Division of Labor Between Natural Scientists and Economists. In: Journal of Institutional and Theoretical Economics (JITE) 143. Jg., S. 555 - 567.

VERBAND DER SCHWEIZER JOURNALISTINNEN UND JOURNALISTEN (1994): Journalistischer Berufskodex. Erklärung der Rechte und Pflichten der Journalistinnen und Journalisten vom 16.9.1994 in Zürich.. In: ZOOM K&M, Nr. 4, S. 88.

VOLZ, R. (1986): Forstliche Nachrichten: Internationale Arbeitstagung „Auswirkungen der Luftverschmutzung auf den Wald", Freiburg i. Br. In: Schweizerische Zeitschrift für Forstwesen Nr. 1, 137. Jg., S. 88 f.

WALLIMANN, B. (1978): Die Rechtslage im Kampf gegen die Beeinträchtigungen des Waldes durch verschmutzte Luft. In: Schweizerische Zeitschrift für Forstwesen Nr. 5, 129. Jg., S. 394-401.

WANNER, H. (1982): Waldschäden durch Immissionen. In: Gottlieb Duttweiler-Institut (Hrsg.): Waldschäden durch Immissionen. Rüschlikon / Zürich. S. 5f.

WASSER, B. (1986a) bespricht: Pollanschütz, J. (1985): Zur Frage Nadelverluste und Kronenverlichtung bei Fichte. In: Allg. Forstzeitung, Nr. 5, 96. Jg., S. 110 - 114. In: Schweizerische Zeitschrift für Forstwesen Nr. 5, 137. Jg., S. 441f.

WASSER, B. (1986b) bespricht: Keller, Th.; Bajo, S.; Wyttenbach, A. (1986): Gehalte an einigen Elementen in den Ablagerungen auf Fichtennadeln als Nachweis der Luft-verschmutzung. In: Allg. Forst- u. Jagd-Ztg., Nr. 3/4, 157. Jg., S. 69 - 77. In: Schweizerische Zeitschrift für Forstwesen Nr. 10, 137. Jg., S. 903.

WEIERSMÜLLER, R., FISCHER, F., STADLER, F., CAPREZ, G. (1987): Beiträge zur Pressekonferenz „Wald und Luft" vom 2. Nov. 1987 in Bern. Manuskript, Bern.

WEINGART, P. (1983): Verwissenschaftlichung der Gesellschaft - Politisierung der Wissenschaft. In: Zeitschrift für Soziologie, Nr. 3, 12. Jg., S. 225 - 241.

WENTZEL, K. F. (1980): Wald unter Immissionseinfluss – Luftreiniger und Schadobjekt zugleich. In: Schweizerische Zeitschrift für Forstwesen Nr. 3, 131. Jg., S. 223-234.

WENTZEL, K. F. (1982): Das Ausmass der Waldschäden - Ihre ökologische und landeskulturelle Bedeutung in Zentral-Europa. In: Gottlieb Duttweiler-Institut (Hrsg.): Waldschäden durch Immissionen. S. 7 - 18. Rüschlikon / Zürich.

WOLTERS, G. (1989): Vierzehn Wissenschaftsphilosophische Thesen zum Problem der „Neuartigen Waldschaden". In: Programmleitung Sanasilva (Hrsg.): Kritische Analyse des Kenntnisstandes in Sachen Ursachen-Forschung Sanasilva - Tagungsbericht. S. 39 - 58. Eidg. Forschungsanstalt für Wald, Schnee und Landschaft, Birmensdorf.

WULLSCHLEGER, E. (1978): Die Abschätzung von Rauchschäden im Wald. In: Schweizerische Zeitschrift für Forstwesen Nr. 5, 129. Jg., S. 402 - 413.

ZIERHOFER, W. (1994): Ist die kommunikative Vernunft der ökologischen Krise gewachsen? Ein Evaluationsversuch. In: Zierhofer, W., Steiner, D. (Hrsg.): Vernunft angesichts der Umweltzerstörung. Westdeutscher Verlag, Opladen. S. 161 - 194.

ZIMMERMANN, W. (1983): Rückblick auf die wichtigsten forstpolitischen Entscheide des Bundes im Jahre 1982. In: Schweizerische Zeitschrift für Forstwesen Nr. 4, 134. Jg., S. 259 - 270.

ZIMMERMANN, W. (1985): Rückblick auf die wichtigsten forstpolitischen Entscheide des Bundes im Jahre 1984. In: Schweizerische Zeitschrift für Forstwesen Nr. 4, 136. Jg., S. 275 - 297.

ZIMMERMANN, W. (1985): Waldsterben in der Schweiz: Die Leistungen der staatlichen Institutionen. In: Forstarchiv, Nr. 3, 56. Jg., S. 112 - 117.

ZIMMERMANN, W. (1986): Rückblick auf einige wichtige forstpolitische Entscheide des Bundes im Jahre 1985. In: Schweizerische Zeitschrift für Forstwesen Nr. 4, 137. Jg., S. 281 - 294.

ZIMMERMANN, W. (1987): Rückblick auf einige wichtige forstpolitische Entscheide des Bundes im Jahre 1986. In: Schweizerische Zeitschrift für Forstwesen Nr. 4, 138. Jg., S. 321 - 337.

ZIMMERMANN, W. (1988): Rückblick auf einige wichtige forstpolitische Entscheide des Bundes im Jahre 1987. In: Schweizerische Zeitschrift für Forstwesen Nr. 4, 139. Jg., S. 283 - 298.

ZIMMERMANN, W. (1989): Rückblick auf einige wichtige forstpolitische Entscheide des Bundes im Jahre 1988. In: Schweizerische Zeitschrift für Forstwesen, Nr. 4, 140. Jg., S. 287 - 304.

ZIMMERMANN, WILLY (1990): Zur politischen Karriere des Themas Waldsterben. In: Programmleitung Sanasilva (Hrsg.): Das Waldsterben aus politischer Sicht / Die Sturmschäden vom Februar 1990 und deren Bewältigung. Sanasilva-Tagunsbericht. S. 7 - 22. Eidgenössische Forschungsanstalt für Wald, Schnee und Landschaft, Birmensdorf.

Soziologie und Kommunikation

Georg Krücken
Risikotransformation
Die politische Regulierung technisch-ökologischer
Gefahren in der Risikogesellschaft
1997. 272 S. (Studien zur Sozialwissenschaft,
Bd. 190) Br. DM 52,00
ISBN 3-531-13050-1
Die Arbeit unternimmt den Versuch, theoretische
Einsichten der Risikosoziologie für den Bereich
der Politik fruchtbar zu machen. An Luhmanns
Unterscheidung von externen Gefahren und im
Entscheidungssystem anfallenden Risiken schließt
die forschungsleitende These an, daß technische
und ökologische Gefahren in politische Risiken
transformiert werden. Diese These wird anhand
von zwei empirischen Bereichen der politischen
Gefahrenregulierung überprüft.

Karl-Werner Brand /Klaus Eder /
Angelika Poferl, unter Mitwirkung von Josef Deis-
böck, Marion Dreyer, Reiner Keller und
Sven Kesselring
**Ökologische Kommunikation
in Deutschland**
1997. 344 S. Br. DM 56,00
ISBN 3-531-13152-4
Ökologische Kommunikation bezieht sich nicht
nur auf industriell erzeugte Selbstgefährdungen
moderner Gesellschaften. Sie stellt auch einen
symbolischen Fokus der Neudefinition gesellschaftlicher Identitäten und Ordnungsvorstellun-
gen dar. Diese Studie fragt, wie sich das symbo-
lische Interaktionsfeld dieser Debatten mit der Institutionalisierung ökologischer Risikokommunika-
tion verändert hat.

Detlef Matthias Hug

KONFLIKTE UND ÖFFENTLICHKEIT

ZUR ROLLE DES JOURNALISMUS
IN SOZIALEN KONFLIKTEN

Westdeutscher Verlag

Detlef Matthias Hug
Konflikte und Öffentlichkeit
Zur Rolle des Journalismus in sozialen Konflikten
1997. 410 S. Br. DM 72,00
ISBN 3-531-12942-2
Öffentlichkeit und Journalismus werden bei der
Bewältigung gesellschaftlicher Konflikte stets eine
Schlüsselrolle zugewiesen. Allerdings mangelt
es der Kommunikationswissenschaft bis heute an
einer anspruchsvollen Theorie zur Funktion des
Journalismus in sozialen Konflikten: Konflikte werden als Störungen diskreditiert, Journalismus auf
ein Hilfsinstrument zu ihrer Beseitigung reduziert.
Ständige Medienschelte ist die Folge. Indem er
die systemtheoretische Konflikt-, Kommunikations-
und Journalismustheorie weiterentwickelt, bietet
der Band einen neuen Ansatz zur Erklärung journalistisch vermittelter Konflikte.

Änderungen vorbehalten. Stand: Februar 1998.

WESTDEUTSCHER VERLAG
Abraham-Lincoln-Str. 46 · 65189 Wiesbaden
Fax (06 11) 78 78 - 400

Zum Thema
Umweltpolitik